PHILIPP DENISOV

Entwicklung einer supranationalen europäischen Gesellschaftsrechtsform am Beispiel der Europäischen Aktiengesellschaft

Schriften zur Rechtsgeschichte

Band 238

Entwicklung einer supranationalen europäischen Gesellschaftsrechtsform am Beispiel der Europäischen Aktiengesellschaft

Von

Philipp Denisov

Duncker & Humblot · Berlin

Die Fakultät für Rechtswissenschaft der Universität Regensburg hat diese Arbeit im Jahre 2025 als Dissertation angenommen.

Bibliografische Information der Deutschen Nationalbibliothek

Die Deutsche Nationalbibliothek verzeichnet diese Publikation in der Deutschen Nationalbibliografie; detaillierte bibliografische Daten sind im Internet über http://dnb.d-nb.de abrufbar.

Satz: 3w+p GmbH, Rimpar
Druck: Prime Rate Zrt., Budapest, Ungarn

ISSN 0720-7379
ISBN 978-3-428-19881-8 (Print)
ISBN 978-3-428-59881-6 (E-Book)

Gedruckt auf alterungsbeständigem (säurefreiem) Papier
entsprechend ISO 9706 ♾

Verlagsanschrift: Duncker & Humblot GmbH, Carl-Heinrich-Becker-Weg 9,
12165 Berlin, Germany | E-Mail: info@duncker-humblot.de
Internet: https://www.duncker-humblot.de

Vorwort

Die vorliegende Arbeit wurde im Juni 2025 von der Juristischen Fakultät der Universität Regensburg als Dissertation angenommen. Für die Ausarbeitung konnten Literatur und Rechtsprechung bis einschließlich Mai 2025 berücksichtigt werden. Die mündliche Prüfung fand im November 2025 statt.

Der Anstoß für die Erstellung dieser Arbeit resultierte aus meiner anwaltlichen Tätigkeit im Bereich des Gesellschaftsrechts. Die Motivation, mich – so weit wie es mir möglich gewesen ist – ganzheitlich mit der Europäischen Aktiengesellschaft zu beschäftigen, rührte zum einen aus persönlichem Interesse für die hierbei einschlägigen Rechtsgebiete und zum anderen aus der Überlegung, diesen Prozess als Maßnahme zum Zwecke der eigenen juristischen Fortbildung auf dem Gebiet des Europäischen Gesellschaftsrechts zu betrachten. Außerdem trägt diese Veröffentlichung im besten Fall dazu bei, dass den supranationalen Rechtsformen des Gemeinschaftsrechts mehr von der ihnen gebührenden Aufmerksamkeit zukommt.

Ich bedanke mich vielmals bei meinem Doktorvater Herrn Prof. Dr. Martin Löhnig für die äußerst aufmerksame Betreuung der Dissertation. Durch seine kontinuierliche Unterstützung in Gestalt von Ratschlägen und inhaltlicher Kritik war es mir möglich, dieses Promotionsvorhaben zu verwirklichen. Außerdem möchte ich mich bei Herrn Prof. Dr. Stephan Wagner für die Anfertigung des Zweitgutachtens bedanken.

Natürlich danke ich auch meinen Eltern, die meinen Fortschritt bei der Erstellung der Arbeit mit großem Interesse begleiteten und mich dabei stets ermutigten. Schließlich danke ich allen Freunden und Bekannten, die mich durch ihren Zuspruch in dieser Zeit erheblich motiviert haben.

Nürnberg, April 2026 *Philipp Denisov*

Inhaltsverzeichnis

II. Teil

III. Teil

Eine einheitliche europäische Aktiengesellschaft – rechtsvergleichende Betrachtungen 172

IV. Teil

Quo vadis SE: Schlussfolgerungen, Reformvorschläge und Entwicklungsaussichten für die Europäische Aktiengesellschaft 209

Abkürzungsverzeichnis

a. A.	andere/anderer Ansicht
a. a. O.	am angegebenen Ort
ABl. EG	Amtsblatt der Europäischen Gemeinschaften
ABl. EU	Amtsblatt der Europäischen Union
Abs.	Absatz, Absätze
AD	акционерно дружество (bulgarische Aktiengesellschaft)
AEUV	Vertrag über die Arbeitsweise der Europäischen Union
a. F.	alte Fassung
AG	Aktiengesellschaft
AHC	Association Henri Capitant
AktG	Aktiengesetz
Alt.	Alternative
ArbG	Arbeitsgericht
Art.	Artikel
Aufl.	Auflage
Az.	Aktenzeichen
BAG	Bundesarbeitsgericht
Bd.	Band
BetrVG	Betriebsverfassungsgesetz
BGB	Bürgerliches Gesetzbuch
BGBl.	Bundesgesetzblatt
BGH	Bundesgerichtshof
BRD	Bundesrepublik Deutschland
BR-Drs.	Bundesratsdrucksache
BRIS	Business Register Interconnection System
Bsp.	Beispiel
BT-Drs.	Bundestagsdrucksache
BVerfG	Bundesverfassungsgericht
BVG	Besonderes Verhandlungsgremium
bzw.	beziehungsweise
C. com.	code de commerce (französisches Handelsgesetzbuch)
CDU	Christlich Demokratische Union Deutschlands
COM	European Commission
CREDA	Centre de recherche sur le droit des affaires
CSI	Centre of Social Investment and Investigation der Universität Heidelberg
CSU	Christlich-Soziale Union
C. trav.	code du travail (französisches Arbeitsgesetzbuch)
ders.	derselbe
DFPV	Deutsch-Französische-Parlamentarische Versammlung
d. h.	das heißt
dies.	dieselbe

Hs.	Halbsatz
i. H. v.	in Höhe von
inkl.	inklusive
i. S. v.	im Sinne von
i. V. m.	in Verbindung mit
KG	Kommanditgesellschaft
KGaA	Kommanditgesellschaft auf Aktien
KMU	Kleine und mittlere Unternehmen
KOM	Europäische Kommission
liSEBG	liechtensteinisches Gesetz über die Beteiligung der Arbeitnehmer in der Europäischen Gesellschaft
lit.	litera
Mio.	Millionen
m. w. N.	mit weiteren Nachweisen
n. F.	neue Fassung
Nr.	Nummer
öAktG	österreichisches Aktiengesetz
öArbVG	österreichisches Arbeitsverfassungsgesetz
OHG	offene Handelsgesellschaft
PE	Dokument Europäisches Parlament
RL	Richtlinie
Rn.	Randnummer, Randnummern
Rs.	Rechtssache
Rz.	Randziffer, Randziffern
S.	Seite/Satz
s.	siehe
SA	société anonyme (französische Aktiengesellschaft)
SAS	société par actions simplifiée (vereinfachte französische Aktiengesellschaft)
SCE	Societas Cooperativa Europaea
SCEAG	Gesetz zur Ausführung der Verordnung (EG) Nr. 1435/2003 des Rates vom 22. Juli 2003 über das Statut der Europäischen Genossenschaft
SCEBG	Gesetz über die Beteiligung der Arbeitnehmer und Arbeitnehmerinnen in einer Europäischen Genossenschaft
SCE-RL	Richtlinie 2003/72/EG zur Ergänzung des Statuts der Europäischen Genossenschaft hinsichtlich der Beteiligung der Arbeitnehmer
SCE-VO	Verordnung (EG) Nr. 1435/2003 über das Statut der Europäischen Genossenschaft
SE	Societas Europaea
SEAG	Gesetz zur Ausführung der Verordnung (EG) Nr. 2157/2001 des Rates vom 8. Oktober 2001 über das Statut der Europäischen Gesellschaft (SE)
SEBG	Gesetz über die Beteiligung der Arbeitnehmer in einer Europäischen Gesellschaft
SEG	österreichisches SE-Gesetz/liechtensteinisches Gesetz über das Statut der Europäischen Gesellschaft (Societas Europaea, SE)
SE-RL	Richtlinie 2001/86/EG des Rates vom 8. Oktober 2001 zur Ergänzung des Statuts der Europäischen Gesellschaft hinsichtlich der Beteiligung der Arbeitnehmer

Abkürzungsverzeichnis

DiREG	Gesetz zur Ergänzung der Regelungen zur Umsetzung der Digital richtlinie
DiRUG	Gesetz zur Umsetzung der Digitalisierungsrichtlinie
Dok.	Dokument
DrittelbG	Gesetz über die Drittelbeteiligung der Arbeitnehmer im Aufsichtsrat
EBR	Europäischer Betriebsrat
EBRG	Europäische Betriebsräte-Gesetz
ECBA	European Cross-Border Association
ECBA-RL	Vorschlag der Europäischen Kommission für eine Richtlinie des Eur Parlaments und des Rates über grenzübergreifende Vereine
EFC	European Foundation Centre
EG	Europäische Gemeinschaft
EGV	Vertrag zur Gründung der Europäischen Gemeinschaft
endg.	endgültig
EP	Europäisches Parlament
EPG	Europäische Privatgesellschaft
EU	Europäische Union
EuGH	Europäischer Gerichtshof
EUV	Vertrag über die Europäische Union
e. V.	eingetragener Verein
EWG	Europäische Wirtschaftsgemeinschaft
EWGV	Vertrag zur Gründung der EWG
EWIV	Europäische Wirtschaftliche Interessenvereinigung
EWIV-VO	Verordnung (EWG) Nr. 2137/85 des Rates vom 25. Juli 1985 über fung einer Europäischen wirtschaftlichen Interessenvereinigung (EW
EWR	Europäischer Wirtschaftsraum
f.	folgende
FDP	Freie Demokratische Partei
FE	Fundatio Europaea
FE-VO	Vorschlag der Europäischen Kommission für eine Verordnung des das Statut der Europäischen Stiftung (FE)
ff.	fortfolgende
Fn.	Fußnote, Fußnoten
FS	Festschrift
gem.	gemäß
GenG	Genossenschaftsgesetz
GG	Grundgesetz für die Bundesrepublik Deutschland
ggf.	gegebenenfalls
GIKAE	bulgarisches Gesetz über die Information und Konsultation der Arbei internationalen Unternehmen, Unternehmensgruppen und Europäis engesellschaften
GmbH	Gesellschaft mit beschränkter Haftung
GmbHG	Gesetz betreffend die Gesellschaften mit beschränkter Haftung
HCJP	Haut Comité Juridique de la Place Financière de Paris
HGB	Handelsgesetzbuch
h. M.	herrschende Meinung
HRB	Handelsregister Abteilung B
Hrsg., hrsg.	Herausgeber, herausgegeben

SES	Société Européenne Simplifiée/Societas Europaea Simplificata/Societas Europaea Simplicior
SE-VO	Verordnung (EG) Nr. 2157/2001 des Rates vom 8. Oktober 2001 über das Statut der Europäischen Gesellschaft (SE)
s. o.	siehe oben
sog.	so genannte/r/n
SPD	Sozialdemokratische Partei Deutschlands
SPE	Societas Privata Europaea
SPE-KOME	Vorschlag der Europäischen Kommission für eine Verordnung des Rates über das Statut der Europäischen Privatgesellschaft
SPE-RE	(Kompromiss-)Vorschlag der ungarischen Ratspräsidentschaft für eine Verordnung des Rates über die Europäische Privatgesellschaft
SUP	Societas Unius Personae
SUP-KOME	Vorschlag der Europäischen Kommission für eine Richtlinie über Gesellschaften mit beschränkter Haftung mit einem einzigen Gesellschafter
TZ	Търговски закон (bulgarisches Handelsgesetzbuch)
u. a.	unter anderem
UmwG	Umwandlungsgesetz
v.	von/vom
vgl.	vergleiche
VO	Verordnung
Vorb.	Vorbemerkung
z. B.	zum Beispiel
zitiert.	zitiert

Einleitung

In seiner Übersicht über die Entstehung der Verordnung (EG) Nr. 2157/2001 des Rates vom 8. Oktober 2001 über das Statut der Europäischen Gesellschaft (SE) („SE-VO") macht *Marcus Lutter* auf ein für die gesamte vorliegende Arbeit wegweisendes Zitat von Eddy Wymeersch vom 1. Europäischen Juristentag in Nürnberg aus dem Jahre 2001 aufmerksam:[1]

> „No subject in company law has required more efforts, involved more man-hours and received more attention than the Statute for a European Company or Societas Europaea (SE)."

Die Europäische Aktiengesellschaft („*Societas Europaea*", „SE", „Europa-AG") war in der Tat nicht nur ein langwieriges Projekt, sondern vor allem ein diffiziles Unterfangen, unterschiedliche europäische Rechtskulturen und -traditionen in Einklang miteinander zu bringen, um einheitliches (Gesellschafts-)Recht zu schaffen. Aus den Trümmern eines vom Zweitem Weltkrieg geplagten Europa erhob sich alsbald nach der Wiederbelebung paneuropäischer Gedanken ein greifbares Gebilde, das Ausdruck grenzüberschreitender Zusammenarbeit werden sollte. Die zeitliche Nähe der Ereignisse und die anhaltende politische Relevanz europäischer Kooperation machen die SE bzw. ganz allgemein formuliert supranationale Rechtsformen des Gemeinschaftsrechts zu einer interessanten Facette der juristischen Zeitgeschichte.

I. Gegenwärtiger Forschungsstand und fortbestehendes Forschungsinteresse

Die Idee einer supranationalen europäischen Gesellschaftsrechtsform ist demzufolge beinahe so alt wie die Anfänge der Europäischen Wirtschaftsgemeinschaft („EWG") selbst. Bereits 1959 haben europäische Juristen die Schaffung einer supranationalen Gesellschaftsform in den Rechtsdiskurs eingebracht. Nach über 40 Jahren verschiedener Anregungen aus der Rechtswissenschaft, zahlreichen Entwurfsvorschlägen seitens der Europäischen Kommission sowie zähen politischen Verhandlungen im Rat und Ministerrat wurde die erste bedeutende[2] europäische Unternehmensrechtsform, die *Societas Europaea*, eingeführt. Die errungene Eini-

---

[1] *Lutter*, in: Lutter/Hommelhoff/Teichmann, SE-Kommentar, Einleitung Rn. 7 m.w.N.

[2] Die Europäische wirtschaftliche Interessenvereinigung (EWIV) wurde im Jahre 1985 eingeführt, ihre praktische Bedeutung ist allerdings gering, vgl. *Heinze*, ZGR 2002, 66 (67).

gung wurde zuvor über Jahrzehnte hinweg u. a. durch unterschiedliche Vorstellungen über das Maß der Arbeitnehmerbeteiligung in den nationalen Rechts- und Unternehmenskulturen der Mitgliedstaaten torpediert. Gerade im Bereich der unternehmerischen Mitbestimmung in den Unternehmensorganen klafften nämlich die Standards in den Mitgliedstaaten weit auseinander.

Der Großteil der juristischen Literatur macht zu Recht darauf aufmerksam, dass die überbetriebliche Mitbestimmung für die jahrzehntelange Verzögerung bei der Verabschiedung des SE-Statuts ursächlich gewesen ist. Beobachtet man jedoch das regelrechte „Zusammenschrumpfen" der Verordnungsentwürfe im Laufe der Zeit, ist es naheliegend, dass nicht nur Fragen der Arbeitnehmerbeteiligung kontrovers diskutiert wurden. Möglicherweise entspricht es daher einer verbreiteten Überschätzung, hierin das hauptsächliche Einigungshindernis im Gesetzgebungsverfahren anzunehmen.

In der deutschen juristischen Literatur gibt es eine Reihe kompakter chronologischer Darstellungen über die Entstehungsphasen der SE-VO. Diese weisen zwar auf berichtenswerte Umstände der Entwicklung der Verordnung hin, sind für sich genommen aufgrund der Fülle der Entstehungsgeschichte der Europäischen Aktiengesellschaft zu einer intensiveren Behandlung des Themas nicht ausreichend. Eine umfassendere Ausarbeitung, die ihren inhaltlichen Schwerpunkt auf die morphologischen Entwicklungsstadien der *Societas Europaea* legt, scheint bisweilen hingegen weniger Beachtung gefunden zu haben. Mehr noch, eine Anknüpfung der Entstehungsgeschichte der SE an die Entstehung anderer europäischer Gesellschaftsformen liegt in extenso noch nicht vor. Dadurch entstehe der Eindruck, dass die Entwicklung einer supranationalen europäischen Rechtsform mit der Verabschiedung der bestehenden Gesetzgebungsakte (ungeachtet etwaiger Novellen) ihren Abschluss gefunden hat. Die Kontinuität der Arbeit an einer europäischen supranationalen juristischen Person wird schließlich fassbar, wenn die Rückbeziehung der rechtshistorischen und dogmatischen Aspekte anderer verwirklichter und unverwirklichter Projekte auf die Entwicklungsgeschichte der SE gelingen sollte.

Soweit bei der Entwicklung von europäischen Rechtsformen von einem „evolutionären Prozess" gesprochen wird[3], ist das Bestreben dieser Arbeit zum einen, diesen Prozess darzulegen und zudem zu bewerten, ob es sich hierbei wirklich um eine Evolution im Sinne einer progressiven Fortentwicklung oder aber einer nur auf Erfolg ausgerichteten Adaptation handelt. Zum anderen soll bewiesen werden, dass letztendlich die Historie der *Societas Europaea* maßgebliche Auswirkungen auf den besagten Prozess bis in die Gegenwart hat.

Jedenfalls geht aus deutscher Perspektive aufgrund des Fokus der Literatur auf die mitbestimmungsrechtlichen Aspekte die Frage nach der fortdauernden wirtschaftlichen und (sonstigen) praktischen Notwendigkeit der SE (als Musterbeispiel

[3] So *Jung*, in: Jung/Krebs/Stiegler, Gesellschaftsrecht in Europa, § 3 Grundlagen und Systematik supranationaler Rechtsformen, Rn. 11.

für eine supranationale Gesellschaftsform des Europarechts) verloren, sodass auch hier eine dezidierte Analyse des Gesetzgebungsprozesses geeignet ist, mehr Bewusstsein für die Vorteile von Gesellschaftstypen des Gemeinschaftsrechts zu schaffen. Das oftmals in der rechtswissenschaftlichen Literatur isolierte Abstellen auf die tatsächlich realisierten Vorteile des SE-Statuts *de lege lata* ist zwar praxisbezogen, greift aber im Hinblick auf die theoretische Auseinandersetzung mit supranationalen Gebilden des Gesellschaftsrechts zu kurz. Möchte man generell die Frage herausarbeiten, was die Vorteile einer „Europäischen Gesellschaft" sind und ob eine solche nach wie vor benötigt wird, dann ist neben einer in der Rechtswissenschaft durchaus häufiger vorzufindenden Betrachtung des Ergebnisses eine Betrachtung der geistigen Grundlagen notwendig, die als Ausgangspunkt für die Gesetzgebung gedient haben. Konkret bedeutet das: Welcher Gestalt waren Vorarbeiten für eine Europäische Aktiengesellschaft in den frühen Stadien? Welche Einsatzmöglichkeiten erhoffte man sich im Rahmen dieser Vorüberlegungen von der rechtlichen Neuschöpfung?

Eine weitere Erkenntnis, die in der deutschen Rechtswissenschaft häufig betont wird, ist der Hinweis darauf, dass es so viele verschiedene Europäische Aktiengesellschaften wie Mitgliedstaaten gibt. Diese Feststellung wird häufig mit dem Verweis auf das subsidiär (d.h. hilfsweise) anwendbare nationale Recht als genügend begründet akzeptiert.[4] Bei einem supranationalen Gebilde muss jedoch zwingend aus einem überstaatlichen Vergleich die Bewertung der Einheitlichkeit hervorgehen. Gerade der synoptische Vergleich der deutschen SE mit anderen europäischen SE lässt nach wie vor Raum für wissenschaftliche Bearbeitung (insbesondere in Anbetracht der Anzahl der Mitgliedstaaten und der möglichen Änderungen im jeweiligen nationalen Recht). Vor dem Hintergrund, dass das Aktienrecht der Mitgliedstaaten zumindest durch Richtlinien teilweise harmonisiert ist, könnte der vorgenannte Vergleich durchaus – über Umwege – zu einer „einheitlichen" SE führen.[5] Zur Darstellung der Entstehung einer supranationalen europäischen Kapitalgesellschaft und der Frage, wie weit diese Entstehung abgeschlossen ist, gehört mithin notwendigerweise der Versuch, eine Antwort darauf zu geben, ob und inwieweit wir in der Europäischen Union (und im Europäischen Wirtschaftsraum) eine einheitliche SE haben.

Im Hinblick auf die Zukunft europäischer supranationaler Gesellschaftsformen kann pessimistisch stimmen, wenn von einer „negativen Dynamik" auf diesem Feld die Rede ist. Als Nachweis wird auf bislang gescheiterte Projekte wie eine „europäische Gesellschaft mit beschränkter Haftung" oder die Europäische Stiftung

---

[4] Vgl. beispielhaft *Spitzbart*, RNotZ 2006, 369 m.w.N.; *Schwarz*, ZIP 2001, 1847 (1860 f.).

[5] Vgl. *Schmidt*, in: Michalski/Heidinger/Leible/J. Schmidt, GmbH-Gesetz, Systematische Darstellung 1 Überblick über das GmbH-Recht, Rn. 81.

verwiesen.[6] Weshalb diese Projekte gescheitert sind und ob man wirklich von einem Scheitern sprechen kann, ist ebenfalls Gegenstand dieser Arbeit. Entscheidend ist jedoch eine ganzheitliche Betrachtung, die nicht nur die gescheiterten Projekte, sondern eben auch „abgeschlossene" und aktuell diskutierte Vorhaben mit einbezieht. Schließlich müssen ebenso die Reformaussichten der SE berücksichtigt werden, um eine Prognoseentscheidung für die Zukunft zu ermöglichen.

Als die wichtigsten Primärquellen dienen Gesetzgebungsmaterialien und sonstige Dokumente europäischer Institutionen, allen voran der Kommission. Andererseits sind Beiträge und Publikationen von Rechtswissenschaftlern, deren Namen mit der Europäischen Aktiengesellschaft (und allgemein mit dem europäischen Gesellschaftsrecht) oft in Verbindung gebracht werden, eine wichtige Erkenntnisquelle. Private Vorentwürfe für europäische Rechtsformen dienten oftmals als Katalysator für das sich anschließende institutionelle Gesetzgebungsverfahren und sollen deshalb auch beleuchtet werden.

II. Gang der Darstellung

Die entwicklungshistorischen Darstellungen beginnen mit einer Vorstellung zweier *internationaler* Gesellschaften der 1950er Jahre. Durch diese Einführung soll veranschaulicht werden, worin der Unterschied zu *supranationalen* Rechtsformen besteht, die der zentrale Gegenstand dieser Arbeit sind. Dies soll dem Leser wiederum verständlich machen, warum die Genese einer supranationalen europäischen Kapitalgesellschaft anhand des Beispiels der SE analysiert wird.

Im Anschluss erfolgt die Auseinandersetzung mit dem konzeptionellen Fundament für eine Europäische Gesellschaft, das u.a. von dem französischen Notar Thibierge und der französischen Regierung sowie darauf aufbauend von der Europäischen Kommission gelegt wurde. Einen wesentlichen Impuls für die Grundlagen der Europa-AG gab auch der niederländische Rechtsprofessor Pieter Sanders. Letzterer sollte auch der Erste sein, der einen Entwurf für ein Vollstatut für die Europäische Aktiengesellschaft präsentiert. Die Darstellungen konzentrieren sich von hier an auf die zahlreichen Verordnungsentwürfe der Europäischen Kommission und deren Revisionen, die zu einem nicht unerheblichen Teil vom Europäischen Parlament angestoßen wurden. Ein besonderes Augenmerk gebührt den Veränderungen in den jeweiligen Entwürfen im Vergleich zu den Vorgängerdokumenten in systematischer Hinsicht. Dabei werden jedes Mal die Vor- und Nachteile des entsprechenden Statuts neu evaluiert. Da die SE ein zeitgenössisches Phänomen ist, gehört zu einer rechtsgeschichtlichen Untersuchung auch ein Blick auf ihre Rezeption in der Praxis.

---

[6] Vgl. *Jung*, a.a.O. (Fn. 3), § 3 Grundlagen und Systematik supranationaler Rechtsformen, Rn. 10.

Die Fortsetzung des Entwicklungsprozesses supranationaler europäischer (Kapital-)Gesellschaften wird durch eine Analyse der historischen und dogmatischen Grundlagen anderer Rechtsformen des Unionsrechts demonstriert. Diesbezüglich werden zunächst die abgeschlossenen, dann die gescheiterten und schließlich die laufenden Projekte vorgestellt. Es vermag zu überraschen, dass überhaupt laufende Projekte in der Gegenwart existieren.

Methodisch soll im Wege der Rechtsvergleichung der Frage nach der Einheitlichkeit der SE nachgegangen werden, weshalb dem ein eigener Abschnitt in der vorliegenden Arbeit gewidmet ist. Dabei wird auf einen systematischen und wortlautbezogenen Vergleich der betreffenden Teile der zu betrachtenden Rechtsordnungen Wert gelegt.

Den inhaltlichen Abschluss bilden Ausführungen zu den Reformperspektiven der Europäischen Aktiengesellschaft, insbesondere anhand eines Evaluationsberichtes der Europäischen Kommission über die SE-VO. Doch kann auch die Rechtsprechung im Einzelfall Impulse für den Gesetzgeber setzen, mehr oder minder freiwillig tätig zu werden. Ein aktuelles Urteil des Europäischen Gerichtshofs („EuGH“) zur Nachholung des Verhandlungsverfahrens über die Rechte der Arbeitnehmer in der SE greift ein originäres Streitthema der SE-Gesetzgebung auf. Als Nachweis für das Gewicht und den Einfluss der rechtshistorischen Elemente bei der Auslegung und Anwendung der SE-VO und der sie ergänzenden Richtlinie sind die Entscheidungsgründe des Urteils äußerst ergiebig. Der Leser soll am Schluss der Arbeit idealiter zu der Erkenntnis gelangen, dass die Begründung des Urteils der Richter in Luxemburg tief in der Entwicklungsgeschichte der SE verwurzelt ist.

I. Teil

Rechtshistorische Entwicklung einer supranationalen europäischen Kapitalgesellschaft vom Beginn der institutionellen europäischen Integration nach dem Zweiten Weltkrieg bis in die Gegenwart

Im Rahmen dieses Teils soll insbesondere anhand der Historie und Genese der Europäischen Aktiengesellschaft untersucht werden, warum man die Einführung einer europäischen supranationalen Kapitalgesellschaft anstrebte. Es erscheint naheliegend, dass die Aushebelung oder die Umgehung einer strengen Mitbestimmung für das Projekt einer europäischen Handelsgesellschaft keinen Antrieb darstellte, obwohl die Anwendung der SE für diese Zwecke in Deutschland angesichts des zähen Einigungsprozesses in diesem Punkt hätte antizipiert werden können. Nach aktuellem Forschungsstand erwies sich die unternehmerische Mitbestimmung als der hauptsächliche Streitpunkt zwischen den Mitgliedstaaten, jedoch gab es auch andere Vorbehalte gegen die europäische Gesellschaft (z. B. die Konkurrenz zu nationalen Rechtsformen). Ist einmal beantwortet, weshalb die Schaffung der Europäischen Aktiengesellschaft bezweckt wurde, kann daraus die Erkenntnis gewonnen werden, ob und warum eine solche Rechtsform nach wie vor benötigt wird.

I. Internationale europäische Unternehmen im Kontext der Zeit

Zu Beginn lohnt es sich, den Gegenstand der historischen Darstellung näher einzugrenzen, denn ansonsten bestünde der Eindruck, dass sich die Rechtswissenschaft vor der Ausarbeitung einer Europäischen Aktiengesellschaft nie zuvor mit internationalen europäischen Unternehmen befasst hat. Tatsächlich gab es schon zu Zeiten der Weimarer Republik Erwägungen, übernationale Unternehmensformen zu etablieren. So beispielsweise auf dem 34. Deutschen Juristentag im Jahre 1926 in Köln. Der Rechtsgelehrte, Rechtsanwalt und spätere hessische Ministerpräsident Karl Geiler regte die Formung von internationalen Handelsgesellschaften an, die fakultativ neben nationale Rechtsformen treten könnten.[7] Im Zusammenhang mit internationalen Organisationsformen dieser Zeit wird auch die „BIZ“ (Bank für Internationalen Zahlungsausgleich) genannt, die 1930 in Basel ihre Geschäftstätig-

---

[7] Dazu *Theisen/Wenz*, Die Europäische Aktiengesellschaft, S. 27 f. m. w. N.; *Steding*, ZfgG 52, 293 (295 f.).

keit aufnahm.[8] Für den maßgeblichen Betrachtungszeitraum seit 1945 sollen aber die nachfolgenden Beispiele dienen.

1. Initiative des Europarates

Die Auseinandersetzung mit Formen für intraeuropäische Unternehmungen erfolgte zunächst 1949 durch einen „ambitionierten" und schließlich 1952 durch einen „bescheidenen" Entwurf des Europarats[9] über private Gesellschaften europäischen Charakters (*European companies*), die aufgrund besonderer Konzession für öffentliche Dienste und Arbeiten eingesetzt werden.[10] Eine solche europäische Gesellschaft wäre gem. § 4 des Entwurfs von 1952 durch zwischenstaatliche Konvention zu errichten gewesen. Nach § 7 gibt es dabei zwei rechtliche Regime, denen die Gesellschaft unterworfen werden kann. Nach dem einen System wird das anwendbare Recht hauptsächlich durch das zwischenstaatliche Übereinkommen mit einer Satzung im Anhang bestimmt. Als ergänzende Quelle findet die nationale Rechtsordnung eines Staates Anwendung, auf die durch das Abkommen verwiesen wird. Die Unternehmung könne aber auch unmittelbar nach dem Recht eines beteiligten Staates gegründet werden. Die Regelungen im Abkommen, das den europäischen Status verleiht, sind dann nur bei ausdrücklichem Anwendungsbefehl oder subsidiär heranzuziehen. Letzteres dürfte allerdings – wie in den Erläuterungen zum Entwurf zutreffend ausgeführt – nur selten der Fall sein, da das nationale Recht die meisten Konstellationen berücksichtigt haben dürfte.[11]

Nach § 9 lit. a–f können die am Abkommen beteiligten Staaten europäischen Gesellschaften bestimmte Privilegien einräumen. Einige dieser Privilegien wären:

- Freizügigkeit hinsichtlich des Kapitalverkehrs (Kapital, Zinsen und Dividenden),
- Devisenerleichterungen und Ausnahmen von Zollpflichten für die Einfuhr von Ausrüstungsgegenständen und Zubehör sowie ggf. Lizenzen für die kostenlose Ausfuhr dieses Materials,
- Gewährung der Arbeitnehmerfreizügigkeit für das Personal der europäischen Gesellschaften,

---

[8] *Regling*, Die Bank 1980, 566; *Theisen/Wenz*, a. a. O. (Fn. 7), S. 28.

[9] Parliamentary Assembly of the Council of Europe (PACE), Document 71 (1952), Bringing to the notice of the Governments of Member States a preliminary draft Statute for European Companies, Explanatory Memorandum, S. 2 ff.; PACE, Recommendation 38 (1952), S. 1 ff.

[10] *Bärmann*, Europäische Integration im Gesellschaftsrecht, S. 18; *Sanders*, AWD (RIW) 1960, 1 (2).

[11] PACE, Document 71 (1952), Bringing to the notice of the Governments of Member States a preliminary draft Statute for European Companies, Explanatory Memorandum, S. 2 ff.; vgl. auch *Sanders*, a. a. O. (Fn. 10), S. 2.

- Garantien gegen die Beschlagnahme des Vermögens, das die Gesellschaften für die Ausführung öffentlicher Arbeiten benötigen.

Vorteile dieser Art kommen gewiss nur in Betracht, weil es um die Erfüllung von öffentlichen Aufgaben geht. An den Privilegien ist zugleich erkennbar, dass das vorrangige Ziel nicht die Entwicklung eines europäischen Gesellschaftsrechts für die erleichterte Teilnahme von gleichberechtigten Teilnehmern an einem privatwirtschaftlichen Markt, sondern die Erbringung von Leistungen im Interesse der Allgemeinheit mit grenzüberschreitendem Bezug gewesen ist, vgl. § 2 lit. a–b).

Im Zuge dieses Projekts sollte ein *European Office of the Companies* (§§ 5 ff.) eingerichtet werden. Diesem Büro sollte allerdings nicht die Funktion eines europäischen Handelsregisters zukommen, sodass z.B. keine konstitutive Eintragung der europäischen Gesellschaft notwendig wäre. Dem Office kommt vielmehr eine unterstützende Funktion zu. So beispielsweise bei Verhandlungen zwischen den Staaten zum Abschluss einer Konvention im oben genannten Sinne, vgl. § 6 lit. a) und b). Auch Überwachungsaufgaben kommen in Betracht, wenn dies in einem der beteiligten Staaten erforderlich wird, § 6 lit. d). Das Gesellschaftsbüro würde auch eine Art Beratungsfunktion ausüben, indem es Staaten Maßnahmen aufzeigt, die eine einheitliche Behandlung der Unternehmen in ihrem jeweiligen Hoheitsgebiet gewährleisten können, vgl. § 6 lit. e). Zu der beratenden Funktion können auch die Aufgabe gezählt werden, Empfehlungen zur Vermeidung von Doppelbesteuerung oder Steuerhinterziehung auszusprechen, § 6 lit. f), sowie die Befugnis Staaten die Anpassung von Privilegien vorzuschlagen, die sie europäischen Gesellschaften gewährt haben, § 6 lit. e). Der Hintergedanke des Letzteren war der folgende: Seitens eines Vertragsstaates kann den Arbeitnehmern der europäischen Gesellschaft als Privilegierung ein besonderes Maß an Freizügigkeit bei der Einreise in das jeweilige Staatsgebiet gewährt werden (s.o.). Idealiter würde dies die Beschäftigung von kompetenten und günstigeren Fachkräften durch die europäische Gesellschaft ermöglichen. Ändert sich jedoch die Situation auf dem Arbeitsmarkt in dem betreffenden Staat derart, dass die Privilegierung politisch, sozial und wirtschaftlich nicht mehr vertretbar ist, so müsse es einen Korrekturmechanismus geben.[12]

Laut § 9 lit. f) des Entwurfs ist ein einheitliches europäisches Gericht für Streitigkeiten zwischen dem Konzessionsgeber und dem Konzessionär, zwischen Gesellschaftern und der Gesellschaft sowie zwischen den betroffenen Staaten zuständig. Die Entscheidungen dieses europäischen Gerichts werden durch einen Titel vollstreckt, der von dem jeweils betroffenen Staat ausgestellt wird, und zwar ohne andere Formalitäten als der Beurkundung. Die Einführung einer europäischen Gerichtsbarkeit zur Wahrung der einheitlichen Auslegung des Gesellschaftsstatuts sticht hervor und erweist sich als Merkmal der Überstaatlichkeit.

[12] PACE, Document 71 (1952), Bringing to the notice of the Governments of Member States a preliminary draft Statute for European Companies, Explanatory Memorandum, S. 4 f.

Im Ergebnis handelte es sich um eine multilaterale Gesellschaft, die als Konzessionsträger für öffentliche Aufgaben im internationalen Verkehr fungiert und mit Privilegien in bestimmten Bereichen ausgestattet ist. Bereits deswegen ist dieser Vorschlag jedoch von der Einstufung als supranationale kapitalistische bzw. wettbewerbsorientierte Gesellschaftsrechtsform weit entfernt. Gegen eine supranationale Unternehmensform spricht schließlich auch, dass die Gründung nur unter Mitwirkung von Staaten ermöglicht werden sollte, mithin keine überstaatliche Gesetzgebung als Gründungsgrundlage dient.[13] Außerdem kommt in beiden Alternativen des § 7 des Entwurfs von 1952 der nationalen Rechtsordnung eine wichtige Rolle zu – einmal als subsidiär und einmal sogar als primär anwendbares Recht. Dennoch sind die einheitliche Gerichtsbarkeit und die Errichtung des *European Office of the Companies* positiv als Bemühungen für eine Supranationalität zu würdigen.

Das Projekt wurde nach zurückhaltenden Reaktionen aus den Mitgliedstaaten des Europarats eingestellt. Man habe die Diskriminierung nationaler Gesellschaften befürchtet.[14] Aus den Ambitionen des Europarats wird eine neuralgische Stelle offenbar, die auch relevant für das Entstehen – treffender ausgedrückt für das jahrzehntelange Misslingen – der SE gewesen ist.

2. Saar-Lothringische Kohleunion – eine deutsch-französische Aktiengesellschaft

Die Saar-Lothringische Kohleunion (sog. *Saarlor*), war eine deutsch-französische Aktiengesellschaft mit je einem Sitz in Saarbrücken und Straßburg.[15] Eine Aktiengesellschaft mit zwei statutarischen Sitzen ist an sich bereits eine rechtliche Besonderheit, da der Gesetzgeber in § 5 Aktiengesetz („AktG") grundsätzlich nur von einem Satzungssitz ausgeht. Ein Doppelsitz sei nach der herrschenden Meinung nur in Ausnahmefällen zulässig. Bei einer grenzüberschreitend tätigen Aktiengesellschaft ist die Ermöglichung des Doppelsitzes durch einen Staatsvertrag anerkannt – als Paradebeispiel hierfür diente die *Saarlor*.[16] Der Gesellschaftszweck dieses Unternehmens ist die Koordinierung des Absatzes der Kohle der Reviere Saar und Lothringen mit paritätischer Vertretung der deutschen und französischen Interessen, vgl. Art. 84 Abs. 1 des Vertrags zwischen der Bundesrepublik Deutschland und der Französischen Republik zur Regelung der Saarfrage vom 22. Dezember 1956 (sog. „Saarvertrag"). Nach Art. 1 der Anlage 29 (Richtlinien für das Statut der deutsch-französischen Verkaufsgesellschaft) zum Saarvertrag[17] entsteht die Aktiengesellschaft gesellschaftsrechtlich dadurch, dass eine bestehende

---

[13] *Bärmann*, a. a. O. (Fn. 10), S. 18.

[14] *Bärmann*, a. a. O. (Fn. 10), S. 19.

[15] Hierzu *Bärmann*, NJW 1957, 613, *Borsch*, GmbHR 2003, 258 (262).

[16] *Heider*, in: MüKo AktG, § 5 Rn. 35 f.; *Borsch*, a. a. O. (Fn. 15).

[17] BGBl. 1956 II 1587, 1791.

Aktiengesellschaft *Union charbonnière rhénane* in ein deutsch-französisches Unternehmen umgewandelt wird. Nach der Umwandlung muss sich die Gesellschaft eine neue Satzung geben. Im Grundsatz findet rechtsdogmatisch ein Formwechsel statt.

Die Rechtsverhältnisse der deutsch-französischen Gesellschaft werden durch Art. 84 Abs. 3 und die Anlage 29 des Saarvertrags sowie ihr Statut bestimmt.[18] Nur beiläufig kann hier erwähnt werden, dass der Saarvertrag nicht ausschließlich im Zusammenhang mit internationalen Gesellschaften von Bedeutung ist. Er verkörpert nicht weniger als die „kleine Wiedervereinigung" durch den vorgesehenen Beitritt des Saarlandes zur Bundesrepublik zum 1. Januar 1957 und einen wesentlichen Teil der deutsch-französischen Aussöhnung.[19]

Nicht nur der Doppelsitz führt zu der vom Saarvertrag geforderten paritätischen Vertretung der deutschen und der französischen Interessen. Diese wird auch durch eine Synergie beider Rechtsordnungen realisiert. So äußert sich diese Synergie insbesondere in der Organstruktur. Die Vertretung und die Geschäftsführung wurden einer „Direktion" zugewiesen, eine Mischung aus dem deutschen Vorstand und dem französischen Verwaltungsrat. Die Mitglieder der Direktion werden vom „Rat" vorgeschlagen und durch das „Präsidium" (das sich aus einem Präsidenten und Vizepräsidenten zusammensetzt) ernannt. Der Rat ist zuständig für die Kontrolle und Aufsicht über die Geschäftstätigkeit. Er handelt nach außen durch das Präsidium. Daneben existiert noch die Hauptversammlung, die als Organ der Gesellschafter fungiert. Die Direktion besteht aus einem französischen und einem deutschen Direktor, der Rat setzt sich ebenfalls paritätisch aus Mitgliedern der jeweiligen Staatsangehörigkeit zusammen (vgl. Art. 4 Abs. 2 der Anlage 29). Hinsichtlich der Einberufung und Beschlussfähigkeit der Hauptversammlung, der Erfüllung von Publizitätspflichten und Formvorschriften über Eintragung, Bekanntmachungen und Erklärungen werden die deutsche und die französische Rechtsordnung beachtet.[20]

Hervorzuheben ist im Vergleich zur europäischen Gesellschaft des Europarats, dass auf die Rechtsverhältnisse der *Saarlor* die „gemeinsamen Grundsätze" des deutschen und französischen Rechts anwendbar sind. Damit wurde keine Festlegung auf eine konkrete nationale Rechtsordnung vollzogen. Lücken in den Rechtsquellen sind durch den „Geist der Zusammenarbeit" zu lösen. Was dies genau bedeutet, lässt sich natürlich nur vermuten, da es sich um einen unbestimmten Rechtsbegriff handelt. Die Loslösung von nationalem Recht wird hierdurch dennoch deutlich.[21]

---

[18] BGBl. 1956 II 1587, 1634.

[19] Vgl. Staatskanzlei des Saarlandes, Die Geschichte des Saarlandes, S. 27 f.

[20] *Bärmann*, a. a. O. (Fn. 10), S. 26.

[21] *Rolshoven/Jehne*, in: FS Aubin, S. 171; *Bärmann*, a. a. O. (Fn. 10), S. 27, 146.

Art. 6 der Anlage 29 zum Saarvertrag sieht die Errichtung eines Schiedsgerichts vor, das zur Entscheidung über Meinungsverschiedenheiten in Bezug auf die Auslegung oder Anwendung des Statuts der Gesellschaft berufen ist. Die Parität wird auch hier sichergestellt, indem Deutschland und Frankreich jeweils ein Mitglied bestimmen. Wie bereits anhand des Entwurfs des Europarats festgestellt, schien die Überlegung, dass eine multinationale Gesellschaft eine einheitliche Streitbeilegungsinstanz benötigt, gegenwärtig zu sein. Wobei dies im Falle der *Saarlor* eher mit der gleichberechtigten Wahrung der Interessen der Vertragsparteien begründet werden kann als mit dem Bedürfnis nach einheitlicher Rechtsauslegung. Schließlich drohte auch nicht eine Vielzahl von divergierenden Gerichtsentscheidungen, da es nur eine derartige Aktiengesellschaft gab.

Weder das französische noch das deutsche Recht war also als subsidiäre Rechtsquelle berufen.[22] Das kommt in Art. 84 Abs. 3 des Saarvertrags deutlich zum Ausdruck, der davon spricht, dass die genannten Rechtsquellen „Vorrang über dem nationalen Recht der beiden Vertragsstaaten" haben. Daher darf man von einem wichtigen Schritt in Richtung Supranationalität sprechen. Es liegt jedoch nahe, die *Saarlor* als Unikum zu betrachten, das als Vehikel für die Umsetzung der Regelungen zum Kohleabbau auf einem bis dahin historisch konfliktbeladenen Territorium diente. Daher kann die *Saarlor* nicht gemeinhin als erste europäische supranationale Kapitalgesellschaft betrachtet werden. Untersuchungsgegenstand der vorliegenden Arbeit muss eine private Kapitalgesellschaft für den europäischen Wirtschaftsverkehr sein, die nicht nur für den Einzelfall gegründet wird.

II. Impulse aus Frankreich

Überlegungen, die in unmittelbarem Konnex mit der Europäischen Aktiengesellschaft stehen, lassen sich zunächst in Frankreich feststellen. Anlässlich des 57. Kongresses der Notare in Frankreich wurde 1959 ein Bericht des Notars Claude Thibierge über das (Gesellschafts-)Statut von ausländischen Gesellschaften (*le statut des sociétés étrangères*) in Frankreich publiziert.[23] Dieser Bericht enthält für die Entwicklungsgeschichte der supranationalen europäischen Kapitalgesellschaft äußerst relevante Denkanstöße. Vorab muss erläutert werden, dass wenn in französischen Quellen von *le statut* gesprochen wird, dann ist damit die gesetzliche Ordnung gemeint, nicht hingegen die Satzung im Sinne des Gesellschaftsvertrags. Der Plural *les statuts* meint hingegen die Satzung oder „die Statuten". Dies ist im Folgenden auch für Dokumente der EWG-Kommission sowie den noch näher zu

---

[22] *Bärmann*, a.a.O. (Fn. 10), S. 27.

[23] *Thibierge*, Le Statut de l'Étranger et le Marché Commun, 57e Congrès des Notaires de France, Le statut des sociétés étrangères, Rapport de Me THIBIERGE, S. 239 ff.

behandelnden Vorentwurf des Rechtsprofessors Pieter Sanders für eine europäische Aktiengesellschaft verständnishalber zu berücksichtigen.[24]

1. Europäisches Handelsregister

Noch vor dem Vorschlag zur Einführung einer supranationalen Gesellschaft macht Thibierge Ausführungen zu den Vorteilen eines Europäischen Handelsregisters (*Registre Européen du Commerce*). Diese sind vergleichbar mit den Vorzügen eines nationalen Handelsregisters. Der Schutz Dritter, mit denen eine Gesellschaft kontrahiert, setzte voraus, dass entsprechenden Rechtsgeschäften keine Wirksamkeitseinwendungen entgegengebracht werden können. Konkret handelt es sich um Vorbringen zur Nichtigkeit der Satzung, mithin der rechtlichen Existenz der Gesellschaft. Einwände gegen die Bestellung eines Vertreters oder den Umfang seiner Vertretungsbefugnis. Um diesen Risiken im grenzüberschreitenden Verkehr entgegenzutreten, wird die Errichtung eines europäischen Handelsregisters für Gesellschaften der Mitgliedstaaten in Brüssel vorgeschlagen. Obligatorischer Inhalt der Registereintragung müssten die Namen der Vertretungsberechtigten und die Beschränkungen ihrer Vertretungsmacht sein. Personen, die eine Nichtigkeitsklage (*action en nullité*) gegen die Satzung oder Vertreterbestellung erheben, müssten die Klage zum Zwecke der Zulässigkeit des Rechtsmittels im Register eintragen lassen. Dritten aus Mitgliedstaaten, in denen die Gesellschaft weder ihren Satzungssitz noch ihren Verwaltungssitz hat, können Unwirksamkeitsgründe nicht vorgehalten werden, falls sie nicht im Europäischen Handelsregister eingetragen sind. Verträge, die vor der Eintragung von Unwirksamkeitsgründen mit der Gesellschaft geschlossen wurden, bleiben wirksam.[25] Dieses Konzept beruht auf Rechtsschein bzw. Registerpublizität und ist weder dem deutschen (vgl. § 15 HGB) noch dem französischen Recht[26] fremd. Bereits diesem Vorschlag sind beachtliche Elemente der Supranationalität eigen. Dies wird deutlich, als Thibierge darauf hinweist, dass eine (fakultative) Eintragung in das Europäische Handelsregister Vorrang vor den Eintragungen in nationalen Registern genießen würde.[27]

Eine weitere Überlegung des französischen Notars ist die Einführung eines „Europäischen Niederlassungscarnets" (*Carnet Européen d'Etablissement*). Dieses Heft würde für Unternehmen, die im Europäischen Handelsregister eingetragen sind, in Brüssel ausgestellt werden. Das Heft enthält für jeden der sechs EWG Mitgliedstaaten jeweils eine Seite mit allen Informationen, die für die Erfüllung der jeweiligen nationalen Publizitätspflichten bei der Gründung einer Niederlassung benötigt werden. Der Vorteil eines solchen Hefts würde darin bestehen, dass

---

[24] *von Caemmerer*, Europäische Aktiengesellschaft, in: FS Kronstein, S. 178.

[25] *Thibierge*, a. a. O. (Fn. 23), S. 352.

[26] Mit einem Beispiel zur Vertretungsbefugnis aufgrund von Rechtsschein aus einem Verfahren vor einem Pariser Gericht, *Thibierge*, a. a. O. (Fn. 23), S. 353.

[27] *Thibierge*, a. a. O. (Fn. 23), S. 353.

Brüssel von den betroffenen Unternehmen zentral alle Informationen sammelt, die für die Gründung von Niederlassungen in jedem der Mitgliedstaaten notwendig sind. Die Arbeit der nationalen Registerbeamten würde sich dann darauf beschränken, die Informationen aus dem Heft zu übernehmen.[28]

2. Europäisches Gesellschaftsstatut

Unter dem programmatischen Titel *Vers un droit supranational des sociétés* („Zu einem supranationalen Gesellschaftsrecht") leitet Thibierge die Überlegungen bezüglich europäischer Gesellschaften ein. Er merkt an, dass das politische Klima gegen ein supranationales Recht gestimmt ist, weil dies zu sehr die Existenz eines europäischen Föderalstaates impliziere. Gleichwohl würde die Wirtschaft von der Einführung eines solchen Rechts stark profitieren. Als Argument wird ein Beispiel aus der Praxis angeführt, das bis heute prägnant die Vorteile der supranationalen Gesellschaft demonstriert. Man stelle sich eine französische und eine deutsche Gesellschaft vor, die eine gemeinsame Tochtergesellschaft gründen wollen. Entweder gründen die Geschäftspartner die Tochtergesellschaft nach französischem Recht oder sie unterstellen sie deutschem Recht. Die Anteilseigner, die sich einer für sie fremden Rechtsordnung unterstellen müssen, werden dadurch aber benachteiligt.

Die Lösung für dieses Problem, die dem Notar vorschwebt, geht tatsächlich weit über die Einführung einer Europäischen Aktiengesellschaft hinaus. *Une loi complète sur les sociétés*, ein vollständiges supranationales Gesellschaftsrecht. Unmittelbar nachfolgend schränkt er jedoch gleich ein und schlägt vor, zu Versuchszwecken mit Aktiengesellschaften anzufangen und diesen ein europäisches Statut zur Verfügung zu stellen (*un statut européen facultatif offert aux sociétés*). Was für das internationale Transportrecht gelte, müsse schließlich auch für das Gesellschaftsrecht umsetzbar sein.[29] In der Tat war das internationale Transportrecht schon im Jahre 1959 durchaus umfassend geregelt. Hier sind eine Reihe von völkerrechtlichen Verträgen wie das internationale Übereinkommen über den Eisenbahnfrachtverkehr von 1890, die Haager Regeln von 1924 zum Schiffstransport, das Warschauer Abkommen zur Vereinheitlichung von Regeln über die Beförderung im internationalen Luftverkehr von 1929 und schließlich das CMR (Übereinkommen über den Beförderungsvertrag im internationalen Straßengüterverkehr) von 1956 zum Straßentransport, zu nennen.[30]

Thibierge argumentiert, dass ein internationales Übereinkommen für ein europäisches Gesellschaftsrecht auch keinen allzu großen Eingriff in die nationale Souveränität der Mitgliedstaaten bedeuten würde. Zum einen stehe das zu erschaf-

---

[28] *Thibierge*, a. a. O. (Fn. 23), S. 353 f.

[29] *Thibierge*, a. a. O. (Fn. 23), S. 360.

[30] Vgl. *Wurmnest*, in: BeckOGK CMR, Art. 1 Rn. 22.

fende Statut nur fakultativ für Gesellschaften zur Verfügung, zum anderen betreffe es ohnehin nur Unternehmen, deren wirtschaftliche Aktivitäten nicht auf den lokalen Markt beschränkt sind. Ohnehin hätten die EWG-Staaten bei diesem Vorhaben keine Risiken, sondern nur Chancen. Über das Gelingen des Projekts würde die faktische Entwicklung bzw. die Anzahl der interessierten Gesellschaften abstimmen. Erweist sich das europäische Statut als vorteilhaft, werden die Unternehmen dieses zu ihrem Vorteil nutzen, um im Gemeinsamen Markt zu wirtschaften. Andernfalls bleibt es bei Gründungen von nationalen Formen juristischer Personen.[31] An derartigen Beschwichtigungen wird deutlich, dass von Anfang an enorme politische Vorbehalte gegen das kolossale Projekt – was die Verabschiedung eines einheitlichen europäischen Rechts für Aktiengesellschaften, geschweige denn für alle Gesellschaften, zweifellos ist – bestanden haben mussten. Im historischen Kontext ist dies allerdings nachvollziehbar, da die Erfahrungen des Zweiten Weltkriegs prägend und nach wie vor in besonderem Maße gegenwärtig sein mussten. Das Bewusstsein eines europäischen Miteinanders bis hin zu einem möglichen europäischen Bundesstaat mit einer gemeinsamen Rechtsordnung musste erst wachsen, muss dies auch in der heutigen Zeit noch. Wobei die Entwicklung eines (auch umfassenden) supranationalen europäischen Gesellschaftsrechts noch lange nicht die Existenz der „Vereinigten Staaten von Europa" bedeuten würde. Die zu regelnde Materie ist zweifelsfrei wichtig, aber die staatliche Souveränität, mithin die nationale Gesetzgebungshoheit als deren Teil, erfasst weit mehr Bereiche des täglichen Lebens als das Gesellschaftsrecht.

Schließlich weist der Notar auf die Notwendigkeit einer einheitlichen Auslegung der supranationalen Gesetzgebung hin. Das Problem sei sehr delikat, da hier die nationale Souveränität im Besonderen tangiert sei. Für eine Einigung in dieser Frage müsse ein Kompromiss gefunden werden. Eine mögliche Option bestehe in der Errichtung eines internationalen Schiedsgerichts, das für die Auslegung des in Rede stehenden Abkommens zuständig sei. Allerdings soll es sich dabei nicht etwa um eine ausschließliche Zuständigkeit handeln. Vorrangig zuständig bleiben die nationalen Gerichte. Das internationale Schiedsgericht wird nur tätig, falls die Prozessparteien das vereinbaren. Das Gericht nimmt dann lediglich eine *rôle de pilot* gegenüber der nationalen Rechtsprechung ein. Man könne die Pilotenrolle des internationalen Gerichts weiter dadurch stärken, dass Vertragsstaaten gegen nationale Gerichtsentscheidungen anderer Vertragsstaaten „im Interesse des Rechts" Beschwerde einlegen dürfen. Diese Beschwerde hätte jedoch keinen Einfluss auf das Bestehenbleiben bereits ergangener Entscheidungen der nationalen Gerichte.

Die diplomatische Natur der vorgenannten Option ist offenkundig. Aus diesem Grund wird als zweiter Weg angeboten, dem internationalen Gericht echte Bindungswirkung zu verleihen. Die Auslegung durch dieses würde in Zukunft die nationalen Gerichte binden. Der Eingriff in die nationale Souveränität sei durch das Streben in Richtung eines homogenen Rechts hinzunehmen.

---

[31] *Thibierge*, a. a. O. (Fn. 23), S. 361.

Obwohl der auf dem 57. Kongress der Notare vorgestellte Vorschlag im Vergleich zum Entwurf des Europarates von 1952 einen erheblichen Schritt weitergeht, bleibt unklar, ob damit die Schaffung einer wahrhaft supranationalen Rechtsform intendiert war. So wird der Begriff *société anonyme européenne* (oder vergleichbare Bezeichnungen, die auf eine neue Rechtsform hindeuten) nicht erwähnt. Handelt es sich bei den Gesellschaften, die das europäische Statut übernehmen, um nationale oder europäische juristische Personen? Welche Rolle soll dem nationalen (Gesellschafts-)Recht für derartige Gesellschaften zukommen? Wohl auch aus diesen Gründen beendet Thibierge diesen Teil seines Berichts mit dem Wunsch nach einer gründlichen Studie zu einer supranationalen Gesetzgebung für Unternehmen.[32]

3. Note der französischen Regierung von 1965

Die Anregungen für eine supranationale Kapitalgesellschaft blieben von der französischen Regierung nicht unbemerkt. Diese übersandte am 15. März 1965 durch den ständigen Vertreter Frankreichs bei den Europäischen Gemeinschaften eine Note an die EWG-Kommission in Brüssel. In der besagten Note forderte die französische Regierung die Schaffung einer *société commericale de type européen.*[33] Gleich zu Beginn erteilt die französische Regierung eine Absage an Gedanken zur Schöpfung einer eigenständigen Gemeinschaftsgesetzgebung (*legislation communautaire*). Erstens wären Rechtsvorschriften, die von der einzelstaatlichen Gesetzgebung gänzlich unabhängig sind, in der Praxis schwer umzusetzen. Zweitens sei die Ausarbeitung eines solchen Gesetzeswerks zu langwierig. Die französische Seite schrieb von Problemen, die im Rahmen der bestehenden Institutionen nicht lösbar sind. Insgesamt wirkt die Begründung der Absage an eine echte europäische Gesetzgebung etwas diffus.[34] Die Bezugnahme auf Institutionen impliziert wohl schlicht das fehlende rechtspolitische Interesse Frankreichs an einem solchen Vorgehen. Stattdessen wird die Inkorporierung der europäischen Handelsgesellschaftsform (diesen Begriff verwendet die offizielle Übersetzung der Kommission) über ein einheitliches Gesetz (*loi uniforme*) angestrebt.[35] Um diesen Mechanismus vorab in einigen Worten zu erklären: Aufgrund eines zwischenstaatlichen Abkommens verpflichten sich die Mitgliedstaaten, einen einheitlichen Gesetzesentwurf in ihr nationales Recht zu übernehmen. Jenes Gesetz würde neben die innerstaatlichen Gesetze über die anderen nationalen Handelsgesellschaften treten.

---

[32] *Thibierge*, a. a. O. (Fn. 23), S. S. 361 f.

[33] Aufzeichnung der französischen Regierung über die Schaffung einer europäischen Handelsgesellschaftsform (nachfolgend die „Note der französischen Regierung“), SEK (65) 942, vor S. 1.

[34] Note der französischen Regierung, a. a. O. (Fn. 33), S. 1.

[35] Note der französischen Regierung, a. a. O. (Fn. 33), S. 2.

Zur selben Zeit schrieb der französische Justizminister Jean Foyer im Zusammenhang mit dem französischen Vorschlag von „gesellschaftsrechtlichem Darwinismus“. Nationalen Unternehmen soll die Option zur Konstituierung als Gesellschaft europäischen Typs bereitgestellt werden. Die „bessere“ Gesellschaftsform werde sich dabei durchsetzen. Ganz im Sinne der *loi uniforme* schreibt Foyer, dass die Anbindung des neuen (Rechtsform-)Konstrukts an das nationale Recht die Realisierung des Vorhabens erleichtern würde. Der Vorschlag der französischen Regierung sehe vor, dass die *société de type européen* national bleibt. D.h. die Körperschaft untersteht weiterhin dem nationalen Recht. Das gelte sowohl für das einheitliche Mustergesetz als auch für die erforderlichen Verweise auf das allgemeine Gesellschaftsrecht des jeweiligen Staates. Foyer betonte dabei, dass die französische Seite um die Schwierigkeit wisse, welche durch die Frage nach dem subsidiär anwendbaren Recht bei der Bildung internationaler Gesellschaften entsteht. Nämlich, dass bei der Bildung internationaler Unternehmungen grundsätzlich kein in Frage kommendes Recht Vorrang vor dem anderen nationalen Recht beanspruchen könne. Der Verweis auf gemeinsame allgemeine Rechtsgrundsätze sei indes unzureichend.[36] Diese Auffassung steht demnach diametral zu den Regelungen der Rechtsverhältnisse der saar-lothringischen Aktiengesellschaft. Was dort als ein großer Schritt zur Supranationalität gewürdigt werden konnte, wird hier skeptisch betrachtet.

In der Regierungsnote werden in dem Abschnitt *Objectifs poursuivis* Ausführungen zu den Zielen der neuen Handelsgesellschaft gemacht.

Die Maßnahme diene zunächst der Erfüllung der allgemeinen Ziele des Vertrags von Rom (Vertrag zur Gründung der EWG vom 25. März 1957, nachfolgend auch „EWGV“)[37]. Nach Art. 2 EWGV ist die Errichtung des Gemeinsamen Marktes vorrangiges Ziel der EWG. Dem Vertrag von Rom ist die Angleichung von Rechtsvorschriften zur Erreichung dieses Ziels immanent. Bemühungen zur Rechtsangleichung über die Instrumente des Vertrags von Rom seien trotz ihrer nicht zu vernachlässigenden Bedeutung ungenügend, um die Unterschiede in den Rechtsordnungen zu beseitigen. Der Erlass von einheitlichen Rechtsvorschriften fördere jedoch diesen Prozess, indem er die Angleichung in dem jeweiligen Bereich vorwegnimmt und in anderen Bereichen wiederum beschleunigt.[38] Denn was bereits gleich ist, braucht nicht angeglichen zu werden. Das, was bei der europäischen Handelsgesellschaft funktioniert, kann auch auf andere Handelsgesellschaften ausgeweitet werden. Schließlich müsse die Angleichung stattfinden, um ein unumkehrbares Auseinanderdriften der nationalen Rechtsordnungen zu verhindern. Die Vereinheitlichung des Handels- und Gesellschaftsrechts sei ein schwieriges Unterfangen, das auch der EWG als einem äußerst dynamischen Gebilde nicht so schnell

[36] *Foyer*, La proposition française de création d'une société de type européen, Revue du marché commun 1965 (Nr. 81), S. 268 f.

[37] Vertrag zur Gründung der EWG, BGBl. 1957 II 753 ff.

[38] Note der französischen Regierung, a. a. O. (Fn. 33), S. 2; *Foyer*, a. a. O. (Fn. 36), S. 269.

gelingen werde. Daher könnte zumindest mit einer uniformen Gesellschaftsform begonnen werden.[39]

Mithin würde eine Gesellschaft mit einem einheitlichen Rechtsrahmen den innergemeinschaftlichen Handel und Austausch durch die Beseitigung von Ungewissheiten über den juristischen Inhalt von Satzungen fördern. In sechs Punkten wiedergegeben ergeben sich die folgenden praktischen Anwendungsvorteile[40]:

1. Die internationalen Geschäftsbeziehungen werden erleichtert, indem das Gefühl des Misstrauens gegenüber den unbekannten ausländischen Rechtsformen (*un sentiment de méfiance envers des sociétés étrangères*) mit anderen Eigenschaften im Rechtsverkehr beseitigt wird.
2. Mittlere Unternehmen würden dadurch profitieren, dass die Gründung von Tochtergesellschaften in anderen Mitgliedstaaten erleichtert wird. Dies wird durch eine Senkung der Informationskosten über fremde Rechtsordnungen erreicht. Der Erwerb von Kenntnissen über die europäische Handelsgesellschaft reicht aus, um überall in der EWG mittels Tochtergesellschaften wirtschaften zu können. Diese Annahme kann aber nur gelten, wenn das einheitliche Mustergesetz zumindest die grundlegende handels- und gesellschaftsrechtliche Materie ohne Verweis auf das nationale Recht regelt. Insbesondere weil die Harmonisierung des Gesellschaftsrechts damals noch wenig fortgeschritten war.
3. Auch für große Unternehmen würde eine neue europäische Rechtsform Erleichterungen mit sich bringen. „Administrative Kosten" werden dadurch gesenkt, dass die Kontrolle über sämtliche Tochtergesellschaften erleichtert wird. Der Beratungsaufwand verringert sich, da nicht zwingend für jede Jurisdiktion eigene Berater erforderlich sind.
4. Die von Thibierge schon angeführte bestehende Erleichterung bei der Gründung von gemeinsamen Tochtergesellschaften von Unternehmen aus verschiedenen Mitgliedstaaten.
5. Die europäische Handelsgesellschaft wirkt als Katalysator für grenzüberschreitende Finanzinvestitionen. Kapitalanleger aus anderen EWG-Staaten wüssten genau, welche Sicherheiten ihnen die europäische Handelsgesellschaft bietet.
6. Das Projekt verspreche eine relativ einfache Lösung der damals noch nicht gelösten Probleme der grenzüberschreitenden Fusionen und Sitzverlegungen.

Diese Ziele und Vorteile des Projekts wurden nahezu vollständig von der Kommission in ihrer Denkschrift aus dem Jahre 1966 zur europäischen Handelsgesellschaft übernommen. Im entsprechenden Abschnitt wird daher eine weitergehende Auseinandersetzung mit den angestrebten Punkten erfolgen. Jedenfalls wird spätestens an dieser Stelle der massive Einfluss Frankreichs auf die Entwicklung der Europäischen Aktiengesellschaft deutlich. Die Note der französischen Regierung

---

[39] *Foyer*, a. a. O. (Fn. 36), S. 269.

[40] Hierzu vgl. Note der französischen Regierung, a. a. O. (Fn. 33), S. 3 ff.

nennt vor dem Hintergrund der Ausweitung der unternehmerischen Tätigkeit im Gemeinsamen Markt durch Fusionen, Tochtergesellschaften und Sitzverlegungen eine wichtige Maxime – *l'encouragement à la concentration des entreprises* (Förderung von Unternehmenskonzentrationen).[41] Was es genau damit auf sich hat, wird ebenfalls im Rahmen der Denkschrift erläutert.

Die Regierungsnote stellt Grundlinien für das zukünftige Gesetz vor. Die französische Seite schließt nicht aus, dass die Wahl der neuen Gesellschaftsform gewisse Vorrechte eröffnen könnte, falls dies gewünscht ist.[42] Die Antwort darauf, was dies für Vorrechte sein sollen, bleibt das Dokument schuldig. Dies erinnert an die Privilegien, die besonderen Unternehmen nach dem Vorschlag des Europarates von 1952 gewährt werden sollten. Für die gleichberechtigte Teilnahme der zukünftigen Aktiengesellschaft am Wirtschaftsleben und die Akzeptanz dieses Projektes in den Mitgliedstaaten mithin kein sinnvoller Vorschlag.

Die französische Regierung stellt unter dem Abschnitt *Constitution de la société* den Mindestinhalt eines künftigen Gesetzes in Bezug auf die Gründung der Gesellschaft vor. Die gemeinsame europäische Rechtsform müsse in allen Mitgliedstaaten einen einheitlichen Gesellschaftsnamen haben (*société de commerciale de type européen*), was in der deutschen Dogmatik als Rechtsformzusatz zu verstehen ist. Dieser Rechtsformzusatz müsste auch in den Mitgliedstaaten gesetzlich geschützt werden. Die Fortwirkung dieses scheinbar so geringfügigen Vorschlags kann man heute noch in Art. 11 Abs. 1 und 2 der Verordnung (EG) Nr. 2157/2001 des Rates vom 8. Oktober 2001 über das Statut der Europäischen Gesellschaft (SE) („SE-VO") beobachten. Nach dieser Vorschrift muss die Europäische Aktiengesellschaft ihrer Firma den Zusatz „SE" vor- oder nachstellen. Außerdem darf nur sie ihrer Firma den Zusatz „SE" hinzufügen.

Der Gesetzesentwurf müsste weiterhin eine Erleichterung des Verfahrens zur Gründung der Gesellschaft regeln und Bestimmungen über die Mindestanzahl der Aktionäre und das Gesellschaftskapital (z.B. Mindestbetrag) enthalten. Auch könnten besondere Vorteile für die Gründer und die ersten Kapitalzeichner vorgesehen werden. Die Regierungsnote führt nicht präziser aus, um was für Vorteile es sich hierbei handeln soll. Dies darf man kritisieren, trotz der Ankündigung, den zukünftigen Entwurf nur in groben Zügen umreißen zu wollen. Die europäische Handelsgesellschaftsform müsse sich – wie von Thibierge und Foyer erläutert – durch ihre Akzeptanz bei den Wirtschaftssubjekten behaupten. Überlegungen zu nicht näher konkretisierten Vorteilen laufen dem zuwider, da man infolgedessen nicht von einem fairen Wettbewerb der Rechtsformen sprechen könnte, in dem sich die supranationale Kapitalgesellschaft im Ergebnis behauptet.[43]

---

[41] Note der französischen Regierung, a. a. O. (Fn. 33), S. 2.

[42] Note der französischen Regierung, a. a. O. (Fn. 33), S. 4.

[43] Vgl. Note der französischen Regierung, a. a. O. (Fn. 33), S. 5.

Hinsichtlich der Arbeitsweise der Gesellschaft müsse es Bestimmungen zur Geschäftsführung geben. Dabei stellt die französische Regierung fest, dass alle EWG-Staaten zumindest ein *organe de direction* (d.h. eine Art Leitungsorgan) und eine Aktionärsversammlung haben. Der Vorschlag hierzu ist, dass es ggf. Sinn machen würde, ein Zwischenorgan vorzusehen. Dieses Zwischenorgan könnte dann Verwaltungs- oder Führungsaufgaben wahrnehmen. Aber auch die Betrauung mit Aufsichtsaufgaben wäre möglich.

Das Einheitsgesetz müsse ferner Vorschriften über die Einberufung und Abhaltung der Hauptversammlung sowie der Teilnahme an dieser haben. Bestimmte Vorschriften zum Schutz der Minderheitsgesellschafter werden ausdrücklich gefordert. Interessant ist hier die Forderung, dass Minderheitsgesellschafter ihr Kapital abziehen können, wenn die Gesellschaft ihren Charakter als europäische Handelsgesellschaft verliert (Verlust der einheitlichen Rechtsform oder die Verlegung des Sitzes aus der EWG heraus). Ferner müssten Regelungen zur Rechnungslegung und den entsprechenden Publizitätspflichten getroffen werden. Lakonisch erfolgt auch der Hinweis auf konzernrechtliche und steuerrechtliche Regelungen. Die Schaffung einer europäischen Handelsgesellschaft sei zwar nicht zwingend an die Harmonisierung des Steuerrechts gebunden, langfristig müsse aber auch im Steuerrecht die Rechtsangleichung stattfinden, damit das Projekt gedeihen kann.[44]

Die französische Regierung beendet die Ausführungen mit der Forderung nach der alsbaldigen Bildung einer Arbeitsgruppe. Die Entschlossenheit, eine einheitliche Rechtsform in der EWG zu etablieren, äußert sich zusätzlich darin, dass Frankreich verlangt, die Möglichkeit der Mitgliedstaaten zu Vorbehalten auszuschließen. Interessant ist auch die Idee, eine Mustersatzung im Anhang zum Übereinkommen anzubringen. Zum Schluss wird auf das Erfordernis der einheitlichen Gesetzesauslegung hingewiesen. Zutreffend stellt Frankreich fest, dass die neue Gesellschaft der nationalen Gerichtsbarkeit unterliegt. Problematisch ist genauer gesagt, dass das Einheitsgesetz der Auslegung durch nationale Gerichte unterliegt. Eine diesbezügliche Lösung bietet die Note nicht. Dadurch wird zugleich ein Nachteil der *loi uniforme* deutlich.[45]

Bemerkenswert ist, dass Regelungen zu Mitbestimmungsfragen nicht thematisiert werden. Natürlich könnte dies der Art des Dokuments geschuldet sein. Es handelte sich um kein Memorandum und schon gar nicht um einen Entwurf. Jedenfalls von heutiger Warte ist dies auffällig. Die wegweisende Wirkung für die weitere Arbeit der EWG-Kommission wurde bereits erwähnt. Soweit ersichtlich ist dies die erste offizielle Forderung auf staatlicher Ebene nach der (mehr oder weniger) europäischen supranationalen Kapitalgesellschaft. Aus diesem Grund ist der geschichtliche Kontext, in dessen Rahmen von französischer Seite ein solcher

[44] Note der französischen Regierung, a.a.O. (Fn. 33), S. 6 f.

[45] Note der französischen Regierung, a.a.O. (Fn. 33), S. 8 f.

Vorschlag kam, noch bemerkenswerter. Der 1. Juli 1965 markiert den Beginn der Politik des „leeren Stuhls" Frankreichs. Hierbei handelte es sich um einen EWG-Haushaltsstreit respektive um einen Kompetenzstreit im Rahmen des Vertrages von Rom. Die Gemeinsame Agrarpolitik sollte zukünftig zum Teil aus EWG-Mitteln finanziert werden. Hierfür hätten die Etatrechte des Europäischen Parlaments („EP") erweitert werden müssen. Ab 1. Januar 1966 sah der EWG-Vertrag vor, dass teilweise Entscheidungen mit qualifizierter Mehrheit im Rahmen der Agrarpolitik möglich sein sollen. Einige Mitgliedstaaten wollten der entsprechenden Vorschrift bereits Mitte 1965 Vorwirkung beimessen. Infolgedessen blieb Frankreich, das zu dieser Zeit die Ratspräsidentschaft innehatte, den Sitzungen des Rats fern. Dies war der erste Fall einer mitgliedstaatlichen Blockade der Arbeitsweise der Gemeinschaft. Allerdings konnte man sich im Januar 1966 in Luxemburg einigen. Fortan konnte bei ausstehenden Mehrheitsentscheidungen des Ministerrats ein Staat dem Beschluss nicht zustimmen und unter Hinweis auf wichtige nationale Interessen weitere Beratungen bis zu einem annehmbaren Kompromiss verlangen.[46] Diese rechtlich nicht verbindliche Abmachung wurde als sog. „Luxemburger Kompromiss" bezeichnet. *De facto* waren damit Entscheidungen mit qualifizierter Mehrheit bis in die 1980er Jahre ausgesetzt.[47]

Dies ist in Anbetracht der Regierungsnote deswegen relevant, weil diese auf den 23. März 1965 datiert ist. Wäre der Streit einige Monate früher ausgebrochen, so wäre es möglicherweise nie zu dem französischen Vorstoß gekommen. Somit unter Umständen auch nicht zu der Realisierung einer SE.

III. Vordenker der Europäischen Aktiengesellschaft

Im Zusammenhang mit der Entstehung der SE wird einer Quelle und einer Person überragende Bedeutung beigemessen – der Antrittsrede des Rechtsprofessors Pieter Sanders an der Niederländischen Wirtschaftshochschule in Rotterdam am 23. Oktober 1959[48].

Aufgrund der Bedeutung des Juristen für die Europa-AG sind einige Fakten vorab zu seiner Person angebracht: Vor seiner Tätigkeit als Hochschullehrer an der *Nederlandse Economische Hogeschool* bzw. Erasmus-Universität Rotterdam war Sanders zunächst als Rechtsanwalt tätig. Seine Berufsausübung wurde durch den Zweiten Weltkrieg unterbrochen; von 1942 bis 1943 wurde er von den Deutschen in *Sint-Michielsgestel* interniert und als eine von 600 niederländischen Geiseln ge-

[46] *Ungerer*, in: Bergmann, Handlexikon der Europäischen Union, Politik des „leeren Stuhls".

[47] *Obwexer*, in: Streinz, EUV/AEUV, Art. 238 AEUV, 49 ff.; *Piepenschneider*, in: Bergmann Handlexikon der Europäischen Union, Luxemburger Vereinbarung (Kompromiss).

[48] Abgedruckt in: *Sanders*, a. a. O. (Fn. 10), S. 1 ff. Im folgenden Kapitel werden die Inhalte der Rede zitiert.

halten. Die Internierung stellte die Reaktion der deutschen Besatzung auf Anschläge durch niederländische Widerstandskämpfer dar. Nach dem Ende des Krieges wurde er mit gerade einmal 33 Jahren zum Generalsekretär des sog. „Allgemeinen Kriegsführungs-Ministeriums" berufen. Während dieser Tätigkeit knüpfte er Kontakte in Regierungskreise und wurde im Anschluss Generalsekretär der „Allgemeinen Indonesien Kommission", deren Aufgabe die Aushandlung der indonesischen Unabhängigkeit gewesen ist (Indonesien war zu jener Zeit eine niederländische Kolonie). Nachdem die Verhandlungen gescheitert waren und der Ausbruch des indonesischen Unabhängigkeitskrieges bevorstand, bat Sanders um Entbindung von seinem Amt. Anschließend nahm er die Anwaltstätigkeit wieder auf und machte sich in der Folgezeit einen Namen als Experte in der Schiedsgerichtsbarkeit. So war er maßgeblich an dem New Yorker Übereinkommen über die Anerkennung und Vollstreckung von ausländischen Schiedssprüchen vom 10. Juni 1958 beteiligt. Sanders bekleidete außerdem zahlreiche Aufsichtsratsmandate in niederländischen Gesellschaften. Eine Zeit lang war er auch Aufsichtsratsmitglied in einer Tochtergesellschaft des *Thyssen*-Konzerns. Die Tätigkeit in Aufsichtsräten großer Unternehmen steht in engem Zusammenhang mit seinem Engagement für das internationale Gesellschaftsrecht und schließlich auch für die SE.[49]

Der Aufsatz, der die Rede wiedergibt, trägt den Titel „Auf dem Wege zu einer europäischen Aktiengesellschaft?". Für das Jahr 1959, kurze Zeit nach dem Kongress der Notare in Frankreich, ist das ein äußerst fortschrittlicher Titel. Der Vortrag leitet mit einem Hinweis auf Art. 3 des EWG-Vertrages ein. Dieser setzt die Angleichung von nationalen Vorschriften der EWG-Staaten für Zwecke der Funktion des Gemeinsamen Marktes voraus. Dies betrifft auch Rechtsvorschriften des Aktienrechts. Sanders geht einen Schritt weiter und stellt neben die Rechtsangleichung die Vereinheitlichung von Rechtsvorschriften. Beide Prozesse schließen sich nicht aus und könnten nebeneinander stattfinden.[50]

1. Notwendigkeit einer supranationalen Aktiengesellschaft

Der Rechtsgelehrte stellt anschließend die Gretchenfrage „Ist ein europäisches Aktiengesellschaftsrecht notwendig?". Immerhin gebe es zahlreiche Beispiele bereits bestehender europäischer Unternehmen, die international tätig wurden. Hier werden Unternehmen wie die *Eurofima*, sog. gemeinsame Unternehmen auf der Grundlage des Art. 49 des *Euratom*-Vertrags, die *Société Internationale de la Moselle* zum Bau des Moselkanals zwischen Thionville und Koblenz und die *EUROCHEMIC* aufgezählt. Auch der französisch-schweizerische Flughafen Basel-Mül-

---

[49] Vgl. die biographische Darstellung bei *Sandrock*, ZVglRWiss 111 (2012), 259 ff.

[50] *Sanders*, a. a. O. (Fn. 10), S. 1.

hausen (ein binationaler Flughafen) wird genannt.[51] Aus den Gründen, die bereits zu Beginn der zugrunde liegenden Arbeit erläutert wurden, vermögen diese Gesellschaften nicht, eine europäische Aktiengesellschaft zu ersetzen. Erstens: Diese Unternehmen werden von Staaten gegründet. Solche Unternehmen sind atypische Gesellschaftsgebilde, die *qua* völkerrechtlicher Vereinbarung eine Satzung erhalten, die über dem nationalen Recht des jeweiligen Sitzstaates steht, das dennoch hilfsweise zur Anwendung kommt. Das ist nur so dogmatisch zu legitimieren, dass sich Regierungen „viel erlauben" können bzw. die *autonomie de la volonté*[52] für Staaten grenzenlos zur Geltung kommt. Mit den folgenden Überlegungen von Sanders haben diese Gebilde allerdings nicht viel zu tun. Der Professor macht auch deutlich, dass ihm die Anwendung des „hilfsweise geltende[n], erheblich verstümmelte[n] innerstaatliche[n] Recht[s]" missfällt. Im Kontrast hierzu wird die Öffnung multinationaler Unternehmungen auch für rein private Vorhaben angeregt. Das Ziel ist nicht die Schaffung von Mustersatzungen, die Vorrang vor nationalem Recht genießen sollen. Vielmehr soll ein eigenständiges Gesetz geschaffen werden mit genügend Gestaltungsmöglichkeiten für eine Satzung im individuellen Fall. So würde es ausreichen, ein allgemeines europäisches Gesellschaftsrecht einzuführen. Jedes Detail könne in dem entsprechenden Vertrag ohnehin nicht geregelt werden. Um aber übermäßige Verweise auf innerstaatliches Recht zu vermeiden, sei eine Gestaltungsmöglichkeit in der Satzung vonnöten. Überdies gehe es nicht darum, eine Aktiengesellschaft mit besonderen Privilegien aufgrund ihrer Internationalität auszustatten, wie dies in der Initiative des Europarates der Fall war.[53]

2. Anwendungsbeispiele

Sanders bewirbt das Projekt einer europäischen Aktiengesellschaft mit wegweisenden Argumenten, die den gesamten zukünftigen Entstehungsprozess beeinflussen sollten. Deutlich betont er den psychologischen Vorteil bei der Verwendung einer europäischen Aktiengesellschaft. Der psychologische Effekt äußert sich darin, dass keine Entscheidung für eine nationale Körperschaft getroffen werden muss. „Was europäisch gedacht ist, kann sich so konstituieren", dies sei ein Vorteil, der beim prognostizierten Anstieg der internationalen Zusammenarbeit Bedeutung erlangen werde. Zutreffend stellt er klar, dass der psychologische Aspekt zwar kaum gemessen werden kann, aber nicht vernachlässigt werden sollte. Durch die kontinuierliche Arbeit am Gemeinsamen Europäischen Markt und allgemein an der europäischen Integration werden immer evidentere Einsatzmöglichkeiten für Gemeinschaftsunternehmen eröffnet, so zum Beispiel für Luftfahrtgesellschaften und

[51] Vgl. die Geschichte des Flughafens (aufrufbar unter: https://www.euroairport.com/de/euroairport/unternehmen/wir-ueber-uns/unternehmensportrait.html, zuletzt aufgerufen am: 19.03.2024).

[52] Das französisches Pendant zum Begriff der „Privatautonomie", vgl. *Weller/Benz/Thomale*, ZEuP 2017, 250 ff., dort die Literaturhinweise in Fn. 7 und Fn. 37.

[53] *Sanders*, a.a.O. (Fn. 10), S. 1 f.

andere Transportgesellschaften. Auch Tochtergesellschaften amerikanischer Unternehmen könnten aus einer derartigen Rechtsform Nutzen ziehen, da die Geschäftstätigkeit deren europäischer Töchter sich in der Regel auf den gesamten europäischen Markt erstreckt. Entsprechendes gilt für europaweit tätige Investmentfonds. Die Europäische Aktiengesellschaft dürfte demnach den Wirtschaftsstandort (damals noch) Westeuropa attraktiver machen und als Magnet für drittstaatliches Kapital fungieren.[54] Ein Blick auf die deutschen SE zeigt, dass in der Tat zahlreiche dieser Unternehmen europaweiten Handel betreiben bzw. grenzüberschreitende Dienstleistungen erbringen. Dass hingegen bedeutende amerikanische Unternehmen für ihr europäisches Engagement in einem besonderen Umfang die SE nutzen, kann zumindest mit Blick auf die SE mit Deutschland nicht festgestellt werden. Bemerkenswert ist ferner, dass sich Airbus – ein Unternehmen sinnbildlich für die europäische Integration – für die SE entschieden hat.[55]

a) Vorzüge bei grenzüberschreitenden Sitzverlegungen und Verschmelzungen mit einem Exkurs in die Gegenwart

Die Vorzüge für die Sitzverlegung und Verschmelzung werden ausdrücklich gewürdigt.[56] Dies wurde lakonisch in der französischen Regierungsnote von 1965 auch getan, doch liegen immerhin ungefähr 6 Jahre zwischen beiden Quellen.

Für ein besseres Verständnis dieser Fokussierung auf die beiden Rechtsinstitute ist aus heutiger Perspektive etwas Erläuterung erforderlich. Hierzu ist ein Vorgreifen in die Zukunft unausweichlich. Bis zur Entscheidung des EuGH in der Rechtssache *SEVIC Systems AG*[57] leitete die h. M. aus § 1 Abs. 1 UmwG ein generelles Verbot von grenzüberschreitenden Umwandlungsmaßnahmen ab. Schließlich ist im Wortlaut des § 1 Abs. 1 UmwG die Rede von „Rechtsträger[n] mit Sitz im Inland". Damals entschied der EuGH jedoch vor dem Hintergrund einer Hereinverschmelzung aus Luxemburg nach Deutschland, dass dies mit der Niederlassungsfreiheit gem. Art. 49, 54 AEUV (ex Art. 43, 48 EGV) nicht vereinbar ist. Der Gerichtshof argumentierte mit dem Bedürfnis des Binnenmarktes, da die grenzüberschreitende Verschmelzung eine Modalität der Niederlassungsfreiheit darstellt. Seit der Umsetzung der sog. „Verschmelzungsrichtlinie" (RL 2005/56/EG v. 26. 10. 2005, heute aufgegangen in den Art. 118 ff. der RL (EU) 2017/1132 über bestimmte Aspekte des Gesellschaftsrechts, sog. „GesR-RL") im Jahre 2007 durch das 2. UmwÄndG (vgl. §§ 122a UmwG ff. a. F.) in nationales Recht, ist die grenzüberschreitende

---

[54] *Sanders*, a. a. O. (Fn. 10), S. 2 f.

[55] Vgl. hierzu die Übersicht der wesentlichen SE-Gründungen in Deutschland bei *Hohenstatt/Müller-Bonanni*, in: Habersack/Drinhausen, SE-Recht, Vorb. §§ 1–3 SEBG Rn. 86.

[56] Vgl. *Sanders*, a. a. O. (Fn. 10), S. 3.

[57] EuGH, Urt. v. 13. 12. 2005 – C-411/03 (SEVIC Systems AG) = NZG, 2006, 112 ff.

Verschmelzung innerhalb der Europäischen Union eine nach wie vor komplexe, aber nunmehr zumindest rechtssichere Maßnahme.[58]

Für die grenzüberschreitende Satzungssitzverlegung entschied der EuGH *obiter dictum* in der Rechtssache *Cartesio*, dass diese nach dem Recht des Wegzugsstaats nicht mit einem Verlust der rechtlichen Identität (Auflösung und Liquidation) einhergehen darf. Gleichwohl kann der Wegzugsstaat den Verlust des nationalen Rechtskleids daran knüpfen (sog. Geschöpftheorie des EuGH). So könne der Wegzugsstaat vorsehen, dass seine nationalen Gesellschaften sowohl den Satzungs- *als auch* den Verwaltungssitz in seinem Hoheitsgebiet vorweisen müssen. Denn ein Recht auf *rechtsformwahrenden* Wegzug folgt aus dem Unionsrecht nicht. Insoweit gebe es eben keine Wegzugsfreiheit. Allerdings darf ein identitätswahrender Wegzug nicht unmöglich gemacht werden, falls der Zuzugsstaat einen Formwechsel vorsieht.[59]

Zur *identitätswahrenden*, aber rechtsformändernden Satzungssitzverlegung (grenzüberschreitender Formwechsel) sind die EuGH-Urteile in den Rechtssachen *VALE* und *Polbud* wesentlich. Im Sachverhalt zur Entscheidung *VALE* wollte eine italienische Gesellschaft ihren Satzungs- und Verwaltungssitz nach Ungarn verlegen und sich dort als Gesellschaft nach ungarischem Recht konstituieren. Das ungarische Recht sah für nationale Gesellschaften die Möglichkeit zum Formwechsel vor. Gleichwohl wurde die Eintragung der italienischen Gesellschaft als formgewechselte (ungarische) Gesellschaft in Ungarn abgelehnt. Der EuGH sah dies als Verstoß gegen die Niederlassungsfreiheit an, denn die Versagung des Formwechsels ausschließlich für Gesellschaften aus anderen Mitgliedstaaten sei nicht zulässig. In der Rechtssache *Polbud* ging der Gerichtshof noch einen Schritt weiter und eröffnete bei einem Formwechsel mit isolierter Satzungssitzverlegung – der Verwaltungssitz sollte im Wegzugsstaat bleiben – den Schutzbereich der Niederlassungsfreiheit. Der Zuzugsstaat könne aber vorsehen, dass auch der Verwaltungssitz verlegt werden muss.[60]

Im Hinblick auf den grenzüberschreitenden Formwechsel ist man in jüngster Zeit nicht mehr ausschließlich auf die Rechtsprechung des EuGH angewiesen, da mit der Verabschiedung der RL (EU) 2019/2121 (sog. „Umwandlungsrichtlinie“) und der Umsetzung dieser in nationales Recht durch das Gesetz zur Umsetzung der Umwandlungsrichtlinie und zur Änderung weiterer Gesetze („UmRUG“) vom 22. Fe-

---

[58] Hierzu *Spahlinger/Wegen*, NZG 2006, 721 (724); *Kappes*, NZG 2006, 101 ff.; *Klett*, in: BeckOGK UmwG, § 305 Rn. 7; *Polley*, in: Henssler/Strohn, UmwG, § 122a Rn. 1 f.; *Luy*, in: BeckOGK UmwG, § 333 Rn. 12; EuGH, a. a. O. (Fn. 57), S. 113.

[59] EuGH, Urt. v. 16.12.2008 – C-210/06 (CARTESIO) = NZG 2009, 61 ff.; *Teichmann*, LMK 2009, 275584; *Servatius*, in: Noack/Servatius/Haas, GmbH-Gesetz; § 4a GmbHG, Rn. 15 ff.; *Heckschen*, GWR 2020, 449 f.

[60] EuGH, Urt. v. 12.7.2012 – C-378/10 (VALE) = NJW 2012, 2715 ff.; EuGH v. 25.10. 2017 – Rs C-106/16 (Polbud) = ZIP 2017, 2145 ff.; *Bayer/Schmidt*, ZIP 2017, 2225 ff.; *Heckschen*, a. a. O. (Fn. 59), S. 450.

bruar 2023 in Teilen Rechtssicherheit eingekehrt ist.[61] Eine lang ersehnte Sitzverlegungsrichtlinie ist jedoch durch die vorangestellten Entwicklungen keineswegs redundant geworden, da hierdurch eine vollständige Harmonisierung der Verfahrensvorschriften und Voraussetzungen für die Sitzverlegung hergestellt werden kann. Durch die Umwandlungsrichtlinie wurden zwar auf diesem Gebiet erhebliche Fortschritte erzielt. Allerdings könnte eine Sitzverlegungsrichtlinie z. B. die Vorgabe eines einheitlichen Rechtsrahmens für den grenzüberschreitenden Formwechsel von Personengesellschaften und die Harmonisierung des Gesellschaftskollisionsrechts (Gründungstheorie) beinhalten.[62]

Eine rechtsform- *und* identitätswahrende grenzüberschreitende Verlegung des Satzungssitzes (d. h. unter Beibehaltung der Rechtsform des Wegzugsstaates) einer rein nationalen Gesellschaft ist heute nach wie vor nicht möglich.[63] Anders jedoch im Falle der SE, da Art. 8 SE-VO ein spezielles Verfahren für die Sitzverlegung unter Beibehaltung der Rechtsform regelt. Dies ist ein Vorzug, den die Europäische Aktiengesellschaft trotz der vorgenannten legislatorischen und judikativen Fortschritte vor allen anderen nationalen Rechtsformen hat und der zu ihrer nach wie vor bestehenden Aktualität und Notwendigkeit beiträgt.[64]

Im Jahr 1959 waren diese Entwicklungen jedoch reine Zukunftsmusik. Es existierte noch kein Rechtsrahmen für grenzüberschreitende Umwandlungsmaßnahmen. Daher verwundert es nicht, wenn Sanders von der Beseitigung von Problemen im Zusammenhang mit der internationalen Sitzverlegung und Fusionen spricht. Ersteres wäre im Hinblick auf den Zuzugsstaat und den Wegzugsstaat unproblematisch möglich, weil der statutarische Sitz der europäischen Aktiengesellschaft in jedem EWG-Staat liegen kann. Letzteres ist möglich, weil die Europäische Aktiengesellschaft für Zwecke der grenzüberschreitenden Verschmelzung wie eine inländische Aktiengesellschaft behandelt wird.[65]

b) Die weiteren Vorzüge

Begrüßenswert wäre die supranationale Aktiengesellschaft auch, weil sie die einseitige Benachteiligung eines Gesellschafters durch ihre Wahl verhindert. Der Nachteil der grenzüberschreitenden Zusammenarbeit in einer nationalen Rechts-

---

[61] BGBl. 2023 I Nr. 51; vgl. auch *Heckschen*, a. a. O. (Fn. 59), S. 451.

[62] Zur Entwicklung der Sitzverlegungsrichtlinie von 1997 und ihrer Bedeutung trotz der EuGH-Rechtsprechung vgl. *Leible*, in: Michalski/Heidinger/Leible/J. Schmidt, GmbH-Gesetz, Systematische Darstellung 2 Internationales Gesellschaftsrecht, Rn. 61 ff.; *Bayer/Schmidt*, a. a. O. (Fn. 60) S. 2234, mit dem Vorschlag das Gesellschaftskollisionsrecht durch eine weitere Rom-VO zu harmonisieren; *Heckschen*, a. a. O. (Fn. 59), S. 452 f.

[63] Vgl. für die AG und die GmbH *Behme*, in: MüKo AktG, Anh § 5 Rn. 61; *Dostal*, in: Römermann, Münchener Anwaltshandbuch GmbH-Recht, § 26 Rn. 332; *J. Schmidt*, in: Michalski/Heidinger/Leible/J. Schmidt, GmbH-Gesetz, § 4a GmbHG Rn. 18.

[64] Zutreffend *Casper*, in: BeckOGK SE-VO, Art. 8 Rn. 2.

[65] Vgl. *Sanders*, a. a. O. (Fn. 10), S. 3.

form wird dadurch beseitigt, dass die Prorogation eines ergänzend anwendbaren (nationalen) Rechts in Bezug auf die innere Organisation verhindert wird. Gewiss konnte dem Verfasser damals nicht klar sein, dass sein Vorschlag zu einer ganzheitlichen Gesetzgebung im Lauf der nächsten Jahrzehnte auf einen Torso beschränkt wird.

Darüber hinaus führt Sanders Argumente für eine europäische Aktiengesellschaft an, die er als „organisatorischen Gesichtspunkt" und „Vorteile für die Finanzierung" bezeichnete. Der erstgenannte Gesichtspunkt impliziert eine Verschlankung von Konzernstrukturen. Die Idee dahinter: *Eine* Gesellschaft für *einen* europäischen Markt, anstelle von mehreren Tochtergesellschaften. Die Vorteile bei der Finanzierung (Fremd- oder Eigenkapitalbeschaffung) betreffen den Bereich der nationalstaatlichen Vorschriften für die Aufnahme einer Anleihe oder den Börsengang in einem Mitgliedstaat.

Die Erfolgsaussichten einer europäischen Aktiengesellschaft hängen laut Sanders von der Flexibilität der entsprechenden Gesetzgebung und den auf sie anwendbaren steuerlichen Regelungen ab. Auf weitere Ausführungen zu steuerlichen Fragestellungen wird jedoch verzichtet. Ein großer Vorteil wäre schon erreicht, wenn die europäische Aktiengesellschaft mit nur einer einzigen „zentralen Instanz" zu tun hätte. Dies erinnert an das von Thibierge angeregte europäische Handelsregister. Tatsächlich geht die Idee in diese Richtung, aber auch darüber hinaus. Sanders regt die Errichtung eines „europäischen Amt[es] für die Aktiengesellschaften" an. Dabei soll dieses Organ nach seinem Willen nicht nur ein Register sein, sondern auch prophylaktische Aufsichtsaufgaben erfüllen, bis hin zur Erteilung der Genehmigung für die Gründung. Das Amt prüft neben den Gründungsbedingungen, ob die Satzung im Einklang mit dem europäischen Gesellschaftsrecht steht. Hier ließ er sich nach eigenen Angaben von der holländischen ministeriellen Unbedenklichkeitsbescheinigung inspirieren.[66]

Gegen Ende seines Vortrages wird ein weiterer Vorteil und Nutzen der neuen Rechtsform vorgestellt – die „harmonisierende Wirkung auf die auseinandergehenden einzelstaatlichen Rechtssysteme". Wie zuvor in den Ausführungen zur Note der französischen Regierung betont, ist der Erlass von einheitlichen Rechtsvorschriften neben der Angleichung von Normen ein Mittel, das schneller zu der wünschenswerten Vereinheitlichung der Rechtsgebiete führt. Die Behauptung bezüglich der schnelleren Umsetzbarkeit mag zwar in der Theorie stimmig erscheinen, die langjährige Entstehungsgeschichte der SE stützt diese These hingegen nicht.[67]

---

[66] *Sanders*, a.a.O. (Fn. 10), S. 3 f.

[67] *Sanders*, a.a.O. (Fn. 10), S. 5 f.

3. Vergleich mit der Rechtslage in Nordamerika (USA und Kanada)

Einen zu den übrigen Überlegungen untergeordneten Teil widmet Sanders der Darstellung der gesellschaftsrechtlichen Verhältnisse in Nordamerika. Dieser Teil ist erwähnenswert, da er mit den USA und Kanada zwei Gegensätze vorstellt, die für die Beschreibung des aktuellen Zustands in Europa und die ersehnte Zukunft herangezogen werden können. In den Vereinigten Staaten von Amerika existiert grundsätzlich kein Gesellschaftsrecht auf Bundesebene. Im Gegensatz zu der Kompetenzzuweisung in Deutschland gem. Art. 74 Abs. 1 Nr. 11 GG[68] kennt die amerikanische Verfassung eine solche Kompetenz zugunsten des Kongresses nicht. Nur im Ausnahmefall kann der Kongress bestimmten Unternehmen eine *federal charter* gewähren, falls dies für die zur Ausübung bzw. Erfüllung von verfassungsmäßigen Rechten und Aufgaben der Bundesregierung erforderlich ist. Welche Unternehmungen damit gemeint sind, wird anhand der Praxisbeispiele deutlich illustriert. Dies betrifft z. B. Gesellschaften, die eine Banktätigkeit ausüben und daher nach dem *National Bank Act* aus dem Jahr 1864 gegründet werden müssen. Ein anderes Beispiel sind die damals durch Bundesgesetz gegründeten Bundeseisenbahngesellschaften. Diese *federal corporations* werden zurecht mit den internationalen Unternehmen verglichen, die in Europa zwischen staatlichen Akteuren zur Erfüllung von öffentlichen Aufgaben eingesetzt wurden. In den USA werden die Bundesgesellschaften durch ein föderales Gesetz gegründet – in Europa durch ein zwischenstaatliches Abkommen. Die Rechtsverhältnisse der *federal corporations* werden durch das jeweilige Gesetz und im Übrigen durch das *common law* bestimmt. Die internationalen europäischen Unternehmen unterstehen dem Abkommen und hilfsweise einem bestimmten innerstaatlichen Recht.[69]

Den *status futurus* aus europäischer Sicht könne man hingegen in Kanada beobachten. Dort gibt es Bundesgesellschaften auf der Grundlage des *Act respective Dominion Companies.* Es wird darauf hingewiesen, dass der vorgenannte Gesetzgebungsakt eine umfassende Kodifizierung des Bundesgesellschaftsrechts enthält. Naheliegend ist, dass diese Rechtsform besonders attraktiv für Unternehmen ist, die in ganz Kanada oder in mehreren Provinzen Geschäften nachgehen. Die Schlussfolgerung aus diesem rechtsvergleichenden Exkurs wäre demnach, dass die Rechtslage in Kanada für das Projekt einer europäischen Aktiengesellschaft hilfreich sein kann.[70]

4. Einige Details zu der zukünftigen Gesetzgebung

In Bezug auf die Umsetzung dieses Projekts bleibt der Vortrag vage, verzichtet jedoch nicht vollständig auf eine inhaltliche Konkretisierung des Vorhabens. Fol-

---

[68] *Degenhart*, in: Sachs GG, Art. 74 Rn. 44.

[69] *Sanders*, a. a. O. (Fn. 10), S. 3 f.

[70] *Sanders*, a. a. O. (Fn. 10), S. 4.

gende Leitlinien für ein zukünftiges Regelwerk werden gegeben: Zum einen müsse entschieden werden, welche Gesellschaften als „europäisch" gelten und mithin eine europäische Aktiengesellschaft gründen dürfen. Hier biete sich die Anknüpfung an die Zusammensetzung der Organe oder des Kapitals an. Nicht zweifelsfrei klar wird, wann eine Zusammensetzung als „europäisch" gelten kann. Müsste etwa auf den Wohnort der Organmitglieder bzw. Anteilseigner oder eher auf ihre Staatsangehörigkeit abgestellt werden? Die Frage brauchte nicht beantwortet zu werden, da solche Voraussetzungen für die Gründung der Europa-AG sogleich verworfen werden. Zurecht wird bemerkt, dass bei Organmitgliedern Strohmänner eingesetzt werden können und die Kapitalzusammensetzung im Falle von Inhaberaktien nicht überprüfbar wäre. Auch der Unternehmensgegenstand sei kein eindeutiger Indikator dafür, dass das Unternehmen tatsächlich europäisch ist. Überzeugender erschien das Erfordernis eines hohen Grundkapitals. Als Beispiel wurden 10.000.000 (niederländische) Gulden genannt. Unter Berücksichtigung der Entstehungszeit des Textes ist eine Umrechnung in Euro mangels eines historischen Wechselkurses an dieser Stelle nicht darzustellen. Trotzdem ist zur Veranschaulichung interessant, dass die Zentralbank der Niederlande (*De Nederlandsche Bank*) den Wechselkurs bei 2,20371 Gulden für einen 1 EUR vorsieht.[71] Dies würde ein Grundkapital von rund 4,5 Mio. EUR bedeuten. Neben dem fehlenden historischen Wechselkurs wird auch ein Kaufkraftverlust nicht berücksichtigt. Deutlich wird dennoch, dass eine hohe Eigenkapitalausstattung der Aktiengesellschaft gefordert wurde. Nicht nur die Neugründung, sondern auch die Gründung durch die Umwandlung bestehender Unternehmen sollte statthaft sein.[72]

Weiterhin müsse entschieden werden, welche Organe die neue Gesellschaftsform haben soll und welche Befugnisse diesen Organen verliehen werden. Diese und andere Detailfragen müssten durch eine selektive Auswahl aus den Rechtsordnungen der Mitgliedstaaten des EWG geregelt werden. Zugleich räumt Sanders aber ein, dass Unterschiede verbleiben werden, da die europäische Aktiengesellschaft nationale Vorschriften über Aktiengesellschaften nicht vollständig verdrängen kann, sondern eher neben diese tritt.

Zuletzt wird – dies zieht sich wie ein roter Faden durch alle bisherigen Überlegungen – die Notwendigkeit einer einheitlichen Rechtsauslegung hervorgehoben.[73]

IV. Denkschrift der Kommission von 1966

Die Kommission der EWG sah sich u. a. durch die Note der französischen Regierung veranlasst, grundsätzliche Überlegungen über die Tätigkeit von Unterneh-

[71] Internetpräsenz der Niederländischen Bank: https://www.dnb.nl/betalen/guldenbiljetten-omwisselen/ (zuletzt aufgerufen am 18. Februar 2024).

[72] *Sanders*, a. a. O. (Fn. 10), S. 4.

[73] *Sanders*, a. a. O. (Fn. 10), S. 4 f.

men im gemeinsamen europäischen Binnenmarkt in der „Denkschrift der Kommission der Europäischen Wirtschaftsgemeinschaft über die Schaffung einer europäischen Handelsgesellschaft" festzuhalten. Stimmen aus der Industrie und dem Handel äußerten zu diesem Zeitpunkt Interesse an der Realisierung einer supranationalen europäischen Handelsgesellschaft. So zeigte die *Union of Industrial and Employers' Confederation of Europe* (UNICE) Aufgeschlossenheit gegenüber einer neuen Gesellschaftsform. Eine europäische Handelsgesellschaft diene der willkommenen Rechtsvereinheitlichung im entstehenden europäischen Binnenmarkt. Die „Rolle des hilfsweise anwendbaren Rechts", womit das nationale Recht gemeint ist, sollte auf ein Minimum beschränkt werden. Weiterhin seien Maßnahmen zu treffen, um die Auseinanderentwicklung der Rechtsprechung in den Mitgliedstaaten zu begrenzen. Eine ebenfalls angeführte Stellungnahme des Europäischen Gewerkschaftssekretariats C.I.S.L. mutet angesichts der noch darzustellenden Entwicklungen im Bereich der Arbeitnehmerbeteiligung aus heutiger Sicht recht sonderbar an. Demnach bestehe ein Interesse des C.I.S.L. an Initiativen, „die dem sozialen Fortschritt dienende Konzentrationsbewegungen förder[n]".[74]

1. Neue Herausforderungen durch ein verändertes Marktumfeld

Die Kommission macht gleich in der Einleitung deutlich, dass das Interesse an einer europäischen Handelsgesellschaft ein wirtschaftliches ist und eine neue Gesellschaftsform in erster Linie der Lösung wirtschaftlicher Probleme dient. Oberstes (wirtschaftliches) Ziel bleibe die Verwirklichung des Gemeinsamen Marktes (vgl. Art. 2 EWGV). Als wirtschaftliche Herausforderungen der europäischen Unternehmen werden die Errichtung einer effizienten Betriebsgröße, die Umorganisation bzw. Erstreckung der Wertschöpfung auf den gesamten europäischen Binnenmarkt, die Spezialisierung bzw. Diversifikation des Produktportfolios sowie Innovation genannt.[75]

Den vorbezeichneten Herausforderungen könne durch verschiedene Ansätze begegnet werden, indem Unternehmen frisches Kapital zugeführt wird (z. B. durch die Ausgabe von Wertpapieren oder Aktien auf dem europäischen Kapitalmarkt oder durch Kreditaufnahme) oder die Gründung von grenzüberschreitenden Joint Ventures sowie strategische und finanzielle grenzüberschreitende Unternehmenstransaktionen i. F. von Beteiligungen oder Verschmelzungen erleichtert werden. Ein weiterer wichtiger Gesichtspunkt ist die Ermöglichung der Mobilität von Unternehmen durch Sitzverlegung.[76] *Summa summarum* lässt sich festhalten, dass durch höhere Wettbewerbsfähigkeit mittels besserer Finanzierung/Kapitalbeschaffung,

---

[74] Denkschrift über die Schaffung einer Europäischen Handelsgesellschaft (nachfolgend die „Denkschrift der Kommission"), SEK (66) 1250, S. 4 f.

[75] Denkschrift der Kommission, a. a. O. (Fn. 74), S. 1.

[76] Denkschrift der Kommission, a. a. O. (Fn. 74), S. 2 ff.

Kostensenkung und der Nutzbarmachung von ökonomischen Standortvorteilen der Herausforderung der Weltwirtschaft begegnet werden soll.

Hingegen darf die Wahl des anwendbaren Rechts nicht zum Leitmotiv für die Entscheidung eines Unternehmens für diesen oder jenen Mitgliedstaat werden. Auf diese Weise soll eine einseitige Konzentration der wirtschaftlichen Aktivität in der EWG vermieden werden.[77]

Die Realisierung der genannten Lösungen setzt ihrerseits die Beseitigung von rechtlichen Hürden voraus. Anschaulich wird an dieser Wechselbeziehung die Verschränkung von Recht und Wirtschaft deutlich. Folgerichtig postuliert die Kommission, dass jegliche rechtliche Lösung durch eine neue Rechtsform eine Manifestation der wirtschaftlichen Interessen sein müsse.[78]

a) „Erstreckung der Tätigkeit von Gesellschaften auf den gesamten Gemeinsamen Markt"[79]

Die Kommission nimmt eine Identifikation zweier Problemkreise vor, die durch rechtliche Instrumente zu lösen sind, allen voran durch eine europäische Handelsgesellschaft. Im Zusammenhang mit der Umorganisation der Wertschöpfung sind Mittel zur Verfügung zu stellen, um die Tätigkeit von Unternehmen auf den entstehenden europäischen Binnenmarkt erstrecken zu können. Dies betrifft:

- die Anerkennung der Rechtsfähigkeit von Unternehmen, die in einem anderen Mitgliedstaat gegründet worden sind,
- die Ermöglichung der Sitzverlegung unter Wahrung der Rechtspersönlichkeit, ohne vorherige Liquidation im Wegzugsstaat und sowie
- die Vereinfachung der Gründung von Tochtergesellschaften und/oder Zweigniederlassungen in anderen Mitgliedstaaten.[80]

b) „Das Problem der Ermöglichung der Bildung größerer Unternehmen"[81]

Eine optimale Unternehmensgröße, die Erweiterung des Produktportfolios und Innovationsfortschritt sowie eine umfangreichere Teilnahme am Gemeinsamen Markt der EWG können durch die Bildung größerer Unternehmen erreicht werden.

Die rechtlichen Instrumente hierfür sind:

- die Schaffung eines rechtlichen Rahmens für grenzüberschreitende Verschmelzungen,

[77] Denkschrift der Kommission, a. a. O. (Fn. 74), S. 3.

[78] Vgl. Denkschrift der Kommission, a. a. O. (Fn. 74), S. 7.

[79] Denkschrift der Kommission, a. a. O. (Fn. 74), S. 6.

[80] Denkschrift der Kommission, a. a. O. (Fn. 74), S. 6.

[81] Zu diesem Problemkreis vgl. Denkschrift der Kommission, a. a. O. (Fn. 74), S. 7.

- die Beseitigung von Hindernissen bei internationalen Beteiligungen und
- die Vereinfachung der Gründung von gemeinsamen Tochtergesellschaften.

Die identifizierten Probleme betreffen grenzüberschreitende Tatbestände. Das wirtschaftliche Interesse betrifft demnach grenzüberschreitende Sachverhalte. Dieser Punkt prägt die SE-Gründungsvoraussetzungen bis in die Gegenwart und wird an anderen Stellen nochmals aufgegriffen, an denen es um die Nachteile und Reformperspektiven der SE geht.[82]

Auffällig ist, dass soziale Herausforderungen bei der Bewältigung der identifizierten Problemkreise (mithin auch bei der Einführung einer europäischen Handelsgesellschaft) nur lapidar thematisiert werden. Lediglich auf S. 50 der Denkschrift werden materielle soziale Erwägungen vorgebracht. So wird darauf hingewiesen, dass die Beteiligung der Arbeitnehmer an der Verwaltung des Unternehmens gegeben sein muss. Zugleich erkennt die Kommission bereits in diesem frühen Stadium, dass in den Ländern der EWG diesbezüglich unterschiedliche Modelle existieren. Von Informations- und Konsultationsrechten bis hin zur echten Mitbestimmung in Form der Partizipation an der Leitung des Unternehmens.[83] Diese Feststellung wird für den noch zu besprechenden Verordnungsentwurf für die SE von 1989/91 relevant.

Brüssel erkennt, dass zur Beseitigung der rechtlichen Hürden ebenfalls Reformen auf den Gebieten des Finanz- und Steuerrechts erforderlich sind.[84] Im Folgenden werden allerdings nur die gesellschaftsrechtlichen Handlungsmöglichkeiten dargestellt.

2. Lösungsmöglichkeiten nach dem Vertrag von Rom[85]

Bevor eine weitergehende Kontemplation über die europäische Handelsgesellschaft erfolgt, werden die Lösungsmöglichkeiten für die beiden Problemkreise gemäß dem Instrumentarium des Vertrags von Rom behandelt. Die Denkschrift wird an dieser Stelle so weit wie möglich komprimiert analysiert, weil die entsprechenden Passagen den Zweck verfolgen, die Vorstellung der europäischen Handelsgesellschaft als Schlüsselreform einzuleiten. Daher ist lediglich auf die Arten der Lösungsansätze und ihre Unzulänglichkeiten hinzuweisen.

In Bezug auf die gegenseitige Anerkennung von Gesellschaften zwischen den Mitgliedstaaten sei auf Art. 220 EWGV abzustellen, der die Mitgliedstaaten verpflichtet, Verhandlungen zum Abschluss eines zwischenstaatlichen Übereinkom-

---

[82] Denkschrift der Kommission, a.a.O. (Fn. 74), S. 7.

[83] Denkschrift der Kommission, a.a.O. (Fn. 74), S. 50.

[84] Vgl. die jeweils diesen Problemkreisen gewidmeten Abschnitte; Denkschrift der Kommission, a.a.O. (Fn. 74), S. 14 ff.

[85] Hierzu Denkschrift der Kommission, a.a.O. (Fn. 74), S. 8 ff.

mens über die Anerkennung von Gesellschaften aufzunehmen.[86] Ein solches Abkommen wurde tatsächlich am 29. Februar 1968 zwischen den Mitgliedstaaten unterzeichnet und am 18. Mai 1972 folgte das zur Ratifizierung notwendige deutsche Zustimmungsgesetz.[87] Das Übereinkommen ist jedoch niemals in Kraft getreten, da es nicht von allen Vertragsparteien ratifiziert wurde.[88]

Die Kommission weist auf geplante Angleichungen der nationalen Vorschriften durch Richtlinien aufgrund des Art. 54 Abs. 3 lit. g) EWGV hin. Diese dienen in erster Linie der Angleichung des Rechts der Aktiengesellschaften in den Mitgliedstaaten. Koordinierende Richtlinien für den Bereich der internationalen Verschmelzungen und Verflechtungen wären allenfalls als flankierende Maßnahmen geeignet, um hinderliche Rechtsunterschiede einzuebnen.[89]

Hinsichtlich der Ermöglichung der Sitzverlegung indiziert Art. 220 EWGV den Abschluss eines Übereinkommens. Allerdings würde ein solcher zwischenstaatlicher Vertrag nur zur Harmonisierung bei der rechtlichen Beurteilung führen, ob eine Sitzverlegung vorliegt oder nicht. Eine grenzüberschreitende Sitzverlegung setzt indes zwingend den Wechsel der Rechtsordnung voraus. Dieser Wechsel fordert eine Umgründung, insbesondere wenn der Zuzugsstaat die jeweilige Rechtsform des Wegzugstaats nicht kennt. Regelungen zur grenzüberschreitenden Verschmelzung können ebenfalls nach Art. 220 EWGV im Wege einer völkerrechtlichen Vereinbarung angeglichen werden. Doch auch dieses Abkommen wird als nur unvollkommene Lösung betrachtet. Zum einen, weil die Verhandlungen über das Abkommen äußerst langwierig wären, da alle bestehenden Arten von Gesellschaften in den Mitgliedstaaten erfasst sein sollten. Zum anderen, weil ein psychologischer Nachteil verbleiben würde, nämlich die „Verfremdung" der übertragenden Gesellschaft im Rahmen der Verschmelzung. Hinsichtlich der Gründung von Tochterunternehmen und des Erwerbs grenzüberschreitender Beteiligungen bestehen nach Ansicht der Kommission keine wesentlichen gesellschaftsrechtlichen Schwierigkeiten, die nicht über den Abbau von Diskriminierungen durch die Niederlassungsfreiheit beseitigt werden könnten. Doch weisen sämtliche Handlungsmöglichkeiten nach dem Vertrag von Rom in diesem Punkt ein und denselben Makel auf: die wettbewerbsverzerrenden Hindernisse bei der Anwendung fremden Rechts. Konkret bedeutet dies für Konzerne, dass ihre ausländischen Tochtergesellschaften und Beteiligungen anderen Rechtsordnungen unterliegen als die Konzernmutter und dadurch der Verwaltungsaufwand erhöht wird. Kleine und mittlere Unternehmen würden unter den dadurch bedingten Zusatzkosten besonders leiden. Bei der Gründung von Joint Ventures würde die Wahl einer Rechtsordnung ggf.

[86] Denkschrift der Kommission, a. a. O. (Fn. 74), S. 8 f.

[87] BGBl. 1972 II 369.

[88] Die Niederlanden haben das Abkommen bis heute nicht ratifiziert, vgl. *Herdegen*, Internationales Wirtschaftsrecht, § 16. Internationales Gesellschaftsrecht und Rechnungslegung, Rn. 16.

[89] Vgl. Denkschrift der Kommission, a. a. O. (Fn. 74), S. 9–12.

einen der Partner benachteiligen. Mithin werden durch die Kommission viele zuvor angeklungene Argumente übernommen.[90]

Die Schlussfolgerung der Kommission ist, dass die bestehenden Lösungsmöglichkeiten nach dem Vertrag von Rom nicht genügen, da zwar eine Rechtsangleichung, aber keine Rechtsvereinheitlichung möglich ist.[91]

Auffällig ist, dass der in Art. 189 EWGV (heute Art. 288 AEUV) grundsätzlich vorgesehene Gesetzgebungsakt in Gestalt einer Verordnung an keiner Stelle erwähnt wird.

3. Europäische Handelsgesellschaft *versus* Gesellschaft europäischen Rechts[92]

Die Kommission führt aus, dass die (grenzüberschreitenden) wirtschaftlichen Probleme effektiver durch eine europäische Handelsgesellschaft gelöst werden könnten.[93] Dabei zieht die Kommission zwei Arten der europäischen Handelsgesellschaften in Betracht, die sich in der Methode ihrer Einführung in die Rechtsordnung respektive der Rechtsgrundlagen voneinander unterscheiden. Eine Methode ist bereits im Grundsatz vorgestellt worden:

a) Europäische Handelsgesellschaft nationalen Rechts

Die erste Möglichkeit besteht darin, dass die europäische Handelsgesellschaft durch ein einheitliches Gesetz in die Rechtsordnungen der Mitgliedstaaten eingeführt wird. Dieser Weg wurde im Rahmen der französischen Regierungsnote erläutert und wird daher konsequent von der Kommission aufgegriffen. Eine *loi uniforme* würde sicherlich eine formelle Gleichheit der Rechtsform herbeiführen, also der Regelungen, nach denen die Gesellschaften gegründet werden und existieren. Die materielle Gleichheit müsste durch einheitliche Rechtsauslegung und -anwendung gewährleistet werden. Rechtsvereinheitlichung sei auf diesem Wege aber nur bedingt zu erzielen, da die Gesellschaften *a priori* nationalem Recht unterliegen.[94]

In der Denkschrift wird des Weiteren analysiert, ob die Umsetzung durch Einheitsgesetz den grenzüberschreitenden Herausforderungen / Einsatzmöglichkeiten gerecht wird, die an die Rechtsform gestellt werden.

Ein Mechanismus zur gegenseitigen Anerkennung der Gesellschaften bleibt notwendig, handelt es sich doch streng betrachtet um nationale Gesellschaften.

[90] Ebd., S. 13–29.

[91] Ebd., S. 29 f.

[92] Zur nun folgenden Darstellung der beiden Modelle zum Zwecke der Einführung einer europäischen Handelsgesellschaft in die Rechtsordnung(en) vgl. Denkschrift der Kommission, a. a. O. (Fn. 74), S. 31 ff.

[93] Denkschrift der Kommission, a. a. O. (Fn. 74), S. 31.

[94] Denkschrift der Kommission, a. a. O. (Fn. 74), S. 31 f.

Dieser Punkt beschäftigt die Kommission allerdings nicht weiter, da hier das ohnehin geplante Abkommen über die gegenseitige Anerkennung Abhilfe verschaffen würde.

Gewisser Nutzen könne auch bei dem Problem der grenzüberschreitenden Sitzverlegung gezogen werden, da jedenfalls eine *formelle* Umgründung und die Anpassung an die Rechtsverhältnisse des Zuzugsstaats nicht erforderlich werden. Die europäische Handelsgesellschaft wäre als solche prinzipiell bekannt und ihre innere Organisation ist vorgezeichnet. Materiell liegt dennoch eine Umgründung vor, weil das anwendbare (nationale) Statut gewechselt wird. Die Rechtsunsicherheit bleibt bestehen bei der Frage, ob eine grenzüberschreitende Sitzverlegung wirksam vollzogen wurde. Dieser beschränkte Nutzen kann auch bei der internationalen Verschmelzung festgestellt werden, auch in diesem Bereich müssten sich die verschmelzenden Gesellschaften nicht „umgründen" oder an die Rechtsform der übernehmenden bzw. neu zu gründenden Gesellschaft anpassen. Das psychologische Momentum bleibt nichtsdestoweniger relevant – das übertragende Unternehmen ändert die Staatszugehörigkeit.[95]

Im Ergebnis bedeutete diese Art der Umsetzung der europäischen Handelsgesellschaft nur einen relativen Vorteil gegenüber den Lösungsmöglichkeiten nach dem EWGV.[96]

b) Europäische Handelsgesellschaft europäischen Rechts

Die Kommission geht einen Schritt weiter und schlägt eine Umsetzungsmöglichkeit über ein zwischenstaatliches Übereinkommen vor, das unmittelbare Anwendung in den Vertragsstaaten entfaltet.[97] Ein Abkommen, das den Vertrag von Rom ergänzt und „europäisches Recht" darstellt. Rechtstechnisch bleiben die Ausführungen hierzu oberflächlich. Dies ist verständlich, da eine tiefgehende Analyse der unterschiedlichen Rechtsordnungen den Anlass des Dokuments überschreiten würde. Jener ist in erster Linie die Darstellung der wirtschaftlichen Notwendigkeit für eine europäische Handelsgesellschaft.

Die Vorteile für die Anerkennung und den Formwechsel drängen sich auf. Anerkannt werden muss nämlich nur das, was auch fremd ist. Dies wäre bei der Handelsgesellschaft europäischen Rechts nicht der Fall. Die grenzüberschreitende Sitzverlegung ist gleich mit der inländischen Sitzverlegung zu behandeln, denn ein Wechsel der Rechtsordnung findet nicht statt.

Die grenzüberschreitende Verschmelzung müsste in dem Abkommen geregelt werden. Ein einheitliches Verfahren der Verschmelzung wäre vorzusehen (Übergang aller Aktiva und Passiva ohne vorausgehende Liquidation, Beschlussfassung

---

[95] Denkschrift der Kommission, a. a. O. (Fn. 74), S. 33 ff.

[96] Vgl. Denkschrift der Kommission, a. a. O. (Fn. 74), S. 37.

[97] Vgl. Denkschrift der Kommission, a. a. O. (Fn. 74), S. 38.

über den Fusionsvertrag, Fusionsbilanz, Publizität). Die zu erfassenden Konstellationen wären zum einen (i) die Verschmelzung zur Neugründung einer europäischen Handelsgesellschaft durch nationale Gesellschaften, (ii) die Verschmelzung von europäischen Handelsgesellschaften untereinander und (iii) die Fusion einer nationalen Aktiengesellschaft auf eine europäische Handelsgesellschaft. Der Vorteil der Regelung internationaler Fusionen auf diese Weise – obgleich nur für den (beschränkten) Bereich der neuen Rechtsform – ist die „Europäisierung" von Unternehmen anstelle der sonst eintretenden „Verfremdung" durch den Wechsel der Rechtsordnung.

Überdies ist die Gesellschaft europäischen Rechts auch für Konzernstrukturen und gemeinsame Tochtergesellschaften vorteilhafter gegenüber der europäischen Gesellschaft nationalen Rechts. Ersteres, weil dann tatsächlich sämtliche europäische Töchter der Konzernmutter einem einzigen europäischen Statut unterworfen sind. Für mittlere Unternehmen bietet sich durch diese Vereinfachung in der Rechtsanwendung die Möglichkeit zur erstmaligen Expansion innerhalb des Gemeinsamen Marktes. Für den Bereich der gemeinsamen Tochtergesellschaften bietet das „europarechtliche" Statut die geforderte Gleichberechtigung der Anteilseigner.[98]

Wichtig für die richtige Einordnung des Vorstehenden ist, dass hiermit nur die Vor- und Nachteile dieser Inkorporationsmethode für die wirtschaftlich relevanten grenzüberschreitenden Tatbestände erläutert wurden. Der Frage, ob ein unmittelbar rechtssetzendes völkerrechtliches Übereinkommen in der Rechtsdogmatik der jeweiligen Mitgliedstaaten überhaupt umsetzbar wäre, wurde an dieser Stelle noch nicht nachgegangen.

c) Fazit

Eine supranationale europäische Kapitalgesellschaft sollte nach Ansicht von Brüssel wirtschaftliche Herausforderungen und Chancen des Gemeinsamen Markts der EWG besser bewältigen respektive nutzen, indem rechtliche Hürden bestmöglich beseitigt werden. Bei den rechtlichen Hürden handelte es sich um Themen in grenzüberschreitenden Sachverhalten (Bildung größerer Unternehmen, Erstreckung der unternehmerischen Tätigkeit auf den gesamten europäischen Markt), die nur über europäisches Recht mit unmittelbarer Anwendung in den EWG-Staaten zufriedenstellend gelöst werden konnten. Im Jahre 1966 erschien die Rechtsvereinheitlichung noch als eine erstrebenswerte Rechtssetzungsmaxime der europäischen Integration.

In der Denkschrift wird keine konkrete Gesetzeskompetenz nach dem Vertrag von Rom für die Errichtung einer europäischen Handelsgesellschaft bezeichnet. Dies könnte bedeuten, dass die Kommission ihrerseits Zweifel hatte, ob hierfür eine

[98] Denkschrift der Kommission, a.a.O. (Fn. 74), S. 38–44.

Verordnungskompetenz der EWG angenommen werden kann.[99] Außerdem lässt sich annehmen, dass aus Rücksicht auf die Note der französischen Regierung eine Umsetzungsmöglichkeit gesucht wurde, die auf einem zwischenstaatlichen Übereinkommen basiert, da Frankreich in der besagten Note zu einer *loi uniforme* tendierte. Aspekte der Souveränität der Mitgliedstaaten spielten bei diesen Überlegungen wohl ebenfalls eine Rolle. Eine unmittelbar anwendbare Verordnung im Sinne von Art. 189 EGV (heute Art. 288 AEUV) würde unter Umständen den Eindruck erwecken, die Rechte der nationalen Parlamente zu verkürzen. Die noch junge europäische Integration (der Vertrag von Rom zur Gründung der EWG wurde 1957 unterzeichnet) forderte eine sensible Herangehensweise. Die Schlussfolgerung der Kommission, dass das Übereinkommen zur Schaffung der Handelsgesellschaft europäischen Rechts den Vertrag von Rom ergänzt, da es der Erreichung seiner Ziele dient, lässt lediglich eine Nähe zur Verordnungskompetenz nach Art. 235 EWGV vermuten.[100]

V. Der *Sanders*-Entwurf von 1966

Die Reaktion der Kommission auf die Antrittsvorlesung von Professor Sanders fiel äußerst positiv aus. So begrüßte sie die Initiative und kündigte ihre Unterstützung an. Dies offenbart ein Entwurf für eine Antwort auf eine schriftliche Anfrage aus dem Europäischen Parlament vom 3. November 1959.[101] Bereits auf der 340. Sitzung der Kommission am 8. Dezember 1965 wurde eine Gruppe von sechs Sachverständigen unter dem Vorsitz von Professor Sanders beauftragt, die Probleme bei der Gründung einer europäischen Handelsgesellschaft und entsprechende Lösungen zu untersuchen. Das Ergebnis dieser Untersuchungen war die Veröffentlichung eines Gesetzentwurfs im Dezember 1966.[102] Wenn also im Folgenden die Rede von dem „Entwurf" ist, dann ist der von Sanders und den Sachverständigen ausgearbeitete Entwurf von 1966 gemeint. Nunmehr wird auch offiziell von der „Europäischen Aktiengesellschaft" oder der „SE" gesprochen, da der

[99] Anders aber *Lutter*, BB, 2002, 1 (2) mit Hinweis auf Art. 235 EGV, ohne die Angabe einer konkreten Fundstelle in der Denkschrift der Kommission.

[100] Denkschrift der Kommission, a. a. O. (Fn. 74), S. 50.

[101] Schriftliche Anfrage Nr. 47 vom 3. November 1959 von Herrn Lichtenauer an die Kommission der Europäischen Wirtschaftsgemeinschaft (APE 2724); Antwortentwurf von Herrn von der Groeben auf die schriftliche Anfrage Nr. 47 von Herrn Lichtenauer, S(59) 7516.

[102] Stellungnahme der Kommission zu der Studie von Professor P. Sanders (Mitteilung von Herrn von der Groeben), Exekutivsekretariat IV, G(67) 126, S. 18; *Oechsler*, in: MüKo AktG, Vorb. Art. 1 SE-VO Rn. 1, stellt für die Beauftragung auf das Jahr 1966 ab. Tatsächlich erfolgte diese noch vor der Veröffentlichung Denkschrift. Beachtlich ist jedoch der Hinweis auf den deutschen Vertreter der Sachverständigenkommission *Ernst von Caemmerer*; Vgl. *Sanders*, Europäische Aktiengesellschaft, Vorentwurf eines Statuts für eine europäische Aktiengesellschaft, Textausgabe, S. I ff.

Entwurf diese Begriffe für die europäische Handelsgesellschaft einführt, vgl. Art. I-1 Ziff. 1 des Entwurfs.

1. Grundsätze des Entwurfs

Der vorläufige Regelungsvorschlag ist geprägt von einem weiten Anwendungsbereich der Europäischen Aktiengesellschaft. Dabei gibt die Wirtschaft und der entstehende Binnenmarkt die Gründungsfälle vor.[103] Das oben erläuterte „Problem der Ermöglichung der Bildung größerer Unternehmen" und die angestrebte Erleichterung der Gründung von gemeinsamen Tochtergesellschaften führen dazu, dass der Entwurf wenig überraschend in Art. I-3 Ziff. 1 lit. a) und c) die Gründung einer SE durch internationale Verschmelzung oder die Gründung einer gemeinsamen Tochter zulässt. Drei Punkte im Anwendungsbereich überraschen jedoch aus heutiger Perspektive und sind progressiver als die aktuelle Gesetzeslage gemäß *de lege lata.*

Erstens betont der Entwurf, dass nicht nur für internationale Sachverhalte ein wirtschaftliches Bedürfnis zur Gründung besteht, sondern auch in rein nationalen Tatbeständen ein solches begründet ist.[104] Aus diesem Grund steht der Katalog der Gründungsmöglichkeiten in Art. I-3 auch rein national tätigen Gesellschaften offen. Eine internationale Komponente wie in Art. 2 SE-VO wird gerade nicht gefordert. Das Argument hierfür ist überzeugend, denn was noch nicht international ist, kann z.B. durch Umwandlung (Formwechsel) oder Fusion sowie Gründung einer Tochtergesellschaft international werden. Der „Wechsel" zu einer europäischen Rechtsform kann den Startschuss für eine multinationale Tätigkeit bedeuten. Dadurch könne sich das Unternehmen einer Form bedienen, die in allen anderen EWG-Staaten bekannt ist, und leichteren Zugang zum europäischen Kapitalmarkt erlangen. Ferner werde nach der Umwandlung einer nationalen Gesellschaft die rechtsformwahrende Sitzverlegung eröffnet. Im Übrigen ist eine Gründungsvariante, die gegenüber der Denkschrift der Kommission neu dazukommt, die Bildung einer Holding SE, vgl. Art. I-3 Ziff. 1 lit. b).

Zweitens kann auch nur ein einziges Unternehmen Interesse daran haben, eine Tochtergesellschaft zu gründen. Daher sieht Art. I-3 Ziff. 1 lit. e) vor, dass nur eine einzige Aktiengesellschaft eine Tochtergesellschaft in Form der SE gründen kann. Das sich als Begründung anschließende Beispiel von einem Konzern, der in allen Vertragsstaaten Tochtergesellschaften derselben Rechtsform errichtet, überzeugt als Argument für diese Ausdehnung des Anwendungsbereichs.[105] Vor diesem Hintergrund ist es nicht nachvollziehbar, dass Art. 2 Abs. 3 SE-VO nur die Gründung

---

[103] Vgl. *Sanders*, Europäische Aktiengesellschaft, Vorentwurf eines Statuts für eine europäische Aktiengesellschaft, Textausgabe, S. IV.

[104] *Sanders*, a. a. O. (Fn. 103), S. V.

[105] *Sanders*, a. a. O. (Fn. 103), S. VI.

einer gemeinsamen Tochter regelt.[106] Die einzige vergleichbare Konstellation gemäß der heutigen Gesetzeslage ist die Gründung einer Tochter-SE durch eine Europäische Aktiengesellschaft gem. Art. 3 Abs. 2 SE-VO. Aus diesem Grund wird auf einen Umweg hingewiesen, um den besagten Nachteil abzumildern. Die Gesellschaft, die eine SE-Tochter anstrebt, könnte zwei Tochtergesellschaften in zwei verschiedenen Mitgliedstaaten gründen und diese dann zu einer SE verschmelzen.[107] Das mag zwar im Ergebnis zum gewünschten Resultat führen, ist aber mit zusätzlichen Kosten verbunden, denn hier sind neben der Gründung von zwei Töchtern in verschiedenen Jurisdiktionen auch die Durchführung der Verschmelzung notwendig.

Drittens – das ist ein beachtlicher Vorschlag – sollte der Zugang zur neuen Rechtsform auch Gesellschaften außerhalb der EWG angeboten werden. So interessant der Gedanke aus wirtschaftlichen Erwägungen ist, für die allermeisten Gründungsmöglichkeiten sei er ohnehin nicht umsetzbar. Für die internationale Verschmelzung resultiert dies aus dem Erlöschen der Ausgangsrechtsträger. Dies wäre aber ein unzulässiger Eingriff in eine fremde Rechtsordnung eines Staates, der das Statut der SE nicht adaptiert hat. Für Umwandlungen gilt Ähnliches. Die Gründung einer Holding-SE sei für Unternehmen aus Drittstaaten auch nicht möglich, da in Art. II-3-1 Ziff. 1 des Entwurfs eine Verpflichtung der Aktionäre der Gründungsgesellschaften zum Aktientausch vorgesehen sei. Das heißt, dass die Aktionäre ihre Aktien an den Gründungsgesellschaften gegen Aktien an der Holding-SE tauschen. Dies würde aber eine Verpflichtung der Aktionäre aus den Drittstaaten begründen, was erneut eine unzulässige extraterritoriale Wirkung darstellt. Somit bliebe nur die Gründung von (gemeinsamen) Tochtergesellschaften für Unternehmen aus Drittstaaten. Hiervon könnten dann Joint Ventures zwischen Wirtschaftsteilnehmern aus der EWG und Drittstaaten profitieren.[108] Dagegen lässt sich aber anführen, dass der Wettbewerbsvorteil durch die SE ausschließlich EWG-Mitgliedern gewährt werden sollte. Die Rechtsform wäre somit einem exklusiven Kreis vorbehalten. Dieses Argument ist aber eher politischer Natur und für die Ziele der Europa-AG nicht förderlich. Denn falls man davon ausgeht, dass durch diese Kapitalgesellschaft die Konzentration von Kapital im Gemeinsamen Markt organisiert werden soll, dann kann dies durch eine Öffnung der Europäischen Aktiengesellschaft für Unternehmen aus Drittstaaten effektiver erreicht werden. Natürlich hätte man eine fortschrittliche supranationale Rechtsform als Werbemittel für Staaten verwenden können, die an einem Beitritt zur EWG interessiert sind. Doch spielte dieser Aspekt keine erkennbare Rolle.

Zugleich erfuhr der Anwendungsbereich in Art. I-2 des Entwurfs im Vergleich zu der heutigen Regelung Einschränkung in zweierlei Hinsicht. An der Gründung

---

[106] *Habersack*, a. a. O. (Fn. 55), Art. 2 SE-VO, Rn. 18.

[107] Zum Hinweis auf die „Umgehungsmöglichkeit“: *Schröder*, in: Manz/Mayer/Schröder, Europäische Aktiengesellschaft SE, Art. 2 SE-VO, Rn. 23.

[108] *Sanders*, a. a. O. (Fn. 103), S. VIII.

der SE können ausschließlich Aktiengesellschaften (und denen gleichgestellte SE) partizipieren. Zudem müssen diese Aktiengesellschaften in den letzten drei Geschäftsjahren vor der Anmeldung der SE wirtschaftlich tätig gewesen sein. Das ist eine Verschärfung im Vergleich zu Art. 2 SE-VO, der lediglich in Abs. 1 und Abs. 4 exklusive Gründungsvarianten für Aktiengesellschaften vorsieht. Das Erfordernis der dreijährigen Geschäftstätigkeit ist heute auch nicht vorgesehen. Der Verfasser des Entwurfs erklärt dies damit, dass durch die Festlegung auf die Aktiengesellschaft die Entwurfserstellung vereinfacht wurde. Die verschiedenen Gestaltungsmöglichkeiten durch die Zwischenschaltung von Gesellschaften oder durch den „Kettenformwechsel"[109] werden schon damals gesehen und hingenommen.[110]

Für einen weiten Anwendungsbereich wird schließlich ein pragmatisches Argument vorgebracht: Ein umfassender Entwurf erlaube es, die Konsequenzen der verschiedenen Regelungen besser abzuschätzen als ein nur eingeschränkter Vorschlag. Nachträgliche Einschränkungen seien hingegen später immer noch möglich.[111]

Der Entwurf war außerdem bemüht, zu verhindern, dass der Europäischen Aktiengesellschaft eine, verglichen mit nationalen Aktiengesellschaften, bevorzugte Stellung eingeräumt wird. Um den Entwurfsverfasser zu zitieren: „Die Europäische Aktiengesellschaft darf nicht als Ausweichform dienen, um sich lästig empfundenen Vorschriften eines nationalen Rechts zu entziehen." Sanders identifizierte als derartige „lästige Vorschriften" das Recht der Vertretung der Arbeitnehmerinteressen (Mitbestimmung), Regelungen über die Rechnungslegung und steuerliche Vorschriften. Die Warnung im Hinblick auf die Arbeitnehmermitbestimmung darf man mit einer gewissen Ironie aufnehmen, wohl wissend um die Bedeutung für die weitere Entstehung der SE. Bemerkenswert ist, dass im Zusammenhang mit dem Rückgriff auf weniger strenge Publizitätspflichten für die interne Rechnungslegung vor einer „Flucht in die SE" gewarnt wird.[112] Tatsächlich wird dieser Begriff heute in Bezug auf die Vermeidung der unternehmerischen Mitbestimmung in der SE verwendet.[113] Bemerkenswert ist, dass das Erfordernis eines hohen Mindestkapitals nicht nur der „Solidität der S. E." und dem Schutz der Gläubiger dienen soll. Durch das hohe Mindestkapital soll auch verhindert werden, dass die SE „zu einer Ausweichform für Aktiengesellschaften nationalen Rechts" wird.[114] Das ist in Anbetracht des wirtschaftlichen Hintergrunds für die SE nachvollziehbar. Rein rechtlich ist es bedauerlich festzustellen, dass die SE also nie als eine „überragende" Aktiengesellschaft konzipiert war, um nationale Aktiengesellschaften langfristig im

[109] Zum Beispiel von einer GmbH in eine AktG und dann in eine SE, vgl. *von der Höh*, AG 2018, 185.

[110] *Sanders*, a.a.O. (Fn. 103), S. IX f.

[111] *Sanders*, a.a.O. (Fn. 103), S. VII f.

[112] *Sanders*, a.a.O. (Fn. 103), S. XXVII ff.

[113] Vgl. *Luke*, NZA 2013, 941.

[114] *Sanders*, a.a.O. (Fn. 103), S. XI.

europäischen Raum überflüssig zu machen. Das Auftreten einer einzigen einheitlichen Form der Aktiengesellschaft im Rechtsverkehr würde diesen vereinfachen, indem Transaktionskosten gesenkt werden.

In der Einleitung zum Entwurf ist aufgeführt, dass das Statut zu einem großen Teil auf rechtsvergleichenden Überlegungen beruht und gleichwohl kein bloßer Kompromiss zwischen den verschiedenen nationalen Aktiengesellschaften sein soll. In ca. 200 Artikeln wird von der Gründung bis zur Liquidation (inkl. eines Konzernrechts, der Vertretung der Arbeitnehmer in den Organen und Bestimmungen zur Rechnungslegung) der Versuch unternommen, eine Gesamtregelung zu bieten.[115]

Die Titel XII und XIII des Entwurfs zum Steuer- und Strafrecht sind allerdings freigelassen worden. Nach eigenen Worten betrachtete sich Sanders hiervon „überfordert“.[116] Dies ist aufgrund des Umfanges des tatsächlich vorliegenden Entwurfs und der effektiven Bearbeitungszeit von weniger als einem Jahr mehr als nachvollziehbar.

2. Vor- und Nachteile der möglichen Rechtsgrundlagen

Ein eigener Abschnitt im Einführungsteil des Entwurfs ist den möglichen Rechtsgrundlagen für die SE gewidmet. Dennoch betonte der Verfasser des Entwurfs, dass die Diskussion um eine Rechtsgrundlage „mehr technischer als grundsätzlicher Natur [ist]“. Durch die Präsentation eines vollständigen Entwurfs soll erst das Ziel festgelegt und anschließend pragmatisch das zur Erreichung des Ziels passende Instrument gefunden werden. Die eher untergeordnete Bedeutung der Rechtsgrundlage wird dadurch begründet, dass ein Statut für die SE auf die eine oder auf die andere Weise einheitliches Recht schafft. Gemeinsame europäische Institutionen sind – wie der Entwurf noch zeigen wird – ganz unabhängig von der Rechtsgrundlage vorgesehen.[117] An diesem Punkt ist dem Verfasser des Entwurfs zu widersprechen. Die Frage nach dem rechtlichen Fundament der SE betrifft ihren Wesenskern. Durch die Beantwortung dieser Frage wird entschieden, ob es sich in der Tat um eine supranationale Rechtsform handelt. Fordert man für das Merkmal der Supranationalität zwingend den Vorrang vor der nationalen Rechtsordnung[118], dann sind nähere Betrachtungen über die Rechtsgrundlage nicht nur dogmatisch von Interesse. Der praktische Nutzen lässt sich damit erklären, dass die Europäische Aktiengesellschaft durch ein überstaatliches Statut mit unmittelbarer innerstaatlicher Wirkung unabhängiger von nationalen legislativen Maßnahmen wird. International ausgerichtete Unternehmer müssen so nicht auf jede Änderung im natio-

[115] *Sanders*, a. a. O. (Fn. 103), S. XXIII f.

[116] *Sanders*, a. a. O. (Fn. 103), S. XXVI.

[117] *Sanders*, a. a. O. (Fn. 103), S. XIII, XXII.

[118] Vgl. *Nettesheim*, in: Grabitz/Hilf/Nettesheim, Das Recht der EU, Art. 288 AEUV Rn. 38.

nalen Gesellschaftsrecht eines Mitgliedstaates reagieren. Das Unternehmen in Form der Europäischen Aktiengesellschaft ist insoweit ein Gebilde, das von rein nationalen Politiken unberührt bleibt.

Auf die zwei grundsätzlichen Möglichkeiten wurde bereits im Rahmen der Analyse der Denkschrift eingegangen. Die nun zugrunde liegenden Ausführungen legen den Schwerpunkt auf eine Abwägung der Vor- und Nachteile.

Zunächst werden Argumente gegen eine *loi uniforme* aufgeführt. Bei dieser wäre eine einheitliche Auslegung und Anwendung des Statuts nicht gewährleistet, da diese Aufgaben den nationalen Gerichten zukommen. Dieser Nachteil könne immerhin abgemildert werden. So sehe das Haager Übereinkommen über eine „*loi uniforme sur la vente internationale des objets mobiliers corporels*“[119] in Art. 17 vor, dass für das subsidiäre Recht die allgemeinen Grundsätze, die dem (Einheits-) Gesetz zugrunde liegen, herangezogen werden. Darüber hinaus sei sogar die Errichtung einer einheitlichen Gerichtsinstanz denkbar. Verbleibende Nachteile wären zum einen das Erfordernis, das Einheitsgesetz durch ein nationales Gesetz in die nationale Rechtsordnung einzuführen. Dies würde die internationale Herkunft des Statuts verschleiern. Zum anderen müsste im Staatsvertrag zwischen den völkerrechtlichen Verpflichtungen und dem Statut im Anhang getrennt werden. Essenzieller ist jedoch der zuvor tangierte und gleich noch eingehender zu besprechende Nachteil des Einheitsgesetzes – die Möglichkeit zur Abänderung des Einheitsgesetzes durch ein nationales Gesetz. Der Entwurfsverfasser relativiert sogleich, indem er darauf hinweist, dass ein Staat nicht leichtfertig seine völkerrechtlichen Verpflichtungen verletzen werde.[120] Bedauerlicherweise ist diese Aussage in dieser absoluten Form nicht haltbar. Jedenfalls ist ein vertragsgemäßes Verhalten des betreffenden Staates juristisch nicht ausreichend abgesichert. Soweit eine supranationale Kapitalgesellschaft in erster Linie wirtschaftlichen Interessen zu dienen bestimmt ist, wäre die mit einem Einheitsgesetz einhergehende Unsicherheit kontraproduktiv.

Ein unmittelbar rechtssetzendes Abkommen in den Mitgliedstaaten, „europäisches Recht“ im Sinne der Denkschrift der Kommission, wird in der Einführung zum Entwurf als Staatsvertrag „klassischen Typs“ bezeichnet. Dieser Staatsvertrag würde das unmittelbar anwendbare Einheitsrecht enthalten. Im Gegensatz zum Einheitsgesetz wäre die internationale Herkunft eindeutig erkennbar und eine Trennung zwischen Abkommen und Statut erübrige sich.[121]

Entscheidender sind die nachfolgend genannten Gründe für die Inkorporierung der SE als Gesellschaft europäischen Rechts. In den Niederlanden und Luxemburg

---

[119] Gemeint ist das Haager Kaufrechtsübereinkommen vom 1.7.1964 (Übereinkommen zur Einführung eines Einheitlichen Gesetzes über den internationalen Kauf beweglicher Sachen, vgl. BGBl. 1973 II 885 ff.

[120] *Sanders*, a.a.O. (Fn. 103), S. XIV f.

[121] *Sanders*, a.a.O. (Fn. 103), S. XVI.

würden klassische Völkerrechtsverträge unmittelbare Wirkung entfalten. In der Normpyramide stehen die Verträge über nationalem Recht (einschließlich des Verfassungsrechts). In Frankreich hätten völkerrechtliche Verträge einen höheren Rang gegenüber innerstaatlichen Gesetzen und seien ebenfalls unmittelbar anwendbar. Der Grundsatz *lex posterior derogat legi priori* gelte dabei nicht. In Belgien ist die Situation schon etwas differenzierter. Zu Zeiten des Entwurfs sei das hierarchische Verhältnis noch so gewesen, dass ein späteres nationales Gesetz dem früheren Völkerrecht vorgeht. Allerdings wäre die belgische Rechtsprechung bemüht, mit der Vermutung zu arbeiten, dass das spätere Gesetz dem Völkerrecht nicht widersprechen möchte. Außerdem gab es im damaligen nationalen Diskurs Vorschläge, nach denen in der Verfassung eine allgemeine Priorität des Völkerrechts postuliert werden sollte.[122]

Aus Sicht der deutschen Rechtsordnung ist ein internationales Abkommen, das unmittelbar Recht schafft, grundsätzlich zunächst befremdlich. Bei näherer Betrachtung wird man jedoch feststellen, dass Vorschriften eines internationalen Übereinkommens durchaus unmittelbare Anwendbarkeit erlangen können. Es sei hierfür wichtig, „Geltung" und „(unmittelbare) Anwendbarkeit" völkerrechtlicher Normen auseinanderzuhalten.[123] Ausgangspunkt für die folgenden Überlegungen ist der Art. 59 Abs. 2 GG. Dieser verlangt ein Zustimmungsgesetz zum jeweiligen völkerrechtlichen Vertrag. Sanders führt zutreffend aus, dass das Bundesverfassungsgericht (BVerfG) bzw. die deutsche Rechtsprechung davon ausgeht, dass ein völkerrechtlicher Vertrag den Rang von einfachem Bundesrecht einnimmt, indem er durch ein Zustimmungsgesetz in nationales Recht transformiert wird und so Geltung im deutschen Rechtsraum erlangt.[124] Richtig ist, dass das BVerfG damals der sog. „Transformationslehre" (Völkerrecht muss in nationales Recht durch das Zustimmungsgesetz transformiert werden) folgte. Inzwischen tendiert das BVerfG wohl eher zu der sog. „Vollzugslehre" (Völkerrecht erhalte auf nationaler Ebene Geltung, wenn ein „Rechtsanwendungsbefehl" in Form des Zustimmungsgesetzes ergeht). Insgesamt wird man konstatieren müssen, dass das BVerfG beide Lehren nicht strikt voneinander trennt. Der Unterschied besteht indes nicht in der hierarchischen Stellung von internationalem Recht (in beiden Fällen handelt es sich um ein formelles Gesetz unterhalb der Verfassung). Der Unterschied äußert sich darin, dass nach der Transformationslehre durch das Zustimmungsgesetz nur solche Vertragsbestimmungen in die nationale Rechtsordnung übernommen werden, die ihrem Inhalt nach *„self-executing"*, also auf eine bestimmte Sachverhaltskonstellation unmittelbar anwendbar sind. Mit der Frage nach der Geltung überschneidet sich die Frage nach der unmittelbaren Anwendbarkeit. Ob eine völkerrechtliche Vorschrift national unmittelbar anwendbar ist, müsse zum einen durch Auslegung ermittelt

---

[122] *Sanders*, a. a. O. (Fn. 103), S. XVI f.

[123] *Nettesheim*, in: Dürig/Herzog/Scholz, GG, Art. 59 Rn. 180.

[124] *Sanders*, a. a. O. (Fn. 103), S. XVII, vgl. auch hierzu *Nettesheim*, a. a. O. (Fn. 123), Art. 59 Rn. 181 ff.

werden und die jeweilige Norm müsste außerdem – wie gerade erwähnt – *self-executing* sein.[125] Art. 59 Abs. 2 GG betrifft also vielmehr die Art und Weise, wie Völkerrecht innerstaatlich Geltung erlangt. Mithin ist das sog. „*System des unmittelbar rechtsetzenden Staatsvertrages*“ auch in Deutschland nachvollziehbar, falls es sich um vertragliche Regelungen handelt, die *self-executing* sind.[126] Zutreffend erkennt der Entwurfsersteller daher, dass für die Geltung aus deutscher Perspektive grundsätzlich kein Unterschied zwischen den beiden Arten der Inkorporation besteht. Lediglich im Zusammenhang mit Bemühungen der deutschen Rechtsprechung um eine Auflösung von Konflikten zwischen nationalem Recht und Völkerrecht könne man von einem etwas höheren Schutzniveau des Völkerrechts sprechen. Derartige Bemühungen äußern sich im Gebot der völkerrechts- und europarechtsfreundlichen Auslegung des nationalen Rechts.[127]

In Fortentwicklung der Idee um die Inkorporation der Rechtsform als Gesellschaft europäischen Rechts weist der Verfasser auf die besondere Stellung von EWG-Recht/Gemeinschaftsrecht hin. Gem. Art. 24 GG können Hoheitsrechte auf zwischenstaatliche Einrichtungen übertragen werden. Sekundärrecht (wie z. B. EWG-Verordnungen) hat demnach unmittelbare Wirkung in Deutschland.[128] Der Entwurf stellt auf Art. 24 GG ab, weil Art. 23 GG a. F. angesichts eines geteilten Deutschlands Aussagen zum räumlichen Geltungsbereich des Grundgesetzes enthielt. Eine spezielle Vorschrift für die europäische Integration war im Grundgesetz nicht präsent. Art. 23 GG mit der heute bekannten thematischen Ausrichtung (Übertragung von Hoheitsrechten zur Verwirklichung der Europäischen Union) wurde erst im Zuge der Gründung der Europäischen Union („EU“) mit dem Vertrag von Maastricht eingeführt.[129] Zum Zeitpunkt der Erstellung des Entwurfs war in der deutschen Rechtsprechung nicht geklärt, ob auch das Primärrecht, also der EWG-Vertrag, unmittelbare Geltung entfaltet. Würde dies zutreffen, dann ließe sich das Übereinkommen zur Schaffung der SE als Nebenvertrag zum EWG-Vertrag auf Grundlage des Art. 24 GG gestalten, so die Überlegung im Entwurf. Schließlich diene die Europäische Aktiengesellschaft – ebenso wie der EWG-Vertrag – der Errichtung des europäischen Binnenmarkts. Im Entwurf heißt es ferner, dass „[d]ie Rechtsprechung [zur unmittelbaren Anwendbarkeit des Primärrechts] in Kürze endgültig Stellung nehmen [dürfte]“.[130] Hiermit sind wohl zwei Beschlüsse des BVerfG aus den Jahren 1967 und 1971 gemeint, in denen das Gericht feststellt, dass das Gemeinschaftsrecht eine eigene Rechtsordnung schafft, die in die nationale

[125] *Nettesheim*, a. a. O. (Fn. 123), Art. 59 Rn. 177 ff.

[126] Hierzu *von Caemmerer*, a. a. O. (Fn. 24), S. 188 f.

[127] *Nettesheim*, a. a. O. (Fn. 123), Art. 59 Rn. 239a.

[128] *Sanders*, a. a. O. (Fn. 103), S. XVIII.

[129] *Streinz*, in: Sachs, GG, Art. 23 GG Rn. 1 ff.

[130] *Sanders*, a. a. O. (Fn. 103), S. XVIII.

Rechtsordnung hineinwirkt.[131] Jahrzehnte später stellte das BVerfG allerdings fest: „Der Grund und die Grenze für die Geltung des Rechts der Europäischen Union in der Bundesrepublik Deutschland ist der im Zustimmungsgesetz enthaltene Rechtsanwendungsbefehl".[132] Letztlich ist also doch ein Zustimmungsgesetz in Form eines Bundesgesetzes erforderlich. Worauf es Sanders möglicherweise eher ankam, ist die Frage, ob dem Gemeinschaftsrecht ein Anwendungsvorrang vor nationalem Recht zukommt.[133] Es bleibt im Übrigen unklar, warum nicht spätestens vor diesem Hintergrund vorgeschlagen wurde, das SE-Statut als Verordnung zu konzipieren. Dies wäre nämlich ausreichend, um eine Rechtsgrundlage mit unmittelbarer Geltung *und* Anwendungsvorrang vor dem nationalen Recht zu begründen.

Abgerundet wird die rechtsvergleichende Übersicht durch die Darstellung der Situation in Italien, die sich im Wesentlichen wie in Deutschland darstellt. Jedoch sei die italienische Jurisprudenz nochmals restriktiver gegenüber dem Vorrang des Völkerrechts eingestellt.[134]

Mithin kann festgehalten werden, dass sich der Vorrang des SE-Statuts in allen Mitgliedstaaten (einschließlich Deutschlands und Italiens) eher mittels europäischen Rechts realisieren lässt.[135] Demzufolge muss die eingangs geäußerte These wiederholt werden, wonach die zu wählende Rechtsgrundlage keineswegs ohne praktische Folgen bleibt respektive die Schaffung einheitlichen Rechts nicht genügt, wenn dieses einseitigen Änderungen durch einen Vertragsstaat ungeschützt ausgesetzt ist.

3. Selektive Darstellung einiger Regelungsbereiche im Entwurf

Vor dem Hintergrund, dass die ersten Entwürfe für die Europäische Aktiengesellschaft als umfangreiche und möglichst vollständige Gesetze konzipiert waren, soll im Folgenden keine umfassende Erläuterung jedes einzelnen Artikels stattfinden. Der Nutzen einer solchen Ausarbeitung wäre zumindest fraglich, da Sanders selbst in einem Kommentar mit 418 Seiten den Entwurf eingehend erläutert hat.[136] Hingegen kann auf Regelungen hingewiesen werden, die im Vergleich zur gegenwärtigen Gesetzeslage hervorstechen.

---

[131] Vgl. BVerfG, Beschluss v. 9.6.1971–2 BvR 225/69 = NJW 1971, 2122 (2124) (mit Anm. *Meier*); BVerfG, Beschluss v. 18.10.1967–1 BvR 248/63, 216/67 = NJW 1968, 348 (349).

[132] BVerfG, Urteil v. 30.6.2009–2 BvE 2/08 u. a. = NJW 2009, 2267, 2286.

[133] Vgl. zum Anwendungsvorrang des EU-Rechts *Ruffert*, in: Calliess/Ruffert, EUV/AEUV, Art. 1 AEUV Rn. 16 f. m. w. N.

[134] *Sanders*, a. a. O. (Fn. 103), S. XIX f.

[135] So auch *Sanders*, a. a. O. (Fn. 103), S. XX.

[136] S. hierzu *Sanders*, Europäische Aktiengesellschaft, Vorentwurf eines Statuts für eine europäische Aktiengesellschaft, Kommentar.

Zuerst ist Art. I-7 zum hilfsweise anwendbaren Recht zu beachten. In Ziff. 2 lit. a) ist geregelt, dass bei Gegenständen, die im Statut „behandelt“ sind, aber nicht ausdrücklich geregelt sind, vorrangig nach den allgemeinen Grundsätzen zu entscheiden ist, auf denen das Statut beruht. Subsidiär ist auf die gemeinsamen Regeln oder die allgemeinen Rechtsgrundsätze zurückzugreifen, die in den Rechtsordnungen der Vertragsstaaten überwiegend gelten, vgl. Ziff. 2 lit. b). Nach Ziff. 3 werden die „nicht behandelten“ Gegenstände nach dem im Einzelfall anwendbaren nationalen Recht beurteilt. Positiv fällt der Versuch auf, die Auslegung und Anwendung des Statuts weitestgehend durch supranationale Rechtsgrundsätze zu steuern. Das ist auch wegen des umfassenden Regelungsanspruchs des Entwurfs notwendig. Unvermeidbar ist der Rückgriff auf nationale Vorschriften in rechtlichen Bereichen, deren Regelung der Entwurf nicht einmal bezweckt. Die heutige Parallelvorschrift in Art. 9 SE-VO ist komplexer aufgebaut und enthält eine abgestufte Normhierarchie. Art. I-7 fällt dagegen mit einer scheinbaren Schlichtheit auf. Das ist sicherlich zum einen darauf zurückzuführen, dass der Entwurf keinen separaten Regelungsauftrag zu einem zusätzlichen Ausführungsgesetz enthält. Ein solches Ausführungsgesetz ist indes nach geltender Rechtslage vorgesehen (vgl. § Art. 9 Abs. 1 lit. c) lit. i) SE-VO). Im Falle Deutschlands handelt es sich um das Gesetz zur Ausführung der Verordnung (EG) Nr. 2157/2001 des Rates vom 8. Oktober 2001 über das Statut der Europäischen Gesellschaft (SE) („SEAG“). Des Weiteren ist im Art. I-7 über das Verhältnis nationaler gesetzlicher Regelungen zur Satzung keine Bestimmung getroffen worden. Das rührt wohl daher, dass der Entwurf sehr detailliert ist und Verweise auf nationales Recht nur in Bereichen erfolgen, die gänzlich nicht Gegenstand des Entwurfs sind. Damit sind Konflikte zwischen nationalen Aktiengesetzen und vom Statut erlaubten Satzungsabweichungen von vornherein reduziert.

a) Gemeinsame europäische Institutionen

In Art. I-6 wird die Zuständigkeit des Gerichtshofs der Europäischen Gemeinschaften festgelegt. Da das Statut noch nicht als europäisches Sekundärrecht konzipiert war, erfolgt in Ziff. 1 lit. a) – b) notwendigerweise die Zuweisung der Zuständigkeit für Vorabentscheidungen über die Anwendbarkeit und Auslegung des Statuts sowie über die Bestimmung der in Art. I-7 genannten Grundsätze und gemeinsamen Regeln sowie über die Auslegung der Satzung einer SE. Art. I-6 ist offensichtlich dem Vorabentscheidungsverfahren gem. Art. 177 EWGV (heute in Art. 267 AEUV) nachempfunden. Das heißt, dass ein nationales Gericht im Falle der Entscheidungserheblichkeit einer Rechtsfrage hinsichtlich des Statuts zur Vorlage verpflichtet ist. Nach Ziff. 4 des Art. I-6 haben die Urteile des Europäischen Gerichtshofs Bindungswirkung für das nationale Gericht.

Außerdem soll nach Ziff. 1 des Art. I-8 jede SE in einem bei dem Europäischen Gerichtshof einzurichtenden Handelsregister eingetragen werden. Nach Ziff. 2 werden die Einzelheiten der Errichtung und der Tätigkeit dieses Registers in einer

Verordnung des Europäischen Gerichtshofs festgelegt, die der Genehmigung des Ministerrates der EWG bedarf. Nach Ziff. 5 richtet jeder Vertragsstaat auf seinem Gebiet eine Zweigniederlassung des europäischen Registers ein. Dass sich ein solches Register in der beschlossenen SE-VO nicht wiederfindet, stellt einen Rückschritt dar. Natürlich ist die Einrichtung eines zentralen Registers mit Verwaltungskosten verbunden, insbesondere wenn in sämtlichen Mitgliedstaaten Zweigniederlassungen eingerichtet werden müssen. Ein Vorteil in der Praxis wäre aber neben der höheren Transparenz, die Vereinfachung bei der Beibringung des Existenz- und Vertretungsnachweises. Falls eine ausländische Gesellschaft in Deutschland an einem Handelsregister- oder Grundbuchverfahren zum Zwecke der Eintragung eintragungspflichtiger Tatsachen teilnimmt, sind die Rechtsfähigkeit der Gesellschaft und die Vertretungsmacht der für sie handelnden Organe in öffentlich beglaubigter Form nachzuweisen. Die Anforderungen an den Nachweis richten sich nach deutschem Recht und sind in Abhängigkeit von dem Herkunftsstaat der Gesellschaft im Einzelfall mit dem Handelsregister und/oder dem Notar abzustimmen.[137] Zwar existiert seit 2012 in der EU das sog. *„Business Register Interconnection System"* („BRIS"), also ein System der Registervernetzung. Doch handelt es sich hierbei nicht etwa um ein zentrales Handelsregister mit harmonisierten Informationen, Terminologien und Anforderungen an die einzureichenden Dokumente. Das BRIS sammelt lediglich die von den nationalen Registern zur Verfügung gestellten Informationen und Dokumente und eröffnet den Benutzern Zugang zu diesen.[138] Die Dokumente sind nur in den jeweiligen Sprachen verfügbar, in denen sie von den nationalen Registern bereitgestellt werden.

Der Europäische Gerichtshof und das europäische Handelsregister stehen nicht unabhängig nebeneinander. Im Rahmen der Gründung muss die SE gem. Art. II-1-1 beim Europäischen Gerichtshof zum Zwecke der Eintragung in das europäische Handelsregister angemeldet werden. Nach Art. II-1-6 prüft der Europäische Gerichtshof die Ordnungsmäßigkeit des Gründungshergangs. Die Eintragung in das Handelsregister ist vom Ausgang der Prüfung abhängig.

b) Gesellschaftsorgane

Titel IV enthält Regelungen zur Organstruktur der SE. Art. IV-1-1 legt ein dualistisches System fest, d. h. ein geschäftsführender Vorstand, der durch einen Aufsichtsrat kontrolliert wird. Eine Wahlmöglichkeit für ein anderes System wird in diesem Entwurf nicht gegeben. Vorstandsmitglieder werden gem. Art. IV-1-2 Ziff. 1 vom Aufsichtsrat bestellt. Aus Art. IV-1-2 Ziff. 6 folgt, dass der Vorstand aus mehreren Mitgliedern, aber theoretisch auch nur aus einer Person bestehen kann. Nach Art. IV-1-6 wird die Gesellschaft gegenüber Dritten durch die Vorstandsmitglieder vertreten. Dabei ist im Außenverhältnis jedes Mitglied zur Ein-

[137] *Zimmermann/Pogorzelski*, in: Beck'sches Notar-Handbuch, § 28 Rn. 314 ff.

[138] *Merkt*, in: Hopt, Handelsgesetzbuch, § 8 HGB Rn. 2b.

zelvertretung befugt, sofern die Satzung keine abweichende Regelung trifft. Allerdings können statutarische Regelungen Dritten gegenüber nicht entgegengehalten werden, vgl. Art. IV-1-2. Eine solche Vertretungsregelung weist ein hohes Maß an Gläubigerschutz auf. Jedoch ist nicht nachvollziehbar, weshalb zum Schutz der Gesellschaft und ihrer Aktionäre anderslautende Vertretungsregelungen nicht in das europäische Handelsregister eingetragen werden können, vgl. Art. II-1-6 Ziff. 5. Neben der Geschäftsführung gehört zu den wichtigsten Aufgaben des Vorstandes die Vorlage einer „Jahresrechnung“ und eines „Jahresberichts“ für das abgelaufene Geschäftsjahr an den Aufsichtsrat sowie regelmäßige Berichtspflichten gegenüber dem Aufsichtsrat, Art. IV-1-7. Die Art. IV-1-10 und 11 enthalten recht ausführliche Regelungen zur Organhaftung der Vorstandsmitglieder. Dies steht im Gegensatz zu Art. 51 SE-VO, der für die Haftung der Organmitglieder auf nationale Vorschriften verweist. Außerdem hat der Vorstand Änderungen in der Zusammensetzung des Vorstands oder Aufsichtsrats dem Handelsregister mitzuteilen, vgl. Art. IV-1-4 Ziff. 3 und Art. IV-2-3 Ziff. 5.

Zum Aufsichtsrat bestimmt der Entwurf in Art. IV-2-2, dass dieser aus mindestens drei Mitgliedern besteht. Mitglieder des Aufsichtsrats werden grundsätzlich auf Vorschlag des amtierenden Aufsichtsrats für einen Zeitraum von bis zu fünf Jahren von der Hauptversammlung gewählt. Der Aufsichtsrat wählt aus seiner Mitte einen Vorsitzenden, dem eine besondere Stellung zuteilkommt, Art. IV-2-4. So gibt die Stimme des Vorsitzenden bei Stimmgleichheit den Ausschlag, Art. IV-2-5 Ziff. 3. Zur effektiven Ausübung seiner Kontrollfunktion hat der Aufsichtsrat gem. Art. IV-2-6 ein unbeschränktes Einsichts- und Aufsichtsrecht über alle Geschäfte der Gesellschaft. Art. IV-2-9 enthält parallel zu Art. IV-1-10 Bestimmungen zur Organhaftung der Aufsichtsratsmitglieder.

Der 3. Abschnitt des Titels IV behandelt thematisch die Hauptversammlung. Die entsprechenden Regelungen weisen den typischen und ebenso aus dem AktG bekannten Regelungsgehalt auf (Einberufung und Durchführung der Hauptversammlung, die Beschlussfassung sowie verschiedene Rechte der Aktionäre als auch Ansätze eines Beschlussmängelrechts in Art. IV-3-12 und 13).

Der Versuch, ein eigenständiges Konzernrecht zu regeln, ist hervorzuheben, da zur damaligen Zeit nur das deutsche Aktiengesetz ein solches enthielt.

c) Vertretung der Arbeitnehmer in den Organen der SE

Auffallend ist, dass Sanders im Hinblick auf die Vertretung der Arbeitnehmer in den Organen der SE schreibt, dass „gelegentlich behauptet worden ist, [dass diese Thematik] für die Schaffung des Rechts Europäischer Aktiengesellschaften ein unüberwindliches Hindernis darstellt[e]“. In weiser Vorahnung führt er aus, dass die damit zusammenhängenden Probleme juristisch durchaus lösbar sind, in welcher

Weise man dies bewerkstelligen wird, sei letztlich eine politische Frage.[139] Daraus folgt für die Entstehungsgeschichte der SE als das Musterbeispiel für eine europäische supranationale Kapitalgesellschaft, dass bereits zum Zeitpunkt des ersten (Vor-)Entwurfs feststand, dass die Frage der unternehmerischen Mitbestimmung eine problematische Angelegenheit zu werden drohte.

Der Entwurf behandelt diese Thematik in Titel V „Vertretung der Arbeitnehmer in den Organen der S.E.“. Sogleich wird zu Beginn im 1. Abschnitt der Anwendungsbereich festgelegt. Nach Art. V-1-1 meint „Mitbestimmung“ im Sinne dieses Statuts nur die folgenden Fälle, wenn (1.) nach dem Recht der Bundesrepublik Deutschland Mitglieder des Aufsichtsrats oder des Vorstands von Arbeitnehmerseite zu wählen sind oder wenn (2.) nach dem Recht Frankreichs durch den sog. *comité d'entreprise* zwei Vertreter mit beratender Stimme in den *conseil de surveillance* zu entsenden sind. Hieran wird der unterschiedliche Standard der unternehmerischen Mitbestimmung in den EWG-Staaten deutlich. Während für Belgien, Italien, Luxemburg und die Niederlande 1966 mangels Mitbestimmung in den Unternehmensorganen kein Regelungsbedarf auf diesem Gebiet bestand, mussten für Deutschland und Frankreich Regelungen getroffen werden.[140] Somit konnte zum damaligen Zeitpunkt durchaus von Sonderrecht gesprochen werden. Präziser ausgedrückt handelte es sich sogar nur um deutsches Sonderrecht, was sogleich erläutert werden soll. Zum Anwendungsbereich regelt Art. V-1-2 ferner, dass die Mitbestimmungsvorschriften eines Vertragsstaates dann vorrangig Anwendung finden, wenn die Belegschaft der SE ausschließlich oder mindestens zu 90 % in Betrieben tätig ist, die sich in diesem Staat befinden. Falls dieses Erfordernis nicht erfüllt ist, sehen Art. V-1-3 und Art. V-1-4 *subsidiär* („es sei denn, daß die Voraussetzungen zur Anwendung von Art. V-1-2 vorliegen“) vor, dass entweder die deutschen oder französischen Mitbestimmungsvorschriften Anwendung finden, wenn mindestens 25% der Belegschaft in Betrieben tätig sind, die sich in Deutschland respektive Frankreich befinden und diese Vorschriften auch auf Betriebe einer nationalen AG Anwendung finden würden. Während der für Frankreich maßgebliche Art. V-1-4 beim Vorliegen der soeben genannten Voraussetzung vorsieht, dass dem *comité d'entreprise* das Recht hat, zwei Vertreter mit beratender Stimme in den Aufsichtsrat der SE zu entsenden, ist das System bei Anwendbarkeit des „deutschen“ Art. V-1-3 nicht derart lakonisch. Im Falle des Art. V-1-3 findet nämlich der 2. Abschnitt des Titel V Anwendung, der ganze drei Varianten (Variante A bis C) für die „Regelung der Vertretung der Arbeitnehmer in den Organen der S.E. unter Berücksichtigung der deutschen Mitbestimmung“ vorsieht.

In der Alternative A wird danach unterschieden, ob auf den deutschen Teil der SE das Mitbestimmungsgesetz oder das Betriebsverfassungsgesetz (BetrVG) Anwendung findet. Hintergrund dieser Unterscheidung ist, dass 1966 die unterneh-

---

[139] *Sanders*, a.a.O. (Fn. 103), S. XXVI.

[140] Vgl. *Sanders*, Europäische Aktiengesellschaft, Vorentwurf eines Statuts für eine europäische Aktiengesellschaft, Kommentar, S. 226.

merische Mitbestimmung durch das sog. Montan-Mitbestimmungsgesetz (MontanMitbestG) und das BetrVG geregelt war. Das MontanMitbestG sah mit Ausnahme des Vorsitzenden eine paritätische Besetzung des Aufsichtsrates vor. Das BetrVG enthielt damals die Regelungen des heutigen Drittelbeteiligungsgesetzes (DrittelbG) und räumte in Unternehmen mit mindestens 500 Arbeitnehmern den Arbeitnehmervertretern ein Drittel der Sitze ein.[141] Folglich ist nachvollziehbar, weshalb in Art. V-2-8 A geregelt ist, dass der Aufsichtsrat eine Mindestgröße von 6, 9, 12 oder 15 hat und damit durch 3 dividierbar ist. Das sich daraus ergebende Drittel der Mitglieder des Aufsichtsrats fungiert als Vertreter der Arbeitnehmer. Findet das MontanMitbestG Anwendung, so bestimmt Art. V-2-2 A, dass der Aufsichtsrat aus elf Mitgliedern und einem Vorsitzenden besteht. Fünf Mitglieder gehören der Seite Anteilseigner an und fünf Mitglieder vertreten die Arbeitnehmer. Der Vorsitzende soll also Pattsituationen verhindern. Entsprechend dem Montan-MitbestG ist in Art. V-2-5 A auch die Bestellung eines sog. Arbeitsdirektors vorgesehen, der als vollwertiges Mitglied dem Vorstand angehört. Im Übrigen sind im Abschnitt zur Variante A Vorschriften zur Wahl der Aufsichtsratsmitglieder der jeweiligen Seite und des Vorsitzenden enthalten.

Im Abschnitt zur Variante B wird die Organisation der unternehmerischen Mitbestimmung durch ein „Mitbestimmungsorgan" ermöglicht, dessen Einrichtung in der Satzung der SE vorgesehen werden kann. Die Vorschriften der Alternative B enthalten unter anderem Bestimmungen zur Anzahl und Wahl der Mitglieder des Mitbestimmungsorgans, zur Vergütung und Haftung seiner Mitglieder, zur Abhaltung von Sitzungen dieses zusätzlichen Organs, Vorschriften zur Beschlussfassung und eine relativ komplexe Regelung über die Stimmgewichtung im Verhältnis zum Aufsichtsrat (vgl. Art. V-2-6 B Ziff. 2). Die Quintessenz der Alternative B ist, dass dem Mitbestimmungsorgan gem. Art. V-2-4 B Ziff. 1 grundsätzlich dieselben Befugnisse zukommen wie dem Aufsichtsrat. Mit Ausnahme der Ernennung des Arbeitsdirektors (Art. V-2-8 B) ist das Mitbestimmungsorgan von der Bestellung und Entlassung der Vorstandsmitglieder jedoch ausgeschlossen.

Variante C eröffnet die größte Flexibilität bei der Ausgestaltung der Mitbestimmung. So schreibt Art. V-2-1 C allgemein vor, dass die Satzung eine Regelung der Vertretung der Arbeitnehmer im Aufsichtsrat und ggf. im Vorstand vorzusehen hat. Da bei einem dermaßen großen Gestaltungsspielraum Missbrauchspotenzial zur Beschränkung der Mitbestimmung besteht, haben Mitgliedstaaten, in denen ein Quorum von 1/5 der Belegschaft der betroffenen SE beschäftigt ist, „Instanzen" vorzusehen, die entsprechende Satzungsregelungen genehmigen. Nach Art. V-2-3 C können die Vertragsparteien auch eine zentrale Instanz für solche Genehmigungen vorsehen. Die nationalen Instanzen oder ggf. eine zentrale Instanz können Richtlinien für die satzungsmäßige Regelung für die Wahl und Abberufung von Arbeitnehmervertretern in den Organen der SE aufstellen, Art. V-2-4 C.

---

[141] Vgl. *Sanders*, a.a.O. (Fn. 140), S. 229.

d) Weitere nennenswerte Regelungsinhalte

Der Nutzen der SE für internationale Verschmelzungen wurde bereits erläutert. Die Vorteile der supranationalen Rechtsform auf dem Gebiet der grenzüberschreitenden Verschmelzung können jedoch nicht nur im Rahmen der Gründung genutzt werden, sondern auch bei der Fusion bestehender SE mit einer anderen SE oder einer Aktiengesellschaft nationalen Rechts eines EWG-Mitgliedstaates. Zu diesem Zwecke regelt Titel XI die Fusion bzw. Verschmelzung zur Neugründung oder Aufnahme unter Beteiligung mindestens einer bestehenden SE. Progressiv an diesem Abschnitt ist, dass versucht wird, ein international harmonisiertes Verschmelzungsrecht zu schaffen. Titel XI ist in zwei Abschnitte unterteilt. Während der erste Abschnitt Verschmelzungen unter Beteiligung von mehreren Europäischen Aktiengesellschaften behandelt, sind im zweiten Abschnitt Konstellationen mit der Beteiligung von nationalen Aktiengesellschaften Gegenstand der Vorschriften. Der Verfasser des Entwurfs betont im Kommentar zu Art. XI-2-1, dass der Vorentwurf nur solche Verschmelzungen regelt, bei denen die übernehmende Gesellschaft eine SE ist. Der umgekehrte Fall – eine nationale Gesellschaft kommt aus der Verschmelzung hervor – gehört nicht in Abkommen über eine Europäische Aktiengesellschaft. Vielmehr ist dies dem zuvor erwähnten Abkommen auf der Grundlage von Art. 220 EWGV vorbehalten, das sich dann ausschließlich mit grenzüberschreitenden Sitzverlegungen und Verschmelzungen beschäftigt.[142] Da im Titel II (Gründung) Vorschriften zur Gründung einer Europäischen Aktiengesellschaft unter Beteiligung von nationalen Aktiengesellschaften enthalten sind, begnügt sich der Entwurf in großen Teilen mit Verweisen. Abweichungen resultierten aus der Tatsache, dass nun eine SE beteiligt ist und Verschmelzungen zur Aufnahme vorgesehen sind.[143]

Fast schon als revolutionär kann Teil VII bezeichnet werden, der einen Versuch zur Regelung eines einheitlichen Konzernrechts unternimmt. Zur Entstehungszeit des Entwurfs existierte nur in Deutschland ein normativer Rahmen für ein Konzernrecht. In den anderen fünf Vertragsstaaten gab es keine den §§ 291 ff. AktG entsprechenden Bestimmungen. Dabei war die Kodifizierung des deutschen Konzernrechts noch sehr „frisch", sie erfolgte mit dem AktG im Jahre 1965.[144] Im Kommentar zum Entwurf wird eine Passage aus der Bundestagsdrucksache (IV/ 171, S. 94) zu den vorgenannten Paragrafen zitiert, um auf die Bedeutung von Konzernen mit Aktiengesellschaften (als herrschende oder beherrschte Gesellschaft) hinzuweisen. Nach Ansicht des deutschen Gesetzgebers, der sich der Verfasser des Entwurfs anschließt, gehören zu den Aufgaben von konzernrechtlichen Regelungen der Schutz von Gläubigern und außenstehenden Aktionären sowie Publizitätspflichten zur Transparenz von Konzernverbindungen. Im Übrigen be-

---

[142] Vgl. *Sanders*, a. a. O. (Fn. 140), S. 405.

[143] *Sanders*, a. a. O. (Fn. 140), S. 400.

[144] *Veil/Walla*, BeckOGK AktG, § 291 Rn. 4.

zweckt Teil VII die Klarstellung des Verhältnisses zwischen der Konzernleitung und den Organen der Konzerngesellschaften. Das Statut ist im Hinblick auf das Konzernrecht bewusst oberflächlich gehalten, um weitere Verhandlungen zu erleichtern respektive anschaulich zu demonstrieren, was bei einem Verzicht auf diesen Themenkomplex ggf. ungeregelt bliebe. In diesem Kontext sei erwähnt, dass 1974 und 1975 die EWG-Kommission einen zweiteiligen Vorentwurf für eine Konzernrechtsrichtlinie vorgestellt hat, um im Bereich des Rechts der verbundenen Unternehmen eine Angleichung durchzuführen.[145] Die Skepsis seitens des Experten für europäisches Gesellschaftsrecht Marcus Lutter bezüglich des Erfolgs dieses Vorhabens würde sich als berechtigt erweisen.[146] In Europa verfügen bis heute nur Deutschland und Portugal über ein gesetzlich geregeltes Konzernrecht. Eine Konzernrechtsrichtlinie konnte nach wie vor nicht auf den Weg gebracht werden.[147]

VI. Kommissionsentwürfe 1970/1975

Noch während der Erstellung des Vorentwurfs setzte der Ausschuss der Ständigen Vertreter am 7. Oktober 1966 beim Ministerrat eine Arbeitsgruppe zur Behandlung von bestimmten grundsätzlichen Fragen in Bezug auf die Schaffung der Europäischen Aktiengesellschaft ein. So wurden im Rahmen der Arbeitsgruppe unter anderem die Zweckmäßigkeit dieser Rechtsform, der Zugang zu ihr sowie die Vertretung der Arbeitnehmer besprochen. Die Gruppe (übrigens unter dem Vorsitz von Pieter Sanders – was nochmals seinen überragenden Beitrag zur Entstehung der SE unterstreicht) bestätigte die Zweckmäßigkeit der supranationalen Rechtsform. Gleichwohl wurde der Arbeitsgruppe durch den Ausschuss der Ständigen Vertreter kein Mandat zur Ausarbeitung eines Statuts erteilt. Ein Vorstoß der Kommission aus dem Jahre 1968, der den Rat zur Ausarbeitung des Entwurfs bewegen sollte, scheiterte. Daher musste die Kommission nun aus eigener Initiative tätig werden. Auf Vorschlag des deutschen Kommissars Hans von der Groeben entschied die Kommission im März 1969, die Generaldirektion Binnenmarkt und Rechtsangleichung mit der Ausarbeitung eines Entwurfs für das Statut der Europäischen Aktiengesellschaft zu betrauen.[148]

Nach von der Groebens Ausführungen konnte von einer regelrechten Blockadehaltung des Rats gesprochen werden. Der Rat habe sich seit den Anregungen durch Frankreich 1965 und der Denkschrift der Kommission 1966 kein einziges Mal mit den Sachfragen rund um die Schaffung der Rechtsform beschäftigt. Die Ständigen Vertreter setzten entgegen dem Vorschlag der Kommission eine *ad hoc-*

---

[145] *Lutter*, Europäisches Gesellschaftsrecht, S. 47.

[146] Vgl. *Lutter*, a. a. O. (Fn. 145), S. 49, der hierzu schrieb, dass das „allgemeine Klima“ in Europa gegen eine einheitliche Regulierung des Konzernrechts gerichtet war.

[147] *Veil/Walla*, a. a. O. (Fn.144), Rn. 59.

[148] Mitteilung des Herrn *von der Groebe*, KOM(70) 600 – 1. Teil, S. I f.

Arbeitsgruppe beim Rat und nicht bei der Kommission ein. Infolgedessen konnte sich die Kommission nicht im gebührenden Maße einbringen. Wie soeben angeführt, blieb auch die Initiative der Kommission von 1968 erfolglos.[149]

Die Arbeiten der beauftragten Generaldirektion führten zu einem Verordnungsentwurf. Am 24. Juni 1970 beschloss die Kommission, dem Rat den Vorschlag für ein Statut der Europäischen Aktiengesellschaft vorzulegen. Der Vorschlag an den Rat wurde von einer umfangreichen Begründung zu den einzelnen Artikeln begleitet.[150]

1. Kernpunkte des Entwurfs von 1970

Hervorzuheben ist, dass der Verordnungsvorschlag von 1970 in Art. 5 Abs. 2 die Möglichkeit für einen satzungsmäßigen Doppelsitz bot. Nach Ansicht der Kommission sollte ein Doppelsitz die psychologische und politische Entscheidung erleichtern, mit welchem Staat die SE assoziiert werden soll. Eine andere Funktion würde der Sitz hingegen nicht erfüllen, da er gerade nicht Anknüpfungspunkt für das anwendbare Recht sein sollte. So sei ein Doppelsitz für Gesellschaften zweckmäßig, deren Firma eng mit einem bestimmten Land verbunden ist (als Beispiel wurden Fiat oder Citroën angeführt[151]). Etwaige rechtliche Schwierigkeiten, die sich dadurch ergeben, dass hierdurch Dokumente und Bekanntmachungen der Gesellschaft an verschiedenen Orten veröffentlicht werden müssten oder rechtliche Probleme bei der Bestimmung der gerichtlichen Zuständigkeit entstünden, könnten dadurch vermieden werden, dass sich die jeweilige Europäische Aktiengesellschaft gegen einen Doppelsitz entscheiden könne.[152]

---

[149] Mitteilung des Herrn *von der Groebe*, .a.a.O. (Fn. 148), S. VIII.

[150] Vgl. Vorschlag der Kommission an den Rat über ein Statut der Europäischen Aktiengesellschaft, KOM(70) 600 endg. – 1. bis 3. Teil.

[151] Hintergrund für die Nennung dieser Unternehmen ist eine zu dieser aufsehenerregende Kooperation in der Wirtschaftswelt: Die Beteiligung der italienischen Automobilfirma Fiat am französischen Automobilhersteller Citroën über eine gemeinsame Holdinggesellschaft mit dem Citroën-Großaktionär Michelin. Das Vorhaben hatte für Frankreich politische Bedeutung, vgl. hierzu Bericht im Namen des Rechtsausschusses über den Vorschlag der Kommission der Europäischen Gemeinschaften an den Rat (Dok: 98/79) für eine Verordnung betreffend das Statut einer europäischen Aktiengesellschaft (nachfolgend „Pintus-Bericht“), PE 30.742/ endg., S. 56 f.; N.N., Fiat-Trennung von Citroën?, in: Der Spiegel, 46/1972 (aufrufbar unter: https://www.spiegel.de/wirtschaft/fiat-trennung-von-citroen-a-4e1ae25b-0002-0001-0000-000042765031, zuletzt aufgerufen am: 02.03.2025); N.N., Scheidung auf Italienisch, Der Spiegel, 47/1972 (aufrufbar unter: https://www.spiegel.de/wirtschaft/scheidung-auf-italienisch-a-44a97185-0002-0001-0000-000042805469?context=issue, zuletzt aufgerufen am: 02.03. 2025).

[152] Pintus-Bericht, a.a.O. (Fn. 151) S. 57.

a) Paradigmenwechsel in der Wahl der Rechtsgrundlage

Die Generaldirektion für Binnenmarkt und Rechtsangleichung sowie der Juristische Dienst waren sich einig, dass das Statut nach Art. 235 EWGV in Gestalt einer Verordnung verabschiedet werden kann. Damit wurde ein zu den vorherigen Überlegungen über die Schaffung der neuen Rechtsform grundlegend anderer Ansatz gewählt. Der Kommissar von der Groeben führte aus, dass die Verabschiedung der Verordnung aus den folgenden Gründen eine politische Entscheidung ist:

Die Wahl einer Verordnung führte zu einer weitaus stärkeren Einflussnahme von rechtlichen, politischen und gesellschaftlichen Institutionen auf das Gesetzesvorhaben. Das Maß der demokratischen Legitimation für die im Raum stehende Gesetzgebung nahm zu. Auf den Inhalt des völkerrechtlichen Übereinkommens über die Europäische Aktiengesellschaft (unabhängig davon, welche Art von Übereinkommen letztendlich gewählt wird[153]) hätten die nationalen Parlamente, die ein solches Übereinkommen ratifizieren, *de facto* keinen Einfluss. Die nationalen Parlamentarier stimmen einem fertigen völkerrechtlichen Vertrag insgesamt zu oder sie lehnen diesen ab. Das Europäische Parlament, das bei Verordnungen des Rates nach Art. 235 EWGV im Vorfeld eine Stellungnahme mit Änderungsvorschlägen samt Begründung abgeben kann, hatte dagegen die Möglichkeit, substantiell auf den Inhalt der Gesetzgebung Einfluss zu nehmen.

Der Entwurf für das Statut fiel in eine Zeit, in der dem Europäischen Parlament nur Budgetrechte im System der EWG zukamen. Die Debatte um die zukünftige intensivere Einbindung des Parlaments in die europäische Gesetzgebung wurde so mit dessen Engagement bei der Verabschiedung des Statuts verknüpft. Das Parlament sollte so die Möglichkeit erhalten, sich bei dieser Gelegenheit als konstruktiver legislativer Akteur zu beweisen, argumentierte die Kommission. Durch die Konzeption des Statuts als Verordnung intendierte die Kommission im Übrigen auch die Einbeziehung des Wirtschafts- und Sozialausschusses sowie des Europäischen Gerichtshofs.

Schließlich wurde betont, dass durch das Vorschlagsrecht der Kommission diese selbst im Verfahren als Akteur zutage tritt. Des Weiteren hätte ein Vorschlag der Kommission im Rat nur durch Einstimmigkeit abgeändert werden können.[154]

b) Das anwendbare Recht

In Bezug auf die Vorschrift zum anwendbaren Recht übernimmt der Verordnungsentwurf in Art. 7 den Vorschlag des Vorentwurfs von 1966. Das heißt, dass für „behandelte Gegenstände“ vorrangig das Statut anwendbar ist. Nicht ausdrücklich geregelte Rechtsfragen werden dabei mithilfe allgemeiner Rechtsgrundsätze

---

[153] S. hierzu die Ausführungen zu I. Teil, Kapitel V.

[154] Zu den genannten Argumenten für eine Verordnung: Mitteilung des Herrn von der Groebe an die Kommission, a. a. O. (Fn. 148), S. V ff.

beantwortet. Nach Art. 7 Abs. 2 werden „nicht behandelte Gegenstände" nach dem im Einzelfall anwendbaren Recht der Mitgliedstaaten beurteilt. Die Grenze zwischen europäischem Recht und nationalem Recht wird mithin anhand des Merkmals „im Statut behandelte Gegenstände" gezogen. Dieses Merkmal sollte der Auslegung durch den Gerichtshof der Europäischen Gemeinschaften vorbehalten bleiben. Da zu diesem Zeitpunkt noch versucht wurde, ein ganzheitliches, europäisches Statut für eine Aktiengesellschaft zu schaffen, plädierte die Entwurfsbegründung für eine möglichst weite Auslegung.

Zu Art. 7 Abs. 2, also den Gegenständen, die vom Statut nicht behandelt werden, sieht der Verordnungsentwurf vor, dass hier das „im Einzelfall anwendbare Recht" einschlägig sein soll. Die Kommission erläutert, dass dieses im Einzelfall anwendbare Recht grundsätzlich durch das angerufene Gericht mittels seines internationalen Privatrechts ermittelt wird. Ein Rechtsanwendungsbefehl könne hingegen nicht erfolgen.[155] Dem kann indes nicht gefolgt werden. Warum nicht schon damals auf das Recht des Sitzstaates verwiesen werden konnte, ist angesichts des heute einschlägigen Art. 9 Abs. 1 lit. c) SE-VO zumindest fraglich. Das Statut hätte eine Kollisionsvorschrift in Abs. 2 vorsehen können und die Frage nach dem anwendbaren Recht nicht auf das internationale Privatrecht eines nationalen Gerichts verlagern.[156] Abs. 2 ist letztendlich eine Regelung, die überaus „unfreundlich" gegenüber Rechtsanwendern ist. So müsste beispielsweise die Rechtsabteilung eines Unternehmens bei Rechtsfragen im Sinne des Abs. 2 zunächst die richtige Kollisionsregel ermitteln, um über einen zutreffend bestimmten Anknüpfungspunkt zum anwendbaren Recht zu gelangen. Dies ist nicht nur ressourcenintensiv, sondern auch mit erheblicher Rechtsunsicherheit verbunden.

c) Die Stellung der Arbeitnehmer in der SE nach dem Statut von 1970

Das Statut behandelte die Vertretung der Arbeitnehmerinteressen pragmatisch, indem ein rechtsvergleichender Ansatz verfolgt wurde. In der Begründung zu dem maßgeblichen Titel V stellte die Kommission fest, dass die *betriebliche* Arbeitnehmervertretung in allen Mitgliedstaaten unbestritten sei. Daher ist eins von insgesamt drei rechtlichen Mitteln zur Partizipation der Arbeitnehmer an den Geschicken des Unternehmers der Europäische Betriebsrat („EBR"). Der EBR wird bei jeder SE gebildet, falls diese Betriebsstätten in mehreren Mitgliedstaaten hat (vgl. Art. 100). Der Verordnungsentwurf stattet den EBR vor allem mit Informationsrechten über alle wichtigen Angelegenheiten der Europäischen Aktiengesellschaft und ihrer Betriebe (vgl. die umfangreichen Informationspflichten des Vorstands gegenüber dem EBR gem. Art. 120). Für die Regelung von konkreten Fragen zwi-

[155] Vorschlag der Kommission an den Rat über ein Statut der Europäischen Aktiengesellschaft, KOM(70) 600 endg. – 1. Teil, S. 28 f.

[156] So wohl auch *Lindacher*, in: Lutter, Die Europäische Aktiengesellschaft, S. 4.

schen der Unternehmensleitung und dem EBR wird die Möglichkeit von sog. „Vereinbarungen“ zur Verfügung gestellt.[157]

Das zweite Mittel der Beteiligung ist die Arbeitnehmervertretung im Aufsichtsrat. Die Begründung zum Statut stellt fest, dass diese Frage in den Mitgliedstaaten unterschiedlich beantwortet werde. Bemüht, einen Konsens zu erzielen, ist der Vorschlag der Kommission, dass den Arbeitnehmervertretern ein Drittel der Sitze vorbehalten ist. Keine Vertretung im Aufsichtsrat erfolgt, wenn sie mindestens von zwei Dritteln der Arbeitnehmer der SE abgelehnt wird, Art. 138. Das sollte die Mitgliedstaaten zur Akzeptanz der Regelungen bewegen, die auf nationaler Ebene eine Vertretung der Arbeitnehmer in den Unternehmensorganen nicht als zweckmäßig ansehen.[158] Das Wahlverfahren der Arbeitnehmervertreter findet im Gegensatz zur Wahl des EBR nicht unmittelbar durch die Belegschaft statt, sondern durch die nationalen betrieblichen Arbeitnehmervertretungen (in der Bundesrepublik Deutschland sind dies die Betriebsräte).[159]

Das dritte Mittel betrifft die Gestaltung der Arbeits- und Wirtschaftsbedingungen im Unternehmen durch die Verleihung von Tariffähigkeit an die Europäische Aktiengesellschaft. So könne sich das europäische Unternehmen bereits vorhandenen nationalen Tarifverträgen anschließen oder mit Gewerkschaften (grenzüberschreitende) Tarifverträge für alle seine Betriebe aushandeln.[160]

2. Engagierte Reaktion des Europäischen Parlaments

Der Entwurf von 1970 verursachte weitreichende Resonanz bei Unternehmen, Verbänden, nationalen Regierungen, dem Europäischen Parlament sowie dem Europäischen Wirtschafts- und Sozialausschuss.[161] Das Europäische Parlament wurde gemäß dem geltenden Gesetzgebungsverfahren (Art. 235 EWGV) vom Präsidenten des Rats zu einer Stellungnahme zum Vorschlag der Kommission aufgefordert.[162] Nach einem Bericht von Mariano Pintus vom 30. November 1972[163] und einem

[157] Vorschlag der Kommission an den Rat über ein Statut der Europäischen Aktiengesellschaft, KOM(70) 600 endg. – Teil II, S. 218.

[158] Vorschlag der Kommission an den Rat über ein Statut der Europäischen Aktiengesellschaft, a. a. O. (Fn. 157), S. 219.

[159] Vorschlag der Kommission an den Rat über ein Statut der Europäischen Aktiengesellschaft, a. a. O. (Fn. 157), S. 309.

[160] Vorschlag der Kommission an den Rat über ein Statut der Europäischen Aktiengesellschaft, a. a. O. (Fn. 157), S. 219 f.

[161] *Lutter*, a. a. O. (Fn. 156), Zur Einführung, S. VI.

[162] Entschliessung mit der Stellungnahme des Europäischen Parlaments zu dem Vorschlag der Kommission der Europäischen Gemeinschaften an den Rat für eine Verordnung betreffend das Statut der Europäischen Aktiengesellschaft, ABl. EG Nr. C 93 vom 7. 8. 1974, S. 22.

[163] Pintus-Bericht, a. a. O. (Fn. 151).

darauffolgenden Bericht von Peter Brugger vom 26. Juni 1974[164] fasste das Europäische Parlament im Juli 1974 eine Entschließung mit einer Stellungnahme betreffend das Statut der Europäischen Aktiengesellschaft[165]. Der so vom Parlament angenommene Entschließungsantrag enthielt zahlreiche Änderungsvorschläge. Dies ist nicht darauf zurückzuführen, dass sich das Europäische Parlament grundlegend gegen die Idee einer supranationalen Rechtsform stellte. Ganz im Gegenteil: In seinem Antrag betont es, dass es nicht nur die Vorteile auf wirtschaftlichem und rechtlichem Gebiet anerkenne wie beispielsweise die Beseitigung der oft erwähnten psychologischen Hürden bei der internationalen Zusammenarbeit von Unternehmen oder die Vereinheitlichung von Rechtsvorschriften, die Weiterentwicklung des Gemeinschaftsrechts und die Stärkung der Wettbewerbsfähigkeit europäischer Unternehmen auf dem Weltmarkt. Das Parlament maß der SE positive Folgen für die „Annäherung der Völker" und die „politische Rolle" der (europäischen) Gemeinschaft in der Welt bei.[166]

Zu der wirtschaftlichen und politischen Zweckmäßigkeit der gemeinsamen Rechtsform führte das Europäische Parlament außerdem aus, dass die EWG-Mitglieder (inkl. der damaligen Beitrittskandidaten bestehend aus neun Staaten) gemeinsam ein wirtschaftliches Gewicht aufweisen, das gemessen an ausgewählten volkswirtschaftlichen Kennzahlen die Sowjetunion, die USA und Japan jeweils einzeln überragt. Dieses Potenzial gelte es zu kanalisieren, um als europäische Gemeinschaft international ein wirtschaftliches und politisches Gewicht darzustellen.[167] Nach dem englischen Experten für europäische Fragen Christopher Layton sei die europäische Handelsgesellschaft europapolitisch notwendig, weil sie die europäische Integration insbesondere durch ihren Einfluss auf die Industrie stärke. Dieser positive Einfluss auf die europäische Zusammenarbeit äußere sich dadurch, dass in großen europäischen Handelsgesellschaften Anteilseigner und das Management aus verschiedenen Nationen zusammenarbeiten und so ein gegenseitiges Verständnis füreinander fördern. Das Gleiche gelte für die Arbeitnehmer solcher Gesellschaften, sodass die Chance auf die Entstehung einer europäischen Arbeitnehmer-/Gewerkschaftsbewegung bestehe.[168]

---

[164] Ergänzungsbericht im Namen des Rechtsausschusses über den Vorschlag der Kommission der Europäischen Gemeinschaften an den Rat (Dok. 98/70) für eine Verordnung betreffend das Statut einer Europäischen Aktiengesellschaft (nachfolgend „Brugger-Bericht"), PE 35.861/endg.

[165] Entschließung mit der Stellungnahme des Europäischen Parlaments zu dem Vorschlag der Kommission der Europäischen Gemeinschaften an den Rat für eine Verordnung betreffend das Statut der Europäischen Aktiengesellschaft, ABl. EG Nr. C 93 vom 7.8.1974, S. 17, S. 22 ff.

[166] Vgl. Pintus-Bericht, a. a. O. (Fn. 151), S. 5 f. und Brugger-Bericht, a. a. O. (Fn. 164), S. 6 f.

[167] Pintus-Bericht, a. a. O. (Fn. 151), S. 34 f.

[168] Pintus-Bericht, a. a. O. (Fn. 151), S. 44 f.

Einige bedeutende Kritikpunkte und Änderungsvorschläge betrafen die folgenden Bereiche:[169]

1. Die Angleichung des Statuts an andere ausgearbeitete Akte des Gemeinschaftsrechts und internationale Abkommen (Richtlinien sowie Abkommen gem. Art. 220 EWGV). Das erklärt diverse Änderungsvorschläge u. a. im Hinblick auf die Rechnungslegung, Publizitätspflichten und das Konzernrecht.[170]

2. Die Prüfung der Zweckmäßigkeit der Erweiterung des Zugangs zur neuen Rechtsform für Genossenschaften und Gesellschaften mit beschränkter Haftung

3. Die Abschaffung des Doppelsitzes aufgrund von Schwierigkeiten juristischer und praktischer Art. Das Europäische Parlament hatte ernsthafte Zweifel, dass die zuvor angesprochenen Schwierigkeiten (gerichtliche Zuständigkeit und doppelte Veröffentlichungspflichten) infolge eines Doppelsitzes nicht doch nachteilige Auswirkungen zeigen könnten. Dem kann zugestimmt werden. Ein über psychologische Aspekte hinausgehender Mehrwert ist nicht erkennbar.

4. Zu guter Letzt der wohl wichtigste Punkt: Das Europäische Parlament begrüßte es, dass das Statut die Fragen der Arbeitnehmermitbestimmung aufgreift und Mitspracherechte der Arbeitnehmer vorsieht. Positiv werden außerdem die Einrichtung eines EBR und die Tariffähigkeit der SE bewertet. Dennoch kam es im Bereich der betrieblichen und unternehmerischen Mitbestimmung zu den signifikantesten Änderungsvorschlägen. So wurde das sog. *Drei-Bänke-Modell*[171] vorgestellt, nach dem sich der Aufsichtsrat zu einem Drittel aus Vertretern der Anteilseigner, zu einem Drittel aus Vertretern der Arbeitnehmer und zu einem Drittel aus Personen, die von beiden Gruppen gemeinsam bestellt werden, zusammensetzen sollte.

   Darüber hinaus schlug das Parlament einheitliche Regelungen für die Wahlen zum EBR und der Arbeitnehmervertreter in den Aufsichtsrat vor. Dies führte zu der Erweiterung des Entwurfs um zwei Anhänge (Anhang II und III), die entsprechende Vorschriften zur Wahl enthalten.

3. Revision des Verordnungsentwurfs und die Folgen

Die Kommission evaluierte die Änderungsvorschläge des Europäischen Parlaments konstruktiv und legte dem Ministerrat am 30. April 1975 einen geänderten Verordnungsentwurf vor.[172] Der Ministerrat hat den Gesetzgebungsakt jedoch nicht

---

[169] Zu den nachfolgenden Punkten vgl. Brugger-Bericht, a. a. O. (Fn. 164), S. 6 ff., Pintus-Bericht, a. a. O. (Fn. 151), S. 5 ff.

[170] Pintus-Bericht, a. a. O. (Fn. 151), S. 49 ff.

[171] Hierzu *Kleinsorge*, RdA 2002, 343 (344); *Merkt*, BB 1992, 652.

[172] Geänderter Vorschlag der Kommission an den Rat über ein Statut der Europäischen Aktiengesellschaft, KOM(75) 150 endg. – 1. bis 3. Teil.

wie erhofft verabschiedet. In der gängigen Literatur werden hierfür diverse Gründe vorgebracht, die als hauptursächlich für das vorläufige Scheitern gelten.

Nicht überraschend ist, dass das Drei-Bänke-Modell erhebliche Sprengkraft besaß. Ein Teil der Mitgliedstaaten empfand dies als eine zu ausufernde Form der Mitbestimmung. Diametral war dieses Modell für Deutschland jedoch nicht arbeitnehmerfreundlich genug.

Ein weiterer Grund für die Blockade der Verordnung war die befürchtete Konkurrenz zu den nationalen Aktiengesellschaften. Der als „modern", „geradezu revolutionär" und „systematisch gelungen" bezeichnete Entwurf mit über 400 Artikeln hatte das Potenzial nationale Aktiengesellschaften redundant zu machen.[173] Die Gefahr mag in Anbetracht einiger fortschrittlicher Regelungen wie z. B. zum Konzern- und Umwandlungsrecht reell gewesen sein. Auf der anderen Seite muss berücksichtigt werden, dass bereits die Entwürfe der 70er-Jahre in Art. 2 für die Gründung einer SE durch nationale Gesellschaften einen Mehrstaatenbezug verlangten. Damit wäre grundsätzlich nicht jedes nationale Unternehmen für eine Gründung qualifiziert, sodass juristisch ein eigenständiger Anwendungsbereich für nationale Aktiengesellschaften gegeben wäre. Zuzugeben ist, dass ausgerechnet die prestigeträchtigen und wirtschaftlich bedeutenden nationalen Aktiengesellschaften – deren Wechsel in die SE von den Mitgliedstaaten wohl kritisch betrachtet wurde – international ausgerichtete Konzerne waren und sich damit für das neue Statut als geeignete Gründer erwiesen hätten.

Ein anderer Kritikpunkt betraf die Wahl der Verordnung als Instrument für die Einführung der Europäischen Aktiengesellschaft. Ein unmittelbar anwendbarer gesetzgeberischer Akt, bei dem die Parlamente der Mitgliedstaaten kein unmittelbares Mitspracherecht hatten, erschien dann doch zu bedrohlich für die nationale Souveränität einiger Mitgliedstaaten.

Über die Frage der Mitbestimmung im Aufsichtsrat hinaus bestanden Vorbehalte inhaltlicher Art gegen die Organstruktur sowie den Versuch, ein einheitliches Konzern- und Steuerrecht zu regeln (Letzteres ist eine eigenständige Thematik). In Hinblick auf die Struktur der Organe ist zu erwähnen, dass der Entwurf in diesem Stadium noch immer nicht das Wahlrecht zwischen dem monistischen und dem dualistischen System vorsah. Die vorgenannten Punkte führten dazu, dass der Entwurf seit 1982 nicht mehr auf der Agenda des Ministerrates stand. Als mitursächlich für diese langjährige Beratungspause gilt, dass auf die Vorschläge der Kommission zur Harmonisierung des Konzernrechts in den Mitgliedstaaten gewartet wurde. Dies hätte zumindest einen Konfliktherd entschärfen können, ohne diese Regelungsmaterie vollständig aus dem Statut ausklammern zu müssen.[174]

---

[173] Zur genannten Kritik am Entwurf: *Blanquet*, ZGR 2002, 20 (22 f.); *Lutter*, BB 2002, 1 (1); *Oechsler*, a. a. O. (Fn. 102), Rn. 1; *Theisen/Wenz*, a. a. O. (Fn. 7), S. 30 f.

[174] Vgl. zu den Ursachen des Scheiterns die Ausführungen bei *Lutter*, BB 2002, 1 (1); *Oechsler*, in: a. a. O. (Fn. 102), Rn. 1; *Blanquet*, a. a. O. (Fn. 173), S. 22 f.; *Theisen/Wenz*, a. a. O. (Fn. 7), S. 31.

Als Fazit ist festzustellen, dass die SE – wie sie von den Verordnungsvorschlägen von 1970/75 gedacht wurde – trotz möglicher Kritikpunkte als eine „echte" supranationale Kapitalgesellschaft konzipiert war. Ein umfassender Regelungsrahmen, der keine weiteren Umsetzungsakte im nationalen Recht verlangte und unmittelbare Anwendbarkeit mit Anwendungsvorrang vor dem nationalen Recht beanspruchte. Doch wird ebenso deutlich, dass das Projekt einer supranationalen Kapitalgeschafft durch den Rat der Europäischen Union ausgebremst wurde. Das ist sicherlich auf die zuvor genannten Gründe zurückzuführen. Allerdings wären die rechtlichen (und sozialen) Fragestellungen rund um die Mitbestimmung und die Konkurrenz zu nationalen Aktiengesellschaften lösbar, sofern nur der notwendige Wille zum Kompromiss aufgebracht werden kann. Da aber in einem Organ wie dem Rat der Europäischen Union nationale politische Interessen dominieren, kann dieselbe Begeisterung für das Projekt wie in der Europäischen Kommission oder dem Europäischen Parlament nicht vorausgesetzt werden. Die Anzahl der Mitgliedstaaten (und folglich der Rat) sollte sich in den kommenden Jahren und Jahrzehnten vergrößern. Eine Einigung musste notwendigerweise immer schwieriger werden, da sich der Ausgleich von divergierenden Interessen auf diese Weise komplexer gestaltet.

VII. Weißbuch zur Vollendung des Binnenmarkts von 1985 und die Gesetzgebungsinitiativen von 1989/1991

„Die Zeit für Reden ist nun vorbei. Es ist Zeit zu handeln." – formulierte die Kommission in ihrem Weißbuch aus dem Jahre 1985, das einen Zeitplan und konkrete Maßnahmen zur Vollendung des Binnenmarktes enthielt. Hintergrund war die Selbstverpflichtung des Europäischen Rats zur Errichtung eines Binnenmarktes bis zum Jahre 1992.

Das Weißbuch ordnete bestimmte Hürden, die der Errichtung eines Binnenmarktes von damals elf bzw. zwölf Einzelmärkten mit 320 Millionen Einwohnern entgegenstanden, drei Kategorien zu: den materiellen Schranken, den technischen und den steuerlichen Schranken. Während die Beseitigung der materiellen Schranken die Abschaffung von Grenzkontrollen und Zollformalitäten betrifft, bezeichnen die technischen Schranken die Kosten für Unternehmer und Verbraucher, die durch unterschiedliche nationale Regelungen und Normen entstehen. Beispielsweise haben unterschiedliche technische Anforderungen an Waren einen störenden Einfluss auf die Produktionsstrukturen, erhöhen Lagerkosten und behindern die zwischenbetriebliche Zusammenarbeit.[175]

Zur Behebung der technischen Schranken kündigte das Weißbuch eine neue Strategie an, die Einfluss auf die gesamte europäische Rechtssetzung haben sollte.

---

[175] Vollendung des Binnenmarktes, Weißbuch der Kommission an den Europäischen Rat, KOM(85) 310 endg., S. 5 f., 17.

Von großer Bedeutung für diesen Richtungswechsel war der Kommissionspräsident Jacques Delors. Anhand des freien Warenverkehrs stellte die Kommission fest, dass ein auf detaillierte Richtlinien (gem. Art. 100 EWGV) gestütztes Harmonisierungskonzept zu wenig flexibel ist. Ein Grund hierfür ist die Einstimmigkeit des Rats – ein Hindernis für die europäische Integration, das auch aus der heutigen Europapolitik bekannt ist. Die Harmonisierung von Rechtsvorschriften bliebe zwar nach wie vor ein Instrument für die Verwirklichung des Binnenmarktes, werde jedoch auf die Bereiche beschränkt, in denen die Rechtsangleichung unerlässlich ist (so wie dies bei zwingenden Erfordernissen für die Gesundheit und Sicherheit der Fall ist). Stattdessen sollte dem sog. *Grundsatz der gegenseitigen Anerkennung* in erhöhtem Maße gefolgt werden, um eine Überregulierung durch gemeinschaftliche Normen zu verringern. Dieses aus der *Cassis*-Rechtsprechung des EuGH bekannte Prinzip besagt, dass Waren (gilt entsprechend für Dienstleistungen und Arbeitnehmer), die in einem Mitgliedstaat rechtmäßig hergestellt und in den Verkehr gebracht worden sind, ungehindert in einen anderen Mitgliedstaat importiert werden können.[176] Dieses neue Paradigma würde sich fortan in den Vorschlägen für eine Gesetzgebung zur Europa-AG widerspiegeln.

Fragen der Arbeitnehmermitbestimmung könnten in einer Richtlinie geregelt werden, während die Verordnung auf einen Bruchteil der Bestimmungen der vorherigen Entwürfe beschränkt wird. Man machte sich Erfahrungen zu eigen, die durch die Verabschiedung der Verordnung (EWG) Nr. 2137/85 des Rates vom 25. Juli 1985 über die Schaffung einer Europäischen wirtschaftlichen Interessenvereinigung (EWIV) (nachfolgend EWIV-VO) gewonnen wurden. Demgemäß würde die SE-VO neben originären Sachnormen zahlreiche Verweisungen auf das nationale Recht sowie Regelungsaufträge/-ermächtigungen an den nationalen Gesetzgeber enthalten.[177]

Man könnte hier einen Schlüsselmoment in der Entwicklung der europäischen Handelsgesellschaft sehen, der dazu führte, dass diese Rechtsform einen signifikanten Teil ihrer Supranationalität einbüßte. In Bezug auf den Zeitplan ist das Vorgehen zur Aufspaltung der Gesetzgebung in zwei Teile nachvollziehbar, da in absehbarer Zeit ein Kompromiss gefunden werden musste. Denn die Kommission merkte in dem besagten Weißbuch nochmals die Notwendigkeit an, einen Rechtsrahmen zur Erleichterung der Unternehmenskooperation zu schaffen. Hierfür musste ein Beschluss des Ministerrats über das Statut einer Europäischen Gesellschaft bis 1992 erfolgen.[178] Die Grundsatzentscheidung, die Verweisungstechnik auf das Recht der Mitgliedstaaten verstärkt zum Einsatz zu bringen, stieß auf Ge-

---

[176] Vollendung des Binnenmarktes, Weißbuch der Kommission an den Europäischen Rat, a. a. O. (Fn. 175), S. 18 f., 22; vgl. hierzu *Oechsler*, a. a. O. (Fn. 102), Rn. 2; *Leible/Streinz*, a. a. O. (Fn. 118), Art. 34 AEUV Rn. 69 ff.; *Schröder*, in: Streinz, EUV/AEUV, Art. 114 AEUV Rn. 1.

[177] *Ihring/Wagner*, BB 2003, 969.

[178] Vollendung des Binnenmarktes, Weißbuch der Kommission an den Europäischen Rat, a. a. O. (Fn. 175), S. 34.

meinschaftsebene allem Anschein nach nicht auf die Art von Bedenken, um eine weitere Verzögerung oder gar Aufgabe des Projekts zu riskieren. Argumentiert wurde (neben dem vorher dargestellten Paradigmenwechsel in der europäischen Rechtssetzung) damit, dass die Harmonisierung des Gesellschaftsrechts nunmehr vorangeschritten war. Folglich wären nur noch die Bereiche in der Verordnung zu regeln, die nicht bereits angeglichen sind. Möchte man nach positiven Aspekten dieser Entwicklung suchen, so sind neben der stärkeren Konsensfähigkeit auch die Reduzierung des Umfangs des Vorschlags zu erwähnen. Der zweite und dritte Änderungsvorschlag für die Verordnung[179] hatten lediglich 137 bzw. etwas mehr als 100 Artikel vorzuweisen.[180]

1. Neuer Versuch –Verordnungsentwürfe von 1989 und 1991

In Reaktion auf die Verknüpfung der Vollendung des Binnenmarktes mit der Verabschiedung eines Statuts über die SE forderte der Europäische Rat 1987 die zuständigen Organe auf, das Gesellschaftsrecht anzupassen, um die „Schaffung einer Gesellschaft europäischen Rechts rasch voranzutreiben". Darauf folgte ein Memorandum der Kommission vom 15. Juli 1988[181], das in einen Verordnungs- und Richtlinienentwurf datiert auf den 25. August 1989 mündete. Die „Stellung der Arbeitnehmer" wurde wegen der unterschiedlichen Regelungen in den Mitgliedstaaten in einer Richtlinie auf der Grundlage des Art. 54 EWGV geregelt. Andere Vorschriften, die zur Gründung und zur Funktionsweise der SE erforderlich sind, wurden in der Verordnung verankert.[182] Nach der Vorlage der Verordnung und der Richtlinie an den Wirtschafts- und Sozialausschuss der EG und das Europäische Parlament hat die Kommission 1991 einen weiteren Verordnungs- und Richtlinienvorschlag erstellt, in dem die Änderungsanträge jener Institutionen weitgehend berücksichtigt wurden.[183] Soweit im Folgenden auf den Verordnungs- oder Richtlinienentwurf sowie die entsprechenden Begründungen der Kommission Bezug genommen wird, so sind damit die Fassungen von 1989 gemeint. Auf etwaige hervorzuhebende Änderungen in den Fassungen von 1991 wird ausdrücklich hingewiesen.

---

[179] Vorschlag für eine Verordnung (EWG) des Rates über das Statut der Europäischen Aktiengesellschaft, ABl. EG Nr. C 263 v. 16. 10. 1989, S. 41 ff.; Geänderter Vorschlag für eine Verordnung (EWG) des Rates über das Statut der Europäischen Aktiengesellschaft, ABl. EG Nr. C 176 v. 8. 7. 1991, S. 1 ff.

[180] *Theisen/Wenz*, a. a. O. (Fn. 7), S. 31 f.; *Lutter*, BB 2002, 1 (2).

[181] Binnenmarkt und industrielle Zusammenarbeit – Statut für die Europäische Aktiengesellschaft – Weißbuch über die Vollendung des Binnenmarkts, Rdnr. 137 (Memorandum der Kommission an das Parlament, den Rat und die Sozialpartner), KOM (88) 320 endg.

[182] KOM(89) 268 endg. – SYN 218 und SYN 219, S. 1a.

[183] *Wenz*, Die Societas Europaea (SE) – Analyse der geplanten Rechtsform und ihre Nutzungsmöglichkeiten für eine europäische Konzernunternehmung, S. 15.

a) Eine neue Rechtsgrundlage für die Verordnung

Ein Faktor, der nach der Vorstellung der Kommission zum Gelingen der Einführung der SE beitragen sollte, war die Umstellung der Rechtsgrundlage des Verordnungsentwurfs auf Art. 100a EWGV. Bei Art. 100a EWGV (heute Art. 114 AEUV) handelte es sich um eine relativ neue Rechtsgrundlage, die mit dem Abschluss der Einheitlichen Europäischen Akte von 1986 in den Vertrag eingeführt wurde. Art. 100a EWGV wird als die wichtigste Neuerung infolge der Vertragsänderung bezeichnet. Hierdurch sollte ein höheres Maß an Flexibilität und Dynamik bei der Gesetzgebung erreicht werden, indem Richtlinien und Verordnungen durch qualifizierte Mehrheitsentscheidung beschlossen werden konnten.[184] Auf den ersten Blick scheint dies die ausschlaggebende Änderung zu sein, die eine Verabschiedung der Verordnung im Ministerrat forcieren könnte. Man möge sich jedoch an dieser Stelle den Luxemburger Kompromiss in Erinnerung rufen (vgl. S. 36). Bei einer Thematik wie der Europäischen Aktiengesellschaft dürften schnell wichtige entgegenstehende nationale Interessen von widersprechenden Mitgliedstaaten vorgebracht werden. Zutreffend ist zwar, dass der Luxemburger Kompromiss seit 1982 nicht mehr unverbrüchlich Beschlüssen mit qualifizierter Mehrheit entgegenstand.[185] Allerdings wäre es politisch für das gesamte europäische Projekt wenig fördernd gewesen, die Schaffung einer einheitlichen Rechtsform uneinheitlich zu beschließen.

Positiv für die Stärkung der Rolle des Parlaments, mithin für den Demokratisierungsprozess der Gemeinschaft, ist indes das sog. „Verfahren der Zusammenarbeit“ (im Maastrichter Vertrag erfolgte zusätzlich die Einführung des „Mitentscheidungsverfahrens“, das anschließend durch den Vertrag von Lissabon in „ordentliches Gesetzgebungsverfahren“ umbenannt wurde) hervorzuheben.[186] Art. 100a EWGV Abs. 1 sah vor, dass der Rat die notwendigen Maßnahmen zur Angleichung „in Zusammenarbeit mit dem Europäischen Parlament“ trifft.[187] Das Verfahren der Zusammenarbeit wurde in Art. 149 Abs. 2 EWGV geregelt und ermächtigte das Europäische Parlament u. a., rechtserhebliche Änderungsvorschläge einzubringen.[188]

Insgesamt hat die Umstellung der Rechtsgrundlage zahlreiche kritische Stimmen in der deutschen Rechtswissenschaft hervorgerufen.[189]

---

[184] *Korte*, in: Calliess/Ruffert, EUV/AEUV, Art. 114 AEUV Rn. 3.

[185] Vgl. zum erstmaligen „Bruch“ des Kompromisses infolge der Übereinstimmung Großbritanniens bei der Verabschiedung des Agrarpreispakets: *Obwexer*, in: Streinz, EUV/AEUV, Art. 238 AEUV Rn. 51.

[186] *Classen*, in: von der Groeben/Schwarze/Hatje, Europäisches Unionsrecht, Art. 114 AEUV Rn. 2.

[187] Einheitliche Europäische Akte, ABl. EG Nr. L 169 S. 8.

[188] Zur Darstellung des Verfahrens *Wenz*, a. a. O. (Fn. 183), S. 15 ff.

[189] So z. B. *Abeltshauser*, AG 1990, 289 (294).

b) Signifikante Veränderungen gegenüber den vorherigen Entwürfen

Eine hervortretende Änderung im Verordnungsvorschlag ist die Option für eine monistische oder dualistische Organstruktur in Art. 61. Dieses Wahlrecht sollte sich durchsetzen und ebenfalls in der heute geltenden Verordnung eine Verankerung erfahren. Im Unterschied zu Art. 38 SE-VO sah Art. 61 der Verordnung von 1991 allerdings vor, dass die Mitgliedstaaten ein bestimmtes System in ihrem Hoheitsgebiet vorschreiben können. Das monistische System darf für die deutsche Rechtsordnung mit Fug und Recht als „größte Innovationsleistung" der SE bezeichnet werden.[190] An der Flexibilisierung der inneren Organisationsstruktur der SE lässt sich gut beobachten, wie nationale Besonderheiten auf eine positive Art Eingang in das Gesetzgebungsverfahren gefunden haben und nicht nur zu einem Einigungshindernis wurden.

Die wahrscheinlich prägendste Veränderung ist – wie zuvor bemerkt – systematischer Natur und betrifft die vielfachen Verweise auf das Recht der Mitgliedstaaten oder bereits erlassene Richtlinien der Gemeinschaft. Von der erwähnten Verweisungstechnik wird in besonderem Maße in Titel V (Rechnungslegung) und Titel VI (Konzernrecht) Gebrauch gemacht. Auf eine vollständige Harmonisierung der Vorschriften zur Auflösung und Liquidation (Titel VII) wurde verzichtet.[191] So verweist beispielsweise Art. 115 Abs. 3 lit. c) auf die Auflösungsgründe des Sitzstaates der SE. Damit im Zusammenhang zu sehen ist, dass der Regelungskomplex Konkurs bzw. Insolvenz nicht mehr einheitlich in der Verordnung geregelt ist. Art. 129 verweist auf die Rechtsvorschriften des jeweiligen Mitgliedstaates über Zahlungsunfähigkeit und Zahlungseinstellung. Titel X (Strafvorschriften) verweist im Zuge der fortgeschrittenen Rechtsangleichung unter den Mitgliedstaaten auf das nationale Recht. Das ist eine Kehrtwende von der Regelungstechnik des Statuts von 1975, in dem zum Strafrecht vorgesehen war, dass die Staaten bestimmte im Anhang IV aufgeführte Verhaltensweisen durch einzuführende Straftatbestände sanktionieren.

Erfreulich ist hingegen, dass im Entwurf von 1991 gem. Art. 2 Abs. 3 eine Erweiterung der Gründungsmöglichkeiten auf die Umwandlung stattgefunden hat. Eine nationale Aktiengesellschaft sollte durch einen Formwechsel zur SE werden können.

Die Einführung eines europäischen Handelsregisters wurde nicht mehr weiterverfolgt. Stattdessen sieht Art. 8 Abs. 1 vor, dass jede SE in ihrem Sitzstaat in das jeweilige nationale Register eingetragen wird. Wie die meisten vorgenannten Änderungen diente auch dieser Schritt dazu, eine Einigung alsbald herbeizuführen. Insgesamt ist dieser Schritt für die institutionelle europäische Integration als negativ zu bewerten, da hier eine Möglichkeit verpasst wurde, perspektivisch nationale

---

[190] *Lutter/Teichmann*, in: Lutter/Hommelhoff/Teichmann, SE-Kommentar, Einleitung Rn. 38.

[191] KOM(89) 268 endg. – SYN 218 und SYN 219, S. 1a ff.

Handelsregister redundant zu machen. Ein positiver Aspekt dieser Entwicklung war, dass hierdurch eine Entlastung des Gerichtshofs der Europäischen Gemeinschaften erreicht wurde, da dieser nicht mehr für die Kontrolle der Gründung einer SE zuständig sein sollte.[192]

c) Drei Mitbestimmungsmodelle für die SE

Der Vorschlag für eine Richtlinie des Rates zur Ergänzung des SE-Statuts hinsichtlich der Stellung der Arbeitnehmer von 1989 sieht in Art. 3 Abs. 1 drei Modelle der unternehmerischen Mitbestimmung vor, um die Arbeitnehmer der SE an der Unternehmensaufsicht und der strategischen Ausrichtung des Unternehmens zu beteiligen (vgl. Art. 2). Eines der in Art. 4 bis Art. 6 beschriebenen Modelle wird durch eine Vereinbarung zwischen den Geschäftsführern der Gründungsgesellschaften und deren Arbeitnehmern installiert. Die Flexibilität einer Richtlinie zeigt sich darin, dass in Art. 3 Abs. 4 geregelt ist, dass die Mitgliedstaaten die Modalitäten der Anwendung der Mitbestimmungsmodelle selbst festlegen. Nach Art. 3 Abs. 5 kann ein Mitgliedstaat die Anzahl der wählbaren Modelle von drei auf zwei oder sogar auf nur ein Modell begrenzen. Kommt es zu keiner Vereinbarung, so entscheidet die Geschäftsführung der beteiligten Gesellschaften über das in der Europäischen Aktiengesellschaft anzuwendende Modell. Die Einschränkung dieser für Aktionäre und die Unternehmensleitung günstigen Regelung erfolgt dadurch, dass Art. 8 Abs. 3 der Verordnung von 1991 bestimmt, dass eine SE erst nach Wahl eines Mitbestimmungsmodells im nationalen Register eingetragen werden kann.

In Art. 4, erster Spiegelstrich, ist die weitestgehende Beteiligungsform geregelt. Die Mitglieder des Aufsichts- oder Verwaltungsorgans werden entweder mindestens zu einem Drittel oder maximal zur Hälfte von den Arbeitnehmern oder ihren Vertretern gewählt. Diese Option wurde wohl insbesondere mit Blick auf Deutschland vorgesehen, da sie eine Wahl zwischen Drittelbeteiligung oder paritätischer Mitbestimmung eröffnet. Nach Art. 74 der Verordnung hat jedes Mitglied eines Organs bei der Wahrnehmung der organschaftlichen Aufgaben dieselben Rechte und Pflichten. Demzufolge sind die Arbeitnehmervertreter den Aktionärsvertretern gänzlich gleichgestellt.

Der zweite Spiegelstrich desselben Artikels sieht ein „ungewöhnliches" Verfahren zur Bestellung von Mitgliedern in das Aufsichtsorgan vor. Nach dieser Option sollen neue Mitglieder durch Kooptation auf Vorschlag der Aktionärsvertreter oder der Arbeitnehmer(-vertreter) bestellt werden. Diese Möglichkeit wurde aus Rücksicht auf einen Mitgliedstaat eingeführt, schrieb die Kommission in der Begründung zur Richtlinie, ohne aber diesen Mitgliedstaat namentlich zu nennen.[193]

---

[192] KOM(89) 268 endg. – SYN 218 und SYN 219, S. 9.

[193] KOM(89) 268 endg. – SYN 218 und SYN 219, S. 58.

Bei diesem Staat handelte es sich um die Niederlande, da die entsprechenden nationalen Gesetze eine Kooptation in die Unternehmensorgane vorsahen.[194]

Art. 5 sieht die Einrichtung eines separaten Organs nach französischem Vorbild vor (dort der sog. *comité d'enterprise*). Auffällig ist, dass die Befugnisse der Arbeitnehmervertreter in diesem Organ erheblich gegenüber dem ersten Modell begrenzt sind. So hat das Organ nach Art. 5 Abs. 2 lit. a) nur Informationsrechte über den Geschäftsverlauf und dessen Entwicklung, nach lit. b) Recht auf Berichte vom Leitungs- oder Verwaltungsorgan zu bestimmten Angelegenheiten der Gesellschaft, einen Auskunftsanspruch zur Erfüllung seiner Aufgaben sowie nach lit. c) ein Unterrichtungs- und Anhörungsrecht bei grundlegenden Beschlüssen des Aufsichts- oder Verwaltungsorgans über wichtige Angelegenheiten der SE im Sinne von Art. 72. Solche wichtigen Angelegenheiten waren z. B. größere Investitionsvorhaben, der Abschluss von kommerziell bedeutenden Liefer- und Leistungsverträgen sowie die Errichtung, der Erwerb, die Veräußerung oder Auflösung von Unternehmen, Betrieben oder Betriebsteilen, sofern diese Vorgänge finanziell von einigem Gewicht für die SE sind.

Das Mitbestimmungsmodell nach Art. 6 bietet den Gründungsgesellschaften und den zur Verhandlung ermächtigten Arbeitnehmervertretern die Möglichkeit, eine tarifvertragliche Vereinbarung über die unternehmerische Mitbestimmung zu treffen. Die Begründung zur Richtlinie nimmt als Beispiel auf das Drei-Bänke-Modell des Entwurfs von 1975 Bezug. Dieses könnte Inhalt einer entsprechenden Vereinbarung sein.[195] Ebenso können auch weniger weitgehende Beteiligungsformen für die Arbeitnehmer tarifvertraglich geregelt werden. Die Vorschrift ist demnach als Zugeständnis an Staaten zu werten, deren Mitbestimmungsregelungen weniger weit gehen, als dies bei anderen Staaten der Fall ist. In Art. 6 Abs. 2 sind zwingende Informations- und Konsultationsrechte vorgesehen, die jede Vereinbarung beachten müsse. Art. 6 Abs. 8 sieht eine Auffanglösung vor. Falls eine Vereinbarung nicht zustande kommt, gilt für die SE ein Standardmodell nach dem Recht des Sitzstaates. Die Richtlinie sah zu diesem Standardmodell vor, dass dieses der am weitesten fortgeschrittenen einzelstaatlichen Praxis zu entsprechen und den Arbeitnehmern mindestens die in Art. 6 Abs. 2 vorgesehenen Rechte zu gewähren hat.

Zutreffend stellte Françoise Blanquet daher fest, dass die Konzeption des Art. 6 nicht allzu fern von der heutigen Gesetzeslage entfernt ist.[196] Zu Recht wurde von ihr vor diesem Hintergrund kritisiert, dass nach dem Verordnungsvorschlag von 1989 weitere 11 Jahre notwendig waren, um eine Übereinkunft zu erzielen.[197] Dabei wurden letztendlich doch keine wesentlichen sozialen Verbesserungen erzielt, um diesen erheblichen Zeitraum zu rechtfertigen.

---

[194] Vgl. *Heinze*, a. a. O. (Fn. 2), S. 68.

[195] KOM(89) 268 endg. – SYN 218 und SYN 219, S. 59.

[196] *Blanquet*, a. a. O. (Fn. 173), S. 27.

[197] *Blanquet*, a. a. O. (Fn. 173), S. 34.

2. Bonner Symposium – negative Urteile aus Deutschland zu den neuen Vorschlägen

Am 18. Juni 1990 veranstaltete das Zentrum für Europäisches Wirtschaftsrecht an der Universität Bonn ein Symposium zu den Vorschlägen von 1989. Gegenstand der Zusammenkunft waren die rechtlichen und steuerlichen Probleme der neuen Entwürfe. Zu den Teilnehmern zählten Vertreter der Wirtschaft, der Politik und der Rechtswissenschaft.

Lutter beschrieb in seinem Beitrag zum Bonner Symposium äußerst poetisch, wie der neue Entwurf zu betrachten ist: Das neue Konzept stellt lediglich einen „Torso" der einstigen Entwürfe dar. „Die SE soll nicht mehr, wie einst geplant, als feste Insel europäischen Rechts im Wasser der sie umgebenden nationalen Rechte schwimmen, sondern jede SE soll ein selbstständiges Schiff sein mit unterschiedlichen Erscheinungsformen und Farben, je nachdem welcher Heimathafen an seinem Schornstein vermerkt ist."[198] Zurecht wird die Frage aufgeworfen, ob überhaupt noch von einer europäischen Rechtsform gesprochen werden kann. Art. 7 Abs. 1 lit. a) sieht zum anwendbaren Recht vor, dass Rechtsfragen, die zwar den der Verordnung unterliegenden Bereichen zugeordnet werden, aber nicht ausdrücklich geregelt sind, zunächst nach den allgemeinen Grundsätzen der Verordnung gelöst werden. Insofern besteht diesbezüglich kein Unterschied zur Technik des Statuts von 1975 (s.o.). Art. 7 Abs. 1 lit. b) sieht jedoch sogleich vor, dass, sofern die allgemeinen Grundsätze der Verordnung nicht weiterhelfen, das AG-Recht des Sitzstaats Anwendung findet. Art. 7 des Statuts von 1975 sperrte noch die Anwendung des nationalen Rechts für behandelte, aber nicht ausdrücklich geregelte Gegenstände. Der Richtungswechsel in diesem Bereich hatte zur Konsequenz, dass „ganz erhebliche Unterschiede aus den Rechtsordnungen der Mitgliedstaaten in das Recht der SE einfließen".[199]

Die Verweise in der Verordnung auf harmonisiertes Recht und Richtlinien bergen zahlreiche Stolpersteine für den Rechtsanwender und die nationalen Gerichte. Denn ein Verweis auf harmonisiertes Recht heißt *nicht*, dass damit auf ein *einheitliches* Recht verwiesen wird. Das Sekundärrecht enthält zuweilen nur Mindestvoraussetzungen und/oder Optionsrechte für die Mitgliedstaaten. Somit ist eine überschießende respektive divergierende Umsetzung möglich, von der möglicherweise ein Staat Gebrauch gemacht hat. Ein weiteres Problem im Hinblick auf vermeintlich harmonisiertes nationales Recht ist, dass jede Rechtsordnung die Frage unterschiedlich beantworten könnte, ob eine Richtlinie eine Materie abschließend regelt.

Sofern unmittelbar auf Richtlinien verwiesen wird (z.B. Titel V über die Rechnungslegung), gilt das auch für die zahlreichen Optionsrechte in den Richtlinien (insbesondere die Bilanzrichtlinie enthält zahlreiche dieser Wahlrechte). Die absurde Rechtsfolge dadurch ist, dass jede einzelne SE vor diverse Wahlrechte gestellt

---

[198] *Lutter*, AG 1990, 413 (414).

[199] Vgl. *Lutter*, a.a.O. (Fn. 198), S. 416.

wird. Mithin können für SEs innerhalb eines Mitgliedstaates unterschiedliche Regelungen gelten.

Nationale Gerichte hätten bei gesellschaftsinternen Rechtsstreitigkeiten in der SE fortan mit drei verschiedenen Regelungsebenen zu hantieren. Zum einen müssten sie die Verordnung beachten. Soweit diese zu einzelnen Details eines grundsätzlich erfassten Bereichs schweigt, stellt sich die Frage, ob dieses Schweigen eine Lücke darstellt oder abschließend ist. Ist eine etwaige Lücke nach den allgemeinen Grundsätzen der Verordnung oder nach nationalem Recht zu lösen? Ähnliche Fragestellungen ergeben sich bei den Verweisen auf Richtlinien. Bei der Anwendung von nationalem Recht für scheinbar nicht erfasste Bereiche müsste ebenfalls die Sperrwirkung der Verordnung bedacht werden. Hinzu kommt, dass für all diese Auslegungsfragen die Vorlagepflicht an den EuGH begründet wird.[200]

Zu der neuen Herangehensweise bei der Mitbestimmung äußerte ein Vertreter des Bundesministeriums für Justiz im Rahmen einer Diskussion bei dem Symposium, dass zwischen den einzelnen Modellen ein erhebliches Gefälle besteht. Dies begründet die Gefahr der Flucht aus der Mitbestimmung.[201] Die verschiedenen Optionen waren schlichtweg nicht gleichwertig. Ein Machtgefälle zwischen der Arbeitgeber- und der Arbeitnehmerseite offenbarte sich z. B. auch anhand von Art. 3 Abs. 1, der die Wahl eines Modells final in die Hände der Leitungsorgane der Gründungsgesellschaften legte. Der Vorschlag der Kommission sendete keine Anreize zur Harmonisierung des Mitbestimmungsrechts, was aber gerade von einer Europäischen Aktiengesellschaft erwartet wurde. Die Differenz in den Modellen zementiere eher die heimischen Mitbestimmungssysteme. Im Richtlinienentwurf war weiterhin keine einheitliche betriebsverfassungsrechtliche Basis mehr enthalten. Auf der Ebene der nationalen Betriebe der SE galten gem. Art. 10 die betriebsverfassungsrechtlichen nationalen Vorschriften des jeweiligen Mitgliedstaates. Eine Regelung zu einem grenzüberschreitenden EBR war in dem Vorschlag nicht mehr enthalten.

Angesichts der erheblichen Kritik an den mannigfaltigen Optionsmodellen wäre ein „Sockelmodell“ mit einer einheitlichen Minimalregelung vorteilhafter. Zugleich wäre jedoch zu antizipieren, dass diese Lösung für Deutschland nicht hinnehmbar sein würde, weil die Minimalregelung gegenüber dem innerstaatlichen System zurückbleiben musste.

In seinem Beitrag zur Mitbestimmung arbeitet von Maydell schließlich eine essenzielle Erkenntnis heraus, die als Kernursache für das jahrzehntelange Misslingen der SE identifiziert werden kann. Der Streit um das Ausmaß der Arbeitnehmerbeteiligung ist indes nur ein Symptom dieses Problems. Eine Verständigung über ein einheitliches Mitbestimmungsrecht würde nämlich ein Organ der EG voraussetzen, das einen politischen Willen bilden *und* diesen durch eine korrespondierende Ge-

---

[200] Hierzu ausführlich *Lutter*, a. a. O. (Fn. 198), S. 416–420.

[201] *Wahlers*, Diskussionsbericht, AG 1990, 421 (421).

setzgebungskompetenz realisieren kann. Der Ministerrat, der in seinen unterschiedlichen Zusammensetzungen aus Mitgliedern der nationalen Regierungen besteht, vermag dies nicht zu tun. Abhilfe könnte nur durch eine eigenständige Gesetzgebungskompetenz des Europäischen Parlaments geschaffen werden.[202]

Die Kommission betonte in der Begründung zum zweiten geänderten Verordnungsvorschlag, dass die Verordnung und die Richtlinie eine „untrennbare Einheit" bilden und aus diesem Grund zum gleichen Zeitpunkt anwendbar sein müssten. Folglich lässt sich argumentieren, dass die Aufspaltung der Gesetzgebung nur die Einheitlichkeit der Rechtsform in den Mitgliedstaaten reduzierte, hingegen nicht die ersehnte Einigung beschleunigte.[203]

Aufgrund des Streits um die (Un-)Gleichwertigkeit der Mitbestimmungsmodelle wurden die Beratungen im Rat 1993 ausgesetzt.[204]

VIII. Ökonomischer Nutzen der SE – der „*Ciampi*-Bericht"

Doch sollte dieses Mal das Projekt nicht mehr so lange „begraben" bleiben, wie dies zwischen dem Entwurf 1975 und den Entwürfen Ende der 80er Jahre der Fall war. 1993/94 setzte *British Petroleum* („bp")[205] mit Unterstützung des Runden Tisches der europäischen Wirtschaft eine Initiative durch, um die Arbeiten an einer Europäischen Aktiengesellschaft wieder aufzunehmen. Europäische Großkonzerne erwiesen sich in dieser Zeit als starke Treiber für die Einführung der SE.[206]

Flankiert von einem Bericht der *Competitiveness Advisory Group* unter dem Vorsitz von *Carlo Azeglio Ciampi* (zu diesem Zeitpunkt ehemaliger Ministerpräsident und Gouverneur der italienischen Zentralbank) vom 15. Juni 1995 wurden nun besonders die ökonomischen Wettbewerbsvorteile einer SE herausgearbeitet. Der erste Bericht der Gruppe trägt den Titel *Enhancing European Competitivness.*

Die Gruppe interpretierte ihr Mandat als Zusammenkunft von Personen, die exekutive Verantwortung innerhalb der wirtschaftlichen und sozialen Sphäre haben und ihre daraus resultierenden praktischen Erfahrungen in die gemeinsame Arbeit einbringen. In diesem Sinne gehörten der Gruppe wirtschaftliche Größen wie Vor-

---

[202] *von Maydell*, AG 1990, 442 (445 ff.); *Abeltshauser*, AG 1990, 289 (296 f.).

[203] KOM(89) 268 endg. – SYN 218 und SYN 219, S 1.

[204] *Blanquet*, a. a. O. (Fn. 173), S. 27.

[205] bp firmiert heute unter „*BP Europa SE*". Die Europäische Aktiengesellschaft wurde am 30. April 2010 durch Verschmelzung verschiedener europäischer Landesgesellschaften gegründet. Dabei handelt es sich bei dieser SE nicht um eine (bloße) Holding, sondern um eine in sieben Ländern operativ tätige Gesellschaft. Das operative Geschäft wird durch Zweigniederlassungen ausgeübt (eigene Angaben des Unternehmens unter https://www.bp.com/de/global/bp-europa-se/ueber-die-bp-europa-se.html, zuletzt aufgerufen am 10. 03. 2025). Im Grunde verkörpert diese Reorganisation musterhaft den Zweck der Einführung der Rechtsform.

[206] *Blanquet*, a. a. O. (Fn. 173), S. 28.

stands- und Aufsichtsratsvorsitzende großer Konzerne an (u. a. auch die damaligen Chairmen von bp und *Unilever* sowie der Präsident von *Nokia*). Ebenso gehörten zu den Mitgliedern politische Persönlichkeiten wie der ehemalige spanische Finanzminister oder die Funktionäre von diversen Gewerkschaften und Arbeitgeberverbänden. Zu den deutschen Vertretern gehörten Birgit Breuel (Präsidentin der *Treuhand*) und Klaus Zwickel (Vorsitzender der *IG Metall*). Die wirtschaftlichen und sozialen Rahmenbedingungen der Entstehungszeit des Berichtes gestalteten sich derart, dass die Europäische Union seit Anfang der 80er Jahre mit dem Anstieg der strukturellen Arbeitslosigkeit zu kämpfen hatte. Die Aufgabenstellung der Berater war es daher, Wege zur Steigerung der Wettbewerbsfähigkeit der EU aufzuzeigen, um daraus Vorteile für das wirtschaftliche Wachstum und die Beschäftigung zu schöpfen.[207]

Die Experten konstatierten, dass nach den vielversprechenden ersten Jahrzehnten nach dem Zweiten Weltkrieg Europas Fähigkeit, die vorhandenen gewaltigen Ressourcen zu nutzen, schwindet. Regionale Ungleichheiten und das fehlende Vermögen, neue Arbeitsplätze zu schaffen, gefährdeten die führende Rolle der Union in der Weltwirtschaft. Große Investitionen in die Infrastruktur und das Humankapital seien erforderlich, damit die vorhandenen Ressourcen mobilisiert und aufgewertet werden können.[208] Ein Weg, die Wettbewerbsfähigkeit der europäischen Wirtschaft zu erhöhen, war die Vollendung des Binnenmarktes. Wie zuvor dargestellt, konnte die SE zur Einführung des europäischen Binnenmarktes nicht rechtzeitig implementiert werden. Die Beratergruppe ging davon aus, dass der Binnenmarkt auch weiterhin unvollendet bleibt, solange europäische Unternehmen nicht die Möglichkeit erhalten, in der Union auf eine effizientere und flexiblere Weise zu agieren. Eine stetig wachsende Anzahl an Unternehmen übernahm eine „paneuropäische Strategie“, um Skalenerträge, Flexibilität und Erwerbschancen zu steigern. Im Gegensatz zu der Situation in den USA müssten europäische Unternehmen jedoch mittels einer komplexen und kostenintensiven Struktur von Tochtergesellschaften, die alle unterschiedlichen Rechtsordnungen unterliegen, im Binnenmarkt wirtschaften. In dieser Hinsicht wiederholt der Bericht der Berater die Erkenntnis der Kommission aus der Denkschrift von vor fast 30 Jahren!

Anhand eines Beispiels wird die konkrete Ersparnis von Betriebskosten (*operating costs*) demonstriert, die eine Europäische Gesellschaft mit sich bringen würde. Die Kosten-Nutzen-Analyse des Statuts für ein europäisches Unternehmen sei abhängig von dessen Größe, dem Ausmaß der Zentralisierung des Unternehmens und seiner Geschäftstätigkeit auf den verschiedenen nationalen Märkten. Folglich wären für einen größeren europäischen Konzern mit nationalen Holding-Gesellschaften, zahlreichen Tochtergesellschaften und grenzüberschreitenden Transaktionen die Ersparnisse wesentlich. Der Bericht schätze die Ersparnisse für

[207] *Competitiveness Advisory Group*, Enhancing European Competitiveness, First Report to the President of the Commission, the Prime Ministers and Heads of State, June 1995.

[208] *Competitiveness Advisory Group*, a. a. O. (Fn. 207), S. 1 ff.

Unternehmen europaweit auf 30 Milliarden *European Currency Unit* („ECU“). Bei einem Wechselkurs von 1 ECU = 1,86 DM im Juni 1995[209] bedeutete dies eine Ersparnis von 55,8 Milliarden DM – mithin beachtliche Kostenvorteile für kleine, mittlere und große europäische Unternehmen.[210]

Einschränkend betont der Bericht, dass ein Statut für die gemeinsame Rechtsform von weiterer Gesetzgebung im steuerlichen und sozialen Bereich begleitet werden müsse. Andere Prioritäten des Binnenmarktes dürften nicht vernachlässigt werden. Hierzu gehört die Abschaffung der verbliebenen Hürden für den Binnenmarkt in Bereichen, in denen die Umsetzung von Richtlinien zu langsam stattfindet (als Beispiel wird das öffentliche Vergabewesen genannt). Die Beschleunigung der Deregulierung und Liberalisierung der Märkte sowie die Implementierung der Wirtschafts- und Währungsunion, um monetäre und wechselkursbedingte Unsicherheiten zu beseitigen. Im Übrigen die steuerliche Harmonisierung und die Revision des Unionsrechtes unter Beachtung des Gesichtspunktes der Vereinfachung und des Subsidiaritätsgrundsatzes.[211]

Die Kommission nutzte den Aufschwung durch diese Entwicklung und übernahm in einer Mitteilung von 1995 die Argumente aus der Wirtschaft für die Wiederaufnahme der Verhandlungen. Hervorzuheben ist, dass die in der europäischen Wirtschaft dominierende Vorstellung von einer europäischen supranationalen Gesellschaft an diesem Punkt in der Geschichte bereits mit dem Wesen der letzten Verordnungsvorschläge unvereinbar war. Denn die Akteure aus der Wirtschaft stellten sich noch immer eine Gesellschaft vor, die über Betriebsstätten in anderen Mitgliedstaaten tätig ist und einem einheitlichen Rechtsrahmen unterliegt.[212]

IX. *Davignon*-Bericht

Während die Arbeiten der *Ciampi*-Gruppe sich auf die Bewertung des Bedarfs an einer Europäischen Aktiengesellschaft aus ökonomischer Sicht fokussierten, konzentrierte sich der sog. *Davignon*-Bericht auf die soziale Dimension, die einer gemeinschaftsrechtlichen Unternehmensform immanent ist. Der Bericht ist das Ergebnis von neun Sitzungen von Sachverständigen unter dem Vorsitz von Etienne Davignon im Zeitraum zwischen November 1996 und April 1997. Herr Davignon erschien als ein geeigneter Vorsitzender, da er zu dieser Zeit Präsident der *Société Générale de Belgique* und ehemaliger Vizepräsident der Europäischen Kommission war. Kraft dieser Funktionen mussten ihm wirtschaftliche und politische Kompe-

---

[209] BMF-Schreiben vom 4. Juli 1995 (Az.: IV C 4 – S 7329-13/95), Umsatzsteuer-Umrechnungskurse und Durchschnittswert der ECU für den Monat Juni 1995, UR 1995, 320 (320).

[210] *Competitiveness Advisory Group*, a. a. O. (Fn. 207), S. 9.

[211] *Competitiveness Advisory Group*, a. a. O. (Fn. 207), S. 10.

[212] Vgl. *Blanquet*, a. a. O. (Fn. 173), S. 28 ff.

tenz eigen gewesen sein. Herausragende soziale Referenzen brachten andere Mitglieder der Sachverständigengruppe mit. So zum Beispiel die deutschen Vertreter Ernst Breit (ehemaliger Vorsitzender des Deutschen und Europäischen Gewerkschaftsbundes) und Rolf Thüsing (Mitglied der Hauptgeschäftsführung der Bundesvereinigung der Deutschen Arbeitgeberverbände).[213]

Die soziale Dimension der europäischen Rechtsform wäre jedenfalls darin zu sehen, dass die Globalisierung neben der Erforderlichkeit der Optimierung aller wirtschaftlichen Sach- und Personalressourcen auch eine Aufwertung der sozialen Ressourcen der Volkswirtschaften erfordert. Arbeitskräfte, die qualifiziert, mobil, engagiert und bereit sind, technische Innovationen aufzunehmen und zur Verbesserung der Qualität von Waren und Dienstleistungen beizutragen, können nicht als bloße Empfänger von Anweisungen angesehen werden, die einseitig von der Unternehmensleitung oktroyiert werden. Zwischen dem wirtschaftlichen und dem sozialen Kontext der SE besteht folglich eine Wechselwirkung. Der *Davignon*-Bericht zitiert eine Stelle des *Ciampi*-Berichtes, wonach „mit Hilfe eines kooperativen Ansatzes zum Aufbau einer anderen Arbeitsorganisation innerhalb des Unternehmens die Arbeitsbeziehungen [verbessert], eine stärkere Mitwirkung der Arbeitnehmer an der Entscheidungsfindung [zugelassen] und letzten Endes eine höhere Produktqualität [erreicht wird]". Letzteres trage zur Wettbewerbsfähigkeit der Union bei.

Die Gruppe hat im Rahmen ihres Mandats durch die Europäische Kommission die folgenden Aufgaben zugewiesen erhalten:

- Die Durchführung einer Bestandsaufnahme und Bewertung der Mitbestimmungsmöglichkeiten in den Unternehmensorganen in den EU-Mitgliedstaaten sowie der Vergleich mit anderen Arten der Mitwirkung an betrieblichen Entscheidungen,
- Ermittlung der Folgen und Risiken für die nationalen Systeme bei Einführung der Europäischen Aktiengesellschaft ohne Regelungen zur Beteiligung der Arbeitnehmer,
- Unterbreitung eines Vorschlags von Regelungen im Bereich der Arbeitnehmerbeteiligung in Grundzügen.

Die Aussichten, die aufgeworfenen Aufgabenstellungen zufriedenstellend zu lösen, waren nicht sonderlich gut. In der Frage der Beteiligung der Arbeitnehmer in der Gesellschaft europäischen Rechts wurde gar von einer „Pattsituation" gesprochen. Die Positionen „keine Europäische Aktiengesellschaft ohne Mitbestimmung in den Unternehmensorganen" und „keine Übernahme einzelstaatlicher Mitbestimmungsmodelle" standen sich diametral gegenüber.[214]

---

[213] Abschlussbericht der Sachverständigengruppe „European System of Worker Involvements" (Davignon-Bericht) (nachfolgend „Davignon-Bericht"), abgedruckt in BT-Drs. 572/97, S. 5 f. (Ziff. 24–31).

[214] Davignon-Bericht, a. a. O. (Fn. 213), S. 3 ff.

Neuen Schwung erhielt die Diskussion um die Mitbestimmung durch die Verabschiedung der Richtlinie 94/45/EG über die Europäischen Betriebsräte am 22. September 1994.[215] Insbesondere Art. 13 dieser Richtlinie statuierte die Subsidiarität gesetzlicher Bestimmungen, falls eine freiwillige Vereinbarung über die länderübergreifende Unterrichtung und Anhörung der Arbeitnehmer in entsprechend tätigen Unternehmen zustande kommt. In diesem Punkt lagen der Erfolg und die Akzeptanz der Betriebsräte-Richtlinie.[216]

Die Sachverständigengruppe stellte die Weichen für das System der Arbeitnehmerbeteiligung in der SE und brachte so die Einigung ein Stück näher:

Die Gruppe kam zu dem Ergebnis, dass vor dem Hintergrund der Differenzen zwischen den länderspezifischen Arbeitnehmerbeteiligungsregimen eine generelle Harmonisierung nicht realistisch sei. So sahen nur sieben Mitgliedstaaten der EU und des EWR zu dieser Zeit eine Mitbestimmung in den Unternehmensorganen im privaten Sektor vor.[217] Vielmehr könnte aufgrund der supranationalen und fakultativen Natur der SE ein eigener Mechanismus der Arbeitnehmerbeteiligung entwickelt werden. Dieser Mechanismus sollte unabhängig von der Anzahl der Arbeitnehmer in den Gründungsgesellschaften sein. Eine universelle und auf alle Europäischen Aktiengesellschaften anwendbare Regelung müsse berücksichtigen, welche Partizipationsrechte die Arbeitnehmervertreter in den Gründungsgesellschaften innehaben.[218]

In ihre Überlegungen haben die Sachverständigen dabei nur die transnationalen Gründungsvarianten einbezogen (Holding-SE, Verschmelzung, Tochter-SE). Mit der Umwandlung / dem Formwechsel einer nationalen AG in eine SE haben sich die Sachverständigen nicht befasst, weil diese Variante „Anlass zu gewisser Besorgnis gab".[219] Möglicherweise haben die Sachverständigen hier nicht den Nutzen für eine grenzüberschreitende Tätigkeit gesehen, den sie bei den anderen Gründungsarten angenommen haben. Wohl aber lag bei dieser Gründungsform die Vermutung nahe, dass die Umwandlung zur Flucht aus der Mitbestimmung genutzt werden sollte.[220] Das erscheint jedoch nicht einleuchtend, denn „wo ein Wille ist, ist auch ein Weg". Das heißt, dass eine nationale AG eine Tochter-AG in einem anderen Mitgliedstaat gründen könnte, um mit dieser zu einer SE zu verschmelzen. Durch dieses „kostenträchtige Ausweichmanöver" findet im Ergebnis doch eine Umwandlung statt.[221]

---

[215] Davignon-Bericht, a. a. O. (Fn. 213), S. 22 (Anhang I, Vorgeschichte).

[216] *Heinze*, a. a. O. (Fn. 1), S. 70.

[217] Dies betrifft Deutschland, Österreich, Luxemburg, Norwegen, Dänemark, Schweden und Finnland, vgl. Davignon-Bericht, a. a. O. (Fn. 213), S. 17 (Ziff. 76) sowie S. 26 (Anhang III, Übersicht 1: Mitbestimmung der Arbeitnehmer in den Verwaltungs- bzw. Aufsichtsorganen).

[218] Davignon-Bericht, a. a. O. (Fn. 213), S. 8 f. (Ziff. 39 und Ziff. 40).

[219] Davignon-Bericht, a. a. O. (Fn. 213), S. 7. (Ziff. 33 ff.).

[220] *Heinze*, a. a. O. (Fn. 2), S. 71.

[221] Hierzu *Hommelhoff*, AG 1990, 422 (423).

Materiell gibt es einen Unterschied zwischen der Rechtsfolge der Verschmelzung (Universalsukzession, § 20 Abs. 1 Nr. 1 UmwG) und der Rechtsträgeridentität infolge eines Formwechsels (vgl. § 202 Abs. 1 Nr. 1 UmwG). Inwiefern sich diese Institute in der Praxis tatsächlich unterscheiden, ist eine Betrachtung für den Einzelfall. Zumindest ist dies aber ein weiteres Argument, warum es nicht sinnvoll war, den Gründern die Umwandlung zu verwehren.

In erster Linie sollte die Ausgestaltung der Mitbestimmung auf dem Verhandlungsweg erfolgen. Diese „Verhandlungslösung" orientierte sich an Art. 13 der Europäischen Betriebsrat-RL[222] und überzeugte letzten Endes bis zur Verabschiedung der SE-Gesetzgebung durch ihre Erprobung in der Praxis.[223] Die Verhandlungslösung sollte den Arbeitgeber- und Arbeitnehmervertretern eine autonome Vereinbarung über die Arbeitnehmerbeteiligung ermöglichen. Die Überlegung dahinter war, dass freie Verhandlungen die geschickteste Lösung sind, um die derart unterschiedlichen nationalen Systeme miteinander zu versöhnen. Nach Ansicht der Sachverständigen gab es auch keine ideale Form der Arbeitnehmerbeteiligung schlechthin. Weitere Vorteile der Verhandlungslösung seien:

- Die Herstellung einer Kohärenz zwischen den Verhältnissen in den Gründungsgesellschaften und den in Zukunft anwendbaren Beteiligungsrechten in der SE,
- Verhandlungen bieten eine „maßgeschneiderte" Lösung für die spezifischen Bedingungen, denen das Unternehmen im Rahmen der jeweiligen Gründungsform und Geschäftstätigkeit ausgesetzt ist und
- die Förderung des sozialen Klimas durch die Einbindung der Arbeitnehmer.

Die Verhandlungen sollten möglichst früh im Gründungsverfahren initiiert werden, d.h. bereits mit Aufstellung des Gründungs- bzw. Verschmelzungsplans für eine SE in den Verwaltungsorganen. Im Unterschied zur heutigen Rechtslage in Art. 12 Abs. 2 SE-VO schlugen die Sachverständigen vor, dass die SE vor dem Abschluss des Verhandlungsverfahrens eingetragen werden kann. Sorgen hinsichtlich einer Aushöhlung der Mitbestimmung wurde mit einer Auffanglösung (hierzu sogleich) begegnet. Gleichzeitig war der Gruppe bewusst, dass im Falle einer Nichteinigung bei den Verhandlungen die Gründung einer SE dennoch möglich bleiben musste, weil die Entscheidung für eine spezifische Rechtsform eine Prärogative der Anteilseigner bleiben musste.[224]

Um eine Doppelung von Vertretungsstrukturen mit vergleichbaren Befugnissen und Konflikte in der Zuständigkeit dieser Strukturen auszuschließen, sollte den zu entwickelnden Regelungen über die Beteiligung der Arbeitnehmer Vorrang vor den nationalen Vorschriften der Arbeitnehmerbeteiligung im Unternehmen zukommen, die dieselbe Zielsetzung verfolgen und denselben Anwendungsbereich haben wie

[222] ABl. EG 1994 L 254, 64 (70).

[223] *Oechsler*, a.a.O. (Fn. 102), Rn. 3 m.w.N.

[224] Hierzu Davignon-Bericht, a.a.O. (Fn. 213), S. 10 ff. (Ziff. 41 ff. und Ziff. 49 ff.).

das System in der SE. Dies betrifft die Mitbestimmung in den Unternehmensorganen und die transnationale Information und Anhörung der Beschäftigten. Dieser Gedanke ist im heutigen § 47 des Gesetzes über die Beteiligung der Arbeitnehmer in einer Europäischen Gesellschaft (SEBG) verankert. § 47 Abs. 1 SEBG sieht daher vor, dass die nationalen Beteiligungsrechte der Arbeitnehmer Anwendung finden, mit Ausnahme der Mitbestimmung in den Organen (Nr. 1) und grundsätzlich auch der Regelungen des Europäischen Betriebsräte-Gesetzes (Nr. 2). Letzteres wird angesichts der Zielsetzung in § 1 EBRG verständlich, die darin besteht, das Recht auf grenzübergreifende Unterrichtung und Anhörung der Arbeitnehmer in gemeinschaftsweit tätigen Unternehmen und Unternehmensgruppen zu stärken. Gleichzeitig folgt aus der Vorschrift, dass die *betriebliche* Mitbestimmung in den nationalen Gründungsgesellschaften nicht berührt wird. Demzufolge bleibt das Betriebsverfassungsgesetz (BetrVG) anwendbar. Für deutsche Betriebe einer SE können weiterhin Betriebsräte gegründet werden. Für SEs mit Sitz in Deutschland sind Gesamt- und Konzernbetriebsräte möglich.[225]

Ein weiterer Leitgedanke des künftigen Systems wurde durch die Unterscheidung zwischen der Ebene der SE und ihren Tochtergesellschaften gesetzt. In Bezug auf die Beteiligungsrechte in den Tochtergesellschaften gelten grundsätzlich die nationalen Regelungen und Verfahren fort.[226]

Schließlich musste die Gruppe eine Auffanglösung präsentieren, die im Falle des Scheiterns der Verhandlungen Anwendung findet und für alle Staaten annehmbar sein könnte. Die Auffanglösung diente nicht nur der Verhinderung der Aushöhlung der Mitbestimmung, sondern sollte ebenso den Vorteil einer Verhandlungslösung den Beteiligten deutlich machen. Trotzdem wurde nach einer Lösung gesucht, die in allen Situationen praktikabel erschien. Im Bereich der Information und Anhörung müsste den Arbeitnehmern im Falle von ergebnislosen Verhandlungen Recht auf (regelmäßige) Unterrichtung seitens des Leitungs- bzw. Verwaltungsorgans eingeräumt werden. Ein Auskunftsrecht sei notwendig hinsichtlich solcher Angelegenheiten, die in signifikanter Weise die SE oder ihre Tochtergesellschaften berühren. Sie müssten das Recht haben, zu derartigen Angelegenheiten Stellungnahmen abgeben zu dürfen. Der anspruchsvollste Punkt war jedoch vielmehr die Suche nach einer subsidiären Regelung für die Mitbestimmung in den Organen. Die Gruppe wollte in dieser Frage gerade nicht danach unterscheiden, ob an der Gründung mindestens eine Gesellschaft mit unternehmerischer Mitbestimmung beteiligt ist. Zwei unterschiedliche Auffangregelungen müssten vermieden werden, damit die derzeitige Situation (grundlegend unterschiedliche Mitbestimmungssysteme in den Mitgliedstaaten) nicht festgeschrieben wird. Außerdem würde dies auf eine Ungleichbehandlung der Gründungsgesellschaften hinauslaufen.

[225] *Sagan*, in: Gesamtes Arbeitsrecht, § 47 SEBG Rn. 2.

[226] Davignon-Bericht, a. a. O. (Fn. 213), S. 9 (Ziff. 40 lit. e–g).

Prägnant schlugen die Sachverständigen daher vor, dass ein Fünftel der Sitze im Verwaltungsrat bzw. Aufsichtsrat mit Arbeitnehmervertretern besetzt werden soll. Mindestens zwei Mitglieder müssten die Arbeitnehmervertreter stellen können. In der Frage, welche Stellung die Vertreter innerhalb des Organs einnehmen würden, folgte der Bericht dem Prinzip „gleiche Rechte, gleiche Pflichten".[227]

Der Bericht wurde in allen Mitgliedstaaten der EU überwiegend positiv bewertet. Ungeachtet dessen war er politisch nicht umsetzbar. Erstaunlich ist, dass hierfür auch nationale Gewerkschaften verantwortlich gewesen sein sollen.[228] Denn die Umsetzung hätte sicherlich einen bedeutenden Schritt für die europäische Arbeiterschaft bedeutet, auch wenn sie ein Weniger gegenüber den deutschen Regelungen bedeutet hätte. Mitbestimmung wäre zumindest in den Organen der Europäischen Aktiengesellschaften der Regelfall, selbst in Mitgliedstaaten, denen ein solches System vorher vollständig fremd war.

X. „Das Wunder von Nizza" – Der Europäische Rat von Nizza ebnet den Weg für die SE

„[Der] *Einfluß der Zeit* – [eine] *mildernde Gesinnung durch beständige Beschäftigung mit dem Gegensatz*".[229] – Bevor es nach ungefähr 41 Jahren zur Versöhnung der unterschiedlichen Rechtsordnungen im Hinblick auf die unternehmerische Mitbestimmung in der SE kommen konnte, musste weiter um die Ausgestaltung der Auffanglösung gerungen werden.

1. Kompromissvorschläge aus Luxemburg und dem Vereinigten Königreich

Unter dem Ratsvorsitz von Luxemburg wurde ein Kompromissvorschlag zur Ergänzung der Richtlinie unterbreitet. Der luxemburgische Vorschlag wollte für die Grundstruktur und die zahlreichen Einzelbestimmungen auf der Europäischen Betriebsräte-RL aufbauen. So wurde u. a. vorgeschlagen, grundlegende Begriffsbestimmungen (Arbeitnehmervertreter, besonderes Verhandlungsgremium), Regelungen über die Zusammensetzung des Verhandlungsgremiums sowie die Wahl/ Benennung dessen Mitglieder, die für die Vereinbarung geltenden Regeln (Autonomie der Parteien) und einen großen Teil der dortigen Auffangregelung (Einsetzung eines Europäischen Betriebsrats) zu übernehmen. Die signifikanteste Modifikation gegenüber der Europäischen Betriebsräte-RL war die Einführung eines Rechts auf Mitbestimmung im Rahmen der Auffangregelung, wie vom *Davignon*-Bericht vorgeschlagen. Eine weitere Anpassung hing mit den Gründungsvarianten der SE zusammen. Zum Beispiel wurde die Gründung durch Umwandlung zunächst

[227] Davignon-Bericht, a. a. O. (Fn. 213), S. 15 ff. (Ziff. 70 ff.).

[228] *Heinze*, a. a. O. (Fn. 2), S. 73.

[229] *Heine*, Sämtliche Werke, VII. Aphorismen und Fragmente, S. 2801.

nicht mehr weiterverfolgt. Das Verhandlungsverfahren müsste bei der Tochter-SE-Gründung ein anderes sein als bei der Gründung durch Verschmelzung oder bei der Errichtung einer Holding-SE. Auch die in der Europäischen Betriebsräte-RL vorgesehenen Regelungen über die länderübergreifende Unterrichtung und Anhörung könnten nicht auf die Gründung einer Tochter-SE übertragen werden, da diese „ihrem Wesen nach kein Entscheidungszentrum einer multinationalen Gesamtheit von Gesellschaften" ist. Es sollte nicht verwundern, dass sich der luxemburgische Ratsvorsitz äußerst stark am Bericht der *Davignon*-Gruppe orientierte. In Luxemburg kannte man nämlich die Arbeitnehmervertretung in den Unternehmensorganen.[230]

Dass dieser sog. „Kompromissvorschlag" nicht erfolgreich sein würde, liegt auf der Hand. Innovativer war insoweit der britische Vorschlag, nach dem als subsidiäre Lösung beim Scheitern der Verhandlungen das jeweils am weitestgehende nationale Mitbestimmungsmodell innerhalb der Gründungsgesellschaften Anwendung finden sollte. Eine weitere Änderung durch die britischen Vorschläge war, dass bisherige nationale Mitbestimmungsrechte auch nicht ohne Weiteres durch eine Vereinbarung wegfallen dürften. Ein Abbau von nationalen Mitbestimmungsrechten würde eine qualifizierte Mehrheit von zwei Dritteln im Verhandlungsgremium voraussetzen. Damit war das sog. *Vorher-Nachher-Prinzip* geboren.[231] Dieses Prinzip ist heute in Erwägungsgrund 18 der Richtlinie 2001/86/EG des Rates vom 8. Oktober 2001 zur Ergänzung des Statuts der Europäischen Gesellschaft hinsichtlich der Beteiligung der Arbeitnehmer (SE-RL) terminologisch verankert und äußert sich materiell in Art. 3 Abs. 4 SE-RL und Art. 7 SE-RL.[232] Auch wenn sich die britische Idee in diesem Grundsatz durchsetzen konnte, stieß sie auf erhebliche Kritik und bedurfte der weiteren Anpassung.

Erwartungsgemäß kam die stärkste Ablehnung aus der deutschen Wirtschaft. Eine Diskriminierung von deutschen Gründungsgesellschaften wurde befürchtet, denn die Bundesrepublik hatte mit der paritätischen Mitbestimmung das weitestgehende Mitbestimmungsniveau. Gesellschaften aus Ländern ohne derartige Beteiligungsrechte für Arbeitnehmer könnten grundsätzlich eine mitbestimmungsfreie SE gründen. Das Instrument internationaler grenzüberschreitender Zusammenarbeit stünde so gerade deutschen Gesellschaften nicht oder jedenfalls seltener zur Verfügung. Zurecht merkte Heinze zum britischen Vorschlag an, dass dieser tatsächlich eine Rückkehr zu den Optionsmodellen der Richtlinienvorschläge von 1989/91 bedeute. Hätte sich das ausnahmslose Vorher-Nachher-Prinzip durchgesetzt, würde das die unterschiedlichen Mitbestimmungstraditionen in den Mitgliedstaaten nur

---

[230] Vgl. Kompromissvorschlag des luxemburgischen Vorsitzes vom 18. Juli 1997 zum Vorschlag für eine Richtlinie zur Ergänzung des Statuts der Europäischen Aktiengesellschaft hinsichtlich der Stellung der Arbeitnehmer, abgedruckt in BT-Drs. 728/97, Einleitung, S. 1–5; vgl. auch *Heinze*, a. a. O. (Fn. 2), S. 73; *Kleinsorge*, a. a. O. (Fn. 171), S. 245; *Blanquet*, a. a. O. (Fn. 173), S. 33.

[231] *Heinze*, a. a. O. (Fn. 2), S. 73 f.; *Oechsler*, a. a. O. (Fn. 102), Rn. 4.

[232] Vgl. *Krause*, BB 2005, 1221 (1222) mit dem Hinweis in Fn. 15.

weiter zementieren, indem Unternehmen mit ähnlichen Systemen „unter sich blieben“.[233] Dass in der deutschen Rechtspraxis die SE in erster Linie ein Instrument zur Vermeidung der Mitbestimmung geworden ist (hierzu s. Kapitel XI. 1.) und gerade nicht ein internationaler Botschafter und Fürsprecher zugunsten deutscher Beteiligungsrechte für Arbeitnehmer, nimmt der historischen Kritik nicht ihre Berechtigung.

Häufig wird der Beitrag der österreichischen Ratspräsidentschaft unter dem Vorsitz der Ministerin Eleonora Hostasch zur Verabschiedung der SE-Gesetzgebung erwähnt. So wurde die Umwandlung als taugliche Gründungsvariante wieder einbezogen. Eine Einigung konnte im Hinblick auf die Einschränkung der Verhandlungsfreiheit durch qualifizierte Stimmmehrheiten erzielt werden, falls durch Vereinbarung ein geringeres Mitbestimmungsniveau vereinbart wird, als es zuvor für die Belegschaft eines der beteiligten Unternehmen bestanden hat. Das Erfordernis einer qualifizierten Stimmenmehrheit würde jedoch erst ab einem bestimmten *Schwellenwert* von Arbeitnehmern sämtlicher beteiligter Gesellschaften gelten (vgl. Art. 3 Abs. 4 SE-RL). Das rechtstechnische Vorgehen über Schwellenwerte sollte nun auch die Lösung für die Anwendung der umstrittenen Auffanglösung werden. Die Schwellenwerte von 25 % (Gründung durch Verschmelzung) oder 50 % (Gründung Holding-SE und Tochter-SE) sollten entsprechend auf die Anwendung des Vorher-Nachher-Prinzips übertragen werden. Mithin findet das weitestgehende Mitbestimmungsniveau nur Anwendung, wenn davon vorher mindestens 25 % respektive 50 % der Gesamtzahl der Arbeitnehmer der beteiligten Gründungsgesellschaften profitiert haben. Diese Schwellenwerte wurden schlussendlich in Art. 7 Abs. 2 SE-RL festgelegt. Wobei nach Art. 7 Abs. 2 lit. a) SE-RL im Falle des Formwechsels in jedem Fall das bisherige Mitbestimmungsregime zur Geltung kommt. Insoweit verbleibt es bei der strengen Vorher-Nachher-Betrachtung. Dies ist auch konsequent, da in diesem Fall nur eine einzige Gesellschaft an der Entstehung der SE beteiligt ist. Eine Diskriminierung deutscher Unternehmen bedeutete das nicht, da die Umwandlung nicht als die (primäre) Gründungsform für eine internationale Zusammenarbeit angelegt war.[234]

2. Widerstand aus Spanien und der Europäische Rat von Nizza im Dezember 2000

Die so gefundene Gestaltung der Auffanglösung musste allerdings noch den Widerstand Spaniens überwinden. In den Jahren 1998 und 1999 blockierte Spanien eine Einigung aufgrund von Bedenken gegen den konkreten Schwellenwert im Falle der Verschmelzung. Der spanische Arbeitsminister war mit der unterschiedlichen Festlegung der Schwellenwerte nicht einverstanden und plädierte für eine einheitliche 50 %-Schwelle, unabhängig von der Gründungsart. In der juristischen Lite-

[233] *Heinze*, a. a. O. (Fn. 2), S. 73 ff.

[234] Vgl. *Heinze*, a. a. O. (Fn. 2), S. 75 f., 82; *Oechsler*, a. a. O. (Fn. 102), Rn. 4.

ratur wurde dieser Blockadehaltung teilweise Verständnis entgegengebracht. So seien die differenzierten Schwellenwerte nicht mit deren Sinn und Zweck vereinbar. Dieser bestehe darin, zu verhindern, dass eine Minderheit ihr System einer Mehrheit auferlegt. Die Befürworter einheitlicher Schwellenwerte argumentierten, dass diese Zwecksetzung bei allen Gründungsarten gleichermaßen besteht.[235] Sofern man tatsächlich nur auf den Gedanken des Schutzes der Mehrheit abstellt, mag diese Argumentation überzeugen. Tatsächlich geht es ebenso – wie der Erwägungsgrund 18 der SE-RL ausführt – um „die Sicherung erworbener Rechte der Arbeitnehmer über ihre Beteiligung an Unternehmensentscheidungen", dies ist ein „fundamentaler Grundsatz und erklärtes Ziel [der] Richtlinie". Bei der Gründung durch Verschmelzung würden die fusionierenden Gesellschaften nun mal in der SE aufgehen und ihre rechtliche Existenz einbüßen. Eine einst bestehende unternehmerische Mitbestimmung würde dadurch verschwinden. Die Rechtsstellung der Arbeitnehmer in einer der beteiligten Gesellschaften mit unternehmerischer Mitbestimmung ist in dieser Situation also schützenswerter.[236]

Trotz eines solchen Hindernisses auf der Zielgeraden wurde infolge einer Einigung auf dem Europäischen Rat von Nizza im Dezember 2000 (sog. Wunder von Nizza), am 20. 12. 2000 auf einer außerordentlichen Ratssitzung unter französischer Ratspräsidentschaft (Vorsitzende Elisabeth Guigou) letztendlich der endgültige Text für den finalen Verordnungs- und Richtlinienentwurf festgelegt. Der Kompromiss wurde durch verschiedene Zugeständnisse an Spanien ermöglicht. So wurden einerseits finanzielle Zusagen an die spanische Fischereiflotte gemacht. Laut Hopt war die durch den französischen Staatspräsidenten Jacques Chirac angekündigte Kooperation bei der Lösung der baskischen Terroristenfrage maßgeblich für die Überwindung des spanischen Widerstands. Als gesichert darf gelten, dass die Einführung der Möglichkeit für ein *Opting-out* gem. Art. 7 Abs. 3 SE-RL ursächlich war. Nach dieser Ausnahmeregelung kann ein Mitgliedstaat bei einer SE-Gründung durch Verschmelzung die Anwendung der Auffangregelung ausschließen. Die SE darf dann nur in das nationale Register eingetragen werden, falls eine Vereinbarung über die Arbeitnehmerbeteiligung erzielt wurde.[237]

So sehr auch die Einigung zu begrüßen ist, erinnert sie doch an einen „Kuhhandel". Vertretbar erscheint hingegen das *Opting-out* in Art. 7 Abs. 3 SE-RL, da hierfür immerhin ein solides juristisches Argument vorgebracht werden kann (s. o.). Was die sonstigen Zugeständnisse anbelangt, darf angemerkt werden, dass die Politik ihrem Wesen nach nun mal bemüht ist, sämtliche Lebensbereiche für sich einzunehmen. Die Lösung war zwar nicht *lege artis*, aber pragmatisch.

[235] *Heinze*, a. a. O. (Fn. 2), S. 76; *Pluskat*, EuZW 2001, 524 (526); *Blanquet*, a. a. O. (Fn. 173), S. 32 ff.

[236] So wohl auch das Argument Deutschlands und der Mitgliedstaaten mit unternehmerischer Mitbestimmung, vgl. *Blanquet*, a. a. O. (Fn. 173), S. 32 f.

[237] *Hopt*, EuZW 2002, 1 (1); *Pluskat*, a. a. O. (Fn. 235), S. 526 mit dem Hinweis in Fn. 26; *Oechsler*, a. a. O. (Fn. 102), Rn. 4, *Heinze*, a. a. O. (Fn. 2), S. 77 f.; *Blanquet*, a. a. O. (Fn. 173), S. 34.

Einen kritischen Moment erlebte das Projekt der Europa-AG noch, als das Europäische Parlament die Rechtsgrundlage für die beiden Rechtsakte monierte. Die Kommission hat hierfür jeweils Art. 308 des Vertrags zur Gründung der Europäischen Gemeinschaft (EGV) herangezogen, sodass dem Europäischen Parlament nur ein Anhörungsrecht zustand. Jenes beanspruchte aber ein Mitentscheidungsrecht nach Art. 251 EGV für sich. Damit bestand die Gefahr, dass sich ein langwieriger gerichtlicher Kompetenzstreit entfachen würde. Im Falle einer begründeten Nichtigkeits- oder Feststellungsklage hätte das Vorhaben schließlich endgültig scheitern können, wenn sich die Organe nicht im Verfahren nach Art. 251 Abs. 3–6 EGV einigen würden.[238] Nach einem derart steinigen Weg wird man nicht ganz emotionslos feststellen dürfen, dass das Europäische Parlament glücklicherweise auf die Erhebung einer Klage verzichtete, um die Einführung der Rechtsform nicht zu gefährden.[239] In dieser Geste könnte man gutmütig erblicken, dass politische Interessen hinter dem gemeinsamen Ziel der Schaffung einer supranationalen europäischen Kapitalgesellschaft durchaus zurücktreten können.

3. Rolle der (deutschen) Gewerkschaften im Entstehungsprozess

Bereits in den frühesten Stadien der Europäischen Gesellschaft übten deutsche Gewerkschaften einen signifikanten Einfluss auf die Bundesregierung aus, der zur Blockade des Projekts führte. Kritische Punkte, gegen die sich der vorhersehbare Widerstand der Gewerkschaften richten musste, waren das zuvor thematisierte „Drei-Bänke-Modell“ im Entwurf von 1975 und die erläuterten Mitbestimmungsmodelle im Entwurf von 1991.[240] Die Möglichkeiten der Gewerkschaften zur Einflussnahme auf politische Entscheidungsträger in Deutschland und das Gewicht dieser Einflussnahme sind angesichts der gebündelten Mitgliederzahlen in den zum Deutschen Gewerkschaftsbundes (DGB) gehörenden Einzelgewerkschaften nur natürlich. 1971 zählten die DGB-Gewerkschaften rund 7 Millionen Mitglieder. Die Zahl stieg bis 1981 auf rund 8 Millionen an und explodierte förmlich im Zuge der Wiedervereinigung auf ca. 12 Millionen.[241]

Die Einwirkungen auf die Politik rissen bis zum Schluss nicht ab. Eine Stellungnahme des DGB vom 27. Mai 1998 zum überarbeiteten britischen Kompromissvorschlag für eine Verordnung und eine Richtlinie vom 22. April 1998 bzw. 7. Mai 1998[242] verdeutlicht anschaulich, welche Positionen die Gewerkschaften

[238] *Hommelhoff*, AG 2001, 279 (279); *Bungert/Beier*, EWS 2002, 1 (1).

[239] Vgl. *Theisen/Wenz*, a.a.O. (Fn. 7), S. 35.

[240] *Lutter*, a.a.O. (Fn. 99), S. 1 f.

[241] Vgl. die Grafik „Mitglieder in den DGB-Gewerkschaften in Mio. 1951 bis 2024“ und allgemein zur Geschichte des DBG: https://www.dgb.de/der-dgb/geschichte-des-dgb (zuletzt aufgerufen am: 20.02.2025).

[242] Ratsdokument 7805/98 vom 22.04.1998 und Ratsdokument 7816/1/98 REV1 vom 07.05.1998.

gegenüber der Bundesregierung im Hinblick auf die SE-Gesetzgebung (in der finalen Phase) vertraten.[243]

Die Gewerkschaften verschlossen sich nicht gegenüber Überlegungen, für europäische Unternehmen einen Rechtsrahmen zu schaffen, „der zu einer besseren Entsprechung von tatsächlicher europaweiter Unternehmenstätigkeit und rechtlicher Verfasstheit führt". Dieser Rahmen solle den Unternehmen ermöglichen, die Vorteile des Binnenmarktes leichter zu nutzen. Ein Statut für eine europäische Gesellschaft dürfe aber nicht dazu führen, dass Arbeitnehmerrechte einem Deregulierungsprozess ausgesetzt werden. Für diese Zwecke habe der DGB von der Bundesregierung „stets eine offensive *Politik der qualitativen Bestandssicherung*" gefordert, um den „in Deutschland gewachsenen Besitzstand an Mitbestimmungsrechten" nicht anzutasten. Unter Berufung auf den *Davignon*-Bericht und die Mitbestimmungsgarantie des Bundeskanzlers vom August 1989 postuliert die Stellungnahme die aus Sicht der deutschen Gewerkschaften essentiellen Bestandteile einer mitbestimmten SE.[244]

Zunächst müsse die Europäische Aktiengesellschaft eine grenzüberschreitende Angelegenheit bleiben, damit sie nicht zur Sitzverlagerung einer nationalen Gesellschaft missbraucht werde.[245] Die Kernpositionen waren im Einzelnen:

1. Die SE-RL muss einen gesetzlichen „Mindestsockel" etablieren. Unbefriedigend sei, dass die Auffangregelung nicht europaweit einheitlich gestaltet ist. Der britische Vorschlag sei von der Konzeption der *Davignon*-Gruppe und des darauf fußenden Ansatzes der luxemburgischen Ratspräsidentschaft abgerückt. Anstelle einer zwingenden 20%igen Beteiligung der Arbeitnehmer im Leitungsorgan oder gar einer Erhöhung dieser Quote auf 1/3 sehe der britische Vorschlag nur einen Günstigkeitsvergleich (gemessen am prozentualen Anteil der Arbeitnehmersitze in den Gründungsgesellschaften) vor. Dies sei aus deutscher Sicht zwar begrüßenswert, trage aber zur „Zementierung mitbestimmungsfreier Zonen in Europa" bei.[246]

2. Das Vorhandensein einer Verhandlungslösung mit Auffanglösung als Voraussetzung für die Eintragung der Gesellschaft. Dabei habe sich die Auffanglösung daran zu orientieren, wie hoch der prozentuale Anteil der Arbeitnehmersitze im Aufsichtsrat respektive Verwaltungsrat ist. Am Beispiel Deutschlands betrachtet bezöge sich die Auffangregelung nicht nur auf die Zusammensetzung der Ar-

---

[243] DGB Grundsatzabteilung, Stellungnahme zum Entwurf „Verordnung zur Europäischen Aktiengesellschaft" und Richtlinie „Mitbestimmung in der SE" (Ratsdokumente 7805/98 und 7816/1/98 REV1) vom 27.05.1998 (Kopie aus dem Bibliotheksbestand der Friedrich-Ebert-Stiftung in Bonn).

[244] Ebd., S. 1 f.

[245] Ebd., S. 2.

[246] Ebd., S. 2 f., 16.

beitnehmerbank, sondern auch auf die Kontroll- und Überwachungsrechte des Aufsichtsrats.[247]

3. Keine „Null-Lösung“ bei Verhandlungen, d. h. es dürfen keine Verhandlungen ohne eine Mitbestimmungsregel stattfinden. Der Vorschlag der britischen Präsidentschaft sah vor, dass die Verhandlungsfreiheit auch die Option umfassen solle, dass auf eine Mitbestimmungsregelung gänzlich verzichtet wird. Eine solche Null-Lösung wurde nach übereinstimmender Auffassung des DGB und der Mitgliedsbünde des Europäischen Gewerkschaftsbundes (EGB) abgelehnt.[248]

4. Es müsse mindestens ein Vertreter des EGB am besonderen Verhandlungsgremium mit einem Sitz und einer Stimme beteiligt werden und bei der Besetzung des Leitungsorgans müssten originäre nationale gewerkschaftliche Rechte berücksichtigt werden.[249] Gerade diese Punkte unterstreichen, wie intensiv die Gewerkschaften bemüht waren, ihren Einfluss in der zukünftigen Rechtsform zu behaupten.

Die Stellungnahme basiert auf einem Entwurf des DGB für ein Positionspapier vom 25. Februar 1998. Dort sind viele der vorgenannten Positionen (teilweise wortgleich) vorgetragen. Zum politischen Hintergrund des Positionspapiers wird ausgeführt, dass aufgrund der seit 1996/1997 in den Gesetzgebungsprozess eingetretenen Dynamik und der fehlenden Übereinstimmung im Hinblick auf einen europäischen Mindestsockel das Ziel der deutschen Gewerkschaften nur sein könne, die deutsche Unternehmensmitbestimmung für die deutschen Arbeitnehmer und ihre Vertreter im Zuge der Gründung einer Europäischen Gesellschaft zu erhalten.[250]

Ein in Teilen vorliegendes Dokument des *Trades Union Congress* (TUC), das den Zweck hat, auf Anfrage des *Department of Trade and Industry* (DTI) den *Davignon*-Bericht zu kommentieren, nimmt ausdrücklich Bezug auf Bedenken deutscher Gewerkschaften, dass das Statut nicht dafür verwendet werden sollte, um die Mitbestimmung nach deutschem Recht zu vermeiden. In dieser Referenz könnte man einen Beleg für die starke Stimme der deutschen Gewerkschaften im Gesetzgebungsprozess sehen, und zwar über die Landesgrenzen hinweg.[251]

---

[247] Ebd., S. 2, 17.

[248] Ebd., S. 2, 13.

[249] Ebd., S. 2.

[250] Vgl. hierzu DGB Grundsatzabteilung, *Hans-Detlev Küller*, (Entwurf für ein) Positionspapier des DGB zur Mitbestimmungsregelung der Arbeitnehmer in der Europäischen Aktiengesellschaft (SE) (Kopie aus dem Bibliotheksbestand der Friedrich-Ebert-Stiftung in Bonn), S. 1 ff.

[251] Trades Union Congress (TUC), European Company Statute – Worker Participation, TUC comments, EC 1/2–24 Sept 1997, Kopie aus dem Archiv der sozialen Demokratie der Friedrich-Ebert-Stiftung, Summary.

Schließlich lassen sich in diese Richtung gehende Bemühungen innerhalb des EGB nachweisen. In einem Dokument, das wohl einer Sitzung des Exekutivausschusses des EGB vom 4. und 5. Dezember 1997 in Brüssel entspringt, ist unter „Tagesordnungspunkt 6“ eine Art Antrag an den Exekutivausschuss abgedruckt. Die Urheberschaft des Textes ist nicht mit Sicherheit ersichtlich. Wesentlich ist jedoch, dass sich auch hier die vorgenannten DGB-Positionen wiederfinden. Der Text ist mit „Mitbestimmung in der Europäischen Aktiengesellschaft (SE)“ betitelt und entstand zum Zeitpunkt der luxemburgischen Ratspräsidentschaft. Ausweislich des Wortlautes dient der Text als „Bezugspunkt bei den Interventionen des EGB gegenüber den europäischen Institutionen und in öffentlichen Debatten“.[252] Dieses Papier lobt ebenfalls nahezu durchgehend die Ergebnisse des *Davignon*-Berichtes, unterstreicht die Missbrauchsgefahr bei der Gründung einer SE durch Umwandlung und die „essentielle Rolle der europäischen Gewerkschaftsverbände“ in grenzüberschreitenden Verhandlungen. Über die Vorschläge des Berichtes hinaus wird allerdings eine obligatorische *formelle* Rolle der nationalen und europäischen Gewerkschaftsorganisationen bei den Verhandlungen gefordert.[253] Zum Ende hin wird ein sich zu dieser Zeit im Umlauf befindliches Diskussionspapier der luxemburgischen Präsidentschaft aufgrund der fehlenden Regelungen zur zwingenden Besetzung des besonderen Verhandlungsgremiums mit Gewerkschaftsvertretern sowie einer Reihe anderer Anmerkungen kritisiert. Zugleich heißt es in diesem Papier: „Der EGB fordert Rat, Kommission und Parlament auf, alles für eine *rasche* Verabschiedung der Richtlinie über Mitbestimmung von Arbeitnehmerinnen und Arbeitnehmern in der SE zu tun.“[254]

Die Positionen des DGB dokumentieren ein energisches Eintreten für deutsche sozialpolitische Interessen im Entstehungsprozess. Darüber hinaus beharrte der DGB generell auf einer intensiveren Einbeziehung europäischer Gewerkschaften in die Verhandlungen bzw. einer stärkeren Rolle von Gewerkschaftsvertretern im Verhandlungsgremium. Dies sind Anliegen, die im Interesse einer gesamteuropäischen Arbeiterbewegung sind. Das Pochen auf einen Mindestsockel bei der Anwendung einer Auffanglösung hat ebenso eine europäische Dimension. Auf der einen Seite wurden die Gewerkschaften auf diese Weise ihrer originären Funktion für die Interessenvertretung ihrer jeweiligen Mitglieder gerecht und stärkten doch gleichzeitig das Zusammengehörigkeitsgefühl der Arbeitnehmerschaft in Europa. Vor diesem Hintergrund wäre der Vorwurf eines deutschen Egoismus oder Alleingangs unbegründet. Auf der anderen Seite bargen die Aktivitäten des DGB während dieser Zeit sicherlich die Gefahr einer erneuten Blockade des Projekts. Letztendlich muss den deutschen Gewerkschaften jedenfalls in der letzten Phase Kompromiss-

[252] EGB, Exekutivausschuss, Brüssel, 4. und 5. Dezember, Tagesordnungspunkt 6, Mitbestimmung in der Europäischen Aktiengesellschaft (SE) (Kopie aus dem Archiv der sozialen Demokratie der Friedrich-Ebert-Stiftung), S. 1 ff.

[253] Ebd., S. 3 ff.

[254] Ebd., S. 6 f.

bereitschaft zugestanden werden, da sie den Konsens der Verhandlungs- und Auffanglösung grundsätzlich stützten.

4. Geltende Rechtsquellen und Normhierarchie

Die gegenwärtige Inkorporation der SE in die deutsche Rechtsordnung beruht auf einer Trias von *unmittelbar* anwendbaren Rechtsquellen[255]: Erstens, der Verordnung (EG) Nr. 2157/2001 des Rates vom 8. Oktober 2001 über das Statut der Europäischen Gesellschaft (SE-VO). Zweitens, nationalen Rechtsquellen wie dem Gesetz zur Ausführung der Verordnung (EG) Nr. 2157/2001 des Rates vom 8. Oktober 2001 über das Statut der Europäischen Gesellschaft (SE) (SEAG), dem Gesetz über die Beteiligung der Arbeitnehmer in einer Europäischen Gesellschaft (SEBG) sowie nationalen Vorschriften, die auf eine nach dem Recht des Sitzstaates gegründete Aktiengesellschaft Anwendung finden würden (vgl. Art. 9 Abs. 1 lit. c), ii) SE-VO). Drittens, sollte als eigene Art einer Rechtsquelle auch die Satzung der SE genannt werden (Art 9 Abs. 1 lit. b) und lit. c), iii) SE-VO), wobei die satzungsmäßigen Regelungsbereiche „streng“ derivativ durch gemeinschaftsrechtliche und nationale Vorschriften vorgegeben werden (sog. Satzungsstrenge gem. Art. 9 Abs. 1 lit. b) SE-VO und dem anwendbaren § 23 Abs. 5 AktG). Das SEAG vom 22. Dezember 2004 ist eine Umsetzung der zahlreichen Regelungsaufträge in der SE-VO. Im SEAG sind von den 57 Paragrafen des Gesetzes ganze 29 dem monistischen Leitungssystem gewidmet, was auf die Neuartigkeit einer derartigen Leitungsstruktur für die deutsche Rechtsordnung zurückzuführen ist. Das SEBG – ebenfalls vom 22. Dezember 2004 – dient der Umsetzung der SE-RL, die am 10. Oktober 2001 in Kraft getreten ist. Die Umsetzungsfrist für die Richtlinie endete am 8. Oktober 2004, zeitgleich mit dem Inkrafttreten der SE-VO.

Die Normhierarchie folgt dem Wortlaut des Art. 9 SE-VO und wird als „vierstufige [Rechtsquellen-]Pyramide“ beschrieben. Bei näherer Betrachtung handelt es sich um die konsequente Anwendung des Grundsatzes *lex specialis derogat legi generali*. Das bedeutet, dass vorrangig Unionsrecht Anwendung findet. Gefolgt von dem nationalen Recht, das wiederum in das speziell für die SE erlassene Recht und das nationale Recht für Aktiengesellschaften[256] aufgeteilt wird (vgl. Art. 9 Abs. 1 lit. c) SE-VO). Auf der letzten Stufe steht die Satzung. Hierbei ist jedoch zu beachten, dass Satzungsregelungen, die aufgrund einer besonderen Ermächtigung in der SE-VO bestehen, eigentlich nur konsequent am Primat der SE-VO teilnehmen

---

[255] Soweit von der Vierstufigkeit der Rechtsquellen die Rede ist (vgl. *Schäfer*, in: MüKo AktG, Art. 9 SE-VO Rn. 20 f.), bezieht sich dies eigentlich auf die Normhierarchie. Die differenzierte Normpyramide mit 5 Ebenen bei *Theisen/Wenz*, a. a. O. (Fn. 7), S. 51, bezieht sich ebenfalls auf das Verhältnis der verschiedenen Regelungen untereinander.

[256] Erfasst vom Regelungsbereich der SE-VO ist allerdings nur das Gesellschaftsrecht, mithin nach überwiegender Meinung in der Literatur nicht das Konzernrecht, allg. Handelsrecht oder auch das Kapitalmarktrecht, vgl. *Schürnbrand/Habersack*, a. a. O. (Fn. 55), Art. 9 SE-VO Rn. 24 f.; *Casper*, a. a. O. (Fn. 64), Art. 9 Rn. 12 ff.

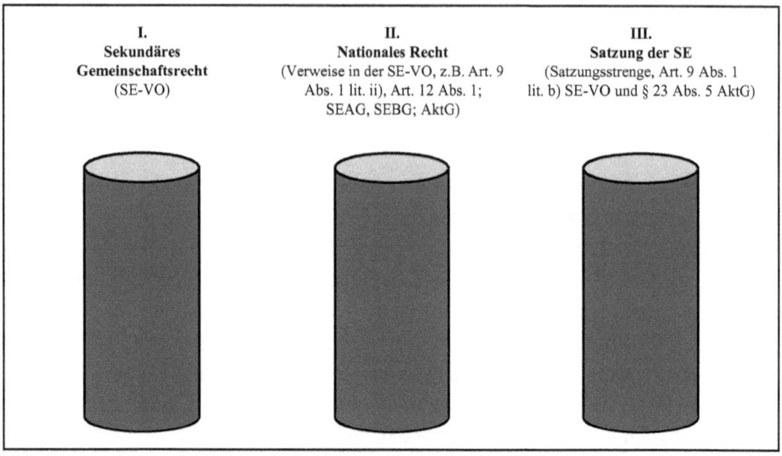

Abbildung 1: Normquellen der SE

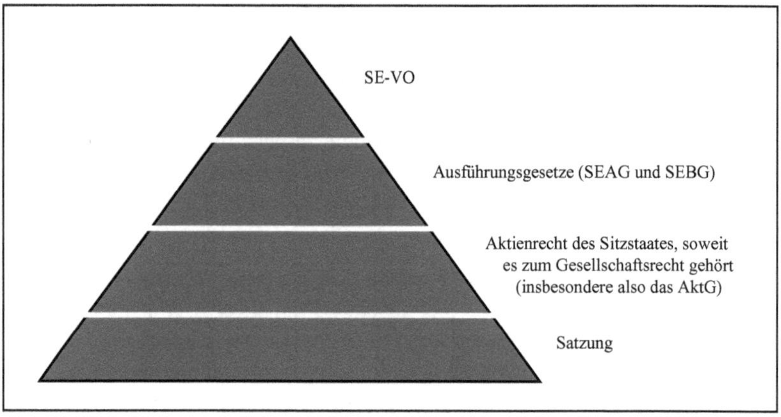

Abbildung 2: Normpyramide der SE

und nur dadurch im Rang über dem nationalen Recht stehen (vgl. Art. 9 Abs. 1 lit. b) SE-VO). Aus diesem Grund ist eine doppelte Berücksichtigung der Satzung auf verschiedenen Stufen der Pyramide für die Übersichtlichkeit und Verständlichkeit nicht zweckmäßig.[257]

[257] Zutreffend *Casper*, a. a. O. (Fn. 64), Art. 9 Rn. 6; *Schäfer*, in: MüKo AktG, Art. 9 SE-VO Rn. 20 f.

XI. Rezeption der SE in Deutschland und die Gründe für ihren Einsatz nebst bestehenden Nachteilen

Etwas mehr als 20 Jahre nach dem Inkrafttreten der Verordnung darf man konstatieren, dass die SE sich in Deutschland großer Beliebtheit erfreut. Zum 1. Januar 2024 waren in den Registern der Bundesrepublik 997 Europäische Aktiengesellschaften eingetragen. 2022 und 2023 waren es noch 801 bzw. 905. Seit 2015 hat sich der Bestand mehr als verdreifacht. Im Jahre 2023 ging an die Europa-AG „der Titel als am schnellsten wachsende Rechtsform".[258] Die hervorgehobene Bedeutung der Rechtsform für die deutsche juristische und wirtschaftliche Praxis geht aus der Feststellung hervor, dass im Jahre 2021 mehr als die Hälfte der operativ tätigen SE in Deutschland ansässig waren (424 von 758). 14 SE waren im DAX 40 vertreten.[259] Als Beispiele sind große Konzerne wie Allianz, BASF, E.ON, SAP, Axel Springer, Porsche, Dekra, ARAG und die Hannover Rück zu nennen.

Diese Zahlen sollte man vor dem Hintergrund anerkennen, dass die SE im Jahre 2005 empirisch noch eine Randerscheinung mit nur 23 gegründeten Gesellschaften im EWR war. In den beiden darauffolgenden Jahren verdoppelte sich jedoch die Anzahl der Gründungen europaweit.[260] In Deutschland gab es zum Jahresbeginn 2006 lediglich 6 eingetragene Europa-AG. Das wohl erste bekanntere deutsche Unternehmen, das sich dieser Rechtsform bediente, war die Allianz SE (Eintragung am 13.10.2006).[261] Im Jahre 2009 betrug die Gesamtzahl der SE im Europäischen Wirtschaftsraum (EWR) 369.[262] Im Jahre 2011 war dann jedoch bereits erkennbar, dass die SE gerade in Deutschland rege aufgenommen wird, da von 197 operativ tätigen SE im EWR 92 Gesellschaften, mithin rund 47 % ihren Sitz in Deutschland hatten.[263]

Die quantitative Entwicklung der SE lässt sich an der folgenden Grafik nachvollziehen, die den kontinuierlichen Anstieg der „normalen" Gesellschaften veran-

---

[258] *Bayer/Lieder/Hoffmann*, GmbHR 2024, 785 (794) mit einer Übersicht über die Entwicklung des gesamten SE-Bestandes in Deutschland seit Einführung der Rechtsform bis zum 1.1.2024.

[259] Institut für Mitbestimmung und Unternehmensführung (I.M.U.), SE-Datenblätter ab 2011 bis zum 30.06.2021, S. 2 (abrufbar unter: https://www.boeckler.de/data/Mitbestimmung_SE_in_Europa_ab_2011.pdf, zuletzt aufgerufen am 24.11.2024); Pressemitteilung der Hans-Böckler-Stiftung v. 17.11.2021 (aufrufbar unter: https://www.boeckler.de/de/pressemitteilungen-2675-20-jahre-europaische-aktiengesellschaft-36938.htm, zuletzt aufgerufen am 24.11.2024).

[260] *Hohenstatt/Müller-Bonanni*, a.a.O. (Fn. 55), Vorb. §§ 1–3 Rn. 79.

[261] *Bayer/Lieder/Hoffmann*, GmbHR 2024, 785 (794).

[262] Ernst & Young Société d'Avocats, Study on the operation and the impact of the Statue of a European Company (SE), Final report, 9 December 2009, S. 11.

[263] Institut für Mitbestimmung und Unternehmensführung (I.M.U.), a.a.O. (Fn. 259), S. 91.

schaulicht.[264] Damit sind Gesellschaften gemeint, die entweder eine Holding-Funktion aufweisen oder in sonstiger Weise operativ tätig sind. Die Gesamtzahl der eingetragenen Unternehmen ist, wie zuvor dargelegt, deutlich höher.

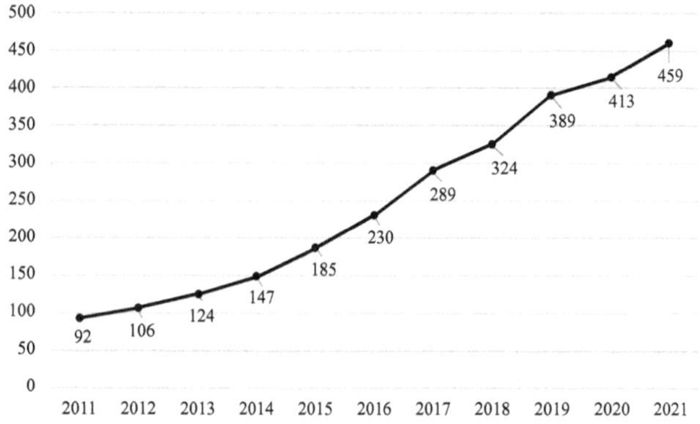

Abbildung 3: Wachstum der operativen SEs in Deutschland

Es könnte zu Recht auffallen, dass das Diagramm nur bis 2021 fortgeführt ist. Dies ist damit begründet, dass die zugrundeliegende Quelle – das Institut für Mitbestimmung und Unternehmensführung (I.M.U.) der Hans-Böckler-Stiftung – eine Analyse nur bis einschließlich 31. Dezember 2021 vorgenommen hat. Zusätzlich lässt sich noch ergänzen, dass laut den Daten des *European Trade Union Institute* im Jahre 2021 142 und im Jahr 2022 120 SE in Deutschland registriert wurden.[265]

Aufgrund dieses ökonomisch gewichtigen Gegenwartsbezugs ist eine rechtsgeschichtliche Darstellung der SE von zeitgeschichtlichem Interesse. Aufgrund des Fehlens anderer relevanter supranationaler europäischer Gesellschaftsformen (vgl. Teil II) und der Vorteile, die diese Gesellschaftsform in Deutschland bietet (hierzu sogleich), ist für den Moment auch zukünftig von einer wachsenden Anzahl an Gründungen auszugehen.

---

[264] Der folgenden Abbildung 3 liegen die SE Datenblätter ab 2011 (Fn. 259) und das SE-Datenblatt des I.M.U, Fakten zur Europäischen Aktiengesellschaft – Stand: 31.12.2021 (aufrufbar unter https://www.imu-boeckler.de/data/Mitbestimmung_SE_in_Europa_aktuell.pdf, zuletzt aufgerufen am 24.11.2024) zugrunde.

[265] Auskunft des *European Trade Union Institute* („ETUI") vom 04.06.2024 und 07.06.2024. Die zur Verfügung gestellten Zahlen unterscheiden nicht zwischen operativen Gesellschaften und Vorratsgesellschaften. Das ETUI verfolgt nur die Registrierungen der Gesellschaften, nicht jedoch ihre „Lebensdauer" (d.h. Auflösungen werden beispielsweise nicht berücksichtigt). Die ehemals vom ETUI betriebene European Company database („ECdb") wurde aufgrund von Bedenken hinsichtlich der IT-Sicherheit abgeschaltet.

1. Der „Elefant im Raum“ – das „Einfrieren“ oder die „Flucht aus der Mitbestimmung“

Neben einer Reihe von Vorteilen, die der Gebrauch der supranationalen europäischen Aktiengesellschaft eröffnet, nimmt eine Eigenschaft eine inzwischen berüchtigte Stellung ein.

Aufgrund der Besonderheiten der einschlägigen speziellen arbeitsrechtlichen Gesetzgebung ist die SE nämlich ein bewährtes Mittel für die Vermeidung der Mitbestimmung. Diese Gestaltungsoption resultiert aus einem Zusammenspiel des oben beschriebenen Vorher-Nachher-Prinzips in Kombination mit Schutzlücken im SEBG. Bildhaft ausgedrückt kommt es zu einem „Einfrieren“ des Status quo bei der Gründung einer SE. Es wäre aber nicht sachgerecht, die volle Verantwortlichkeit für die Mitbestimmungsvermeidung mittels SE der entsprechenden spezifischen Gesetzgebung aufzubürden. So wird in diesem Zusammenhang auch der deutschen Kommanditgesellschaft (KG) und den Spezifika des Mitbestimmungsgesetzes (MitbestG) sowie des DrittelbG eine wichtige Rolle zuteil.[266]

Der Mitbestimmungsreport des I.M.U. von Juni 2024 verdeutlicht das Ausmaß der Thematik. Von den 87 SE mit mehr als 2000 Arbeitnehmern im Jahre 2022 in Deutschland, waren nur 22 % paritätisch mitbestimmt. 37 % waren im Aufsichtsrat mitbestimmungslos und 18 % haben die Drittelbeteiligung „eingefroren“. 23 % aus dieser Menge sind SE, die mitbestimmungslos aus einer Vorrats-SE hervorgegangen sind. Demnach wären insgesamt 68 der 87 SE als sog. „Vermeidungs-SE“ einzustufen. So werden sie kritisch vom Bericht bezeichnet. Das Institut stellt fest, dass ca. ein Drittel (22) aus dieser Gruppe – entgegen dem regelmäßig angegebenen Gründungsmotiv einer überstaatlichen Unternehmenstätigkeit – eindeutig auf das Inland konzentriert ist und eine Belegschaft ausweist, die nahezu ausschließlich in Deutschland arbeitet. Als namhafte Beispiele für derartige Vermeidungs-SE nennt der Bericht Tesla, Vonovia, Zalando, BioNTech, Freudenberg, Flaschenpost, ProSieben-Sat.1 Media und Sixt. Interessant ist im Übrigen, dass aus der Gruppe dieser 68 ganze 44 Familienunternehmen sind. Daneben existierten nach Einschätzung des Instituts zum damaligen Zeitpunkt auch noch 35 SE & Co. KGs, die zur Aushebelung der Mitbestimmung eingesetzt wurden. Von 256 identifizierten mitbestimmungsvermeidenden Unternehmen nutzten demnach 103 Unternehmen die Rechtsform der SE unmittelbar oder mittelbar (als Komplementärin einer KG).[267]

Die Gestaltungsoptionen im Bereich der unternehmerischen Mitbestimmung stellen zwar eine bedenkliche, aber fraglos populäre Motivationsgrundlage für die Europäische Aktiengesellschaft dar. Aus diesem Grund ist es notwendig, in den nachfolgenden Ausführungen die Standardkonstellationen mit den elementaren dogmatischen Grundlagen für die Mitbestimmungsvermeidung vorzustellen.

---

[266] Vgl. *Sick*, I.M.U. Mitbestimmungsreport Nr. 81, 06.2024, Erosion der Unternehmensmitbestimmung, S. 8, 11 ff.

[267] *Sick*, a. a. O. (Fn. 266), S. 9 ff.

a) Durchführung des Verhandlungsverfahrens vor dem Erreichen der Schwellenwerte

Obwohl das deutsche Mitbestimmungsrecht eigentlich nicht dispositiv ist, wird die Frage der Mitbestimmung in einer SE durch das Verhandlungsmodell nach dem SEBG determiniert. Ein zentraler Akteur ist hierbei das sog. „besondere Verhandlungsgremium" (nachfolgend auch das „BVG") (§§ 4 ff. SEBG). Nach § 5 Abs. 1 SEBG setzt sich dieses Gremium aus Arbeitnehmervertretern aus jedem an der Gründung beteiligten Mitgliedstaat zusammen. Für jeden Anteil der in einem Mitgliedstaat beschäftigten Arbeitnehmer, der 10 Prozent der Gesamtzahl, der in allen Mitgliedstaaten beschäftigten Arbeitnehmer der beteiligten Gesellschaften und der betroffenen Tochtergesellschaften oder betroffenen Betriebe beträgt, ist ein Mitglied aus diesem Mitgliedstaat in das BVG zu wählen oder zu bestellen. Im Falle der Gründung einer SE durch Verschmelzung muss gewährleistet sein, dass die Belegschaft eines betroffenen Mitgliedstaates durch mindestens ein Mitglied vertreten ist, vgl. Abs. 2. Das BVG verhandelt mit der „Leitung" (§ 2 Abs. 5 SEBG), d. h. den Organen der betroffenen Gesellschaften, um eine schriftliche Vereinbarung über die Beteiligung der Arbeitnehmer in der SE zu erzielen, vgl. § 13 Abs. 1 SEBG. Kommt es zu keiner Einigung, dann kommt die zuvor genannte Auffanglösung zur Anwendung. Diese sieht zum einen die Einrichtung eines SE-Betriebsrats vor (§§ 22 ff. SEBG) und zum anderen die Anwendung des jeweils höchsten Mitbestimmungsstandards (soweit je nach Gründungsform die Mitarbeiterzahl bestimmte Schwellenwerte erreicht bzw. im Falle eines Formwechsels auch unabhängig davon, vgl. § 34 Abs. 1 SEBG). Hat die SE im Zeitpunkt der Gründung weniger als 501 Arbeitnehmer, so bleibt sie komplett mitbestimmungsfrei. Dieser Status soll dabei dauerhaft gelten. Der § 18 Abs. 3 S. 1 SEBG sehe zwar eine Wiederaufnahme von Verhandlungen vor, wenn die SE „strukturelle Veränderungen" plant, die zur Minderung der Beteiligungsrechte der Arbeitnehmer geeignet wären. Allerdings sei der Anstieg der Arbeitnehmerzahl durch „organisches Wachstum" keine strukturelle Änderung. Das oben beschriebene Vorher-Nachher-Prinzip der britischen Ratspräsidentschaft wird also genau genommen durch einen „Einfriereffekt" ergänzt.[268]

b) Erwerb einer Vorratsgesellschaft

Eine weitere verbreitete Option ist die Nutzung der Vorrats-SE. Denkbar ist es, diese Variante heranzuziehen, wenn ein neues Unternehmen gegründet wird, das in absehbarer Zukunft im Hinblick auf die Arbeitnehmeranzahl drastisch wachsen soll. Dieses Vorgehen liegt z. B. bei der Flink SE nahe. Die Gesellschaft wurde als „Youco D21–D111 Vorrats-SE" gegründet und wurde im Jahre 2021 zur Flink SE

---

[268] *Werner*, NZG 2022, 541 f.; *Jacobs*, in: MüKo AktG, § 18 SEBG Rn. 19; vgl. *Simon/Rein/Deuchler*, NZA 2021, 1748, die wohl aber keine inhaltliche Differenzierung zwischen dem Vorher-Nachher-Prinzip und dem „Einfrieren" der Mitbestimmung ziehen.

umfirmiert. Am 28. April 2021 wurde die Verschmelzung der Flink Lebensmittel GmbH auf die SE eingetragen. Die Verschmelzung erfolgte mit handelsrechtlicher Wirkung zum 1. Dezember 2020. Aufgrund dieses Vorgangs wurde die Flink SE im Rahmen der Rechnungslegung so behandelt, als hätte sie zum Übertragungsstichtag bereits bestanden und zu diesem Zeitpunkt das laufende Geschäft der Flink Lebensmittel GmbH übernommen. Laut dem Jahresabschluss zum 31. 12. 2020 waren im Geschäftsjahr durchschnittlich 15 Mitarbeiter beschäftigt. Im Jahr 2023 soll die Mitarbeiterzahl – trotz eines massiven Stellenabbaus – bei 13.000 gelegen haben.[269]

Interessant ist dieser Weg vor allem auch für Unternehmen, die bereits der Mitbestimmung unterliegen. So könnte eine Beteiligung an einem Unternehmen mit Mitarbeitern in die SE eingebracht werden oder die SE könnte als übernehmender Rechtsträger im Rahmen eines Verschmelzungs- oder Spaltungsvorgangs auftreten.

Zunächst gilt es festzuhalten, dass der Existenz von Vorratsgesellschaften weder der *numerus clausus* der Gründungsvarianten noch der Mehrstaatenbezug entgegensteht. Nach herrschender Meinung wird Art. 12 Abs. 2 SE-VO, wonach eine SE erst eingetragen werden kann, wenn entweder eine Vereinbarung über die Beteiligung der Arbeitnehmer geschlossen wurde oder eine solche durch Beschluss des BVG oder Fristablauf nicht zustande gekommen ist, bei einer Gesellschaft ohne Arbeitnehmer teleologisch reduziert.[270]

Die Einzelheiten zur Aktivierung sind in der Literatur höchst umstritten. Die Rechtsprechung und die herrschende Literaturansicht haben bisher bei einer Aktivierung mit mindestens 10 Arbeitnehmern die Nachholung des Beteiligungsverfahrens aus einer (doppelt) analogen Anwendung des § 18 Abs. 3 SEBG abgeleitet.[271] Sämtliche geäußerten Meinungen sind jedoch jüngst aufgrund einer Entscheidung des EuGH auf den Prüfstand zu stellen. In Anbetracht der wegweisenden Bedeutung dieses Urteils soll dessen nähere Analyse unter Teil IV stattfinden.

c) SE & Co. KG

Die nun folgende Gestaltungsvariante eignet sich für Gesellschaften, die in Form einer GmbH & Co. KG als Unternehmensträger auftreten und die unternehmerische Mitbestimmung (i) zukünftig vermeiden oder (ii) sich bei bereits bestehendem paritätischen Aufsichtsrat dieser entziehen wollen. Durch den Austausch der Komplementär-GmbH durch eine SE werden zwei Effekte erreicht. Zum einen unterfällt

[269] Chronologische Handelsregisterauszüge des Amtsgerichtes Charlottenburg für die Flink SE (HRB 241059 B) und die Flink Lebensmittel GmbH (HRB 221277 B); Jahresabschluss der Flink SE für das Geschäftsjahr vom 01. 12. 2020 bis zum 31. 12. 2020; *Sachse*, Flink zwischen Sparkurs und Verkaufsgerüchten, in: Frankfurter Allgemeine Zeitung, 03. 05. 2023 (aufrufbar unter https://www.faz.net/aktuell/wirtschaft/unternehmen/lieferdienst-flink-zwischen-sparkurs-und-verkaufsgeruechten-18865755.html, zuletzt aufgerufen am: 01. 12. 2024).

[270] *Werner*, a. a. O. (Fn. 268), S. 542 m. w. N.

[271] Ausführlich hierzu *Schlosser*, RdA 2022, 350 (344 ff.).

die so geschaffene SE & Co. KG nicht dem Anwendungsbereich des MitbestG, da die Rechtsform der SE schlichtweg nicht in § 1 Abs. 1 Nr. 1 MitbestG aufgeführt ist (vgl. § 4 Abs. 1 MitbestG).[272] Zum anderen findet nach § 1 Abs. 1 das DrittelbG auf die Europäische Aktiengesellschaft ebenfalls keine Anwendung.[273] Was die KG als solche anbelangt, so ist diese als Personengesellschaft dem Anwendungsbereich sowohl des DrittelbG als auch des MitbestG grundsätzlich entzogen.[274] Ein prominentes Beispiel für diese Gestaltungsvariante ist die Rethmann SE & Co. KG mit der Logistiksparte Rhenus und der Recyclingsparte Remondis. Bei Zehntausenden von inländischen Beschäftigten existiert kein mitbestimmter Aufsichtsrat.[275]

Der Austausch des Komplementärs kann auf drei Wegen erreicht werden. (i) Sämtliche Altgesellschafter der KG und die neu eintretende (arbeitnehmerlose) Vorrats-SE schließen einen Vertrag, womit zugleich eine Änderung des Gesellschaftsvertrages verbunden ist. Letztere erfordert einen entsprechenden Gesellschafterbeschluss bei der KG. (ii) Weiterhin kommt eine Verschmelzung der Komplementär-GmbH auf die Vorrats-SE in Betracht. (iii) Schließlich ist ein Doppelformwechsel dergestalt möglich, dass die GmbH zunächst in eine AG und anschließend in die SE umgewandelt wird. Augenscheinlich ist der Austausch des Komplementärs gesellschaftsrechtlich die einfachste Variante. Mit den drei Handlungsmöglichkeiten gehen verschiedene rechtliche Fragen einher wie etwa, wann und aufgrund welcher dogmatischer Grundlagen ggf. ein Beteiligungsverfahren nachzuholen oder durchzuführen ist (z.B. analoge Anwendung des Art. 18 Abs. 3 SEBG, „Kehrseite" der teleologischen Reduktion von Art. 12 Abs. 2 SE-VO) und – insbesondere in der Konstellation (ii) – wie die KG und ihre Tochtergesellschaften mit ihren Arbeitnehmern wiederum als Tochtergesellschaften der Komplementär-SE zugerechnet werden können (vgl. die relevanten Normen in diesem Zusammenhang § 2 Abs. 3 SEBG, § 6 Abs. 2–4 Europäische Betriebsräte-Gesetz (EBRG), § 4 Abs. 2 MitbestG).[276] Diese Fragen sind Gegenstand umfassender Erörterungen in der Literatur und Rechtsprechung, deren eingehende Betrachtung über den Zweck der vorliegenden Ausführungen hinausgehen würde. In erster Linie sollte illustriert werden, wie vielfältig die einzelnen Möglichkeiten zur Mitbestimmungsvermeidung durch die SE sind.

---

[272] *Werner*, a.a.O. (Fn. 268), S. 543; *Winter/Marx/De Decker*, NZA 2016, 334 ff.

[273] *Oetker*, in: Erfurter Kommentar zum Arbeitsrecht, § 1 DrittelbG Rn. 3.

[274] Zu den erfassten Unternehmen: *Habersack*, in: Habersack/Henssler, Mitbestimmungsrecht, § 1 MitbestG Rn. 31 f.; § 1 DrittelbG Rn. 11.

[275] *Bayer*, NJW 2016, 1930 (1933).

[276] Vgl. hierzu ausführlich *Winter/Marx/De Decker*, a.a.O. (Fn. 272), S. 336 ff. m.w.N.; *Werner*, a.a.O. (Fn. 268), S. 543 ff.

2. Weitere Vor- und Nachteile

Kann im Einzelfall durch die vorgenannten Gestaltungsvarianten keine „Vermeidung“ der Mitbestimmung erzielt werden, so bedienen sich Unternehmen der Europa-AG, um zumindest eine „Reduzierung“ der Mitbestimmung zu erzielen. Zum einen erstreckt sich der Bestandsschutz zwar auf den Arbeitnehmeranteil im Aufsichtsrat, aber nicht auch auf dessen Größe und personelle Zusammensetzung. Daher können die Gesellschafter der SE die Aufsichtsratsgröße unabhängig von den Schwellenwerten des § 7 MitbestG festlegen. Der Bestand der Arbeitnehmervertreter wird zudem internationalisiert, weil sich deren Sitze bei der SE auf alle Mitgliedstaaten verteilen, in denen Mitglieder des SE-Betriebsrates zu wählen oder zu bestellen sind.[277] Die Kombination einer Kommanditgesellschaft auf Aktien (KGaA) mit einer SE zur SE & Co. KGaA bietet sich für bereits paritätisch mitbestimmte Unternehmen ebenfalls aus Gründen der Reduzierung des Umfangs der unternehmerischen Mitbestimmung an. Zwar fällt die KGaA als solche in den Anwendungsbereich des § 1 Abs. 1 Nr. 1 MitbestG, aber die Aufsichtsratskompetenzen auf der Ebene der KGaA sind geringer als bei einer AG oder eben SE. Außerdem muss nach § 33 Abs. 1 S. 2 MitbestG kein Arbeitsdirektor bestellt werden.[278]

Aus deutscher Perspektive eröffnet die Europäische Aktiengesellschaft mehr Flexibilität bei der Wahl eines passenden Corporate Governance-Systems. Die Wahl des monistischen Leitungssystems ist für Familienunternehmen besonders attraktiv, indem dem Familienoberhaupt eine einflussreiche Stellung als Vorsitzender des Verwaltungsrats und geschäftsführender Direktor in Personalunion eingeräumt wird. Durch den Verwaltungsrat als solchen kann ein Generationenwechsel eingeleitet werden, da die vorherige Generation in die Geschäfte der Gesellschaft über einen Sitz im Verwaltungsrat involviert bleibt. Generell dürfte das Weisungsrecht des Verwaltungsrats gegenüber den geschäftsführenden Direktoren gem. § 44 Abs. 2 SEAG für familiengeführte Gesellschaften von Interesse sein. Auf der anderen Seite erlaubt das den Familienmitgliedern, falls gewünscht, den Rückzug aus dem Tagesgeschäft anzutreten und die operative Tätigkeit einem externen Manager zu überlassen.[279]

Als Motivation für die Verwendung der Rechtsform wird außerdem ein positives Image bzw. eine erhöhte Reputation (durch eine sog. *European Corporate Identity*) genannt, was in der positiven Ausstrahlungswirkung der Supranationalität begründet ist. Dies ist daher beachtlich, weil es sich nicht unmittelbar um einen juristischen Vorteil handelt. Der durch den Rechtsformzusatz entstehende „Marketingeffekt“ dürfe auch nicht unterschätzt werden. Ein Unternehmenszusammenschluss in der Rechtsform der SE lasse nationale Eitelkeiten unangetastet und erleichtere so die Zusammenführung verschiedener Unternehmenskulturen. Mit der Wahl der SE

[277] *Bayer*, a. a. O. (Fn. 275), S. 1933; *Winter/Marx/De Decker*, a. a. O. (Fn. 272), S. 337.

[278] *Reichert*, ZIP 2014, 1957 (1964 f.); *Werner*, a. a. O. (Fn. 268), S. 545.

[279] Vgl. *Wicke*, RNotZ 2020, 25 (32 f.).

gehe ein Image- und Prestigegewinn einher, weil dadurch Größe und Internationalität dokumentiert werden. Gerade im globalen Wettbewerb mit asiatischen und US-amerikanischen Konzernen komme dies dem Unternehmen zugute. Das Argument einer höheren Mobilität erscheint hingegen aufgrund der aktuellen Entwicklungen auf dem Gebiet des europäischen Gesellschaftsrechts ein Stück weit überholt. Dennoch bietet die SE durch das in Art. 8 SE-VO geregelte Verfahren eine grenzüberschreitende Sitzverlegung ohne Rechtsform- und Satzungswechsel.[280]

Neben den vorgenannten Vorteilen (die sich insbesondere im Bereich der Mitbestimmung in Abhängigkeit von der Interessenlage ebenso als negativ darstellen lassen können) gibt es Aspekte der SE, die als nachteilhaft empfunden werden. Oft wird in diesem Kontext das hohe Grundkapital i. H. v. 120.000 EUR genannt. Eine komplexe innere Verfassung und Rechtsanwendung führen zu hohen Verwaltungs- und Beratungsaufwendungen, zuweilen ist daher von einem *Lawyer's Paradise*[281] die Rede. Generell führt das Zusammenspiel von nationalem und europäischem Recht zu erhöhter Rechtsunsicherheit.[282]

Einige vorgestellte Nachteile lassen sich derweil abschwächen. Als Beispiel für eine solche Relativierung ließe sich das Folgende anführen: So wird der oftmals kritisch betrachtete *numerus clausus* der Gründungsmöglichkeiten einer SE aus gesellschaftsrechtlicher Sicht überbewertet. Ungeachtet der Frage, ob eine Erweiterung der Gründungsmöglichkeiten im Hinblick auf die Einheit der Rechtsordnung konsequent und auch mit Blick auf die Transaktionskosten sinnvoll erscheint, sollte die übliche Vorgehensweise in der Praxis berücksichtigt werden. Denn auch hier schafft der Erwerb einer Vorratsgesellschaft Abhilfe, indem er nicht nur über die begrenzten Gründungstatbestände hinweghilft, sondern auch das langwierige Gründungsverfahren obsolet macht. Im Übrigen wird auf diesem Wege der ebenfalls kritisch betrachtete Auslandsbezug in Art. 2 SE-VO bei der Gründung *de facto* neutralisiert.[283]

Diese Nachteile der Rechtsform wurden bei der Entstehung der SE ausreichend erwogen und sind der SE mithin inhärent. Versuche, unterschiedliche nationalstaatliche Regelungsmodelle nebeneinander bestehen zu lassen, führen zwingend zu dem vorgefundenen Ergebnis. Man stelle sich bloß vor, wie viel geringer die Komplexität der Verordnung ausgefallen wäre, wenn sie das Ergebnis einer bedachten Vereinheitlichung der nationalen Aktiengesetze wäre. Natürlich muss bei einer solchen Vereinheitlichung eine Auslese sinnvoller Bestimmungen von weniger sinnvollen Bestimmungen stattfinden. Einige Mitgliedstaaten hätten ihre

---

280 *Lieder*, in: Münchener Handbuch des Gesellschaftsrechts, Bd. 9, § 3 Rn 61–65.; *Lutter/Teichmann*, in: Lutter/Hommelhoff/Teichmann, SE-Kommentar, Einleitung, Rn. 37.

281 *Wicke*, MittBayNot 2006, 196 (197).

282 *Lieder*, a. a. O. (Fn. 280), § 3 Rn 70.

283 Vgl. *Hohenstatt/Müller-Bonanni*, a. a. O. (Fn. 55), Vorb. §§ 1–3 Rn. 85; *Schuberth/von der Höh*, AG 2014, 439 (441). S. zur Kritik am Mehrstaatenbezug und weiteren Kritikpunkten IV. Teil, Kapitel III. 2.

Rechtsordnungen gegenüber neuen, zuvor unbekannten Konzepten öffnen müssen. Eventuell wäre die SE auf diese Weise frei von den vorgenannten Defiziten geblieben und hätte sich tatsächlich gegenüber nationalen Rechtsformen als überlegenes Konstrukt erwiesen. Anstelle einer europäischen Euphorie befeuerte dies – wie dargestellt – einen Jahrzehnte währenden Konflikt, dessen Früchte etwaige Unzulänglichkeiten der SE-Gesetzgebung nun mal sind. Im Übrigen sind die Schwachstellen des SE-Statuts der Europäischen Kommission bekannt und durchaus Gegenstand von Reformdiskussionen (s. hierzu IV. Teil, Kapitel II.).

II. Teil

Weitere supranationale Gesellschaftsformen des Gemeinschaftsrechts

Nachdem der Entstehungsprozess der Europäischen Aktiengesellschaft beleuchtet wurde, soll im Folgenden herausgearbeitet werden, welche weiteren supranationalen europäischen Gesellschaftsformen existieren.

I. Die Herangehensweise an die Ausarbeitung

Über ein rein analytisches Interesse an der Beschäftigung mit dem supranationalen Rechtsformtableau des Gemeinschaftsrechts hinaus soll in konziser Weise erläutert werden, welche Herangehensweise für die Ausarbeitung dieses Teils gewählt wird und insbesondere welchem Zweck die Ausarbeitung dient. Zur Wahrung des Zusammenhangs mit den Ausführungen zur Europäischen Aktiengesellschaft erscheint jedenfalls eine Festlegung auf bestimmte wesentliche rechtshistorische und rechtsdogmatische Aspekte der weiteren supranationalen europäischen Rechtsformen sinnvoll, die dann jeweils an gegebener Stelle dargestellt werden.

1. Methode

Die Bestimmung der abzubildenden Aspekte stellt zugleich die Methode für die Ausarbeitung dar, soweit man unter einer Methode ein wiederkehrendes Verfahren versteht. Hierfür ist es sinnvoll, zwischen existierenden supranationalen europäischen Gesellschaftsformen und solchen Rechtsformen zu unterscheiden, bei denen die zugrunde liegenden Vorhaben endgültig gescheitert sind. Für Gesellschaften beider Gruppen können der Gang des jeweiligen Projektes und die jeweiligen rechtlichen Grundlagen und Merkmale beschrieben werden. Im dritten Punkt muss hingegen unterschieden werden: Während für die erste Kategorie der Nutzen und die Akzeptanz dieser Gesellschaften in der Praxis darzustellen sind, wird es notwendig, in Bezug auf die gescheiterten Gesetzesvorhaben die Gründe für das Scheitern deutlich zu machen und etwaige Konsequenzen für die Fortentwicklung des europäischen Gesellschaftsrechts zu ziehen.

Einen Sonderfall wird die *Societas Europaea Simplificata* (SES), auch unter der französischen Bezeichnung als *Société Européenne Simplifiée* geläufig, einnehmen. Diese „Vereinfachte Europäische Gesellschaft“ befindet sich momentan in der

Entstehung und soll daher abschließend dargestellt werden. Um die Relevanz und Aktualität dieser Facette des Europäischen Gesellschaftsrechts zu untermauern, erfolgt am Ende ein summarischer Überblick über den Europäischen Verein (*European Cross-Border Association*, ECBA), der Gegenstand eines aktuellen Gesetzgebungsverfahrens ist.

2. Zielsetzung

Wie zuvor erwähnt, ist der Zweck der folgenden Betrachtungen nicht nur eine Analyse von Rechtsformen. Aus juristischer Sicht stellen überstaatliche gesellschaftsrechtliche Gebilde an sich eine eindrucksvolle Erscheinung dar. Allerdings sollte vor dem Hintergrund der historischen Entwicklung des „Flaggschiffs des europäischen Gesellschaftsrechts"[284] die Zielsetzung stets bleiben, eine Wechselwirkung sowie Überschneidungen zwischen der Rechtsgeschichte der SE mit der Entstehung anderer supranationaler Rechtsformen des Gemeinschaftsrechts zu ermitteln. Diese Wechselwirkung kann sich zum einen in konstruktiven Beiträgen auf die Schaffung anderer Rechtsformen äußern. Andererseits könnten aber auch disruptive Momente aus dem „Projekt SE" in anderen Projekten wiederaufgetaucht sein. Probleme bei der Einführung der Europa-AG könnten universeller Art sein, indem sie charakteristisch für die Entstehung sämtlicher übernationaler Rechtsformen sind. Aus solchen Erkenntnissen könnte möglicherweise für zukünftige derartige Vorhaben eine „negative Blaupause" oder Richtschnur gewonnen werden, um rechtspolitische Konflikte zu reduzieren. Insbesondere soll der Versuch unternommen werden, eine Prognoseentscheidung im Hinblick auf die Erfolgsaussichten der SES zu treffen. Schließlich könnten aus den gescheiterten Vorhaben selbst nützliche Lektionen gezogen werden.

Ergänzend ist hinzuzufügen, dass Rechtsangleichung und vor allem Rechtsvereinheitlichung nicht gänzlich ohne Sachkonflikte und intensive Verhandlungen auskommen können. Dementsprechend kann die Fortentwicklung der europäischen supranationalen Gesellschaftsformen nicht ausschließlich durch eine *Appeasement*-Politik erreicht werden. Aus diesem Grund ist bei zu erwartenden Meinungsverschiedenheiten in der EU in diesem Bereich zumindest eine verständige Vorbereitung mit dem Bewusstsein für die Historie vorteilhaft, um auf potenzielle Hürden in zukünftigen Gesetzesvorhaben vorbereitet zu sein.

---

[284] *Hopt*, ZIP 1998, 96 (99).

II. Weitere existierende europäische supranationale Rechtsformen

1. EWIV

Der Europäischen Wirtschaftlichen Interessenvereinigung (EWIV) kommt aus mehreren Gründen eine Sonderstellung zu. Wie eingangs erörtert, handelt es sich um die älteste europäische supranationale Rechtsform. Die entsprechende VO EWG/2137/85 (nachfolgend EWIVVO) ist vom 25. Juli 1985 und damit mehr als 15 Jahre älter als die SE-VO. Laut Art. 43 EWIVVO trat die Verordnung am 1. Juli 1989 in Kraft. Die Verordnung wurde auf Art. 235 EWGV gestützt, was Einstimmigkeit im Rat voraussetzte. Die Rechtsgrundlage – auf der auch der Verordnungsentwurf für die SE von 1989 fußte – stellte damals noch auf ein Tätigwerden zur Verwirklichung der Gemeinschaftsziele „im Rahmen des Gemeinsamen Marktes" ab. Demnach sehen die Erwägungsgründe vor, dass die EWIV der Errichtung und dem Funktionieren eines Gemeinsamen Marktes dient, indem für die Verwirklichung eines solchen einheitlichen Marktes für natürliche Personen und juristische Personen ein rechtlicher Rahmen geschaffen wird, welcher die Anpassung der Tätigkeit an die wirtschaftlichen Gegebenheiten der Gemeinschaft erleichtert. Hierzu sei erforderlich, dass Personen über Grenzen hinweg zusammenarbeiten können. Da aber eine solche Zusammenarbeit auf „rechtliche, steuerliche und psychologische Schwierigkeiten stoßen [kann]", sei die Schaffung der EWIV erforderlich.[285] Dieser Begründungsansatz sollte bereits von den Ausführungen zur SE wohl bekannt sein. Insoweit existiert also eine Überschneidung im Einsatzbereich beider Rechtsformen, da hier wie dort die grenzüberschreitende Kooperation zur Erschließung des Gemeinsamen Marktes und die sachgerechte Konzentration von Kapital in der Europäischen Gemeinschaft im Fokus standen.

Der Einsatzbereich und die Eigenschaften der EWIV unterscheiden sich aber im Übrigen erheblich von denen der Europäischen Aktiengesellschaft, sodass es sich trotz der zeitlich zusammenhängenden Entstehung nicht um Alternativprojekte in Konkurrenz zueinander handeln konnte. In den Erwägungsgründen heißt es, dass der Zweck der Vereinigung „allein darin besteht, die wirtschaftliche Tätigkeit ihrer Mitgliedern zu erleichtern oder zu entwickeln, um es ihnen zu ermöglichen, ihre eigenen Ergebnisse zu steigern". Die Tätigkeit der Vereinigung ist mit der wirtschaftlichen Tätigkeit ihrer Mitglieder verknüpft, darf jedoch nicht an deren Stelle treten. Insoweit ist die Rede von einem bloßen „Hilfscharakter" der Vereinigung (vgl. hierzu auch die folgenden Betrachtungen zu den rechtlichen Grundlagen).[286] Bis zu einem gewissen Grad erinnert die EWIV demnach mit ihrer auf grenzüberschreitende Kooperation ausgelegten Zielsetzung und der Einschränkung des zulässigen Zwecks an die Initiative des Europarates der 1950er Jahre zu den *European*

[285] Verordnung (EWG) Nr. 2137/85 des Rates vom 25. Juli 1985 über die Schaffung einer Europäischen wirtschaftlichen Interessenvereinigung (EWIV) („EWIVVO"), ABl. EG Nr. L 199 vom 31.07.1985, S. 1, Erwägungsgründe.

[286] Ebd., S. 1, Erwägungsgründe.

companies (dort Erfüllung öffentlicher Dienste und Arbeiten im grenzüberschreitenden Kontext).

Rechtliches Vorbild für die EWIV, jedenfalls den Grundzügen nach, war der französische *groupement d'intérêt économique* (GIE). Diese Rechtsform wurde 1967 neu in Frankreich eingeführt. Deren Zweck war die zwischenbetriebliche Kooperation. Beispielsweise die Organisierung von gemeinsamen Verkaufs- und Exportbüros oder die Durchführung gemeinsamer Forschungsvorhaben. Der GIE etablierte sich schnell in Frankreich und fand dort häufigere Verwendung. Die Idee überzeugte auch in anderen Mitgliedstaaten (Belgien, Luxemburg und Spanien), sodass dort in der Folge ähnliche Rechtsformen eingeführt wurden. In Deutschland konnte sich ein solcher Gesellschaftstyp trotz vorhandenem Interesse aus der Wirtschaft nicht durchsetzen, weil man davon ausging, dass die existierenden Alternativen in Form der Gesellschaft bürgerlichen Rechts und des nicht rechtsfähigen Vereins ausreichend Möglichkeiten zur unternehmerischen Kooperation boten.[287]

Erste Erwägungen zur Einführung einer solchen Rechtsform auf Gemeinschaftsebene sind in der ersten Hälfte der 1970er Jahre zu verorten. Die Kommission stellte in ihrem Memorandum „Die Industriepolitik der Gemeinschaft" in Aussicht, zu prüfen, ob eine dem französischen GIE ähnliche Rechtsform auf Ebene der EWG einzuführen sei. Die Kommission legte Ende 1971 den „Vorentwurf einer Verordnung zur Schaffung einer Europäischen wirtschaftlichen Interessengemeinschaft" (*groupement européen d'intérêt économique*, GEIE) vor. Im Jahre 1973 wurde der formelle „Vorschlag über die Europäische Kooperationsvereinigung" von der Kommission vorgestellt. Nach den Stellungnahmen des Europäischen Parlaments und des Wirtschafts- und Sozialausschusses legte die Kommission dem Rat im April 1978 einen geänderten Vorschlag vor. Da die zuständige Arbeitsgruppe im Rat zunächst mit anderen Projekten beschäftigt war, fanden die Beratungen erst von Ende 1981 bis Mitte 1985 statt, was gleichwohl im Vergleich zu anderen Projekten dieser Art eine beachtliche Geschwindigkeit darstellt. Im Zuge des Gesetzgebungsverfahrens wurde der Name von „Kooperationsvereinigung" in „Interessenvereinigung" geändert, weil man in einigen Mitgliedstaaten eine Verwechslung mit der für Genossenschaften üblichen Bezeichnung befürchtete.

Das schnelle Verhandlungsverfahren im Rat soll nur möglich gewesen sein, weil man sich in der Verordnung auf bestimmte Grundregelungen beschränkte und im Übrigen in großen Teilen den Rückgriff auf das nationale Recht der Sitzstaaten vorsah.[288] Da die EWIV zu einer Zeit verabschiedet wurde, als das Projekt der Europa-AG aufgrund der umstrittenen Mitbestimmungsfrage in einer Sackgasse steckte, musste ein völlig anderer, neuer Ansatz getroffen werden. So entschied man sich u.a. für die vollständige Ausklammerung des Sozial- und Arbeitsrechts aus dem Regelungsbereich der Verordnung. Ein solcher Weg konnte gewählt werden,

---

[287] *Salger/Müller*; in: Münchener Handbuch des Gesellschaftsrechts, Bd. 1, § 117 Rn. 3–4.

[288] *Salger/Müller*, a.a.O. (Fn. 287), § 94 Rn. 5–6.

weil die EWIV nach Art. 3 Abs. 2 lit. c) EWIVVO maximal 500 Mitglieder beschäftigen darf. Dieser Kunstgriff stellt eine weitere Besonderheit der EWIV dar.[289]

Die EWIV ist also auf der einen Seite ein positives Beispiel für ein gelungenes Rechtssetzungsverfahren im Bereich der supranationalen Rechtsformen des Gemeinschaftsrechts. Generell handelte es sich für das europäische Gesellschaftsrecht um eine Premiere, da anstelle einer Harmonisierung durch eine Richtlinie das Instrument einer Verordnung zur Anwendung kam.[290] Auf der anderen Seite wurde die Schnelligkeit bei der Einigung dadurch erkauft, dass die Verordnung grundsätzlich nur Fragen der Gründung und inneren Verfassung reguliert. Das ist aufgrund der spezifischen Zwecksetzung und des begrenzten Anwendungsbereichs der EWIV eine hinnehmbare Lösung. Dass eine – mit Ausnahme der Mitbestimmung – ähnliche Vorgehensweise bei der börsenfähigen und sektorenübergreifenden Kapitalgesellschaft wie der SE gewählt wurde, ist dagegen deutlich bedauerlicher. Im Ergebnis hat die Regelungsdichte der Verordnung dazu geführt, dass wie bei der SE nicht nur eine einheitliche europäische EWIV existiert. Vielmehr unterscheidet sich diese von Mitgliedstaat zu Mitgliedstaat. Der bei der Europäischen Aktiengesellschaft geäußerte Kritikpunkt kann demzufolge erneuert werden. Die „Artenvielfalt" der EWIV widerspricht einer wichtigen Zielsetzung supranationaler Rechtsformen, die darin besteht, die Rechtssicherheit für die Marktteilnehmer zu erhöhen.[291]

a) Rechtliche Grundlagen und Merkmale

Neben der unmittelbar anwendbaren EWIVVO richten sich die Rechtsverhältnisse der EWIV mit Sitz in Deutschland nach dem Ausführungsgesetz vom 14. April 1988 (Gesetz zur Ausführung der EWG-Verordnung über die Europäische wirtschaftliche Interessenvereinigung, nachfolgend „EWIVAG").[292] § 1 des Ausführungsgesetzes enthält zugleich eine Aussage über die Rechtsquellen und ihre jeweilige Hierarchie. Soweit ein Gegenstand nicht in der Verordnung geregelt ist, findet das EWIVAG Anwendung. Subsidiär werden die Vorschriften über die offene Handelsgesellschaft (OHG) herangezogen.[293]

Die Gründung der EWIV findet dadurch statt, dass ihre „Mitglieder" einen (Gründungs-)Vertrag abschließen und die Vereinigung nach Art. 6 i.V.m. Art. 39 Abs. 1 EWIVVO in das durch den Sitzstaat bestimmte Register eintragen lassen. Nach § 2 EWIVAG ist dies in Deutschland das Handelsregister. Nach Art. 4 sind

---

[289] Vgl. *Jung*, in: Schwarze/Becker/Hatje/Schoo, EU-Kommentar, Art. 54 AEUV Rn. 64; EWIVVO, Erwägungsgründe, S. 2.

[290] Vgl. *Salger/Müller*, a.a.O. (Fn. 287), § 94 Rn. 7.

[291] Vgl. *Bärwaldt*, in: Prinz/Kahle, Beck'sches Handbuch der Personengesellschaften, § 21 Rn. 153.

[292] In diesem Abschnitt sind Artikel ohne Gesetzesbezeichnung solche der EWIVVO, Paragrafen ohne Gesetzesbezeichnung solche des EWIVAG.

[293] *Bärwaldt*, a.a.O. (Fn. 291), § 21 Rn. 157.

taugliche Mitglieder einer Vereinigung juristische Personen sowie Gesellschaften im Sinne des Art. 58 Abs. 2 EGV (heute Art. 54 Abs. 2 AEUV) mit Satzungs- und Verwaltungssitz in der Gemeinschaft und natürliche Personen, die eine gewerbliche, kaufmännische, handwerkliche, landwirtschaftliche oder freiberufliche Tätigkeit in der Gemeinschaft ausüben. Art. 4 Abs. 2 setzt einen grenzüberschreitenden Bezug voraus, der durch die Anknüpfung an die Orte der Hauptverwaltung/Haupttätigkeit der Mitglieder hergestellt wird.[294] Der Sitz der EWIV muss nach Art. 12 in der Gemeinschaft liegen. Dabei ist die Wahl jedoch nach lit. a) und lit. b) entweder an den Ort der Hauptverwaltung der Vereinigung gebunden oder an den Ort der Hauptverwaltung/Haupttätigkeit eines ihrer Mitglieder. Ebenso wie für die SE konnte zumindest wieder ein einheitliches Verfahren für die Sitzverlegung innerhalb der Gemeinschaft geregelt werden, vgl. Art. 13 f.

Nach Art. 1 ist die so gegründete Vereinigung von der Eintragung an rechtsfähig. Interessant ist die Bestimmung in Art. 1 Abs. 3, demnach entscheiden die Mitgliedstaaten über die Rechtsnatur der Vereinigung. Da sich Deutschland nach § 1 für die Anwendung der Regelungen über die OHG entschieden hat, ist die Vereinigung als Personengesellschaft zu qualifizieren. Mithin ist die EWIV keine supranationale europäische *Kapital*gesellschaft. Dies ist eine weitere Besonderheit der Rechtsform, da sie nicht nur die bislang einzige Personengesellschaft des Unionsrechts ist, sondern auch innerhalb des deutschen Personengesellschaftsrechts mit einem wesentlichen Grundsatz bricht. Art. 19 eröffnet die Möglichkeit der Fremdgeschäftsführung und macht die EWIV zu einer sog. „Personenhandelsgesellschaft mit Fremdgeschäftsführung“. Dies ist eine Ausnahme vom „Prinzip der Selbstorganschaft“, wonach zumindest einzelne Gesellschafter die Geschäftsführung und Vertretung wahrnehmen müssen und diese nicht (vollständig) auf Dritte übertragen dürfen.[295]

In Art. 3 Abs. 1 kommt die zuvor thematisierte Beschränkung des zulässigen Zwecks der Vereinigung zum Ausdruck. Die Vereinigung entfaltet lediglich Hilfstätigkeit für die Tätigkeit ihrer Mitglieder (deren Erleichterung und Entwicklung sowie die Steigerung der Ertragskraft) und hat nicht den Zweck, Gewinne für sich selbst zu erwirtschaften. Außerdem muss Konnexität zwischen der Vereinigungstätigkeit und der Tätigkeit ihrer Mitglieder bestehen. Abgesichert wird diese Zweckbeschränkung durch einen Katalog an Verboten in Abs. 2. Über die Begrenzung der Arbeitnehmerzahl hinaus geht es zum Beispiel um die Untersagung der Ausübung von Kontroll- und Leitungsmacht an anderen Unternehmen. Nach Art. 3 Abs. 2 lit. b) darf die EWIV außerdem keine Anteile/Aktien an ihren Mitgliedsunternehmen halten. Das Halten von Anteilen oder Aktien an einem anderen

[294] Vgl. *Pathe*, in: Gummert, Münchener Anwaltshandbuch Personengesellschaftsrecht, § 28 Rn. 54 f.

[295] *Pathe*, in: a.a.O. (Fn. 294), § 28 Rn. 49, 51; *Heidel*, in: Gesellschaft bürgerlichen Rechts: GbR, § 715 BGB Rn. 9; BGH, NJW-RR 1994, 98.

Unternehmen ist nur insoweit zulässig, als es der Zielerreichung der Vereinigung dient und für Rechnung ihrer Mitglieder stattfindet.

Neben den vorgesehenen Geschäftsführern verfügt die Vereinigung über eine Gesellschafterversammlung, vgl. Art. 16. Der Gründungsvertrag kann auch weitere Organe vorsehen. Die Befugnisse der Gesellschafterversammlung sind weitreichend. So kann diese nach Art. 16 Abs. 2 jeden Beschluss zur Verwirklichung des Unternehmensgegenstandes der Vereinigung fassen. Nach Art. 20 obliegt den Geschäftsführern die Vertretung der EWIV nach außen. Art. 17 ff. enthalten (teilweise modifizierbare) Rechte der Mitglieder wie Informations- und Stimmrechte, im Übrigen unterliegt jedoch die Ausgestaltung des Innenverhältnisses der Vereinigung einer großzügigen Gestaltungsfreiheit.[296]

Die Verordnung enthält keine Verpflichtung zur Ausstattung der EWIV mit einem Mindestkapital. Da die EWIV in Deutschland eine Personengesellschaft darstellt, ist die Regelung in Art. 24 Abs. 1 zur unbeschränkten und persönlichen Haftung der Mitglieder ähnlich § 126 HGB nachvollziehbar. Ein Unterschied zu der Haftung der Gesellschafter der OHG besteht jedoch darin, dass die Haftung der Mitglieder subsidiär ist, die Gläubiger sich also zunächst an die Vereinigung halten müssen, vgl. Art. 24 Abs. 2.[297]

b) Nutzen in der Praxis

Zum 1. Januar 2021 waren bei den deutschen Handelsregistergerichten insgesamt 359 EWIV registriert. Zum 1. Januar 2022 waren 380 Vereinigungen in den Handelsregistern eingetragen. Diese Anzahl stieg zum 1. Januar 2023 auf 422 an. Zum Jahresbeginn 2024 verzeichneten die Register 455 eingetragene EWIV. Über die Praxisrelevanz der EWIV gibt es unterschiedliche Ansichten. In absoluten Zahlen hat die Europäische Aktiengesellschaft die EWIV in Deutschland zwar inzwischen deutlich überholt. Doch das prozentuale Wachstum bleibt 35 Jahre nach der Einführung der Rechtsform nachhaltig. Betrug der Zuwachs von 2021 auf 2022 noch rund 6 %, erhöhte sich die Zahl der Vereinigungen um ca. 11 % im darauffolgenden Betrachtungszeitraum. Die EWIV war damit nach der SE die am stärksten wachsende Rechtsform in Deutschland. Im Zeitraum 2023 bis 2024 ist das Wachstum etwas gesunken, bleibt jedoch mit 7,8 % deutlich positiv.[298] Bis zum

---

[296] Hierzu *Bärwaldt*, a. a. O. (Fn. 291), § 21 Rn. 191 ff., 218.

[297] *Bärwaldt*, a. a. O. (Fn. 291), § 21 Rn. 202, 205.

[298] *Bayer/Lieder/Hoffmann*, GmbHR 2024, 785 (787, 796); *Bayer/Lieder/Hoffmann*, GmbHR 2023, 709 (711, 717); *Bayer/Lieder/Hoffmann*, GmbHR 2022, 777 (779, 785); die EWIV-Statistik des Europäischen EWIV-Informationszentrums (bei LIBERTAS – Europäisches Institut GmbH) (abrufbar unter: https://www.libertas-institut.com/wp-content/uploads/2020/11/ewiv-statistik.pdf, zuletzt aufgerufen am: 01. August 2024) verzeichnet zum 17. 11. 2020 in Deutschland 525 gegründete Vereinigungen, von denen 96 wieder aufgelöst wurden. Die Statistik stellt auf Gründungen ab, sodass z. B. nicht ersichtlich ist, ob gegründete Vereinigungen z. B. ihren Sitz aus Deutschland verlegt haben. Unklar ist auch, ob die Zahl der

17. November 2020 wurden 2.678 Vereinigungen im EWR gegründet, von denen 472 wieder aufgelöst wurden.[299] Insgesamt spricht diese Entwicklung also für die Attraktivität der EWIV und ihre wachsende Akzeptanz parallel zur Europa-AG.[300]

Es gibt jedoch auch Stimmen in der Literatur, die eine positive Rezeption dieser Rechtsform in der Praxis anzweifeln.[301] Trotz einleuchtender Argumente spiegelt sich diese Skepsis nicht objektiv in dem zahlenmäßigen Wachstum der Rechtsform wider. Der spezifische Einsatzbereich der EWIV erlaubt es nicht, diese quantitativ mit der OHG zu vergleichen.

So wie vom Gesetzgeber intendiert, ist der Einsatz der EWIV auf Hilfstätigkeiten in der betrieblichen Sphäre ihrer Mitglieder beschränkt. Als Beispiele sind hier gemeinsame Forschungstätigkeiten, Beschaffungsvorgänge, die gemeinsame Vermarktung oder die Nutzung kostenintensiver Investitionsgüter zu nennen. In der Praxis dient die EWIV außerdem der grenzüberschreitenden Zusammenarbeit von Freiberuflern so wie Rechtsanwälten oder als Form für Lobbyistenverbände in Brüssel.[302] Die Kommission bewarb im Jahre 1997 die EWIV in einer Mitteilung als optimales transnationales Instrument für die Bewerbung von kleinen und mittleren Unternehmen für öffentliche Aufträge und deren Teilhabe an öffentlich finanzierten Programmen.[303]

Zu den größten EWIVs in Deutschland gehört z. B. die „CONSULEGIS European Joined Consulting EWIV". Hierbei handelt es sich um ein Netzwerk von über 85 Rechtsanwaltskanzleien und Beratungsgesellschaften mit mehr als 1.500 Berufsträgern. Ein anderes Beispiel, das ebenso bezeichnend für den originären Einsatzbereich der Rechtsform ist, stellt die „EIFER Europäisches Institut für Energieforschung EDF-KIT EWIV" dar. Dies ist ein deutsch-französisches Forschungsinstitut EIFER mit Sitz in Karlsruhe, das im Jahr 2001 vom französischen Energieversorger EDF1 und der Universität Karlsruhe gegründet wurde. Das wohl berühmteste Beispiel für eine EWIV ist der deutsch-französische Fernsehsender ARTE (*Association Relative à la Télévision Européenne*).[304]

---

aufgelösten Vereinigungen solche erfasst, die mangels Beendigung der Liquidation noch im Handelsregister eingetragen sind.

299 EWIV-Statistik des Europäischen EWIV-Informationszentrums (bei LIBERTAS – Europäisches Institut GmbH) (abrufbar unter: https://www.libertas-institut.com/wp-content/uploads/2020/11/ewiv-statistik.pdf, zuletzt aufgerufen am: 01. August 2024).

300 Vgl. im Ergebnis auch *Funkat*, EWS 1998, 122 (127 f.).

301 Beispielweise *Bärwaldt*, a. a. O. (Fn. 291), § 21 Rn. 153; *Ulrich*, GmbHR 2019, R22 (R23).

302 *Kalss/Klampfl*, in: Dauses/Ludwigs, Handbuch des EU-Wirtschaftsrechts, E. III. Gesellschaftsrecht, Rn. 610 m. w. N.

303 Mitteilung der Kommission, Beteiligung von Europäischen Wirtschaftlichen Interessenvereinigungen (EWIV) an öffentlichen Aufträgen und öffentlich finanzierten Programmen, ABl. EG Nr. C 285 vom 20. 09. 1997, S. 17 ff.

304 *Bayer/Lieder/Hoffmann*, GmbHR 2023, 709 (718).

2. SCE

Die *Societas Cooperativa Europaea* (SCE) ist trotz ihrer ebenfalls eher untergeordneten Bedeutung in der Praxis ein interessantes Betrachtungsobjekt, da sie nennenswerte Gemeinsamkeiten mit der Europäischen Aktiengesellschaft und anderen supranationalen Gesellschaftstypen aufweist.

a) Entstehung

Konkrete Anfänge in Richtung eines Statuts für eine Europäische Genossenschaft lassen sich 1970 feststellen, als die *General Confederation of Agriculture Cooperatives in the European Union* (COGECA) den Vorläufer der heutigen Verordnung vorstellte. Obwohl zwischen diesem Entwurf und der Verabschiedung der europäischen Gesetzgebung mehr als 30 Jahre liegen, wurden einige grundlegende Entscheidungen darin getroffen. Die Europäische Genossenschaft sollte rechtsfähig sein. Ihr Kapital ist in Anteile zerlegt und sie kann von natürlichen und juristischen Personen gegründet werden. Als Hauptunterschied zu späteren offiziellen Entwürfen erwies sich das Fehlen von Verweisen auf das nationale Recht der Mitgliedstaaten. Obwohl der damalige Entwurf von einem landwirtschaftlichen Berufsverband veröffentlicht wurde, erwies er sich als sektorübergreifend und allgemein ausgerichtet. Als Anlass für die Überlegungen hinsichtlich eines Instruments für europäische Genossenschaften erwies sich bei Berufsverbänden die Überzeugung, dass die Anerkennung des Stellenwertes von Genossenschaften für die Beschäftigung, die wirtschaftliche Aktivität und die regionale Entwicklung die Schaffung eines einheitlichen europäischen Rechtsrahmens erfordert. Eine solche Gesetzgebung müsse die spezifischen Eigenschaften von Genossenschaften berücksichtigen und ihnen die Teilhabe an den wirtschaftlichen Veränderungen eröffnen, die mit der europäischen Integration einhergingen.[305] Der Auslöser für die Entwicklung der SCE war demnach – wie schon bei der SE – die Suche nach einem transnationalen Instrument, um das Potenzial des jeweiligen nationalen Pendants auch im grenzüberschreitenden wirtschaftlichen Verkehr im Binnenmarkt zu aktivieren.[306]

Bereits auf den frühesten Etappen auf dem Weg zur SCE erwiesen sich der Europäische Wirtschafts- und Sozialausschuss sowie das Europäische Parlament als starke Verfechter ihrer Einführung. Eine Studie des Europäischen Wirtschafts- und Sozialausschusses von 1978 unterstrich die Bedeutung von Genossenschaften für die regionale Wirtschaft und die Förderung des demokratischen Gedankens. 1980 forderte das Europäische Parlament in zwei Entschließungsanträgen (Dok. 1–327/80 und Dok. 1–669/80) die Kommission und den Rat auf, die europäische Genos-

[305] *Chomel*, The Long March of the European Cooperative Society, RECMA no. 291 (2004), S. 2; vgl. auch *Jung/Matejek*, in: Jung/Krebs/Stiegler, Gesellschaftsrecht in Europa, § 6 Europäische Genossenschaft, Rn. 1 m.w.N.

[306] Vgl. *Schulze*, NZG 2004, 792.

senschaftsbewegung stärker anzuerkennen und zu fördern sowie einen Vorschlag für ein europäisches Genossenschaftsstatut in Betracht zu ziehen.[307]

Infolge dieser Entschließungsanträge ernannte der zuständige Ausschuss für Wirtschaft und Währung (*European Parliament Committee on Economic and Monetary Affairs*) den deutschen EU-Parlamentarier Karl-Heinrich Mihr[308] zu seinem Berichterstatter zu diversen Themen in Bezug auf europäische Genossenschaften. Der Bericht aus dem Jahre 1982 sprach sich aufgrund teilweise vorhandener erheblicher Unterschiede in den nationalen Rechtsordnungen im Genossenschaftsrecht für eine Harmonisierung aus. Die Ausarbeitung eines einheitlichen Statuts durch die Kommission sollte zum Zwecke der Erleichterung der internationalen Zusammenarbeit zwischen Genossenschaften evaluiert werden. Dem Bericht folgend verabschiedete das EP 1983 eine weitere Entschließung, die sich inhaltlich an die Entschließungen von 1980 anlehnte. Zu diesem Zeitpunkt war der Ausgang der Debatte noch ungeklärt, ob eine Rechtsangleichung oder die Schaffung eines einheitlichen Statuts vorzugswürdiger sei.[309]

Das EP ließ nicht ab und forderte 1987 in einer zusätzlichen Entschließung die Kommission auf, ein Statut für eine Europäische Genossenschaft zu entwickeln. Es mussten fünf weitere Jahre vergehen, bis die Kommission 1992 einen Verordnungsentwurf zusammen mit einer Richtlinie hinsichtlich der Arbeitnehmermitbestimmung vorlegte. Die sich nun anschließende Phase des Gesetzgebungsprozesses sollte mehr als 10 Jahre dauern. Dabei war das Schicksal der SCE in diesem Stadium eng mit der Entstehung der SE verknüpft. Da 1989 gerade erst ein neuer Verordnungsentwurf für die Letztere vorgestellt worden war, hat man beide Projekte eine Zeit lang parallel verhandelt. Die parallele Entstehung der SCE und der SE erkennt man mitunter an der ähnlichen Systematik beider Verordnungen (s. hierzu unten zu den dogmatischen Grundlagen). Die Verknüpfung beider Statute gilt als ein Grund für die langwierige Verabschiedung der SCE-Verordnung. 1996 wurden dann die Verhandlungen über die SCE ausgesetzt. Die angesprochene Verbindung mit der SE lässt erahnen, dass die Mitbestimmungsfrage ebenso bei der Europäischen Genossenschaft eine Einigung verhinderte. Aus diesem Grund war der Europäische Rat von Nizza gleichermaßen ein Schlüsselmoment für die SCE. Denn mit dem Durchbruch in dieser Frage bei der SE stand eine auf die SCE übertragbare Vorgehensweise fest.[310]

---

[307] *Chomel*, a.a.O. (Fn. 305) S. 3; vgl. Report drawn up on behalf of the Committee on Economic and Monetary Affairs on the cooperative movement in the European Community („Mihr Report“), Document 1–849/82, PE 74.500/fin., S. 3, 38 ff.

[308] Informationen zu *K.-H. Mihr* auf der Internetpräsenz des Europäischen Parlaments (abrufbar unter https://www.europarl.europa.eu/meps/en/1261/KARL-HEINRICH_MIHR/history/1#detailedcardmep, zuletzt aufgerufen am 11. August 2024).

[309] *Chomel*, a.a.O. (Fn. 305) S. 3; Mihr Report S. 27; Entschließung zu den Genossenschaften in der Europäischen Gemeinschaft, ABl. EG Nr. C 128 vom 16.5.1983, S. 51 ff.

[310] *Chomel*, a.a.O. (Fn. 305), S. 3 f.; *Jung/Matejek*, a.a.O. (Fn. 305), § 6 Europäische Genossenschaft Rn. 1.

Ein anderer Punkt, der einer Annahme der SCE-Verordnung bereits in den 90er Jahren entgegenstand, waren unterschiedliche Ansichten der Organe der EU über die zutreffende Rechtsgrundlage für den Gesetzgebungsakt. Die Kommission und das Parlament stellten sich auf den Standpunkt, dass Art. 100a EWGV (Art. 95 EGV) für die Verordnung und Art. 54 EWGV (Art. 44 EGV) für die Richtlinie einschlägig seien. Grund hierfür war, dass die genannten Artikel als Mehrheitserfordernis die qualifizierte Mehrheit genügen ließen. Sicherlich war auch das in Art. 95 EGV vorgesehene Mitentscheidungsrecht des Parlaments mitursächlich für diesen Standpunkt. Der Rat wiederum bestand auf dem „klassischen" Art. 235 EWGV (Art. 308 EGV), der bekanntlich die Einstimmigkeit vorsah. Letztere Auffassung setzte sich durch, was zu einer Stärkung der Stellung der Mitgliedstaaten führt. Dies hatte nicht nur negative Auswirkungen auf die Dauer der Verhandlungen, sondern auch auf den konkreten Text der Verordnung. Meinungsverschiedenheiten zwischen den Staaten wurden nach der bereits zuvor verwendeten Technik gelöst, indem auf nationales Recht verwiesen wurde. Dies ermöglichte zwar die Berücksichtigung nationaler Traditionen des Genossenschaftsrechts, versperrte aber den Weg zu einem anwenderfreundlichen und einheitlichen Vollstatut.[311] Als Beispiel für die Unterschiede in den rechtskulturellen Traditionen wird aufgeführt, dass dem Genossenschaftsrecht in Deutschland eine wirtschaftliche Orientierung innewohnte, während nach französischem und italienischem Verständnis die Idee der *économie sociale* vorherrschte.[312]

Nachdem die Verhandlungen 2001 auf Initiative der schwedischen Ratspräsidentschaft wieder aufgenommen wurden, konnten am 22. Juli 2003 die Verordnung (EG) Nr. 1435/2003 über das Statut der Europäischen Genossenschaft (SCE-VO) und die Richtlinie 2003/72/EG zur Ergänzung des Statuts der Europäischen Genossenschaft hinsichtlich der Beteiligung der Arbeitnehmer verabschiedet werden (SCE-RL).[313] Die Verordnung erlangte Geltung am 18. August 2006, vgl. Art. 80 Abs. 2 SCE-VO. In Deutschland werden die Unionsakte durch das Gesetz zur Ausführung der Verordnung (EG) Nr. 1435/2003 des Rates vom 22. Juli 2003 über das Statut der Europäischen Genossenschaft (SCEAG) und das Gesetz über die Beteiligung der Arbeitnehmer und Arbeitnehmerinnen in einer Europäischen Genossenschaft (SCEBG) komplementiert. Die inhaltliche und strukturelle Verwandtschaft der Verordnungen setzt sich hier fort: Die SCE-RL, das SCEAG und das SCEBG entsprechen nahezu durchgehend ihren Gegenstücken für die Europäische Aktiengesellschaft. Das System der SCE-RL folgt den Grundprinzipien des Mitbestimmungskompromisses von Nizza. Das heißt, es gilt der Vorrang der Verhandlungslösung, ggf. eine gesetzliche Auffangregelung und der grundsätzliche Bestandsschutz der erworbenen Arbeitnehmerrechte. Die Unterschiede sind gering

---

[311] *Chomel*, a. a. O. (Fn. 305), S. 4.

[312] *Jung/Matejek*, a. a. O. (Fn. 305), § 6 Europäische Genossenschaft Rn. 3.

[313] *Jung/Matejek*, a. a. O. (Fn. 305), § 6 Europäische Genossenschaft Rn. 1.

und auf die Möglichkeit der Neugründung einer Europäischen Genossenschaft zurückzuführen (zu den Möglichkeiten der Gründung s. unten).[314]

Aufgrund der abweichenden Ansicht über die Rechtsgrundlage erhob das EP am 14. Oktober 2003 eine Nichtigkeitsklage beim EuGH. Diese wurde durch Urteil vom 2. Mai 2006 abgewiesen. In den Urteilsgründen wurde ausgeführt, dass die Verordnung, „die die bestehenden nationalen Rechte unverändert lässt, [nicht] die Angleichung der auf Genossenschaften anwendbaren Rechtsvorschriften der Mitgliedstaaten bezweckt; sie verfolgt vielmehr das Ziel, eine neue Genossenschaftsform zu schaffen, die die nationalen Rechtsformen überlagert". Daher sei Art. 308 EGV zu Recht als Rechtsgrundlage herangezogen worden.[315] Eine vergleichbare Entwicklung konnte man auch in der Entstehungsgeschichte der SE feststellen. Wie im ersten Teil erwähnt, existierten auch dort Differenzen zwischen dem Parlament und dem Rat über die Wahl der richtigen Rechtsgrundlage. Obwohl es dort nicht zur Klagerhebung durch das Parlament kam, offenbart diese Similarität wiederholt, dass der Rat (sowie die Kommission) und das Parlament kooperativer bei der Einführung von supranationalen Rechtsformen zusammenarbeiten sollten.

b) Rechtliche Grundzüge der Europäischen Genossenschaft

Mithin charakterisiert die Aufspaltung der rechtlichen Grundlagen in Richtlinie und Verordnung und nationale Ausführungsgesetze die SCE ebenso wie die SE. Hinzu kommen Regelungsermächtigungen für die Satzung der Genossenschaft und Verweise auf nationales Recht. Daher ist der maßgebliche Art. 8 SCE-VO weitgehend Art. 9 SE-VO nachgebildet. Trotz dieser Gemeinsamkeiten weist die Europäische Genossenschaft ein Regime des anwendbaren Rechts auf, das von seiner Komplexität sogar das der SE übersteigt, da neben nationalem Aktienrecht (Art. 5 Abs. 3 SCE-VO) und Umwandlungsrecht (in Bezug auf das Gründungsverfahren) auch das nationale Genossenschaftsrecht Anwendung findet.[316]

Nach Art. 1 Abs. 5 SCE-VO besitzt die SCE Rechtspersönlichkeit und nach Abs. 2 ein Grundkapital, das in Geschäftsanteile zerlegt ist. Das Mindestkapital beträgt laut Art. 3 Abs. 2 SCE-VO 30.000 EUR. Dies ist eine beachtliche Festlegung, da nach § 8a des deutschen Genossenschaftsgesetzes (GenG) kein Mindestkapital für nationale Genossenschaften vorgeschrieben ist. Allenfalls durch die Satzung kann ein solches bestimmt werden. Hauptzweck der SCE ist es nach Art. 1 Abs. 3 den Bedarf ihrer Mitglieder zu decken und/oder deren wirtschaftliche und/oder soziale Tätigkeiten zu fördern. Sie tut dies insbesondere durch den Abschluss von Vereinbarungen mit ihren Mitgliedern über die Lieferung von Waren oder die

---

[314] Hierzu und den Unterschieden in der arbeitsrechtlichen Begleitgesetzgebung ausführlich *Sagan*, in: Boecken/Düwell/Diller/Hanau, Gesamtes Arbeitsrecht, § 1 SCEBG Rn. 1 ff. und *Kisker*, RdA 2006, 206 (208).

[315] EuGH, Urteil vom 2.5.2006 – Rs. C-436/03 = EuZW 2006, 380, 382 Rz. 44.

[316] Vgl. *Jannott/Rode*, NZG 2019, 90 (91).

Erbringung von Dienstleistungen oder die Durchführung von Arbeiten im Rahmen der Tätigkeit der SCE. Dies entspricht im Wesentlichen § 1 Abs. 1 GenG. Dies ist insoweit interessant, als dass vor der Novelle des Genossenschaftsgesetzes im Jahre 2006 die Förderung sozialer oder kultureller Belange im § 1 Abs. 1 GenG noch nicht erwähnt war. Daher war zuvor umstritten, ob eine nationale Genossenschaft eine solche Hauptzweckbestimmung verfolgen kann. Die Reform geschah nicht zuletzt deswegen, um einen Gleichklang zur Europäischen Genossenschaft herzustellen. Ebenfalls neu wurde 2006 die Möglichkeit eingeführt, nach § 8 Abs. 2 GenG durch Satzungsregelung sog. „investierende Mitglieder" in der Genossenschaft zuzulassen. Investierende Mitglieder sind demnach Personen, die für die Nutzung oder Produktion der Güter und die Nutzung oder Erbringung der Dienste der Genossenschaft nicht in Frage kommen. Die Regelung zu diesen „Kapitaleinlegergenossen" (im Gegensatz zu den „Nutzergenossen") entspricht Art. 14 Abs. 1 SCE-VO. An diesen Beispielen lässt sich die innovatorische Wirkung von supranationalen Rechtsformen beobachten.[317]

Die Neugründung kann nach Art. 2 durch mindestens fünf natürliche Personen und/oder juristische Personen bzw. Personengesellschaften stattfinden. Falls nur Gesellschaften im Sinne von Art. 54 Abs. 2 AEUV an der Gründung teilnehmen, reichen zwei Gesellschaften aus. Die grenzüberschreitende Komponente wird dadurch hergestellt, dass mindestens zwei Mitglieder ihren Wohnsitz in zwei verschiedenen Mitgliedstaaten haben müssen bzw. dem Recht verschiedener Mitgliedstaaten unterliegen. Eine weitere Möglichkeit ist die (grenzüberschreitende) Gründung durch Verschmelzung von zwei Genossenschaften. Ebenso ist ein Formwechsel möglich, soweit die Genossenschaft mindestens zwei Jahre eine dem Recht eines anderen Mitgliedstaats unterliegende Niederlassung oder Tochter hat. Nähere Vorschriften zur Verschmelzung oder dem Formwechsel enthalten Art. 19 ff. SCE-VO und Art. 35 SCE-VO.[318] Neben dem Verweis auf nationales Umwandlungsrecht fällt auf, dass die vorgenannten Vorschriften materielle Verwandtschaft mit Art. 17 ff. SE-VO und Art. 37 SE-VO aufweisen. So müssen in beiden Fällen die Leitungs- oder Verwaltungsorgane einen Verschmelzungs- bzw. Umwandlungsplan aufstellen. Inhaltlich sind die Dokumente sowohl hier als auch dort in Bezug auf die erforderlichen Angaben einander angenähert. Dies ist wie zuvor erwähnt eine naheliegende Konsequenz der zeitweise simultan verlaufenden Entwicklung beider Rechtsformen. Nach Art. 11 SCE-VO i. V. m. § 3 SCEAG wird die SCE in das Genossenschaftsregister eingetragen.

Hinsichtlich der Organstruktur folgt die SCE dem von der SE beschrittenen Pfad und gibt den Gründern wahlweise ein monistisches oder ein dualistisches System an die Hand, Art. 36 lit. b) SCE-VO. Das ist aus entwicklungshistorischer Perspektive

[317] *Beuthien*, in: Beuthien, Genossenschaftsgesetz, § 1 GenG Rn. 166; *Geibel*, in: Henssler/Strohn, Gesellschaftsrecht, § 1 GenG Rn. 6; *Fandrich*, in: Pöhlmann/Fandrich/Bloehs, Genossenschaftsgesetz, § 1 Rn. 11 f.

[318] Hierzu auch *Krafka*, Registerrecht, Teil 2. Genossenschaftsregister Rn. 1980.

positiv zu werten, da ein zwischen den Mitgliedstaaten gefundener Kompromiss bei anderen Rechtsformprojekten fortgeführt wird. Terminologisch spricht man bei der SCE auch von einem Leitungs- und Aufsichtsorgan oder von einem Verwaltungsrat und den geschäftsführenden Direktoren (vgl. Art. 42 SCE-VO, § 22 SCEAG). In beiden Systemen existiert darüber hinaus als Mitgliederorgan die Generalversammlung, Art. 36 lit. a) SCE-VO.

Für den Bereich der Gewinnverwendung und der Kapitalerhaltung enthält die Verordnung genossenschaftliche Eigenarten. So ist nach Art. 65 Abs. 2 SCE-VO die Pflicht zur Bildung einer gesetzlichen Rücklage aus einem etwaigen Jahresüberschuss vorgesehen. Eine solche Bestimmung ist auch für nationale eingetragene Genossenschaften in § 7 Nr. 2 GenG vorgesehen. Art. 66 SCE-VO enthält eine Regelung zu der sog. „Rückvergütung“. Aus dem besonderen Zweck einer Genossenschaft, der auf die Förderung der Tätigkeit der Mitglieder gerichtet ist, folgt, dass ein aus den Mitgliedergeschäften erwirtschafteter Überschuss zurückzugewähren ist. Ein derartiger Anspruch ist auch im Recht der deutschen Genossenschaft anerkannt.[319]

Hinsichtlich des Haftungsregimes gilt für Mitglieder nach Art. 1 Abs 2 SCE-VO, dass diese mangels anders lautender Satzungsbestimmung nur bis zur Höhe ihrer eingezahlten Geschäftsanteile haften. Eine so bestehende beschränkte Haftung ist mit dem Firmenzusatz „mit beschränkter Haftung“ kenntlich zu machen. Im Hinblick auf die Haftung der Organe wurde konsequent zum nahezu wortgleichen Art. 51 SE-VO versäumt, einheitliche Bestimmungen zur Haftung der Leitungs-, Aufsichts- oder Verwaltungsorgane vorzusehen, vgl. Art. 51 SCE-VO. Stattdessen bedient man sich des Verweises auf nationales Genossenschaftsrecht.

Ferner enthält die Verordnung einige Vorschriften zu den Mitgliederrechten. Neben dem Teilnahmerecht an den Generalversammlungen gem. Art. 58 Abs. 1 SCE-VO ist in Art. 59 SCE-VO bestimmt, dass jedes Mitglied der SCE unabhängig von der Anzahl seiner Geschäftsanteile grundsätzlich nur eine Stimme innehat. Nach Abs. 2 kann – sofern das Recht des Sitzstaates der SCE dies zulässt – die Satzung einem Mitglied eine andere Anzahl an Stimmrechten (maximal 5 Stimmen oder 30 % der gesamten Stimmrechte) zuteilen, die sich nach seiner Beteiligung an der genossenschaftlichen Tätigkeit in anderer Form als einer Kapitalbeteiligung richtet. Schließlich sieht Art. 60 SCE-VO ein Informationsrecht der Mitglieder in der Generalversammlung vor.

c) Bedeutung in der Praxis

Im Gegensatz zu den bisher betrachteten Rechtsformen des Europarechts ist die Bedeutung der SCE in der Praxis auffällig gering. Diese Feststellung kann sich auf

[319] Vgl. *Schöpflin*, in: Beuthien, Genossenschaftsgesetz, Art. 65 SCE-VO Rn. 2 sowie *Beuthien*, a. a. O. (Fn. 317), § 19 Rn. 14.

die Gesamtzahl der Europäischen Genossenschaften sowie die Anzahl der Neugründungen im EWR stützen. Bis zum 25. August 2018 wurden im EWR insgesamt 42 Europäische Genossenschaften registriert.[320] Im Jahre 2021 wurden im gesamten EWR lediglich fünf SCE neu registriert. Eine Neueintragung entfällt auf Deutschland. 2022 wurde keine einzige Registrierung verzeichnet.[321] Im Juli 2023 existierten im deutschen Genossenschaftsregister 25 SCE. Zum 30. Juni 2024 waren im Genossenschaftsregister insgesamt 26 SCE eingetragen. Im Gegensatz zur SE führt die SCE folglich nach wie vor ein „Nischendasein".[322]

Dieses schleichende Wachstum der SCE darf durchaus verwundern, wenn man einige der nachfolgenden Argumente für die supranationale Genossenschaft bedenkt. So wird zu Recht auch im Fall der Europäischen Genossenschaft vorgebracht, dass die Wahl der Organstruktur eine höhere Flexibilität ermöglicht. Die Rechtsform strahle „Innovationskraft und Internationalität" aus. Das „europäische Erscheinungsbild" führe zu einer höheren Akzeptanz bei Akteuren im Ausland und sei geeignet, neue Mitglieder aus dem Ausland anzulocken. Auch die Flexibilisierung der Arbeitnehmerbeteiligung könne positiv bewertet werden.[323]

Die fehlende Popularität darf dabei nicht etwa auf die Bedeutungslosigkeit von Genossenschaften für die Volkswirtschaften der Mitgliedstaaten zurückgeführt werden. Nationale Genossenschaften erfreuen sich nicht nur in Deutschland einer signifikanten Beliebtheit, insbesondere in Frankreich und den südeuropäischen Staaten sind diese verbreitet. Daten aus einer Statistik aus dem Jahre 2015 zeigen, dass mehr als 17 % der europäischen Bevölkerung Mitglieder einer Genossenschaft sind. Mehr als 4,5 Millionen Arbeitnehmer waren zum Erhebungszeitpunkt im Genossenschaftswesen tätig. Der jährliche Umsatz betrug mehr als eine Billion Euro. Hierzulande kommt Genossenschaften in der Landwirtschaft, im Bankenwesen, beim Wohnungsbau, im Einzelhandel sowie in der Industrie und Dienstleistungsbranche hervorgehobene Bedeutung zu.[324]

Dennoch lassen sich zwei bleibende Auswirkungen der SCE auf die Rechtswirklichkeit festhalten. Jedenfalls in Deutschland führte die Einführung der SCE, wie bereits erwähnt, zu Reformen in der nationalen Genossenschaftsgesetzgebung. Weiterhin wird durch die Einführung der SCE-Verordnung eine rechtspolitische Wirkung erzeugt, indem die Bedeutung der Rechtsform Genossenschaft für die

---

[320] Liste der Europäischen Genossenschaften (Stand: 25. August 2018, seitdem nicht mehr aktualisiert), LIBERTAS – Europäisches Institut GmbH (abrufbar unter: https://www.libertas-institut.com/wp-content/uploads/2018/08/sce-list.pdf, zuletzt aufgerufen am: 2. Mai 2025).

[321] Persönliche Auskunft beim ETUI. Zum Zeitpunkt der Anfrage lagen dem Institut keine Zahlen für 2023 vor.

[322] Vgl. *Bayer/Schmidt*, BB 2017, 2114.

[323] *Janott/Rode*, a. a. O. (Fn. 316), S. 90 f.

[324] Cooperatives Europe, The power of cooperation, Cooperatives Europe key figures 2015 (abrufbar unter https://coopseurope.coop/wp-content/uploads/2016/04/The-power-of-Cooperation-Cooperatives-Europe-key-statistics-2015.pdf, zuletzt aufgerufen am: 2. Mai 2025), S. 2, 58; vgl. *Jung/Matejek*, a. a. O. (Fn. 305), § 6 Europäische Genossenschaft Rn. 5 m. w. N.

Europäische Union betont wird. Zukünftige Mitgliedstaaten, die noch nicht über eine ausreichend ausgearbeitete Gesetzgebung für Genossenschaften verfügten, können auf das Gemeinschaftsrecht zurückgreifen.[325] Überdies ist das nominelle Gelingen des Projekts ein positives Zeichen für die Fähigkeit der EU, weitere supranationale Rechtsformen zu verabschieden. Die geringe Zahl der registrierten SCE kann indes auf ihre relative Unbekanntheit zurückzuführen sein oder auf etwaige traditionell verfestigte Strukturen des Genossenschaftswesens. Hier könnte eine weitere (vertiefte) Informationskampagne zur Steigerung der Bekanntheit der SCE wie seinerzeit bei der SE nützlich sein. Diese Informationskampagne sollte allerdings über die Einrichtung einer separaten Website hinausgehen.[326]

III. Zurückgezogene und unvollendete europäische supranationale Rechtsformen

Umfangreicher ist die Anzahl der Projekte, die nicht erfolgreich zum Abschluss gebracht werden konnten oder sich zum Zeitpunkt der Abfassung der Arbeit in der Entwicklung befinden. Wenn in diesem Zusammenhang von gescheiterten Vorhaben die Rede ist, dann kann das nur mit Blick auf die Gegenwart behauptet werden. Keine der folgenden bislang „gescheiterten“ Gesellschaftsformen ist definitiv von einer zukünftigen Verwirklichung ausgeschlossen. Wenn die politischen Gegebenheiten dies zulassen, könnte die Kommission erneut von ihrem Initiativrecht Gebrauch machen und einen aktualisierten Vorschlag vorlegen.

1. *Societas Privata Europaea*

Die Überlegungen für eine „Europa-GmbH“ reichen in das 20. Jahrhundert zurück und beginnen – wie auch schon die Ursprünge der SE – in Frankreich Anfang der 70er Jahre.[327] Unter der Federführung der damaligen Direktorin Jeanne Boucourechliev veröffentlichte das *Centre de recherche sur le droit des affaires*[328] (CREDA) der Industrie- und Handelskammer Paris im Jahre 1973 eine Studie mit dem Titel *„Pour une SARL européenne“*. In dieser Studie wurde die Schaffung einer europäischen Gesellschaftsform willkommen geheißen. Doch sollte diese neue

---

[325] *Jung/Matejek*, a. a. O. (Fn. 305), § 6 Europäische Genossenschaft Rn. 7 m. w. N.; *Detilleux*, RECMA 2004, 291, 19 (*„Surtout, l'adoption du statut a une signification politique forte.“*); vgl. auch *Krafka*, Registerrecht, Teil 2. Genossenschaftsregister Rn. 1977.

[326] Eine solche Kampagne hatte die Kommission bereits in Ihrem Aktionsplan zum Europäischen Gesellschaftsrecht und Corporate Governance von 2012 für die SE angekündigt. Für die SCE wurde damals in Aussicht gestellt, „ähnliche Aktionen“ zu prüfen, vgl. COM(2012) 740 endg., S. 16.

[327] *Krejci*, Societas Privata Europaea, S. 3 Rn. 1.

[328] Wörtliche Übersetzung: Zentrum für wirtschaftsrechtliche/gesellschaftsrechtliche Forschung.

Rechtsform keine stark institutionalisierte, öffentlich gehandelte (Aktien-)Gesellschaft werden, sich also nicht am Vorbild der deutschen AG orientieren.

Zur Lösungsfindung wurde ein Team von Ökonomen zur Durchführung näherer Untersuchungen beauftragt. Eine durchgeführte Umfrage von 399 französischen Unternehmen verschiedener Größenordnungen führte zu dem Ergebnis, dass Unternehmensleiter ein besonderes Interesse an einer Unternehmensform für die Gründung von Tochtergesellschaften und gemeinsamer Holdings haben. Entsprechend den Erwartungen der Wirtschaft sprach sich die Studie für eine Gesellschaft aus, die weitgehend vertraglich gestaltbar und auf eine oftmals geringe Anzahl an Gesellschaftern ausgelegt ist, die als Partner durch ein gemeinsames Interesse und eine starke *affectio societatis* miteinander verbunden sind.

Der deutsche Experte für Gesellschaftsrecht Peter Hommelhoff bekundete zu dieser Zeit bereits seit Jahren sein Interesse hinsichtlich einer Rechtsform, die auf kleine und mittlere Unternehmen (KMU) ausgelegt ist. Von der CREDA-Studie gewahr geworden, trieb er den rechtswissenschaftlichen Austausch in dieser Sache mit der französischen Seite voran.[329]

Im Jahre 1997 veröffentlichte das CREDA eine weitere Studie mit dem Titel „*Propositions pour une société fermée européenne*". Diese Publikation enthielt Beiträge von deutschen, französischen, englischen und niederländischen Juristen mit Reflexionen über die Ausgestaltung einer europäischen Gesellschaft mit beschränkter Haftung. Dabei war die Studie so strukturiert, dass Vertreter jeder beteiligten Rechtsordnung ihre Erfahrungen mit ihrer jeweiligen nationalen Privatgesellschaft mit beschränkter Haftung äußerten und anschließend Vorschläge für die künftige europäische Gesellschaft machten.[330] Die Studie wurde im Beisein des EU-Kommissars für den Binnenmarkt Mario Monti bei dem Kolloquium „*De nouvelles perspectives pour la Société Européenne – Vers une Société Fermée Européenne?*" in Paris vorgestellt. Bei dieser Veranstaltung wurde das große Interesse an einer Harmonisierung des GmbH-Rechts betont, da das europäische Gesellschaftsrecht sich bis dato vorrangig auf die AG konzentrierte. In Bezug auf die rechtliche Ausgestaltung der damals noch als „SFE" bezeichneten haftungsbeschränkten Kapitalgesellschaft kristallisierte sich heraus, dass sie für ihre Akzeptanz weitreichende Gestaltungsfreiheit und ein knappes Statut vorweisen müsse. Der SFE wurden bessere Realisierungschancen zugeschrieben als der SE, da diese weniger kompliziert zu konzipieren sei als die stärker regulierte Aktiengesellschaft. In der Tat ist der Vergleich des Kolloquiums mit dem Notarkongress in Tours von 1959 nicht fernliegend (s. hierzu I. Teil, Kapitel II.).[331] Zynisch wird man feststellen können, dass dies kein gutes Vorzeichen für den Werdegang dieser supranationalen Gesellschaftsform bedeuten konnte.

---

[329] CREDA, Propositions pour une société fermée européenne, S. 1 f.

[330] CREDA, Propositions pour une société fermée européenne, S. 3 f.

[331] *Helms*, GmbHR 1998, R1.

Im Jahre 1998 arbeitete der französische Arbeitgeberverband CNPF in einer internationalen Expertenrunde gemeinsam mit der Industrie- und Handelskammer Paris auf der Grundlage der Studie einen Verordnungsvorschlag für die „EPG“ (Europäische Privatgesellschaft) aus. Der Vorschlag verfolgte das Ziel, ein schlankes und transparentes Regelwerk anzubieten, das der Gestaltungsfreiheit der Gründer viel Raum lässt.[332] Der Privatentwurf wurde von der UNICE, Eurochambers und vom Europäischen Wirtschafts- und Sozialausschuss positiv aufgenommen.[333] Mit nur 38 Artikeln stellte der Entwurf in der Tat einen schlanken Regelungsrahmen zur Verfügung.[334] Die Satzungsautonomie kommt sogleich in Art. 2 Abs. 3 zur Geltung und unterwirft umfassende Bereiche wie die Rechte und Pflichten der Gesellschafter, die Organisation und Funktionsweise der Gesellschaft, die Befugnisse der Organe und die Bedingungen für die Übertragung der Geschäftsanteile dem Gesellschaftsvertrag. Art. 13 lit. a) sieht vor, dass der Verordnung in Anhang 1 Mustersatzungen beigefügt werden, die fakultativ verwendet werden können. Angesichts des umfangreichen Gestaltungsspielraums ist dies eine sinnvolle Hilfestellung. In Anbetracht späterer Entwürfe ist beachtlich, dass in Art. 3 Abs. 1 ein Mindestkapital von 25.000 EUR vorgesehen wurde, um „unbegründete oder unüberlegte Gründungen auszuschließen“ wie es in der Kommentierung heißt. Bemerkenswert ist, dass Art. 12 zum anwendbaren Recht vorsieht, dass nationales Gesellschaftsrecht nur dann herangezogen wird, soweit die Verordnung ausdrücklich auf dieses verweist. Vorrangig gelten die Verordnung sowie der Gesellschaftsvertrag und subsidiär die allgemeinen Prinzipien (i) der Verordnung, (ii) des Gemeinschaftsrechts und (iii) die allgemeinen Prinzipien, die den nationalen Rechtsordnungen gemeinsam sind. Die allgemeinen Prinzipien dürfen der Verordnung dabei nicht widersprechen.

Im Juni 1999 fand in Deutschland eine Expertenrunde in Heidelberg statt, die unter anderem von der Universität Heidelberg organisiert wurde. Bei der Heidelberger Expertenrunde wurde der private Verordnungsvorschlag Juristen und Wirtschaftsunternehmen vorgestellt. Diskutiert wurde z. B. über das Verhältnis zwischen nationalem und europäischem Recht. Der Entwurf versuchte, die Anwendbarkeit von nationalem Recht so weit wie möglich auszuschließen. Obwohl es viele kritische Stimmen gegenüber diesem Ansatz gab, wurde auch vertreten, dass eine verbesserungsbedürftige, aber alsbald verfügbare EPG „allemal besser [sei], als eine perfekte EPG in zehn oder zwanzig Jahren“. Grund für diese Position war ein enormes Interesse an der supranationalen Privatgesellschaft aus Wirtschaftskreisen. So haben sich zuvor auch der Deutsche Industrie- und Handelskammertag

---

[332] *Boucourechliev/Hommelhoff*, Vorschläge für eine Europäische Privatgesellschaft, Vorwort VIII; *Hommelhoff/Helms*, GmbHR 1999, 53.

[333] Report of the High Level Group of Company Law Experts on a modern regulatory framework for company law in Europe, 4 November 2002 (aufrufbar unter: https://www.ecgi.global/sites/default/files/report_en.pdf, zuletzt aufgerufen am 03.05.2025), S. 22.

[334] Der im Folgenden in Bezug genommene Verordnungsentwurf samt zitiertem Kommentar ist abgedruckt bei *Boucourechliev/Hommelhoff*, a. a. O. (Fn. 332), Anhang 2, S. 281 ff.

(„DIHT“) sowie der Bundesverband der Deutschen Industrie („BDI“) für die Initiative ausgesprochen. Bedingt durch die zahlreichen statutarischen Regelungsaufträge in dem Entwurf haben sich zahlreiche Redner für Mustersatzungen ausgesprochen. Für verschiedene Einsatzbereiche wie die Verwendung als Joint Venture, Gruppengesellschaft oder als erstmalige Gründung könnten Mustersatzungen zur Verfügung gestellt werden, die den Beratungsaufwand für die Gründung der EPG reduzieren können. Bei der Tagung in Heidelberg wurde auch betont, dass die Europa-GmbH nicht nur für kleine und mittlere Unternehmen, sondern auch als Konzernbaustein für Großunternehmen attraktiv sein kann. Bis Ende 1999 sollten weitere Präsentationsveranstaltungen im Vereinigten Königreich und Rotterdam folgen. Ein interessanter Umstand bei der Veranstaltung in den Niederlanden war, dass entgegen der ursprünglichen Ankündigung ein für das Europäische Gesellschaftsrecht in der Brüsseler Generaldirektion zuständiger hochrangiger Vertreter der Kommission nicht anwesend war. Darin wurde teilweise auf das Vorhandensein eines nur schwach ausgeprägten politischen Willens zur Umsetzung des Vorhabens geschlossen.[335]

Obwohl das Projekt von den Beteiligten aus Rechtswissenschaft, Rechtspraxis und Wirtschaft positiv aufgenommen wurde, folgten zunächst weder von der Kommission noch seitens des Europäischen Parlaments konkrete Schritte zur Umsetzung der Idee.[336]

Im Jahre 2001 setzte der Binnenmarktkommissar Frits Bolkestein eine Expertengruppe unter der Leitung von Jaap Winter ein (sog. *Winter*-Gruppe), um Überlegungen und Vorschläge zum gesellschaftsrechtlichen Modernisierungsbedarf vorzulegen. Der deutsche Vertreter in der Expertenrunde war Klaus J. Hopt. Der veröffentlichte Bericht der Gruppe datiert auf den 4. November 2002. Die Experten sprachen 60 Empfehlungen aus. Darunter Maßnahmen zur besseren Corporate Governance, der Vereinfachung von Unternehmensrestrukturierungen, Reformvorschläge zur Kapitalaufbringung und -erhaltung sowie den Publizitätspflichten von Unternehmen, aber auch recht originelle Vorschläge, wie z. B. die Einführung eines Gläubigerschutzsystems nach US-amerikanischem Vorbild (Ausschüttungen an die Gesellschafter nur nach *solvency tests*). Ebenfalls wurde der Frage nach weiteren europäischen Rechtsformen nachgegangen.[337] Allerdings nahmen die Experten der Europa-GmbH gegenüber eine eher skeptische Haltung ein. In ihrer Empfehlung erkennt die Gruppe an, dass ein Bedürfnis für ein EPG-Statut bereits des Öfteren geäußert wurde. Allerdings sei die oberste Priorität zunächst die Verabschiedung der 10. gesellschaftsrechtlichen Richtlinie über grenzüberschreitende

---

[335] *Helms*, GmbHR 1999, 963 f.; vgl. *Schautes*, GmbHR 2000, 1255 f.

[336] *Hommelhoff/Helms*, GmbHR 1999, 53; *Krejci*, a. a. O. (Fn. 327), S. 4 Rn. 3.

[337] *Fietz*, GmbHR 2007, R321; *Wiesner*, GmbHR 2002, R457; Report of the High Level Group of Company Law Experts on a modern regulatory framework for company law in Europe, 4 November 2002 (aufrufbar unter: https://www.ecgi.global/sites/default/files/report_en.pdf, zuletzt aufgerufen am 03.05.2025); *Maul*, DB 2003, 27 ff.

Verschmelzungen. Die Erwartung der Experten diesbezüglich war, dass sich damit ein Zweck des Statuts erübrigen würde. Bevor ein formeller Verordnungsvorschlag vorgelegt wird, sollte die Kommission daher eine Machbarkeitsstudie durchführen, um den weiteren praktischen Nutzen einer Europäischen Privatgesellschaft und die mit der Einführung verbundenen Probleme zu evaluieren.[338] Etwa irritierend ist es, den hauptsächlichen Nutzen der europäischen GmbH auf grenzüberschreitende Umstrukturierungen zu begrenzen. Ebenso wie bei der SE besteht der Vorteil der supranationalen europäischen Gesellschaft idealtypisch in der möglichst umfassenden gesellschaftsrechtlichen Vereinheitlichung durch ein holistisches Statut. Die Expertengruppe weist im Übrigen bereits in diesem Stadium prägnant darauf hin, dass ein etwaiges künftiges Statut sich mit Fragen der Beteiligung der Arbeitnehmer auseinandersetzen müssen wird.[339]

Als Reaktion auf den Bericht stellte die Kommission am 21. Mai 2003 den Aktionsplan „Modernisierung des Gesellschaftsrechts und Verbesserung der Corporate Governance in der Europäischen Union“ vor. Eine Stelle im Aktionsplan ist der Europäischen Privatgesellschaft gewidmet. In Bezug auf die von der Expertengruppe angestoßene Durchführbarkeitsstudie und die Priorität bezüglich der Verabschiedung der 10. Richtlinie äußerte die Kommission erfreulicherweise, dass sich der praktische Nutzen eines EPG-Statuts und die damit zusammenhängenden Probleme unabhängig von der Richtlinie ermitteln lassen. Aus diesem Grund wurde die Einleitung der Studie „in naher Zukunft“ angekündigt. Falls sich die Notwendigkeit für die EPG dadurch bestätigte, sei mittelfristig die Vorlage eines Entwurfs geplant.[340]

In der Folgezeit blieben wesentliche Schritte, so wie beispielsweise ein erster Verordnungsvorschlag, aus. Das führte dazu, dass sich das Europäische Parlament 2007 veranlasst sah, auf der Grundlage von Art. 192 des EG-Vertrages eine Entschließung zu verabschieden, die maßgeblich von dem deutschen EU-Abgeordneten Klaus-Heiner Lehne initiiert worden sein soll. In der Entschließung wurde die Kommission aufgefordert, noch im Lauf des Jahres 2007 einen Legislativvorschlag über das Statut der Europäischen Privatgesellschaft vorzulegen. Dabei machte das Parlament im Anhang recht detaillierte Vorgaben für das künftige Statut. Die Vorgaben bezogen sich unter anderem auf die Gründung, das Mindestkapital (10.000 EUR), die Organisationsverfassung und die Haftung der Geschäftsführer und Gesellschafter. Auch eine Empfehlung zu den Anhängen der Verordnung wurde abgegeben. Hier sollten mitunter Mustergesellschaftsverträge, die die Gesellschafter ganz oder teilweise übernehmen könnten, geboten werden. Zu den nicht

[338] Report of the High Level Group of Company Law Experts on a modern regulatory framework for company law in Europe, 4 November 2002, S. 23; *Maul*, a. a. O. (Fn. 337), S. 31.

[339] Report of the High Level Group of Company Law Experts on a modern regulatory framework for company law in Europe, 4 November 2002, S. 22.

[340] Modernisierung des Gesellschaftsrechts und Verbesserung der Corporate Governance in der Europäischen Union – Aktionsplan, KOM(2003) 284 endgültig, S. 4, 25.

von der Verordnung geregelten Bereichen traf die Entschließung inzident ebenfalls eine Aussage. Demnach sollten die nationalen Rechnungslegungs-, Straf-, Sozial- und Arbeitsrechtsvorschriften Anwendung finden. Dies erscheint zunächst vor allem in Bezug auf die Regelungen zu den Arbeitsrechtsvorschriften eine vorausschauende und bedachte Entscheidung zu sein. Im Übrigen stand aber das EP auf dem Standpunkt, dass das Statut „weitestgehend gemeinschaftsrechtliche Regelungen enthalten und entsprechend auf Verweise auf nationales Recht verzichten und somit als einheitliches und abschließendes Statut konzipiert sein sollte".[341]

Da sich im weiteren Jahresverlauf nicht die Einleitung eines Gesetzgebungsverfahrens abzeichnete, wuchs die Unzufriedenheit der Parlamentarier. Die Kommission wäre aufgrund der Entschließung des Parlaments gemäß Art. 192 EG-Vertrag verpflichtet, einen Legislativvorschlag vorzulegen. Weil dies nicht geschah, empfanden die Parlamentarier das Verhalten der Brüsseler Behörde als eine Verletzung des bestehenden Verhältnisses zwischen den Organen und der erforderlichen Zusammenarbeit zwischen diesen. In einer Aussprache im Parlament vom 4. September 2007 zum Statut der Europäischen Privatgesellschaft und der 14. Gesellschaftsrechtsrichtlinie warf der ehemalige Vorsitzende des Rechtsausschusses Giuseppe Gargani dem zuständigen anwesenden Kommissar Charlie McCreevy vor, das Parlament durch die Missachtung der Entschließung beleidigt und brüskiert zu haben. Der zuvor erwähnte deutsche Parlamentarier Lehne wiederholte bei dieser Gelegenheit seine Warnung an die Kommission. Jener hat bei einer vom deutschen Vorsitz organisierten Konferenz über Gesellschaftsrecht auf die Möglichkeit aufmerksam gemacht, beim EuGH eine Untätigkeitsklage gegen die Europäische Kommission einzureichen. Die meisten der zu Wort gekommenen Parlamentarier zeigten Unverständnis über das langsame Vorgehen in Brüssel. Klaus-Heiner Lehne äußerte sich empört darüber, dass im Juli eine erneute Konsultation über die EPG eingeleitet wurde, obwohl die Notwendigkeit von der Mehrzahl der *stakeholder* bestätigt worden war. Außerdem machte er darauf aufmerksam, dass sich aus dem EG-Vertrag und den interinstitutionellen Vereinbarungen zumindest ein indirektes Antragsrecht des Parlamentes ergibt.[342] Schließlich kündigte McCreevy im Oktober 2007 einen Legislativvorschlag für Mitte 2008 an. In einer weiteren Entschließung des EP vom 25. Oktober 2007 wurde die Ankündigung begrüßt, zugleich aber der Verpflichtung der Kommission Nachdruck verliehen.[343]

Im Gegensatz zu ihrer führenden Rolle im Rahmen der Schaffung der SE zeigte sich die Europäische Kommission bei diesem Projekt eher zurückhaltend. Als trei-

---

[341] Entschließung des EP vom 1. Februar 2007, 2006/2013(INI), P6_TA-PROV(2007) 0023; *Fietz*, a. a. O. (Fn. 337), R321.

[342] Vgl. hierzu den ausführlichen Sitzbericht des Europäischen Parlaments vom 4. September 2007 zur Aussprache mit dem Kommissar *Charlie McCreevy* (aufrufbar unter: https://www.europarl.europa.eu/doceo/document/CRE-6-2007-09-04-ITM-004_DE.html, zuletzt aufgerufen am: 14. Juli 2024).

[343] Entschließung des EP vom 25. Oktober 2007; P6_TA(2007)0491; *Fietz*, a. a. O. (Fn. 337), R321; vgl. auch hierzu *Krejci*, a. a. O. (Fn. 327), S. 5 f. Rn. 9.

bende Kraft erwies sich nun das EP. Nicht zuletzt mag dies darauf zurückzuführen sein, dass die Kommission durch ihre bisherigen Erfahrungen mit der Schaffung von supranationalen Gesellschaften ein sehr zeitintensives Verfahren befürchtete, das den ursprünglichen Verordnungsvorschlag letztendlich aushöhlt.

a) Die Kommission ergreift schlussendlich die Initiative

Die Kommission hielt letztendlich ihr Versprechen ein und präsentierte am 25. Juni 2008 als Teil des sog. „Small Business Act" den ersten Verordnungsentwurf für die *Societas Privata Europaea* (SPE) (nachfolgend SPE-KOME). Der Entwurf erfuhr durch die wechselnden Ratspräsidentschaften wesentliche Änderungen im Zeitraum von seiner Vorstellung bis 2011. Während der ungarischen Ratspräsidentschaft wurde im Mai 2011 der letzte Kompromissvorschlag vorgestellt (nachfolgend SPE-RE). Neben den Vorschlägen aus dem Rat hatte zuvor im Jahre 2009 bereits das EP zahlreiche Änderungsbegehren geäußert. Im Folgenden sollen jeweils zentrale Regelungen des SPE-KOME vorgestellt und ggf. ihre Änderung bzw. endgültige Fassung im SPE-RE nachverfolgt werden.[344]

Die Kommission zielte mit dem Vorschlag auch auf die Förderung von Start-Ups, Joint Ventures und den Einsatz der SPE als Tochtergesellschaft oder als Holding in Unternehmensgruppen. Konsequent zu ihrer historischen Konzeption wurde daher in der Begründung zum Vorschlag ausgeführt, dass die Wettbewerbsfähigkeit der KMU durch die Erleichterung ihrer Aktivitäten im Binnenmarkt gestärkt werden soll. Obwohl das Statut ebenfalls die Fähigkeit habe, von größeren Unternehmen rege angenommen zu werden, sei der Entwurf für die besonderen Bedürfnisse der KMU geschaffen. Die Gründung und der Betrieb der Gesellschaften nach einheitlichen Vorschriften in der ganzen Union führen zu einer Senkung der Kosten, die das eigentliche operative Geschäft begleiten. Insofern wiederholt die Begründung altbekannte Argumente. Dieses Mal freilich mit der Konzentration auf die Interessen des Mittelstandes.

In der Folgenabschätzung zum SPE-KOME erfolgten Überlegungen, ob die Kosten für die Einhaltung der verschiedenen nationalen Gründungsvorschriften und der Vorschriften für den tagtäglichen Betrieb des Unternehmens genauso durch andere politische Optionen reduziert werden können. Thematisiert wurde die Möglichkeit, (i) auf Maßnahmen zu verzichten und weiterhin auf die bestehenden Rechtsvorschriften zurückzugreifen, (ii) die Harmonisierung der Gesellschaftsrechtsvorschriften in der EU wurde genannt sowie in Erwägung gezogen, (iii) das Statut der SE an die Bedürfnisse kleinerer Unternehmen anzupassen. All das stellte

[344] Vorschlag für eine Verordnung des Rates über das Statut der Europäischen Privatgesellschaft, KOM(2008) 396 endg. (nachfolgend zitiert als „SPE-KOME"); Vorschlag für eine Verordnung des Rates über die Europäische Privatgesellschaft – Politische Einigung, 2011, 2008/0130 (CNS), 10611/11, DRS 84, SOC 432 (nachfolgend zitiert als „SPE-RE"); *Jung*, in: Jung/Krebs/Stiegler, Gesellschaftsrecht in Europa, § 5 Projekt Europäische Privatgesellschaft (SPE – Societas Privata Europaea), Rn. 7; *Teichmann/Götz*, ZEuP 2019, 260 (263).

sich aus nachvollziehbaren Gründen als ungeeignet dar, ein SPE-Statut überflüssig zu machen.[345]

b) Rechtliche Grundlagen und Merkmale

Der Verordnungsentwurf beruhte auf Art. 308 EGV (später auf Art. 352 AEUV). Das ist wenig überraschend, da sich auf diese Rechtsgrundlage sämtliche bereits eingeführten Rechtsformen des Gemeinschaftsrechts stützten. Die dadurch vorausgesetzte Einstimmigkeit für den Rechtsakt deutete erneut auf intensive Verhandlungen und erforderliche Kompromisse hin.[346] Im Zusammenhang mit der Gesetzgebungskompetenz der EU wurde kritisiert, dass der SPE-KOME keinen grenzüberschreitenden Bezug für die Gründung der Europäischen Privatgesellschaft vorsah. Gegen diese Öffnung wurde das wohlbekannte Argument vorgebracht, dass hier eine Konkurrenz zu nationalen Rechtsformen zu befürchten wäre. Schwer errungene Kompromisse im deutschen Gesellschaftsrecht (insbesondere im GmbH-Recht) würden dadurch hinfällig werden. Das sei ein ernstzunehmendes Argument, das den rechtspolitischen Frieden betreffe.[347] Nach Ansicht des Verfassers sollten jedoch Befürchtungen einzelner Mitgliedstaaten zurücktreten, wenn es um die Realisierung von Reformen geht, die geeignet sind, sich gegenüber nationalen Regelungen als populärer zu erweisen. Natürlich kann auch im wirtschaftsrechtlichen Bereich keine einseitige Bevorzugung unternehmerischer Interessen gegenüber sozialen Belangen stattfinden, indem hohe soziale Standards aufgeopfert werden. Wenn es jedoch beispielsweise nur um die Bewahrung der GmbH als dominierendes heimisches Gewächs geht, werden sinnvolle gesetzlichen Verbesserungen und die Verfolgung des europäischen Gedankens auf rechtlichem Wege beeinträchtigt. Aus diesem Grund kann diese Kritik in solch pauschalisierender Weise – wie schon im Falle der SE – nicht überzeugen. Die Kritik ist vorrangig nationalpolitischer Natur und wird nicht durch die Sorge um den Schutz von bestimmten Interessengruppen vorgebracht. Ein anderer Einwand betraf ein Tatbestandsmerkmal des Art. 308 EGV: die „Erforderlichkeit zur Verwirklichung der Ziele der Gemeinschaft im Rahmen des Gemeinsamen Marktes". Dies verlange nach einem grenzüberschreitenden Element.[348] Sieht man in dem vorgenannten Tatbestandsmerkmal einen Ausfluss des Subsidiaritätsgedankens, dann sollten die entsprechenden Ausführungen der Kommission in der Begründung beachtet werden.[349] Dort heißt es, dass Unternehmer in der Praxis ihr Unternehmen regelmäßig im eigenen Mitgliedstaat gründen, bevor sie in andere Länder expandieren. Eine grenzübergreifende Voraussetzung in diesem Anfangsstadium würde das Potenzial des Instruments

---

[345] SPE-KOME, S. 5 f.

[346] SPE-KOME, S. 3.

[347] *Hommelhoff/Teichmann*, GmbHR 2008, 897 (900).

[348] Vgl. *Hommelhoff/Teichmann*, a. a. O. (Fn. 347), S. 900.

[349] Hierzu mit einer a. A. *Rossi*, in: Calliess/Ruffert, EUV/AEUV, Art. 352 AEUV Rn. 60–62.

einschränken. Eine solche Voraussetzung ließe sich zudem leicht umgehen. Außerdem würde die Kontrolle der grenzüberschreitenden Elemente die Register unangemessen belasten. Einer Verordnung sei im Übrigen der Vorzug gegenüber der Richtlinie zu geben, da Letztere eine schwerwiegendere Einmischung in das nationale Recht der Mitgliedstaaten bedeuten würde.[350] Den Argumenten ist zuzustimmen, die Verwirklichung der Niederlassungsfreiheit könne nämlich bereits im Vorfeld mit Blick auf die Zukunft geschehen. Zusätzlich könnte der sachliche und persönliche Anwendungsbereich der Niederlassungsfreiheit auch dann eröffnet werden, wenn ein ausländischer Staatsbürger seinen Wohnsitz nach Deutschland für die Gründung einer Gesellschaft verlegt.[351] Hier ist jedenfalls *de facto* ein Sachverhalt mit grenzüberschreitendem Bezug gegeben.

Hinzuzufügen ist, dass zuletzt in Art. 3 Abs. 3 des SPE-RE der Kommissionsvorschlag dahingehend ergänzt wurde, dass zu den Hauptmerkmalen einer SPE eine grenzüberschreitende Komponente zum Zeitpunkt der Eintragung gehören muss. Diese könne wahlweise durch einen grenzüberschreitenden Gesellschaftszweck bzw. Tätigkeitsbereich, das Vorhandensein von ausländischen Zweigniederlassungen/Tochtergesellschaften oder einen europäischen Gesellschafterbestand belegt werden.

aa) Umfassende Gründungsmöglichkeiten und Möglichkeit zur Sitzaufspaltung

Bezüglich der Gründungsanforderungen sollte die SPE wesentlich liberaler werden als ihre große Schwester. Art. 5 des SPE-KOME ermöglichte die Gründung gemäß den Vorschriften der Verordnung (*ex nihilo*). Nach Art. 5 Abs. 3 durfte jegliche nationale Gesellschaftsform in eine SPE umgewandelt werden.[352] Außerdem war von Anfang an die Gründung qua sämtlicher Umwandlungsvarianten vorgesehen (mithin auch durch die Spaltung). Diese Freiheit bei der Gründung sei darauf zurückzuführen, dass die Europa-GmbH primär einen anderen Einsatzbereich erhalten sollte als die Europäische Aktiengesellschaft, bei der transnationale Umstrukturierungen im Vordergrund standen. Die Großzügigkeit bei den Gründungsvarianten wurde jedoch auch kritisch gesehen. Nach Art. 5 Abs. 2 SPE-KOME wird für die Umwandlung auf das nationale Recht des Sitzstaates verwiesen. Das Umwandlungsrecht war zu diesem Zeitpunkt allerdings nur für die Verschmelzung von Aktiengesellschaften harmonisiert. Vorschriften für Spaltungen oder Formwechsel waren in den nationalen Rechtsordnungen des Öfteren nicht anzutreffen. Soweit aus Rücksicht auf diese Mitgliedstaaten daher vorgeschlagen wurde, die Gründung lediglich *ex nihilo* und durch Formwechsel vorzusehen, ist

[350] SPE-KOME, S. 3f.

[351] Vgl. zum sachlichen und persönlichen Anwendungsbereich der Niederlassungsfreiheit *Müller-Graff*, in: Streinz, EUV/AEUV, Art. 49 AEUV Rn. 20, 27.

[352] Vgl. SPE-KOME, S. 7.

diesen Anregungen zu widersprechen.[353] Erstens wäre das ein Anlass für Staaten gewesen, die keine entsprechenden Möglichkeiten boten, in der Entwicklung ihrer Rechtsordnung nachzuziehen. Außerdem wäre ohnehin zumindest die Einführung eines Formwechselrechts notwendig gewesen. Freilich hat sich aus heutiger Sicht das Problem durch die Verabschiedung der Umwandlungsrichtlinie entschärft. Im SPE-RE verschwand die Spaltung aus dem Katalog der Gründungsmöglichkeiten des Art. 5. Der Art. 5b des SPE-RE schränkte den Kreis der umwandlungsfähigen Gesellschaftsformen dahingehend ein, dass außer Privatgesellschaften mit beschränkter Haftung andere Gesellschaften nur dann umgewandelt werden können, falls diese auch nach dem nationalen Recht der Umwandlung in Privatgesellschaften mit beschränkter Haftung unterliegen.

Beachtenswert ist, dass Art. 7 SPE-KOME vorsah, dass der Satzungssitz und der Verwaltungssitz in unterschiedlichen Mitgliedstaaten liegen können. Gegenüber der SE (Art. 7 S. 1 SE-VO) und der SCE (Art. 6 S. 1 SCE-VO) ist dies eine erhebliche Änderung, da dort eine strenge Koppelung beider Sitze verfolgt wird. Die Kommission argumentierte mit der Entwicklung der Rechtsprechung des EuGH, die es Unternehmen erlaubte, ihren Satzungs- und Hauptverwaltungssitz in unterschiedlichen Mitgliedstaaten zu haben. Namentlich bezog sie sich auf das sog. Centros-Urteil.[354] In dieser Rechtssache ging es um eine englische *private limited company*, die eine Zweigniederlassung in Dänemark registrieren wollte. Der Schwerpunkt der Geschäftstätigkeit, mithin der Hauptverwaltungssitz, sollte dabei auch in Dänemark liegen. Der Satzungssitz würde jedoch in England verbleiben. Die dänischen Behörden lehnten eine Eintragung ab, weil sie in diesem Sachverhalt eine Umgehung der nationalen Mindestkapitalvorschriften sahen. Der EuGH erkannte darin einen Verstoß gegen die Niederlassungsfreiheit.[355] Die Intention, ein Auseinanderfallen von beiden Sitzen zu erlauben, kann im Grundsatz nachvollzogen werden. Doch ist der argumentative Verweis auf die Rechtsprechung des EuGH nicht zielführend. Denn der EuGH hatte noch ein Jahr zuvor in der Rechtssache „Daily Mail“ klargestellt, dass ein Mitgliedstaat die identitätswahrende Verwaltungssitzverlegung in einen anderen Staat durchaus beschränken könne.[356] Begrüßenswert wäre die Regelung in Art. 7 dennoch gewesen, da eine zulässige Trennung des Ortes der Hauptverwaltung vom Ort des Satzungssitzes die Bildung europaweit agierender Konzerne erleichtert. Dadurch könnte erreicht werden, dass auf den gesamten Konzern ein einheitliches Recht anwendbar ist. Gewiss wäre es ein Zugeständnis an die Verfechter der Gründungstheorie gewesen.[357] Richtig ist allerdings der Hinweis,

---

[353] *Hommelhoff/Teichmann*, a. a. O. (Fn. 347), S. 900 f.

[354] SPE-KOME, S. 7; EuGH, Urteil vom 9.3.1999 – Rs. C-212-97 = NJW 1999, 2027 ff.

[355] *Stiegler*, in: Jung/Krebs/Stiegler, Gesellschaftsrecht in Europa, Teil 3, § 10 Rn. 57–59; *Weller*, in: MüKo GmbHG, Einleitung, Rn 372.

[356] *Dostal*, in: Römermann, Münchener Anwaltshandbuch GmbH-Recht, Rn. 118 ff.

[357] Vgl. die Stimmen für die Aufhebung des Art. 7 S. 1 SE-VO: *Casper*, in: a. a. O. (Fn. 64), Art. 7 Rn. 6; *Schröder*, in: Manz/Mayer/Schröder, Europäische Aktiengesellschaft SE, Art. 7

dass das Auseinanderfallen dort ein Problem darstellen kann, wo die Verordnung auf nationales Recht verweist, z. B. für den Bereich der Rechnungslegung oder der unternehmerischen Mitbestimmung (auf Letztere wird im Folgenden noch einzugehen sein).[358] Art. 7 des SPE-KOME war unter den Mitgliedstaaten ein umstrittenes Thema. Ein Teil der Mitgliedstaaten befürwortete die Fassung des Kommissionsvorschlags, andere Delegationen sprachen sich dagegen aus oder wollten die Entscheidung in die Hände des jeweils betroffenen Mitgliedstaates legen. Der ungarische Ratsvorsitz schlug im SPE-RE daher vor, diese Frage dem im Einzelfall anwendbaren einzelstaatlichen Recht zu überlassen.[359]

Zum anwendbaren Recht trifft Art. 4 SPE-KOME prägnante Aussagen. Demnach gelten vorrangig die Bestimmungen der Verordnung und für die in Anhang I zur Verordnung genannten Punkte die Bestimmungen der Satzung. Falls ein Punkt nicht durch die Artikel in der Verordnung oder durch Anhang I abgedeckt ist, so gelten die Rechtsvorschriften, die der Sitzstaat für Gesellschaften mit beschränkter Haftung erlassen hat. Im Kontrast zu der komplexen Struktur des Art. 9 SE-VO erscheint diese Lösung klar und übersichtlich. Ebenso wie die frühen Verordnungsentwürfe zur Europäischen Aktiengesellschaft war die SPE-Verordnung mithin als ein (gesellschaftsrechtliches) Vollstatut konzipiert.[360] Laut Erwägungsgrund 6 ist dieses hohe Maß an Einheitlichkeit intendiert. Zu den durch die Verordnung oder Satzung nicht abgedeckten Punkten wird in Erwägungsgrund 6 ausgeführt, dass damit z. B. das Insolvenz-, Steuer- und Arbeitsrecht gemeint sind. Dies ist nicht etwa auf einen Mangel an Lösungs- bzw. Harmonisierungsansätzen für diese Bereiche zurückzuführen, sondern darauf, dass im Jahre 2008 „jede politische Basis für einen europäischen Konsens" fehlte.[361]

Die innere Verfassung zeichnet sich trotz (oder gerade wegen) des Vollstatuts durch eine weitgehende statutarische Gestaltungsfreiheit aus. Hierfür enthält Anhang I der Verordnung 44 Punkte mit obligatorischen Regelungsaufträgen an die Satzung, vgl. Art. 8 Abs. 2 SPE-KOME. Einerseits gewährleistete diese Regelungstechnik die für KMU notwendige Flexibilität und ermöglichte die vorgenannte Loslösung von nationalem Recht. Andererseits konnte diese Vielzahl an Regelungsaufträgen die Gründer auch überfordern, gerade wenn die Gründung schnell und ohne hohen Aufwand stattfinden sollte. Vor diesem Hintergrund ist es misslich, dass die früher eingebrachte Anregung, Mustersatzungen einzuführen, nicht realisiert wurde.[362] Im ungarischen Vorschlag wurden die obligatorischen Regelungsaufträge reduziert und in Art. 8 Abs. 1 lit. a)–j) festgehalten, während im Anhang I

SE-VO Rn. 14; *Ringe*, in: Lutter/Hommelhoff/Teichmann, SE-Kommentar, Art. 7 SE-VO Rn. 33.

358 *Hommelhoff/Teichmann*, a. a. O. (Fn. 347), S. 901.

359 SPE-RE, S. 2 f.

360 *Schmidt*, EWS 2008, 455 (456).

361 *Hommelhoff/Teichmann*, DStR 2008, 925 (929); *Schmidt*, a. a. O. (Fn. 360), S. 457.

362 *Schmidt*, a. a. O. (Fn. 360), S. 456.

nur noch fakultative Bestimmungen für die Satzung genannt wurden, vgl. Art. 8 Abs. 1a SPE-RE. Kehrseite dieser Rücknahme der verpflichtenden Regelungsaufträge war jedoch, dass nunmehr für die in Anhang I genannten Bereiche das maßgebende innerstaatliche Recht gegolten hätte, sofern diese Bereiche nicht oder nur teilweise in der Satzung der SPE geregelt sind, vgl. Art. 4 Abs. 3 SPE-RE.

bb) Eine andere Herangehensweise an den Gläubigerschutz

Eine herausragende Besonderheit der Europa-GmbH war, dass ein Mindestkapital von 1 EUR genügte, vgl. Art. 19 Abs. IV. Laut Anhang I zur Verordnung sollte das gewählte Gründungskapital in der Satzung festgeschrieben werden. Diese Lockerung bei der Anforderung an das Kapital ist nicht verwunderlich, da international betrachtet (beispielsweise im englischen und französischen Recht) keine derart strengen Mindestkapitalerfordernisse wie in Deutschland bestanden. Gegen ein Mindestkapitalerfordernis sprachen auch plausible Gründe. So wäre dies eine unter Umständen zu anspruchsvolle Hürde für Gründer aus den neuen EU-Mitgliedstaaten gewesen. Außerdem setzte sich in dieser Regelung die Anschauung durch, dass Gläubiger in der Praxis andere Mittel der Besicherung ihrer Forderungen wählen (u.a. persönliche Sicherheiten der Gesellschafter oder Eigentumsvorbehalte). Gläubiger würden auf andere Parameter (z.B. den Cashflow) schauen, um zu bestimmen, ob ein Unternehmen solvent ist. Schließlich wäre es nicht möglich, sinnvolle Mindestanforderungen festzulegen, da je nach Unternehmensgegenstand unterschiedliche Maßstäbe angemessen sind. Auch geringe Mindestkapitalerfordernisse von ein paar tausend Euro im Sinne eines gut gemeinten Kompromisses würden ihrem gläubigerschützenden Zweck nicht gerecht werden und damit lediglich einen Formalismus darstellen. Aus deutscher Sicht hätte der Verzicht auf ein Mindestkapital grundsätzlich nicht allzu fremdartig wirken dürfen, da der Verordnungsvorschlag in eine Zeit fällt, als die Einführung der Unternehmergesellschaft (UG) bevorstand.[363] Die Mindestkapitalanforderungen blieben dennoch ein diskussionsbedürftiges Thema zwischen den Mitgliedstaaten. Art. 19 Abs. 3 SPE-RE eröffnete den Mitgliedstaaten aus diesem Grund die Möglichkeit, für in ihrem Hoheitsgebiet eingetragene Europäische Privatgesellschaften ein Mindestkapital von bis zu 8.000 EUR vorzusehen. Die überwiegende Anzahl der Delegationen war mit diesem Mittelweg einverstanden.[364]

Nicht nur die Ausstattung mit Kapital, sondern auch die Kapitalaufbringung und Kapitalerhaltung wurden überaus liberal gestaltet. Wie auch im deutschen GmbH-Recht wäre sowohl eine Bar- als auch eine Sachgründung möglich gewesen. Doch gibt es im Gegensatz zum deutschen Recht (dort § 7 Abs. 2 GmbHG) kein Mindesteinzahlungserfordernis, vgl. Art. 19 Abs. 3 SPE-KOME. Weiterhin wäre kein

---

[363] *Maul/Röhricht*, BB 2008, 1574 (1576); *Schmidt*, a.a.O. (Fn. 360), S. 458f.; SPE-KOME, S. 8.

[364] Vgl. SPE-RE, S. 2f.

Sachgründungsbericht oder eine Prüfung durch Sachverständige notwendig gewesen, um den Wert von Sacheinlagen nachzuweisen. Eine Besonderheit gegenüber der Rechtslage in Deutschland ist, dass – wie bei der englischen *private company limited by shares* – auch Arbeits- und Dienstleistungen eine taugliche Sacheinlage darstellten.[365]

Eine dem § 30 Abs. 1 GmbHG vergleichbare Vorschrift zur Kapitalerhaltung fehlte. Vielmehr gibt es vor Ausschüttungen an die Anteilseigner gem. Art. 21 Abs. 1 SPE-KOME die Pflicht für die Leitungsorgane zu sog. Bilanztests. Demnach kann die SPE auf Vorschlag des Leitungsorgans eine Ausschüttung an die Anteilseigner vornehmen, sofern die Vermögenswerte der SPE nach dieser Ausschüttung ihre Schulden in vollem Umfang abdecken. Die einzige Ausschüttungssperre besteht lediglich darin, dass keine satzungsmäßigen Rücklagen ausgeschüttet werden dürfen. Für Anhänger eines hohen Kapitalschutzstandards sieht Art. 21 Abs. 2 zusätzlich die Möglichkeit vor, in der Satzung sog. Solvenztests vorzusehen. Demnach hat das Leitungsorgan der SPE vor einer Ausschüttung eine Erklärung zu unterzeichnen („Solvenzbescheinigung“), in der bestätigt wird, dass die SPE in dem auf die Ausschüttung folgenden Jahr in der Lage sein wird, ihre Schulden im Rahmen der normalen Geschäftstätigkeit zu begleichen. Die dadurch einhergehende Sicherheit wird jedoch durch zusätzlichen Aufwand für die Erstellung einer derartigen Bescheinigung sowie durch die damit zusammenhängenden Haftungsrisiken für das Leitungsorgan begleitet. Daher ist es sinnvoll, dass Abs. 2 nur eine fakultative Option vorsah.[366]

Die Organstruktur erinnert deutlich an die SE. Genauso wie in dieser kann für die SPE ein dualistisches oder monistisches System gewählt werden, vgl. Art. 2 lit. d), lit. e) SPE-KOME. Im ersten Fall existiert ein Leitungs- und Aufsichtsorgan. Die monistische Struktur sieht ein Verwaltungsorgan vor. Alternativ kann in beiden Fällen auch ein Einzelgeschäftsführer eingesetzt werden.[367]

Hinsichtlich der Rechnungslegung regelt Art. 25 SPE-KOME, dass bei der Erstellung, Vorlage, Prüfung und Veröffentlichung von Abschlüssen für die SPE die Vorschriften des anwendbaren innerstaatlichen Rechts gelten. Das heißt, dass für eine SPE mit Sitz in Deutschland die Vorschriften für die Rechnungslegung in einer GmbH herangezogen werden, vgl. Art. 4 Abs. 1.

Ein für supranationale Rechtsformen charakteristisches Element findet sich in der SPE-Verordnung wieder. Wie auch in Art. 8 SE-VO, Art. 13 und 14 EWIV-VO und Art. 7 SCE-VO enthalten die Art. 35 ff. ein Verfahren zur rechtsformwahrenden Sitzverlegung.

---

[365] *Schmidt*, a.a.O. (Fn. 360), S. 459; vgl. *Altmeppen*, in: Altmeppen, GmbHG, § 5 Rn. 39 f.; *Fleischer*, a.a.O. (Fn. 5), Systematische Darstellung 5 Die Finanzierung der GmbH, Rn. 75 f.

[366] Vgl. hierzu auch *Maul/Röhricht*, a.a.O. (Fn. 363), S. 1576; *Schmidt*, a.a.O. (Fn. 360), S. 459 f.

[367] Zum Ganzen: *Hommelhoff/Teichmann*, a.a.O. (Fn. 347), S. 902.

Nach Art. 16 Abs. 2 genügt für alle Vereinbarungen über die Übertragung von Anteilen an der Gesellschaft die Schriftform. In Anbetracht des Trennungsprinzips des deutschen Rechts ist nicht ganz eindeutig, ob auch für die Übertragung per se ein Schriftformerfordernis postuliert wird. Der Wortlaut ermöglicht ein weites Verständnis und die Anwendung auf das Verpflichtungs- und Verfügungsgeschäft. Jedenfalls ist dies ein markanter Unterschied zu § 15 Abs. 3, Abs. 4 GmbHG und stellt einen erheblichen Schritt zur Vereinfachung von Transaktionen (Beurkundungskosten und Zeitersparnis) dar.

cc) Und täglich grüßt die Mitbestimmung...

Die Arbeitnehmermitbestimmung ist in Kapitel VI. thematisiert. Sogleich fällt auf, dass diesbezüglich im Kommissionsvorschlag nur eine einzige Regelung vorgesehen wurde. Bereits systematisch äußert sich dadurch der Unterschied zur SE und der SCE, bei denen die Vorschriften zur Arbeitnehmermitbestimmung in separaten Richtlinien umgesetzt worden sind. Nach Art. 34 Abs. 1 des SPE-KOME unterliegt die SPE dem Mitbestimmungsregime, in dem sie ihren eingetragenen Sitz hat. Diese schlichte Regelung ist dadurch begründet, dass die SPE als Rechtsform für KMU geplant war. Man hätte also zu Recht davon ausgehen können, dass die Frage nach der Arbeitnehmermitbestimmung hier weniger „Sprengkraft" entfalten würde als im Falle der SE. Da die SPE jedoch ebenfalls als Tochtergesellschaft für größere Konzerne in Betracht gekommen wäre, bestanden die üblichen paradigmatischen Konflikte zwischen den Mitgliedstaaten.[368] In der deutschen Fachliteratur wurde die Befürchtung geäußert, dass das zulässige Auseinanderfallen von Satzungs- und Verwaltungssitz in Verbindung mit Art. 34 Abs. 1 SPE-KOME das sog. *forum shopping* zugunsten der Staaten mit einem niedrigen Mitbestimmungsniveau eröffnet und so die Flucht aus der Mitbestimmung gefördert hätte. Von einem „Schlag ins Gesicht des sozialen Europas" war die Rede.[369]

Aufgrund derartiger Kritiken kam es zu Anpassungen, sodass im Vorschlag des ungarischen Ratsvorsitzes für die unternehmerische Mitbestimmung auf ein kompliziertes System aus dem Verweis auf nationales Recht, einer Verhandlungslösung (inklusive der Bildung eines besonderen Verhandlungsgremiums) und einer Auffangregelung zurückgegriffen wurde. Man erlebte also in dieser Frage ein regelrechtes Déjà-vu. Nach Art. 35 Abs. 1 SPE-RE sollte die unternehmerische Mitbestimmung zwar trotzdem nationalem Recht unterliegen. Doch sah Art. 35 Abs. 1a lit. a) SPE-RE nun die Durchführung eines Verhandlungsverfahrens vor, wenn mindestens 500 Arbeitnehmer, die regelmäßig in einem Mitgliedstaat arbeiten, der ein höheres Niveau der Arbeitnehmermitbestimmung vorsieht als der Sitzstaat. Für

---

[368] *Jung*, in: Jung/Krebs/Stiegler, Gesellschaftsrecht in Europa, § 5 Rn. 265 f.; *Schmidt*, a. a. O. (Fn. 360), S. 462.

[369] *Jung*, a. a. O. (Fn. 344), § 5 Rn. 270 m. w. N.; *Koberski/Heuschmid*, RdA 2010, 207 (215); *Hommelhoff/Teichmann*, a. a. O. (Fn. 347), S. 910.

besondere Konstellationen wie die Beteiligung der SPE an einem Umwandlungsvorgang oder die Sitzverlegung waren spezielle Regelungen vorgesehen, vgl. Art. 35 Abs. 1a lit. b) und Art. 35 Abs. 1a S. 2 SPE-RE sowie Abs. 3.[370]

Aufmerksamkeit verdient die Auffangregelung in Art. 35d SPE-RE. Die Tatbestände für die Anwendung der Norm sind weitgehend dem § 22 SEBG nachempfunden. Demnach wird die Auffangregelung aktiviert, wenn die Parteien dies vereinbaren oder wenn im vorgeschriebenen Zeitraum keine Vereinbarung über die Mitbestimmung zustande gekommen ist und das besondere Verhandlungsgremium keinen Beschluss über die Nichtaufnahme oder den Abbruch von Verhandlungen getroffen hat (vgl. Art. 35b Abs 3b SPE-RE). Inhaltlich sieht die Auffangregelung gemäß Art. 35d Abs. 2 SPE-RE vor, dass die Arbeitnehmer der SPE das Recht erhalten, eine Zahl von Mitgliedern des Verwaltungs- oder des Aufsichtsorgans der SPE zu wählen/zu bestellen oder deren Bestellung zu empfehlen oder abzulehnen, die dem Anteil in dem betroffenen Mitgliedstaat mit dem höchsten Niveau der Arbeitermitbestimmung entspricht. Es gilt also das höchste Schutzniveau. Art. 35d Abs. 3 SPE-RE schränkt diese arbeitnehmerfreundliche Bestimmung jedoch wieder ein, indem die Mitgliedstaaten ungeachtet des Abs. 2 den Anteil der Arbeitnehmervertreter auf ein Drittel beschränken können.[371] Begreiflich, dass diese Einschränkungsmöglichkeit kritisch gesehen wurde. So wurde die plausible Befürchtung vorgetragen, dass eine mitbestimmte GmbH in Deutschland durch Umwandlung in eine SPE mit anschließender Sitzverlegung in einen Mitgliedstaat, der von der vorgenannten Option Gebrauch macht, die paritätische Mitbestimmung auf eine Drittelbeteiligung reduzieren kann.[372]

Hinsichtlich der betrieblichen Mitbestimmung folgt das System in der Europäischen Privatgesellschaft der SE-RL und greift hierfür auf das jeweilige nationale Recht zurück. Einen SPE-Betriebsrat parallel zum SE-Betriebsrat gem. §§ 23 ff. SEBG enthielt der Verordnungsvorschlag jedoch nicht. Was als ein Zurückbleiben hinter dem System der Arbeitnehmerbeteiligung in der SE erscheint, ist angesichts der fortgeschrittenen Harmonisierung auf diesem Gebiet hinnehmbar. Denn die Richtlinie über Europäische Betriebsräte (zwischenzeitlich neugefasst mit der RL 2009/38/EG[373]) und die Richtlinie zur Festlegung eines allgemeinen Rahmens für die Unterrichtung und Anhörung der Arbeitnehmer in der Europäischen Gemeinschaft vom 11. März 2002 (RL 2002/14/EG) haben auf diesem Gebiet einen Mindeststandard sichergestellt.[374]

---

[370] Vgl. *Jung*, a. a. O. (Fn. 344), § 5 Rn. 271 ff.

[371] *Jung*, a. a. O. (Fn. 344), § 5 Rn. 280 f.

[372] *Sick/Thannisch*, AuR 2011, 155 (158).

[373] ABl. EG Nr. L 122/28 vom 16. 5. 2009.

[374] *Jung*, a. a. O. (Fn. 344), § 5 Rn. 280 f.

c) Scheitern der SPE

Die SPE scheiterte schlussendlich am Widerstand von Deutschland und Schweden, die dem ungarischen Kompromissvorschlag in der Abstimmung am 30. Mai 2011 im Rat nicht zustimmen wollten. Auch ein unmittelbar folgender Einigungsversuch im Juni 2011 ist gescheitert. Als Hauptstreitpunkte werden das Mindestkapital, die mögliche Sitzspaltung und – erwartungsgemäß – das Mitbestimmungsregime genannt. Deutschland fürchtete trotz der Fortschritte durch den ungarischen Vorschlag eine Flucht aus der Mitbestimmung durch SPE-Gründungen in anderen Mitgliedstaaten. Schweden befand, dass der Schwellenwert von 500 Mitarbeitern zu hoch angesetzt war. Im Übrigen befürchtete Deutschland im Hinblick auf die erlaubte Sitzaufspaltung Steuerausfälle. Deutschland, das ein Mindestkapital von 8.000 EUR als „Seriositätsschwelle" verlangte, ließ sich wohl auch nicht durch die entsprechende Option im Kompromissvorschlag umstimmen.[375]

Mithin hat sich ebenso wie bei der Europäischen Aktiengesellschaft die Frage nach der Arbeitnehmermitbestimmung bei der SPE als destruktiver Umstand erwiesen. Zutreffend führte Hommelhoff in diesem Zusammenhang allgemein gültig für supranationale Rechtsformen aus, dass diese Problematik nicht nur durch den „rechtspolitischen Stellenwert der Unternehmensmitbestimmung" bedingt ist. Tiefgreifende Differenzen in den Unternehmenskulturen, die Verschiedenheit der Unternehmen, die sich einer supranationalen Rechtsform bedienen könnten (KMU oder doch großer Konzern), eine über mehrere Mitgliedstaaten verteilte Belegschaft sowie Bemühungen, eine Flucht aus der Mitbestimmung zu verhindern, machten auch das Gesetzgebungsverfahren zur Einführung der Europa-GmbH derart komplex, dass eine Einigung die Kräfte der Mitgliedstaaten überstrapazierte.[376]

Die Rücknahme des SPE-Vorschlages wurde durch die Kommission im Anhang zur Mitteilung „Effizienz und Leistungsfähigkeit der Rechtsetzung (REFIT): Ergebnisse und Ausblick" vom 2. Oktober 2013 angekündigt.[377] Der Ankündigung folgte die Tat, sodass 2014 der Verordnungsvorschlag offiziell zurückgezogen wurde.[378]

Dass es sich nur um ein vorläufiges Scheitern handeln kann, zeigt nicht nur die Entstehungsgeschichte der SE. Die Ankündigung der Rücknahme des SPE-Vorschlags fällt in die Zeit von Koalitionsverhandlungen in Deutschland. Im Koalitionsvertrag der 18. Legislaturperiode wurde zwischen CDU/CSU und SPD verein-

---

[375] *Ulrich*, GmbHR 2011, R241 f.; *Ulrich*, GmbHR 2011, R229.

[376] *Hommelhoff*, ZEuP 2011, 7 (8).

[377] Anhang zur Mitteilung der Kommission an das Europäische Parlament, den Rat, den Europäischen Wirtschafts- und Sozialausschuss und den Ausschuss der Regionen, Effizienz und Leistungsfähigkeit der Rechtsetzung (REFIT): Ergebnisse und Ausblick, COM(2013) 685 final, S. 10: In der Fn. 40 wurde zugleich angedeutet, dass die Kommission die Unterbreitung eines neuen Vorschlags in diesem Bereich erwägt.

[378] ABl. EG Nr. C 153 vom 21.5.2014, S. 6.

bart, dass sich die Koalitionspartner im Interesse mittelständischer Unternehmen dafür einsetzen, dass eine Europäische Privatgesellschaft geschaffen wird. Dabei wurde auch die (deutsche) Maxime wiederholt, dass bei einem solchen Vorhaben sichergestellt werden müsse, „dass die nationalen Vorschriften über die Mitbestimmung, des Steuer- und des Handelsregisterrechts nicht umgangen werden".[379] Das zeugt davon, dass selbst bei einem der schärfsten Kritiker der SPE der Wille vorhanden war, dieses Projekt früher oder später zu realisieren. Trotz regelmäßiger Befürchtungen, dass von dieser oder jener europäischen Gesellschaftsform Konkurrenz für das jeweilige nationale Pendant ausgehen wird, kann also eine generelle Aversion gegen die Einführung neuer supranationaler Rechtsformen seitens der deutschen Politik nicht festgestellt werden. Durch die fehlende Bereitschaft nationaler Interessengruppen, sich anderen Regelungsmodellen zu öffnen, legt Deutschland jedoch der Europäisierung des Gesellschaftsrechts Stolpersteine in den Weg. Dies wird erneut am Nachfolgeprojekt zur SPE deutlich, das sogleich vorgestellt werden soll.

2. *Societas Unius Personae*

Die Kommission konnte den Rückschlag infolge des Abbruchs der Verhandlungen zur SPE nicht tatenlos hinnehmen. In ihrem Aktionsplan „Europäisches Gesellschaftsrecht und Corporate Governance – ein moderner Rechtsrahmen für engagiertere Aktionäre und besser überlebensfähige Unternehmen" vom 12. Dezember 2012 führte die Kommission aus, dass KMU bei der Stärkung der europäischen Wirtschaft eine wichtige Rolle einnehmen. In einer vom „Ausschuss des Europäischen Parlaments für Beschäftigung und soziale Angelegenheiten" in Auftrag gegebenen Studie von September 2012 wird dementsprechend festgestellt, dass KMU „das Rückgrat der europäischen Wirtschaft" seien. Sie stellten einen Anteil von 99 % aller Unternehmen in der EU-27. Diese Unternehmen leisteten einen bedeutenden Beitrag zur Beschäftigung in der EU. Die Stellung der europäischen KMU war jedoch seit Beginn der Finanzkrise 2008 in Gefahr. Also ergriff die Kommission diverse Maßnahmen zur Unterstützung der betroffenen Unternehmen. In Bezug auf das Gesellschaftsrecht sah die Kommission die Erforderlichkeit, Maßnahmen zu treffen, um für kleinere und mittlere Unternehmen einfachere Bedingungen für deren Geschäftstätigkeit zu schaffen. Der „administrative und regulatorische Rahmen" müsse verbessert werden, damit auch kleinere Unternehmen leichter grenzüberschreitend tätig sein und ihre Kosten durch klare, einheitliche und flexible Regeln senken können. Die Kommission kündigte daher an, dass sie an

[379] *Harbarth*, GmbHR 2018, 657 (659); Deutschlands Zukunft gestalten, Koalitionsvertrag zwischen CDU, CSU und SPD, 18. Legislaturperiode (abrufbar unter: https://www.bundestag.de/resource/blob/194886/696f36f795961df200fb27fb6803d83e/koalitionsvertrag-data.pdf, zuletzt aufgerufen am: 06.08.2024), S. 25.

einem Nachfolger des SPE-Vorschlags arbeiten werde.[380] Am 9. April 2014 legte die Brüsseler Behörde einen Vorschlag für eine Richtlinie über Gesellschaften mit beschränkter Haftung mit einem einzigen Gesellschafter vor (nachfolgend SUP-KOME).[381] Auf den Richtlinienentwurf der Kommission folgten weitere Entwürfe. Hervorzuheben sind ein Vorschlag, der im November 2014 unter italienischer Ratspräsidentschaft vorgestellt wurde, sowie ein im Mai 2015 unter lettischer Ratspräsidentschaft u. a. gegen den Widerstand Deutschlands im Rat angenommener Kompromisstext.[382]

a) Anlass für den Vorschlag

Bereits im Strategiepapier der Kommission „Europa 2020“ aus dem Jahr 2010, das wirtschaftspolitische Prioritäten sowie Leitinitiativen zur Förderung jener Prioritäten enthält, wurde ein Fokus auf KMU angekündigt. Die EU sollte sich sog. „EU-Kernziele“ geben, um die Folgen der Wirtschafts- und Finanzkrise zu bewältigen und sich an eine krisenbedingt veränderte Weltwirtschaft anzupassen. Eines dieser Ziele war eine Beschäftigungsquote von 75 % bei der Bevölkerung im Alter von 20 bis 64 Jahren. Dieses Ziel verkörpert wiederum die wirtschafts- und sozialpolitische Priorität eines „integrativen Wachstums“. Damit ist die Förderung einer Wirtschaft mit hoher Beschäftigung und ausgeprägtem sozialem und territorialem Zusammenhalt gemeint. Im Strategiepapier wird des Weiteren ausgeführt, dass mannigfaltige nationale und internationale Maßnahmen erforderlich sein werden, um die gesetzten Prioritäten und Ziele zu erreichen. So wäre eine Maßnahme die Verfolgung einer Industriepolitik, die zu einer Verbesserung der Rahmenbedingungen für KMU führt. Unter der Leitinitiative „Eine Industriepolitik für das Zeitalter der Globalisierung“ kündigte die Kommission an, das Umfeld für *small and medium-sized enterprises* durch die Reduzierung der Transaktionskosten für eine wirtschaftliche Tätigkeit in Europa, die Förderung von Unternehmensclustern und einen verbesserten Zugang zu Kapital zu verbessern. Die Mitgliedstaaten wurden

---

[380] Aktionsplan: Europäisches Gesellschaftsrecht und Corporate Governance – ein moderner Rechtsrahmen für engagiertere Aktionäre und besser überlebensfähige Unternehmen“ v. 12. 12. 2012, COM(2012) 740 final, S. 15.

[381] Vorschlag für eine Richtlinie des Europäischen Parlaments und des Rates über Gesellschaften mit beschränkter Haftung mit einem einzigen Gesellschafter, KOM(2014) 212 endg. (nachfolgend zitiert als „SUP-KOME“).

[382] Vgl. *Jung*, in: Jung/Krebs/Stiegler, Gesellschaftsrecht in Europa, § 9 Rn. 1 ff. und den Hinweis in Fn. 9; Proposal for a Directive of the European Parliament and the Council on single-member private limited liability companies vom 14. November 2014, Dok. 14648/14; Vorschlag für eine Richtlinie des Europäischen Parlaments und des Rates über Gesellschaften mit beschränkter Haftung mit einem einzigen Gesellschafter – Allgemeine Ausrichtung vom 29. Mai 2015, Dok. 9050/15.

indes aufgefordert, „die Verwaltungslasten für Unternehmen zu verringern und die Qualität des Unternehmensrechts zu verbessern".[383]

Die Punkte in der Begründung zum Richtlinienvorschlag sind im Kern vergleichbar mit denen des SPE-Vorschlags. Die grenzüberschreitende Tätigkeit sei für Unternehmen kostspielig und komplex. Das gelte in besonderem Maße für kleine und mittelständische Unternehmen. Bekanntermaßen ist dies auf die Vielfalt der nationalen Rechtsvorschriften, gerade auch im Gesellschaftsrecht, zurückzuführen. Parallel zur SPE wird als Argument das Problem des mangelnden Vertrauens von Kunden und Geschäftspartnern in ausländische Gesellschaften angeführt. Die bisherige Abhilfe für dieses Problem, nämlich die Gründung von Tochtergesellschaften im Ausland, bedeutet aber wiederum eine beschwerliche Kostenquelle, vor allem für Unternehmensgruppen. Zumal Kosten nicht lediglich einmalig bei der Gründung anfallen, sondern auch laufend aus der Führung des Unternehmens entstehen.

Das Ziel des Vorschlags, der ausdrücklich als eine Alternative zur SPE gedacht war, bestand darin, potenziellen Unternehmensgründern und insbesondere KMU die Gründung von Gesellschaften im Ausland zu erleichtern. Nach Ansicht der Kommission fördere dies das Unternehmertum und führe zu mehr Wachstum, Innovation sowie Beschäftigung in der Union. Herzstück des Vorhabens war der Auftrag an die Mitgliedstaaten, in ihren jeweiligen Rechtsordnungen eine *nationale* Gesellschaftsrechtsform zu etablieren, die gesellschaftsrechtlich harmonisiert ist. Dieser Status sollte mit der unionsweiten Abkürzung „SUP" (*Societas Unius Personae*) kenntlich gemacht werden. Die europaweit einheitlichen Vorschriften würden Einrichtungs- und Betriebskosten (z.B. Aufwand für Rechtsberatung und Übersetzung) senken. Die Mittel, mit denen die Kosten gesenkt werden sollten, werden sogleich bei der inhaltlichen Analyse des Entwurfs beleuchtet.[384]

So betrachtet erweist sich die SUP als Instrument für KMU zur besseren Konzernsteuerung und Kostensenkung für die Gründung und Governance von Tochtergesellschaften. Nicht vollständig zugestimmt werden kann dem Standpunkt der Kommission, dass es sich bei der Richtlinie um einen Alternativvorschlag zu der SPE handelt. Eine echte Alternative kann die SUP schon deshalb nicht darstellen, weil dieses Konstrukt Gesellschaften mit beschränkter Haftung mit nur einem einzigen Gesellschafter bezeichnet, vgl. Art. 6 Abs. 1 SUP-KOME. Die SPE war hingegen nicht insoweit in ihrem Anwendungsbereich eingeschränkt. Aus diesem Grund betonten Wirtschaftsvertreter aus der EU – trotz ihrer generellen Unterstützung für die Richtlinie – dass die Initiative keine vollwertige Alternative zum SPE-Vorschlag sei und dass die Bemühungen um eine SPE fortgesetzt werden sollten.[385]

---

[383] Europa 2020, Eine Strategie für intelligentes, nachhaltiges und integratives Wachstum, KOM(2010) 2020 endgültig, S. 20 f.

[384] SUP-KOME, S. 2 f.

[385] SUP-KOME, S. 4 f.

Es ist wichtig, sich vor Augen zu halten, dass der eigentliche Anlass für den SUP-Entwurf der Kommission nicht im Streben nach Rechtsangleichung erblickt werden kann. Dies ist allenfalls die juristische Motivation für die Richtlinie. Der Vorschlag ist vor dem Hintergrund der gravierenden Wirtschaftskrise entstanden. Nach Angaben der Kommission sank das BIP im Jahre 2009 um 4 % und die Arbeitslosigkeit in der EU-Bevölkerung lag bei 10 %. Begleitet wurde diese schwerwiegende Entwicklung von einem stark gefallenen Produktionsniveau und hohen Haushaltsdefiziten. Wie bereits im Falle der SE geben die ökonomischen Erfordernisse die rechtlichen Mittel vor. War die Europäische Aktiengesellschaft einst ein Instrument zur Erschließung des entstehenden Binnenmarktes für große Unternehmen, sollte die SUP ein Mittel werden, um kleinere europäische Unternehmen in einem schwierigen wirtschaftlichen Umfeld wettbewerbsfähig zu machen.[386] Die Signifikanz der KMU für die Wirtschaft wird nochmals dadurch unterstrichen, dass zum Zeitpunkt des Entwurfs in der Union rund 21 Millionen solcher Unternehmen existierten. Davon waren rund 12 Millionen Gesellschaften mit beschränkter Haftung. 5,2 Millionen der beschränkt haftenden Gesellschaften wiesen Alleingesellschafter auf.[387]

b) Grundlegendes zum Regelungsrahmen

Die Richtlinie zur Angleichung des Rechts der Einpersonengesellschaften sollte auf Art. 50 Abs. 2 lit. f) AEUV basieren. Mithin ist eine entscheidende Feststellung, dass die SUP *nicht als eine autonome supranationale Kapitalgesellschaft konzipiert* war. Für das Verständnis des Wesens der SUP ist wichtig, dass sie auch keine vollkommen neue Rechtsform werden sollte. Denn nach Art. 6 Abs. 1, Art. 7 Abs. 3 werden nationale Gesellschaften mit beschränkter Haftung mit einem einzigen Gesellschafter als SUP bezeichnet, wenn sie sich im Einklang mit den Vorschriften der Richtlinie eintragen lassen. Es handelt sich demzufolge um eine Unterart der deutschen GmbH.[388] Die Natur als Einpersonengesellschaft ist in Art. 15 Abs. 1 SUP-KOME festgeschrieben, wonach die SUP nicht mehr als einen Anteil ausgibt, der zudem unteilbar ist.

Die SUP kann *ex nihilo* nach Art. 8 SUP-KOME oder gem. Art. 9 SUP-KOME durch Umwandlung einer inländischen Gesellschaft mit beschränkter Haftung errichtet werden. Nach Art. 7 Abs. 4 ist die SUP und ihre Satzung dem nationalen Recht des Sitzstaates unterworfen, das natürlich richtlinienkonform ausgestaltet sein muss. Ursprünglich war nach Art. 10 SUP-KOME eine Sitzaufspaltung möglich. Die vom Rat beschlossene Allgemeine Ausrichtung vom Mai 2015 enthielt

---

[386] Europa 2020, Eine Strategie für intelligentes, nachhaltiges und integratives Wachstum, KOM(2010) 2020 endgültig., S. 8.

[387] SUP-KOME, S. 5.

[388] Vgl. *Bayer/Schmidt*, BB 2014, 1219 (1222).

keinerlei Regelungen zum Sitz, sodass hierfür die Rechtsvorschriften der Mitgliedstaaten maßgeblich wären.[389]

Das Herzstück des Richtlinienvorschlags ist sicherlich die Online-Eintragung. Die Mitgliedstaaten stellen sicher, dass das gesamte Eintragungsverfahren für neu gegründete SUP auf elektronischem Wege abgewickelt werden kann, ohne dass der Gründungsgesellschafter vor einer Behörde im Eintragungsstaat erscheinen muss, Art. 14 Abs. 3 SUP-KOME. Für die digitale Gründung muss jedoch eine einheitliche Vorlage für die Satzung (Art. 11 SUP-KOME) und die Eintragung in das Handelsregister (Art. 13 Abs. 2 SUP-KOME) verwendet werden, Art. 14 Abs. 4. Die Eintragungsbescheinigung ist spätestens drei Arbeitstage (!) nach Eingang aller erforderlichen Unterlagen bei der zuständigen Behörde auszustellen. In der Allgemeinen Ausrichtung des Rates verlängerte man diese Frist in Art. 14 Abs. 3 auf fünf Werktage.

Das Mindestkapitalerfordernis beträgt 1 EUR, Art. 16 Abs. 1 SUP-KOME. In diesem Kontext ist interessant, dass Art. 16 Abs. 4 SUP-KOME den Mitgliedstaaten untersagt, für die SUP eine Verpflichtung vorzusehen, nach der gesetzliche Rücklagen aus dem Gewinn zu bilden sind. Dies steht in direktem Widerspruch zur UG, die aufgrund ihrer fehlenden Kapitalausstattung nach § 5a Abs. 3 S. 1 GmbHG gesetzliche Rücklagen bilden muss. Diese Verpflichtung besteht fort, bis das Stammkapital der GmbH von mindestens 25.000 EUR erreicht ist, vgl. § 5a Abs. 5 GmbHG. Nachdem dies für Unmut in einigen Mitgliedstaaten gesorgt hatte, wurde in der vom Rat beschlossenen Fassung in Art. 16 Abs. 4 die Statuierung einer Thesaurierungspflicht in die Hände der Mitgliedstaaten gelegt. Im Hinblick auf die Zulässigkeit von Gewinnausschüttungen an den Gesellschafter sieht Art. 18 SUP-KOME eine Kombination von Bilanztest (Abs. 2) sowie Solvenzbescheinigung (Abs. 3) vor. Die angenommene Ratsfassung enthielt in Art. 18 Abs. 1 lediglich den Auftrag an die Mitgliedstaaten sicherzustellen, dass die SUP nach einer Ausschüttung von Gewinnen ihre Verbindlichkeiten erfüllen kann. Abs. 2 und Abs. 3 sahen den Bilanztest und die Solvenzbescheinigung nunmehr als optionale Instrumente vor, um diesem Auftrag gerecht zu werden.[390]

Die innere Organisation in einer SUP ist aus deutscher Sicht wenig befremdlich. So erfolgt eine Zweiteilung in den Alleingesellschafter und den Geschäftsführer, Art. 21 und Art. 22 SUP-KOME. In Art. 23 Abs. 1 SUP-KOME ist ein Weisungsrecht vergleichbar mit § 37 Abs. 1 GmbHG geregelt. In der Allgemeinen Ausrichtung des Rates wurde das Weisungsrecht wieder gestrichen. Dies war eine offensichtliche Fehlentwicklung. Die Streichung beeinträchtigt die Bildung einer Unternehmensgruppe, da hierzu ein Weisungsrecht essenziell ist.[391]

---

[389] Vgl. *Teichmann/Götz*, ZEuP 2019, 260 (268 f.).

[390] *Teichmann/Götz*, a. a. O. (Fn. 389) (275 ff.).

[391] *Teichmann/Götz*, a. a. O. (Fn. 389) (280 f.).

Schließlich muss betont werden, dass der Kommissionsentwurf keine Regelungen zu der unternehmerischen Mitbestimmung enthält, sodass sich diese nach Art. 7 Abs. 4 nach dem Recht des Sitzstaates richtet.

c) Digitalisierung statt Vollharmonisierung

Der Bundestag äußerte negative Kritik am Richtlinienvorschlag. Die Regierungskoalition vertrat den Standpunkt, dass eine echte supranationale Gesellschaftsform vorzugswürdiger sei.[392] Die Quintessenz des zugrunde liegenden Beschlusses des Bundestages aus dem Jahre 2015 ist, dass nach wie vor die Schaffung einer vollwertigen Europäischen Privatgesellschaft die bessere Alternative zur bloßen Harmonisierung darstellt. So wurde im Beschluss moniert, dass die SUP wesensgemäß für Konstellationen mit mehr als einem Gesellschafter (z.B. Joint Ventures unter Beteiligung von Finanzinvestoren) nicht nutzbar sei. Kritisiert wurde in paradoxer Weise, dass zwar durch die Änderungen infolge der italienischen und lettischen Ratspräsidentschaft die Kapitalausstattung und der Gläubigerschutz im „bewährten“ Haftkapitalsystem des GmbH-Rechts unberührt blieben[393], dies aber zugleich dazu führe, dass dadurch die Vereinheitlichung der Regelungen und die Vermeidung von Beratungsbedarf im Interesse kleiner und mittlerer Unternehmen vereitelt werde. Bemängelt wurde die Online-Gründung ohne hinreichende Identitätsprüfung, da sie „weitreichende Missbrauchsmöglichkeiten“ eröffnet und das „Vertrauen in die Richtigkeit des Handelsregisters erschüttert“. Auf diese Weise hervorgegangene Gesellschaften seien für unseriöse Zwecke prädestiniert und könnten von Geldwäsche und Steuerhinterziehung bis hin zur Terrorismusfinanzierung missbraucht werden. Im Übrigen sei ohne die Einschaltung eines Notars im Gründungsverfahren die rechtliche Beratung und die Prüfung der Dokumente unzureichend. Einschränkend räumt der Beschluss ein, dass infolge der Kompromissvorschläge unter italienischer und lettischer Ratspräsidentschaft Deutschland im Prozess der elektronischen Gründung höhere Sicherheitsanforderungen verlangen und die Notare einbinden könne.

Das Fehlen von Vorgaben für den Fall der Sitzaufspaltung begründe die Gefahr der Aushöhlung der Mitbestimmung. Unbeachtlich sei das Argument, dass diese Möglichkeit ebenso durch die Gründung einer ausländischen Rechtsform in einem anderen Mitgliedstaat mit einem niedrigen Mitbestimmungsniveau gegeben sei. Eine SUP würde diese Lage nur weiter verschärfen. Daher genüge es nicht, dass der abgeänderte Richtlinienentwurf den Mitgliedstaaten die Option gewährt, den

---

[392] Hierzu *Harbarth*, a.a.O. (Fn. 379), S. 660 ff. mit der Rezeption des Beschluss des Bundestages und des Bundesrates.

[393] Vgl. Vorschlag für eine Richtlinie des Europäischen Parlaments und des Rates über Gesellschaften mit beschränkter Haftung mit einem einzigen Gesellschafter – Allgemeine Ausrichtung vom 29. Mai 2015, Dok. 9050/15, S. 13, Erwägungsgründe 19aa und 19b.

Gleichlauf von Satzungs- und Verwaltungssitz festzuschreiben. Vielmehr sei ein Gleichlauf zur SE, mithin eine Bestimmung wie in Art. 7 SE-VO notwendig.[394]

Der Bundesrat verabschiedete noch vor dem Bundestag im Jahre 2014 einen Beschluss zur ursprünglichen Fassung der Kommission. Noch bevor er inhaltliche Kritik übt, bemängelt er die Rechtsgrundlage für die Richtlinie. Demnach könne Art. 50 Abs. 2 lit. f) AEUV nicht die taugliche Ermächtigungsgrundlage für die Gesetzgebung sein, da die Gründung einer SUP ebenfalls für reine Inlandssachverhalte zur Verfügung stünde. In diesem Kontext wird die Konkurrenz zur nationalen GmbH als altbekanntes und (bedauerlicherweise) bewährtes Argument vorgebracht.[395]

Im Einklang mit der sonstigen Resonanz in der Bundesrepublik warf der Bundesrat der SUP fehlende „Solidität" für Gründer und Rechtsverkehr vor, die durch ein zu liberales Online-Gründungsverfahren entstünde. Angegriffen werden in diesem Zusammenhang Art. 13 und 14 SUP-KOME, die eine ausreichende Identitätsprüfung der Gründer konterkarieren würden. Dieses Konzept folge der angloamerikanischen Registerpraxis, die keine eingehende Prüfung der Eintragungsunterlagen vornimmt. Demzufolge „würde sich die SUP vor allem für unredliche Gründer anbieten" und lade zum kriminellen Handeln ein, weil eine effektive Strafverfolgung nicht möglich sei, wenn die handelnden Personen schwer zu ermitteln sind. Durch den Beschluss werde der Stellenwert der vorsorgenden Rechtspflege im deutschen Rechtssystem besonders deutlich. Der Bundesrat ist überdies der Auffassung, dass ein solches „Schnellgründungsverfahren" nicht den Interessen des Mittelstandes entspräche, da die Gründung einer Tochtergesellschaft im Ausland „einen wohl zu erwägenden Schritt dar[stellt], der weder kaufmännisch noch juristisch innerhalb weniger Tage abzuwickeln ist".[396] Diese Argumentation klingt nach einem Zirkelschluss, da gewiss seriöse Gründungen in anderen Rechtsordnungen möglich sind, die den Schwerpunkt auf die zivil- und strafrechtlichen Instrumente nach der Einrichtung einer Gesellschaft legen und somit den Gründungsakt beschleunigen. Ein wohlüberlegter Schritt mag die Expansion eines mittelständischen Unternehmens freilich sein, nichts spricht jedoch dagegen, dass der schnelle Vollzug dieses Schrittes ermöglicht wird. Geht man davon aus, dass die Eintragung einer GmbH in der Praxis durchaus 2–3 Wochen in Anspruch nehmen kann, könnte man sich als redlicher Gründer (der ja gerade keine unredlichen Gedanken hegt) die Frage stellen, ob für ein standardmäßiges Prozedere in einer entwickelten Volkswirtschaft nicht auch einige Tage genügten. Ein anderer Aspekt hierbei ist, welche Ressourcen der Staat den Organen der Rechtspflege bereitzustellen willens ist. Der Bundesrat ist sich Letzterem bewusst und äußert selbst, dass ein Kernaspekt der vorsorgenden Rechtspflege die Entlastung der Gerichte ist. In diesem Sinne ist auch das vorgebrachte in Deutschland geltende „Vier-Augen-

[394] BT-Drs. 18/4843, S. 3 ff.

[395] BR-Drs. 165/14 (2), S. 1 f.

[396] BR-Drs. 165/14 (2), S. 2 ff.

Prinzip“ (doppelte Prüfung durch Notare und Registergerichte) zu sehen. Zweifelsohne ist diese Kontrolle wertvoll, doch das Argument berücksichtigt nicht zur Genüge, dass sich auch mittelständische Unternehmen oftmals von Juristen im Vorfeld beraten lassen.[397]

Im Übrigen werden die Regelungen zum Mindestkapital (Art. 16 Abs. 1 SUP-KOME) und der Kapitalerhaltung (Art. 18 und Art. 20 SUP-KOME) in Anbetracht des Gläubiger- und Verbraucherschutzes als unzureichend befunden. Verschärft wurde diese Kritik dadurch, dass Art. 16 Abs. 4 in der ursprünglichen Kommissionsfassung die Verpflichtung zur Bildung einer gesetzlichen Rücklage untersagte. Die zwei letzten wesentlichen Punkte, die vom Bundesrat aufgegriffen werden, betreffen zum einen die Sitzaufspaltung (Befürchtung, dass es dadurch zu einem „Wettbewerb nach unten“ kommen werde) sowie die Wahl der Richtlinie als Instrument für die harmonisierte europäische Gesellschaft mit beschränkter Haftung. Zumindest im Hinblick auf den letzten Punkt ist dem Bundesrat (wie auch dem Bundestag) zuzustimmen. Natürlich wäre dem Rechtsverkehr mit einer Rechtsvereinheitlichung besser gedient. Indes hat ein Vollstatut – wie bis zuvor mehrmals aufgezeigt – keine Aussicht auf Erfolg, wenn stets auf den eigenen, als überragend empfundenen Standards beharrt wird. Mithin kann diese Situation als Teufelskreis beschrieben werden.

Konsequenterweise wurde deshalb im Koalitionsvertrag der 19. Legislaturperiode die Einführung einer SPE als Ziel beibehalten. Gleichwohl deutete sich an, dass die Politik nicht bereit sei, von nationalen rechtspolitischen Interessen wie der „Wahrung der Rechte Arbeitnehmerinnen und Arbeitnehmer einschließlich der Unternehmensmitbestimmung, der Gläubiger und Minderheitsgesellschafter“ abzurücken.[398] Das sind Ziele, deren Verfolgung dem Grunde nach nachvollziehbar ist. Doch vermag die Grenze zwischen dem Festhalten an eigenen rechtspolitischen Prinzipien und einer reaktionären Haltung zuweilen fließend erscheinen. Letztendlich wird auch bei diesen Themen ein Nachgeben auf europäischer Ebene erforderlich.

In der deutschen rechtswissenschaftlichen Literatur erfuhr die SUP gleichfalls heftige Kritik. Abermals waren deutsche Vorbehalte in besonderem Umfang vorhanden. Aus diesem Grund kann man festhalten, dass Deutschland als Mitgliedstaat ein Auftreten als Skeptiker europäischer Rechtsformen seit der Entstehungszeit der SE erfolgreich behauptete.[399]

---

[397] BR-Drs. 165/14 (2), S. 5.

[398] Ein Aufbruch für Europa – Eine neue Dynamik für Deutschland – Ein neuer Zusammenhalt für unser Land, Koalitionsvertrag zwischen CDU, CSU und SPD, 19. Legislaturperiode (aufrufbar unter: https://www.bundestag.de/resource/blob/543200/9f9f21a92a618c77aa330f00ed21e308/kw49_koalition_koalitionsvertrag.pdf, zuletzt aufgerufen am: 23.08.2024); Zeile 6151 ff.; hierzu *Harbarth*, a. a. O. (Fn. 379), S. 662.

[399] Vgl. hierzu *Ries*, NZG 2014, 569 ff., der vor dem Verlust des öffentlichen Glaubens der kontinentaleuropäischen Handelsregister warnt und als Negativbeispiel die englische Limited

Als das Europäische Parlament den Richtlinienentwurf behandelte, wurde nach der umfassenden Kritik des Berichterstatters vollends klar, dass keine ausreichende Mehrheit im Parlament zustande kommen würde.[400]

Das Schicksal der SUP wurde mit der Vorstellung des *Company Law Package* im April 2018 besiegelt. Im selben Jahr zog die Kommission das Vorhaben zurück. Das Verfahren der Online-Eintragung ist im Vorschlag der Kommission zur Änderung der Richtlinie (EU) 2017/1132 im Hinblick auf den Einsatz digitaler Werkzeuge und Verfahren im Gesellschaftsrecht teilweise aufgegangen. Die als Digitalisierungsrichtlinie bezeichnete Gesetzgebung stellte neben der bereits erwähnten Umwandlungsrichtlinie den zweiten Teil des *Company Law Package* dar. Durch das im Jahre 2021 beschlossene und am 1. August 2022 in Kraft getretene Gesetz zur Umsetzung der Digitalisierungsrichtlinie (DiRUG) wurden zunächst online durchgeführte Beurkundungen für Bargründungen von GmbHs und Beglaubigungen für bestimmte Handelsregisteranmeldungen im deutschen Recht ermöglicht. Nach wie vor zwingend ist demzufolge die Mitwirkung eines Notars. Die technische Umsetzung erfolgt über das von der Bundesnotarkammer betriebene Videokommunikationssystem. Der Identifizierung durch den Notar dienen zulässige elektronische Identifizierungsmittel (eID). Qualifizierte elektronische Signaturen ersetzen die Unterschriften der Beteiligten. Der Anwendungsbereich des notariellen Online-Verfahrens wurde kurze Zeit später signifikant durch das Gesetz zur Ergänzung der Regelungen zur Umsetzung der Digitalisierungsrichtlinie (DiREG) vom 15. Juli 2022 erweitert. Zwar konnte die SUP die bezweckte Vollharmonisierung nicht herbeiführen. Die dadurch ausgelöste Digitalisierung des Gesellschaftsrechts schafft allerdings eine gemeinsame Grundlage für eine supranationale europäische GmbH, die diesbezüglich auf einen vorhandenen Besitzstand der EU zurückgreifen kann.[401]

---

und das britische *Companies House* aufführt; *Beurskens*, GmbHR 2014, 738 (744 ff.), thematisiert die Umgehung des deutschen Handelsregisterrechts, bietet aber konstruktive Vorschläge an, wie die Identifizierung der Gründer mit technischen Mitteln durchgeführt werden kann. Ebenso mit einer praxisbezogenen Bewertung des Nutzens der notariellen Aufklärung und Beratung bei der Gründung von Einpersonengesellschaften mit geringem Mindestkapital; *Bayer/Schmidt*, a. a. O. (Fn. 388), S. 1223, bezeichnen die SUP als „trojanisches Pferd", da so „durch die Hintertür" die Harmonisierung des gesamten nationalen Kapitalgesellschaftsrechts droht; *Jung*, a. a. O. (Fn. 382), § 9 Rn. 3 m. w. N.; *Wicke*, ZIP 2014, 1414 (1415 f.), weist auf eine widersprüchliche Politik der Kommission hin, die auf hohe Standards bei der Identifizierung des Gründers verzichtet, aber gleichzeitig bestrebt ist, Geldwäsche zu bekämpfen bzw. Transparenz zu schaffen.

[400] *Pentz*, in: Rowedder/Pentz, GmbH-Gesetz, Einleitung, Rn. 334.

[401] Hierzu vgl. *Teichmann/Götz*, a. a. O. (Fn. 389), S. 261 ff. und S. 283 f.; *Bormann/Stelmaszczyk*, NZG 2019, 601; einen Überblick zum DiRUG und DiREG bieten: *Stelmaszczyk*, in: Beck'sches Notar-Handbuch, § 31 Rn. 468 ff.; *Kienzle*, DNotZ 2021, 590 ff.; *Heckschen/Knaier*, NZG 2021, 1093 ff.

3. Die Europäische Stiftung

Der Vollständigkeit halber soll auf eine weitere unvollendete europäische supranationale Rechtsform aufmerksam gemacht werden – die *Fundatio Europaea* (FE), also die Europäische Stiftung.

a) Supranationalität im Stiftungswesen

Der Ruf nach einer FE ist vergleichsweise jung, da konkrete Vorüberlegungen erst zu Beginn dieses Jahrtausends zu verorten sind. Im oben erwähnten Bericht der *Winter*-Gruppe wurde die Einführung einer Europäischen Stiftung in Erwägung gezogen und der (ebenfalls im Zusammenhang mit der Europäischen Privatgesellschaft) thematisierte Aktionsplan der Kommission von 2003 zog die mittelfristige Ausarbeitung eines Vorschlags über die FE in Betracht. Vorher musste jedoch eine Studie in Auftrag gegeben werden, in der die Realisierbarkeit eines solchen Statuts eingehend geprüft wird. Die ersten Privatentwürfe für eine FE gehen auf Initiativen der Praxis und Wissenschaft aus den Jahren 2005 und 2006 zurück. So veröffentlichte das *European Foundation Centre* („EFC") 2005 Empfehlungen für die Kernelemente eines künftigen Statuts.[402]

Im Frühjahr 2007 veranstaltete die Europäische Kommission eine Ausschreibung zur Durchführung der besagten Machbarkeitsstudie. Das Max-Planck Institut für ausländisches und internationales Privatrecht in Hamburg und die Universität Heidelberg (insbesondere das *Centre of Social Investment and Investigation* (CSI) und die Juristische Fakultät) gewannen als Konsortium den Auftrag. Im November 2008 wurde die Machbarkeitsstudie finalisiert.[403] Ein Blick auf die Gründe, die von der Machbarkeitsstudie für eine Einführung der FE aufgeführt werden, macht die

---

[402] *Hopt/von Hippel*, ZEuP 2013, 235 (237) m. w. N.; der Report of the High Level Group of Company Law Experts on a modern regulatory framework for company law in Europe, 4 November 2002, S. 120 ff., äußerte im Zusammenhang mit einem Europäischen Verein (s. hierzu II. Teil, Kapitel III. 5.), einer Europäischen Gegenseitigkeitsgesellschaft (*European Mutual Society*) und einer Europäischen Stiftung, dass all diese Vorhaben grundsätzlich nützliche Instrumente für eine europaweite Tätigkeit sind. Die *Winter*-Gruppe weist außerdem darauf hin, dass es sich hierbei nicht um kurz- oder mittelfristige Projekte handelt. Im Übrigen wäre anstelle von Verordnungen der Weg über „Modellgesetze" erfolgsversprechender. Die genannten Rechtsformen dürften nicht zur Umgehung von Transparenzanforderungen missbraucht werden. Fernerhin findet die befürchtete Konkurrenz zu nationalen Rechtsformen Erwähnung; EFC, Response to the European Commission proposal for a Regulation on the Statute for a European Foundation (FE), 15 November 2012 (abrufbar unter: https://www.europarl.europa.eu/cmsdata/193240/20121126ATT56288EN-original.pdf#:~:text=The%20European%20Foundation%20Centre%20(EFC)%20welcomes%20the%20proposed, zuletzt aufgerufen am: 04. 05. 2025), S. 1; Modernisierung des Gesellschaftsrechts und Verbesserung der Corporate Governance in der Europäischen Union – Aktionsplan, KOM(2003) 284 endg., S. 26.

[403] Feasibility Study on a European Foundation Statute, Final Report (abrufbar unter: https://archiv.ub.uni-heidelberg.de/volltextserver/18688/1/feasibilitystudy_en.pdf, zuletzt aufgerufen am: 20. 09. 2024), S. 8.

Parallelen zu der Entwicklung anderer Rechtsformen des Gemeinschaftsrechts deutlich:[404]

1. Die europäische Stiftungslandschaft ist eine gewichtige ökonomische Größe. Trotz statistischer Ungenauigkeiten zeigten empirische Analysen, dass Stiftungen in Europa Vermögenswerte zwischen 350 Milliarden und 1 Billion EUR verwalten. Die Ausgaben rangieren im Bereich zwischen 83 und 150 Milliarden EUR. Zum Vergleich führt die Studie die Situation in den USA auf. Das volkswirtschaftliche Stiftungsvermögen dort beträgt ca. 300 Milliarden EUR bei Ausgaben von 29 Milliarden EUR.
2. Die gemeinnützige Stiftung ist die bedeutendste Form, die in allen Mitgliedstaaten anerkannt ist. Insgesamt lassen sich in den verschiedenen Ländern erhebliche regulatorische Unterschiede im Stiftungsrecht feststellen. Doch überwiegen die Gemeinsamkeiten die Unterschiede auf dem Gebiet des Rechts der gemeinnützigen Stiftungen.
3. Für grenzüberschreitende Aktivitäten von Stiftungen existieren zivil- und steuerrechtliche Hürden. Als größte Herausforderung des Zivilrechts erwies sich die Sitzverlegung. Im Hinblick auf die Verlegung des Verwaltungssitzes in einen Staat, dessen Rechtsordnung der Sitztheorie folgt, bestand ein erhebliches Maß an Rechtsunsicherheit. Trotz guter Gründe dafür, dass dies ein von der Niederlassungsfreiheit geschützter Vorgang sei, der nicht zur Auflösung der Stiftung führen dürfe, gab es mangels einschlägiger EuGH-Rechtsprechung keine Gewissheit für gemeinnützige Organisationen. In Bezug auf die steuerliche Anerkennung der Gemeinnützigkeit von ausländischen Stiftungen und die Gewährung von Steuervergünstigungen an inländische Spender gebe es zwar entsprechende Rechtsprechung des EuGH. Demnach sei eine im Vergleich zu nationalen Sachverhalten diskriminierende Behandlung verboten, sofern die ausländische Stiftung bzw. Organisation nachweisen kann, dass sie die Voraussetzungen der Gemeinnützigkeit des inländischen Rechts erfüllt. Aufgrund der bleibenden Notwendigkeit, die Voraussetzungen der inländischen Steuervorschriften zu kennen und zu befolgen, und der Tatsache, dass es sich bei den Entscheidungen des EuGH um *case law* im Einzelfall handelt, gebe es auch aus steuerlicher Sicht eine erhebliche Rechtsunsicherheit.[405]
4. Bei den aus den Unwägbarkeiten resultierenden Kosten unterscheidet die Machbarkeitsstudie zwischen „kalkulierbaren“ und „unkalkulierbaren“ Kosten. Letztere betreffen „psychologische“ Kosten und solche, die dadurch entstehen, dass philanthropische Aktivitäten (es geht hierbei um gemeinnützige Stiftungen) aufgrund der tatsächlichen oder wahrgenommenen Hindernisse unterlassen werden. Die kalkulierbaren Kosten betragen bei konservativer Schätzung zwi-

[404] Zu den folgenden Punkten vgl. Feasibility Study on a European Foundation Statute, Final Report, Executive Summary, S. 1 ff.

[405] Hierzu insbesondere auch *Stöber*, DStR 2012, 804 f.

schen 90 Millionen und 139 Millionen EUR. Solche Zahlen sind als ein Minimum zu verstehen, da das Potenzial für einen Anstieg an philanthropischen Tätigkeiten in Europa als vorhanden eingeschätzt wurde.

5. Die Forscher analysierten fünf verschiedene Maßnahmen zur Senkung von Kosten für die grenzüberschreitende Tätigkeit von Stiftungen: das Verharren auf dem *Status quo*, die Harmonisierung des Stiftungsrechts in 27 Mitgliedstaaten oder der Abschluss von bilateralen Abkommen. Die vorgenannten Maßnahmen erschienen den Experten ungeeignet respektive unrealistisch. Am sinnvollsten sei eine *European Foundation.* Präzise weisen die Forscher darauf hin, dass eine solche Rechtsform nur dann wirklich zu einer Senkung von Transaktionskosten führen könne, wenn das zugrundeliegende Statut mehr dem Kommissionsentwurf für eine SPE als der rudimentären SE-VO ähnelt. Im Raum stünden Kostensenkungen von 48 Millionen EUR bis 77 Millionen EUR ebenso wie die Reduzierung von nicht quantifizierbaren Kosten. Die fünfte Option wäre die Bereitstellung einer *European Foundation*, die *zudem* in allen Mitgliedstaaten aufgrund ihrer anerkannten Gemeinnützigkeit steuerliche Vergünstigungen genießt. Dies aber setzte die Einführung von gemeinsamen Steuervorschriften voraus, was den Verfassern zu Recht als ein schwieriges Unterfangen erscheint. Gleichwohl wäre die Festlegung auf den kleinsten gemeinsamen Nenner zwischen den Mitgliedstaaten vorstellbar. Im Falle der Umsetzung dieses Vorschlags sei mit Kostensenkungen von ca. 91 Millionen EUR bis 102 Millionen EUR zu rechnen.
6. Nicht nur auf die Kosten könne eine *European Foundation* positiven Einfluss entfalten. Zu den weiteren vorteilhaften Effekten gehört die Anreizfunktion für Stiftungen, international tätig zu werden. Durch eine höhere Visibilität der Rechtsform Stiftung könnte ebenfalls positiver Einfluss auf die Höhe altruistischer Geldflüsse innerhalb Europas ausgeübt werden (mehr Private und Unternehmen, die Gelder für gemeinnützige Zwecke spenden). Weiterhin wäre eine supranationale Stiftung besser geeignet, um Kapital aus Drittstaaten anzuziehen.

An diesen Überlegungen lässt sich demnach feststellen, dass der ausschlaggebende Impuls für die Kreierung einer FE die Senkung von Transaktionskosten ist. Die Herangehensweise für die Legitimation des Vorhabens erinnert an die ökonomischen Betrachtungen im Rahmen des *Ciampi*-Berichtes aus dem Jahre 1995 (vgl. I. Teil, Kapitel VIII.), dem kein unerheblicher Beitrag zum Gelingen der SE beigemessen wird. In der Natur der Sache ist begründet, dass die steuerliche Anerkennung der Gemeinnützigkeit einen besonderen Faktor für das Projekt darstellte. Am 8. Februar 2012 präsentierte die Europäische Kommission ihren Vorschlag für eine FE („FE-VO“).[406] Die Kommission bezog sich in der Begründung zum Vorschlag auf die Machbarkeitsstudie und kam im Zuge der Folgenabschätzung auf dasselbe Ergebnis: Ein Statut der Europäischen Stiftung mit Steuerregelung sei „am

[406] Vorschlag für eine Verordnung des Rates über das Statut der Europäischen Stiftung (FE), COM(2012) 35 final.

besten geeignet, um die grenzüberschreitenden Hindernisse für Stiftungen und Spender zu beseitigen und den Transfer von Geldern für gemeinnützige Zwecke zu erleichtern".[407] Bei den zwischen 2008 und 2012 durchgeführten Anhörungen der verschiedenen Interessenträger kristallisierte sich heraus, dass sich zwar die Stiftungen nachdrücklich für das Statut aussprachen, jedoch Behörden und zum Teil auch Unternehmensverbände in Bezug auf den Bedarf und die Durchführbarkeit skeptischer positioniert waren. Die Kommission war bemüht, eben diesen Bedenken Rechnung zu tragen, indem beispielsweise der Anwendungsbereich des Statutes eingeschränkt wurde.

Dennoch hat zum Beispiel der deutsche Bundesrat in seiner Stellungnahme im Jahre 2012 Vorbehalte hinsichtlich der grundsätzlichen Notwendigkeit der FE, hinsichtlich der angeführten europarechtlichen Ermächtigungsgrundlage (Art. 352 AEUV) sowie einzelner Regelungen des Vorschlags angeführt. Nach der Verabschiedung eines Zwischenberichts mit Änderungswünschen durch das Europäische Parlament haben 2014 Vertreter der Mitgliedstaaten über einen Konsens verhandelt. Im Ergebnis sollen Deutschland und sieben andere Mitgliedstaaten gegen den Entwurf votiert haben. Im Dezember desselben Jahres kündigte die Kommission an, das Gesetzgebungsvorhaben nicht weiter zu verfolgen, da es keine Aussicht auf die notwendige Einstimmigkeit gebe.[408] Erwähnenswert ist, dass die Regierungsparteien im Koalitionsvertrag für die 20. Legislaturperiode den Wunsch nach EU-Rechtsformen für Stiftungen und Vereine erneuerten. Somit handelt es sich bei der Europäischen Stiftung nicht um eine vergessene Idee, deren Wiederauflage vollkommen abwegig wäre.[409]

b) Eckpunkte des Verordnungsvorschlags

Die Rechtsgrundlage für die Verordnung ist erwartungsgemäß Art. 352 AEUV. Die Hauptmerkmale lassen sich laut Begründung folgendermaßen zusammenfassen:

> „Eine FE ist eine gemeinnützige Einrichtung mit Rechtspersönlichkeit, die in allen Mitgliedstaaten der EU voll rechtsfähig ist. Sie ist insofern grenzübergreifend angelegt, als sie in mindestens zwei Mitgliedstaaten tätig ist oder ihre Satzung eine solche Tätigkeit als Ziel

[407] Vorschlag für eine Verordnung des Rates über das Statut der Europäischen Stiftung (FE), COM(2012) 35 fi-nal, S. 3 ff.

[408] *Schlüter/Stolte*, Stiftungsrecht, Kapitel 8: Internationales Stiftungsrecht, Rn. 29 ff.; BR-Drs. 74/12, S. 1 ff.; Anhang zur Mitteilung der Kommission an das Europäische Parlament, den Rat, den Europäischen Wirtschafts- und Sozialausschuss und den Ausschuss der Regionen, Arbeitsprogramm der Kommission für 2015, Ein neuer Start, COM(2014) 910 final, Annex 2, S. 13.

[409] *Geibel*, GPR 2022, 1; Mehr Fortschritt wagen, Koalitionsvertrag 2021–2025 zwischen SPD, Bündnis 90/Die Grünen und FDP (abrufbar unter: https://www.spd.de/fileadmin/Dokumente/Koalitionsvertrag/Koalitionsvertrag_2021-2025.pdf, zuletzt aufgerufen am 02.10.2024), S. 105.

vorgibt. Ihr Vermögen muss bei ihrer Gründung mindestens 25.000 EUR entsprechen. Die FE darf einer wirtschaftlichen Tätigkeit nachgehen, solange der Gewinn zur Verfolgung ihres gemeinnützigen Zwecks im Sinne der Verordnung verwendet wird. Aus Gründen der Rechtssicherheit werden die im Zivil- und Steuerrecht der meisten Mitgliedstaaten akzeptierten gemeinnützigen Zwecke erschöpfend aufgeführt."[410]

Die Einschränkung des Anwendungsbereichs der FE auf gemeinnützige Zwecke (vgl. Erwägungsgrund 7) ist in Art. 5 Abs. 1 FE-VO verankert. Abs. 2 enthält eine abschließende Aufzählung derartiger Zwecke. Hier sind beispielhaft Kunst und Kultur, Umweltschutz, Sozialfürsorge sowie Wissenschaft, Forschung und Innovation zu nennen.

Art. 12 trifft Aussagen zu den Gründungsweisen: Stiftungstypisch kann die FE nach Art. 12 Abs. 1 lit. a) durch eine Verfügung von Todes wegen errichtet werden. Nach Art. 12 Abs. 1 lit. b) ist ebenfalls die Errichtung unter Lebenden durch notarielle Urkunde oder schriftliche Erklärung zulässig. Als weitere Varianten sind die Verschmelzung und die Umwandlung von gemeinnützigen Einrichtungen mit Sitz in demselben Mitgliedstaat oder in verschiedenen Staaten vorgesehen. Dabei ist der Begriff „gemeinnützige Einrichtung" in Art. 2 Abs. 5 legaldefiniert und meint letztlich nationale Stiftungen mit gemeinnütziger Zweckbestimmung.

Gemäß Art. 27 wird die FE von einem Vorstand geleitet, der sich mindestens aus drei Mitgliedern zusammensetzt. Dem Vorstand obliegt die Vertretung der Europäischen Stiftung gegenüber Dritten, Art. 33. Fakultativ kann der Vorstand für die laufende Geschäftsführung unter seiner Weisung einen oder mehrere geschäftsführende Direktoren bestellen, Art. 30 Abs. 1. Generell ist der innere Aufbau einer FE recht flexibel, da nach Art. 31 die Satzung zusätzlich einen Aufsichtsrat und andere Organe vorsehen kann.

Auch dieser Entwurf entbehrt nicht der für supranationale Rechtsformen typischen Regelung zur Sitzverlegung innerhalb der Union, vgl. Art. 36 f. FE-VO. Besonders ist, dass Kapitel VI vereinheitlichte Regelungen zur Beendigung der FE enthält. Art. 43 und Art. 44 regeln die Abwicklung und legen damit die Liquidation nicht wie üblich in die Hände des Rechts der Mitgliedstaaten. Kapitel VIII enthält Vorgaben für die steuerliche Behandlung der FE. Wie von der Kommission angekündigt, wird eine Gleichstellung der Behandlung der FE, ihrer Spender und der von ihr Begünstigten mit inländischen Sachverhalten vollzogen.

---

[410] Vorschlag für eine Verordnung des Rates über das Statut der Europäischen Stiftung (FE), COM(2012) 35 final, S. 6.

4. Die *SES* – der finale Anlauf in Richtung europäischer Privatgesellschaft?

Die gegenwärtig am meisten antizipierte Rechtsform des Unionsrechts ist die *société européenne simplifiée* (nachfolgend SES). Der Idee zur Einführung einer SES ist eine Fortsetzung der Bemühungen um die Einführung einer europäischen Privatgesellschaft für KMU.[411] Erneut erweist sich Frankreich bzw. der französische Einfluss als Innovationsmotor für die Erweiterung des Rechtsformtableaus des Unionsrechts. So dient z. B. – mehr noch als bei der SPE – die französische *société par actions simplifiée* (SAS) als Inspirationsquelle für die derzeitigen Diskussionsgrundlagen rund um die neue Gesellschaftsform.[412] Doch auch seitens der deutschen Rechtswissenschaft wurde ein wesentlicher Beitrag zum aktuellen Arbeitsstand geleistet.

a) Hintergründe der aktuellen Entwicklung

Das Streben nach einer supranationalen „Alleskönner"-Kapitalgesellschaft mit beschränkter Haftung steht im sachlichen Zusammenhang mit den Überlegungen über die Harmonisierung des deutsch-französischen Rechts und mit nichts Geringerem als der Arbeit von Juristen aus verschiedenen Mitgliedstaaten an der Einführung eines Europäischen Wirtschaftsgesetzbuches. Im Jahre 2020 hat die französische Juristenvereinigung *Association Henri Capitant* (AHC) der Deutsch-Französischen-Parlamentarischen Versammlung (DFPV) zur Verfolgung der soeben erwähnten Gegenstände diverse Regelungsentwürfe vorgelegt. Bei der DFPV handelt es sich um ein Gremium, das aus 50 Abgeordneten des Deutschen Bundestages und der französischen *Assemblée Nationale* zur Förderung der Zusammenarbeit der Parlamentarier beider Länder besteht. Die AHC hat der Parlamentarischen Versammlung Ende 2020 auch ein SES-Statut vorgestellt (nachfolgend „AHC-Entwurf").[413] Dieses Statut soll Bestandteil des Europäischen Wirtschaftsgesetzbuches sein, das über zwei Teile verfügt. Im „Allgemeinen Teil" sollen gemeinsame Regeln für alle Rechtsformen kodifiziert werden. Im „Besonderen Teil" sind die speziellen Regeln für die einzelnen europäischen Rechtsformen (SE, SCE, EWIV und SES) enthalten. Für die Ausarbeitung des Vorentwurfs ist eine deutsch-französische Arbeitsgruppe unter der Leitung des Präsidenten der AHC, Philippe Dupichot, verantwortlich gewesen. Dieser Arbeitsgruppe gehörten Rechtsprofes-

---

[411] Association Henri Capitant, Entwurf für ein Europäisches Wirtschaftsgesetzbuch, Regelungsentwurf zur Vereinfachten Europäischen Gesellschaft (abrufbar unter: https://henricapitant.de/content/wb/media/Ceda/TexteDe/Avant-projet_Gesellschaftsrecht_DE_FR.pdf, zuletzt aufgerufen am: 25. 08. 2024) (nachfolgend zitiert als „AHC-Entwurf"), Einleitung, S. 2: „Es ist daher an der Zeit die gescheiterten Projekte Europäische Privatgesellschaft (EPG) und der Societas Unius Personae (SUP) hinter sich zu lassen […]."

[412] Hierzu und zum Vergleich mit der Entwicklungsgeschichte der *société par actions simplifiée* vgl. den lehrreichen Aufsatz von *Trinks*, ZEuP 2023, 83 ff.

[413] Vgl. *Gruber/Herrmann/Lehmann/Schulze/Teichmann*, EuZW 2021, 413 ff.; *Trinks*, a. a. O. (Fn. 412), S. 87.

soren sowie Praktiker beider Länder an. Als Co-Leiter wirkte der deutsche Experte für Europäisches Gesellschaftsrecht Christoph Teichmann mit.[414]

Die DFPV sprach sich in einem Beschluss vom 28. Juni 2021 für die Notwendigkeit einer neuen supranationalen Rechtsform und die Fortsetzung der Arbeiten an einer „Vereinfachten Deutsch-Französischen Gesellschaft" bzw. „VDFG" (so bezeichnet das Gremium die SES) aus. Die Regierungen Deutschlands und Frankreichs wurden aufgefordert: „Die Abstimmung zwischen dem Regelungsentwurf zur SES, der als Grundlage für die VDFG dienen würde, den nationalen Rechtsordnungen und dem europäischen Recht zu vertiefen und abschließende Betrachtungen hierzu in einem gemeinsamen Informationsbericht festzuhalten." Kleine und mittlere Unternehmen sowie deren Rechtsberater seien intensiver in die Reflexionen über eine VDF einzubinden. Zutreffend stellten die Abgeordneten fest, dass der Rückgriff auf die bestehenden europäischen Gesellschaftsformen den Interessen der Wirtschaftsteilnehmer nicht genügt. Im Falle der Europäischen Aktiengesellschaft seien das Grundkapital von 120.000 EUR für kleinere Unternehmen abschreckend sowie ihr rigider Rechtsrahmen hinderlich. Die SCE leide an den zahlreichen Verweisen auf nationales Recht, während bei der EWIV zu diesem Defizit noch ihr spezieller Rechtscharakter hinzukommt.[415]

Zum Zeitpunkt der Abfassung der zugrunde liegenden Arbeit befindet sich ein weiteres Dokument für ein Statut im Umlauf. Am 31. März 2021 stellte das *Haut Comité Juridique de la Place Financière de Paris* (HCJP) einen Bericht über die *Société Européenne Simplifiée* vor (nachfolgend „HCJP-Entwurf").[416] Im ersten Teil beschäftigt sich der Bericht ebenfalls mit der Notwendigkeit einer weiteren Rechtsform. Das neue Projekt SES stehe laut dem Bericht in der Kontinuität mit einem in der *Sorbonne*-Rede des französischen Staatspräsidenten Emmanuel Macron im Jahre 2017 geäußerten Ansatz. Im Vertrag von Aachen vom 22. Januar 2019 wurde dieser Ansatz konkretisiert, indem Art. 201 des besagten Vertrags die Errichtung einer deutsch-französischen Wirtschaftszone mit gemeinsamen Regeln und das Hinwirken auf die bilaterale Harmonisierung der Rechtsvorschriften beider Länder, insbesondere im Bereich des Wirtschaftsrechts, festschreibt. Um Behörden die Evaluation zu ermöglichen, ob ein neuer Versuch zur Einführung einer Europäischen Privatgesellschaft unternommen werden sollte, wurde vom HCJP eine Arbeitsgruppe aus Wissenschaftlern, Rechtsanwälten und Vertretern von Interessengruppen zusammengestellt. Die Arbeitsgruppe sollte zu wesentlichen Merkmalen der Rechtsform Vorschläge unterbreiten. Da der Schwerpunkt der Arbeit des HCJP darauf gerichtet war, wichtige und teilweise auch umstrittene Vorfragen zu

---

[414] AHC-Entwurf, S. 4.

[415] Beschluss der DFPV vom 28. Juni 2021, Dokument Nr. 2021/4, S. 3 f., 7.

[416] HCJP, Rapport sur la Société Européenne Simplifiée (SES) (aufrufbar unter: https://www.banque-france.fr/system/files/2023-10/rapport_40_f.pdf, zuletzt aufgerufen am: 01.09.2024) (nachfolgend zitiert als „HCJP-Entwurf").

regeln, ist die Bezeichnung des Berichts als Entwurf missverständlich. Es liegt gerade kein Regelwerk vor, das Anspruch auf Vollständigkeit erhebt.[417]

Bevor zu den konkreten Empfehlungen geschritten wird, referiert der Bericht über die Entwicklung der SPE. Er unterstreicht, dass Vorarbeiten aus Frankreich die Ausarbeitung des Verordnungsentwurfs von 1998 ermöglicht hätten und dass die französische SAS mit ihrer Vertragsfreiheit schon damals eine Inspirationsquelle für eine Europäische Gesellschaft gewesen ist.[418] Nach der Skizzierung der weiteren Schritte bis zur Verabschiedung des SPE-KOME im Jahre 2008 geht der Bericht prägnant auf die Gründe für das Scheitern des Vorhabens ein. Aufgrund ihrer Bedeutung für die Diskussion um die SES ist es sinnvoll, diese nochmals stichpunktartig wiederzugeben. Das HCJP identifizierte die folgenden Punkte:[419]

- Einige Mitgliedstaaten befürchteten, dass ihre nationalen Gesellschaftsformen weniger attraktiv werden würden (durch die Loskoppelung von nationalem Recht und/oder die eingeräumte Gestaltungsfreiheit für die Satzung). Diesem Punkt ist auch die Diskussion, um die Notwendigkeit eines grenzüberschreitenden Bezugs für die Gründung der SPE zuzuordnen.
- Bestehende Befürchtungen einiger Gewerkschaften (insbesondere in Deutschland), dass die Vorschriften über die Arbeitnehmermitbestimmung umgangen werden könnten.
- Bestehende Befürchtungen einiger Berufsgruppen, dass die Gründung der SPE ihrer Kontrolle entzogen werden könnte („*crainte de certaines professions de voir la constitution des SPE échapper à leur contrôle*“). Diese ein wenig spitze Formulierung bezieht sich vor allem auf die Bedenken des Notariats in Deutschland und Österreich. Diese machten auf das als Problem wahrgenommene *forum shopping* insoweit aufmerksam, als dass bei der Gründung der SPE ein Mitgliedstaat gewählt werden könnte, dessen Rechtsordnung auf die Beteiligung von Notaren für den Gründungsvorgang verzichtet.

Anschließend geht der Bericht auf die SUP ein und erkennt diesbezüglich, dass die Skepsis gegenüber der Digitalisierung des Gründungsverfahrens und das nur symbolische Mindestkapital von einem Euro als *deal breaker* zu identifizieren sind.

b) Auswahl der vorgeschlagenen Regelungen

Da der AHC-Entwurf eher den Charakter einer staatlichen, bilateralen Initiative aufweist, ist diesem bereits dadurch eine höhere Realisierungschance zuzuschrei-

[417] HCJP-Entwurf, S. 5.
[418] HCJP-Entwurf, S. 8 ff.
[419] Vgl. hierzu HCJP-Entwurf S. 10 ff.

ben.[420] Aus diesem Grund wird vorrangig dessen Inhalt beleuchtet. Abweichungen im HCJP-Entwurf sollen allerdings ebenfalls aufgeführt werden.

Die genaue Bezeichnung der SES variiert. Während das Akronym nach Art. 1.1.1. Abs. 1 des AHC-Entwurfs für *Societas Europaea Simplificata* steht, wird es im HCJP-Entwurf für *Societas Europaea Simplicior* verwendet.[421]

Nach Art. 2.1.1. des AHC-Entwurfs kann die SES im Wege der Neugründung oder durch eine umwandlungsrechtliche Maßnahme errichtet werden. Ein grenzüberschreitender Bezug ist nicht vonnöten. Der HCJP-Entwurf verlangt, dass die umwandlungsrechtliche Maßnahme (mit Ausnahme des Formwechsels) grenzüberschreitend durchgeführt wird. Daneben ist ebenso die Gründung *ab initio* eröffnet. Des Weiteren argumentiert das HCJP mit dem unionsrechtlichen Subsidiaritätsprinzip und fordert aus diesem Grund zumindest irgendein grenzüberschreitendes Kriterium für die SES. Hierfür genügt die europäische Ausrichtung des Gesellschaftszweckes in der Satzung. Der Unternehmensgegenstand soll auf eine Tätigkeit ausgerichtet sein, die auf dem Gebiet von mindestens zwei Mitgliedstaaten ausgeübt wird.[422]

Deutliche Differenzen zwischen den Entwürfen offenbaren sich beim Thema Mindestkapital. Während Art. 2.1.3. des AHC-Entwurfs ein Stammkapital in Höhe von 12.000 EUR vorsieht, spricht sich der HCJP-Entwurf ausdrücklich gegen ein solches aus. Als Grund für den Verzicht auf eine gesetzlich festgelegte Kapitalausstattung wird vorgebracht, dass diese in der Praxis ihre Funktion als Gläubigersicherheit eingebüßt habe.

Hinsichtlich der erlaubten Ausschüttungen folgt der AHC-Entwurf nicht der Linie des Rechts der GmbH, sondern knüpft an Mechanismen vorheriger Entwürfe für eine SPE und SUP an. Nach Art. 4.1.1. kann die SES auf Vorschlag eines Geschäftsführers Dividenden, Prämien oder Rücklagen an die Aktionäre ausschütten, sofern das Aktivvermögen der Gesellschaft nach dieser Ausschüttung weiterhin die Verbindlichkeiten und das Stammkapital deckt. Mithin wird eine Kombination aus Bilanz- und Solvenztest inzident vorgesehen.[423]

Die Regelung über die interne Organisation nach Art. 3.1.1. des AHC-Entwurfs drückt die für die SES typische Gestaltungsfreiheit aus. Neben der zwingend vorgesehenen Gesellschafterversammlung und dem Geschäftsführer können auf der Grundlage der Satzung weitere Organe eingerichtet werden, Art. 3.1.1. Abs. 2. Die Satzung habe das Verfahren der Bestellung, die Aufgabenzuweisung sowie die Befugnisse im Innenverhältnis festzulegen. Darüber hinaus kann die Satzung vorsehen, dass eine Geschäftsordnung für das jeweilige fakultative Organ erlassen

---

[420] So auch *Jung/Haag*, GPR 2023, 169 (170), im Übrigen gleichermaßen mit einer Analyse des Vorschlags der AHC.

[421] HCJP-Entwurf, S. 6 Fn. 4.

[422] Vgl. HCJP-Entwurf, S. 25 ff., 33.

[423] Vgl. auch die Erläuterungen auf S. 34 des AHC-Entwurfs.

wird.[424] Demzufolge kann die SES wie eine GmbH mit einem fakultativen Aufsichtsrat oder einem Beirat ausgestattet werden. Diese Organisationsfreiheit entspricht insbesondere den Interessen von Joint-Venture-Partnern. Das HCJP geht gleichfalls grundsätzlich von einer dualen Struktur bestehend aus den Gesellschaftern und einem sog. *président* oder *gérant* aus, der die Funktionen der Geschäftsführung und Vertretung übernimmt. Den Gründern steht es frei, zusätzliche beratende oder beschließende Kollektivorgane vorzusehen. Als Besonderheit lässt sich anführen, dass zusätzlich zum *président* die sog. *directeurs généraux* ernannt werden können. Auf die Direktoren können Geschäftsführungsbefugnisse in verschiedenem Umfang übertragen werden. Im Außenverhältnis sind die Direktoren ebenfalls berechtigt, die Gesellschaft gegenüber Dritten zu vertreten.[425]

Es ist naheliegend, dass dem Umgang der Vorschläge mit der Arbeitnehmermitbestimmung separate Betrachtung gebührt. Nach dem AHC-Entwurf unterliegt die SES grundsätzlich den nationalen Vorschriften des Sitzstaates.[426] Die Überlegungen des HCJP sind ähnlich, allerdings etwas differenzierter und unterscheiden danach, ob die SES durch grenzüberschreitende Umwandlung oder *ab initio* gegründet wird. Im ersten Fall sollen die Modalitäten der Arbeitnehmermitbestimmung entsprechend der Gesellschaftsrechtsrichtlinie RL 2017/1132 (geändert durch RL 2019/2121 hinsichtlich grenzüberschreitender Umwandlungen) herangezogen werden. D.h. es gilt grundsätzlich das Recht des Zuzugsstaates, es sei denn, die durchschnittliche Anzahl der Arbeitnehmer der übertragenden/formwechselnden Gesellschaft entspricht vier Fünfteln des mitbestimmungsrechtlich relevanten Wertes des Herkunftsstaates oder der Umwandlungsvorgang würde zu einer Verschlechterung des geltenden Mitbestimmungsniveaus führen. Dann müssen nämlich die für die SE geltenden Grundsätze (Einrichtung eines Verhandlungsgremiums und eventueller Einsatz einer Auffanglösung) mit einigen Besonderheiten für grenzüberschreitende Umwandlungen beachtet werden. Bei einer Gründung *ab initio* soll dagegen in der Regel unmittelbar das nationale Recht zur Anwendung kommen.[427]

Beide Dokumente erkennen die naheliegende Gefahr der Flucht aus der Mitbestimmung und schlagen unterschiedliche Wege vor, wie mit der Erscheinung des *law shopping* umzugehen ist, die durch das zulässige Auseinanderfallen des Satzungs- vom Verwaltungssitz ermöglicht wird. Der Entwurf der AHC erlaubt nach Art. 1.1.2. Abs. 3 die Anwendung zwingender Rechtsvorschriften durch den Mitgliedstaat, in dem sich der Verwaltungssitz der Gesellschaft befindet. Hierzu gehören u.a. Normen betreffend die Mitbestimmung der Arbeitnehmer im Verwaltungs- oder Aufsichtsorgan der Gesellschaft, das Strafrecht, das Arbeits- und So-

[424] AHC-Entwurf S. 15.

[425] HCJP-Entwurf, S. 34 f.

[426] Die folgt für den AHC-Entwurf mangels anderweitiger ausdrücklicher Regelung wohl aus Art. 1.1.2. Abs. 2.

[427] Vgl. HCJP-Entwurf, S. 62 ff., mit einer übersichtlichen Darstellung der maßgeblichen Bestimmungen in der RL 2017/1132 (Art. 86 l und Art. 133).

zialrecht sowie das Steuerrecht. Derweil sieht das Hohe Juristische Komitee des Finanzplatzes von Paris einen ergänzenden Regelungsbedarf nur bei der Gründung *ab initio*, da ansonsten der oben erwähnte Mechanismus der Richtlinie angewandt wird. Hier schlägt das Komitee vor, eine „Anti-Missbrauchs-Bestimmung" einzuführen. Ein solches System gegen die Umgehung der Mitbestimmung erscheine nach Ansicht der Verfasser allerdings nur in einem einzigen Fall notwendig zu sein, der zudem in der Praxis selten vorkomme. Das wäre die Gründung einer SES in einem Mitgliedstaat mit niedrigen Anforderungen an die Mitarbeiterbeteiligung durch die Einbringung von Anteilen von Unternehmen, die ein Mitbestimmungssystem eingeführt haben und deren Sitz sich in Staaten mit höheren Anforderungen an die Mitbestimmung befindet. Um prophylaktisch eine Flucht aus der Mitbestimmung zu verhindern, würde die Anti-Missbrauchs-Regelung dann aktiviert werden, wenn die durchschnittliche Anzahl der Arbeitnehmer der Gesellschaften, deren Anteile in die SES eingebracht werden, in den sechs Monaten vor der Veröffentlichung des Entwurfs zur Gründung der SES vier Fünftel des Schwellenwerts beträgt, der im nationalen Recht des Mitgliedstaates, in dem diese Gesellschaften ihren Sitz haben, für die unternehmerische Mitbestimmung festgelegt ist.[428]

c) Erfolgsaussichten des Vorhabens

Vor dem Hintergrund der meistens langwierigen oder glücklosen Entstehungsverläufe anderer supranationaler Rechtsformen stellt sich für die SES die Frage nach den Chancen für das Gelingen des Projektes. Die DFPV hat sich im Beschluss vom 28. Juni nicht nur euphorisch über den AHC-Entwurf geäußert, sondern auch auf einige Probleme der aktuellen Fassung des entsprechenden Regelungsentwurfs aufmerksam gemacht. Diese wären im Einzelnen:[429]

1. Die neue Gesellschaftsform dürfe nicht dazu verwendet werden, um die Unternehmensmitbestimmung nach deutschem Recht zu umgehen. Die Nennung dieser Thematik an erster Stelle spricht für sich. Die angehörten Sachverständigen sind in Bezug auf die im Regelungsentwurf gefundene Lösung zum Schutz der Beteiligung der Arbeitnehmer in den Unternehmensorganen der SES gespaltener Meinung. Feststeht, dass der „kollisionsrechtliche" Ansatz[430] gegenüber den bisherigen Regelungsmodellen in anderen Statuten (Verweis auf nationales Recht des Sitzstaates und/oder Verhandlungslösung) eine neue Herangehensweise darstellt. Genau dies verleiht diesem Ansatz das Potenzial, einen tragfähigen Konsens herbeizuführen. Der Einsatz einer Verhandlungslösung wie im Falle der SE hätte den Nachteil, dass er (zumindest bei der Gründung *ex nihilo*) die Diskussion um bestimmte Schwellenwerte, bei deren Überschreiten

---

[428] AHC-Entwurf S. 6 f.; HCJP-Entwurf, S. 32.

[429] Zu den folgenden Punkten s. Beschluss der DFPV vom 28. Juni 2021, Dokument Nr. 2021/4, S. 5 ff.

[430] Vgl. *Gruber/Herrmann/Lehmann/Schulze/Teichmann*, a. a. O. (Fn. 413), S. 417.

das Verhandlungsverfahren durchzuführen wäre, neu entfacht. Im Übrigen machen Stimmen in der Literatur zu Recht darauf aufmerksam, dass solche Verhandlungen dem Wesen einer „vereinfachten" europäischen Gesellschaft aufgrund ihrer Komplexität widersprechen. Die Lösung des HCJP-Entwurfs ist jedenfalls hinsichtlich der vorgeschlagenen Anti-Missbrauchs-Regelung bei Gründungen *ab initio* als unzureichend abzulehnen. Über den vom HCJP-Entwurf erwähnten konkreten Fall hinaus würde sich eine solche Regelung durch eine Klausel mit unbestimmten Rechtsbegriffen und ggf. durch weitere nicht abschließende Regelbeispiele äußern müssen. Neben der Rechtsunsicherheit, die dadurch entsteht, kann nicht davon ausgegangen werden, dass dies Staaten wie Deutschland oder Schweden genügen würde. Im Übrigen ist die Argumentation des Komitees abzulehnen, wonach der Einsatz der SES als Holding-Gesellschaft selten vorkommen dürfte respektive die Umgehungsgefahr bei Gründungen *ex nihilo* nur in der seltenen Konstellation der Anteilseinbringung besteht.[431] Der umfassende Einsatz einer europäischen Privatgesellschaft mit beschränkter Haftung als Konzernbaustein wurde bereits thematisiert. Dies ist eben nicht beschränkt auf den Einsatz als Tochtergesellschaft. Schließlich kann eine Gesellschaft in einem Mitgliedstaat mit einem niedrigen Mitbestimmungsniveau etabliert werden und dann durch organisches Arbeitnehmerwachstum von diesem Niveau profitieren.

2. Nicht unumstritten ist der durch das Mindestkapital in Höhe von 12.000 EUR zu gewährleistende Gläubigerschutz. So wird in diesem Kontext bezweifelt, ob ein solches Erfordernis tatsächlich ausreichend ist und der dadurch verfolgte Gläubigerschutz nicht besser durch eine Stärkung insolvenzrechtlicher Instrumente verwirklicht wird. An diesem Kapitalerfordernis sollte nicht gerüttelt werden, falls man das Vorhaben nicht gefährden möchte. Die vorgesehenen 12.000 Euro stellen ein Zwölftel des SE-Grundkapitals dar und bieten damit für KMU eine angemessene Erleichterung. Trotz anderer Möglichkeiten zur Ausgestaltung des Gläubigerschutzes und der Insolvenzverhinderung spricht insbesondere die nachfolgende Erwägung für ein Mindestkapital. Die Rechtsform wird dadurch nämlich unattraktiver für Gründer, die über kein Kapital verfügen oder der Unternehmung schlichtweg kein Kapital anvertrauen würden. Um das Ansehen der SES nicht zu gefährden, wäre ein solcher „Filter" angebracht.[432]

3. Kritisch wird auch das ggf. nach nationalem Recht bestehende Erfordernis der Mitwirkung eines Notars für die Form der Satzung und die Anteilsübertragung gesehen (vgl. Art. 3.1.14. Abs. 1 des AHC-Entwurfs). Hier bemängelt der Beschluss, dass derart unterschiedliche Anforderungen an eine SES „zu Umgehungsversuchen einlüden" und den europäischen Charakter der Gesellschaftsform in Frage stellten. An den unterschiedlichen Anforderungen hinsichtlich der Rolle des Notariats sollte allerdings unbedingt festgehalten werden, falls man

---

[431] Vgl. HCJP-Entwurf, S. 32.

[432] Vgl. *Gruber/Herrmann/Lehmann/Schulze/Teichmann*, a. a. O. (Fn. 413), S. 416.

vorhersehbare Konflikte umgehen möchte. Art. 8 Abs. 2 und Art. 16 Abs. 2 SPE-KOME ließen für die Gründung der SPE und die Übertragung ihrer Anteile das Schriftformerfordernis genügen. Erhebliche Kritik kam seinerzeit aus Deutschland von den Landesjustizverwaltungen und aus dem Bundesrat. Die Erstellung einer wirksamen Satzung wollte man den Gründern nicht anvertrauen und befürchtete so, dass die Registergerichte mit einem enormen Arbeitsaufwand konfrontiert werden, falls der Notar als Kontrollinstanz wegfällt. Der Verzicht auf die notarielle Mitwirkung bei der Anteilsübertragung führe dazu, dass die Inhaberschaft der Anteile unklar sein kann oder im schlimmsten Fall verschleiert wird.[433] Da sich diese Argumente zudem nicht ganz von der Hand weisen lassen, ist der Verweis auf nationales Recht zulasten des Vollstatuts beizubehalten.

4. Des Weiteren werden einige spezifische Punkte genannt, die nach Ansicht einiger Sachverständiger der Präzisierung bzw. Änderung bedürften. So hätte der strenge Vorrang der Satzung auch eine negative Kehrseite. Denn mangels fehlender klarer Grenzen für das Ausmaß der Gestaltungsfreiheit werde Raum für Rechtsmissbrauch geschaffen. Weiterhin müsste Klarheit hinsichtlich der Frage hergestellt werden, ob eine juristische Person als Geschäftsführer fungieren könnte. Der Grund für letztere Anmerkung ist fragwürdig, da Art. 3.1.4. Abs. 1 ausdrücklich auch die Bestellung einer juristischen Person zum Geschäftsführer erlaubt. Zusätzlich könnte auf das Vorbelastungsverbot und die Handelndenhaftung in der Gründungsphase (vgl. Art. 2.1.7.) verzichtet werden, da sie einem in Deutschland überholten Konzept entstammen.[434] Ungeachtet der Berechtigung einzelner Kritikpunkte, dürften die vorgenannten Gegenstände nicht ausschlaggebend für das Gelingen des Projektes sein. Soweit es sich nicht um Rechtsnormen oder Rechtsgrundsätze aus dem Bereich fundamentaler Rechtsinstitute eines Staates handelt, sei die Erzielung eines Konsenses wahrscheinlich. Um Rechtsanwendern Orientierung im Rahmen der vertraglichen Gestaltungsfreiheit zu geben, wäre die Aufnahme von Mustersatzungen im Anhang zum Statut wünschenswert. Obgleich hierauf keine großen Hoffnungen gelegt werden sollten, da sich der Einsatz von Mustersatzungen weder bei der SE noch bei der SPE durchsetzen konnte.

5. Zuletzt wird ein äußerst gewichtiges Manko des AHC-Entwurfs genannt – das Fehlen von konzernrechtlichen Regeln. Zwar existiert mit Art. 3.1.6. eine Regelung zum Einsatz der SES in der Unternehmensgruppe, die zur Ausrichtung der Pflichtenstellung des Geschäftsführers der „beherrschten“ SES am Interesse der Unternehmensgruppe führt. Die Vorschrift stützt sich auf die sog. „*Rozen-*

---

[433] *Poelzig*, ZGR 2023, 571 (582) mit entsprechenden Ausführungen in Fn. 69; *Wedemann*, EuZW 2010, 534 (537 f.).

[434] Zum Meinungsstand in Deutschland betreffend die GmbH vgl. *Merkt*, in: MüKo GmbHG, § 11 Rn. 63 f., 134 ff. Allerdings ist im Hinblick auf die Handelndenhaftung nach wohl h. M. nicht von einem Funktionsverlust, sondern von einem Funktionswandel auszugehen.

blum"-Grundsätze der französischen Rechtsprechung. Diese Grundsätze sind nach Art. 3.1.6. Abs. 3 wiederum dann hinfällig, wenn ein Gewinnabführungs- und Beherrschungsvertrag zwischen herrschender Muttergesellschaft und beherrschter SES besteht, der ohnehin zu einer Ausrichtung der beherrschten Gesellschaft am Konzern führt.[435] Hierbei handelt es sich jedoch nicht um vereinheitlichte Vorschriften zum Abschluss von Unternehmensverträgen. Bereits während der frühen Entwürfe für eine Europäische Aktiengesellschaft gab es ein Bedürfnis nach einem einheitlichen Konzernrecht, das bekanntlich nicht realisiert werden konnte. So sehr dies für die SES wünschenswert ist, ein einheitliches Konzernrecht im Rahmen der Einführung einer supranationalen Rechtsform scheint aufgrund des zusätzlichen Abstimmungsbedarfs unrealistisch.

Zu den Aufgaben, deren Erledigung im Zuge der Fortsetzung der Arbeiten erforderlich ist, äußert der Beschluss wörtlich, dass die „Ermittlung der Gründe für das Scheitern der früheren Vorhaben zur Schaffung einer Europäischen Gesellschaft" notwendig sei.[436] Letztendlich kommt hier der Stellenwert des rechtshistorischen Problembewusstseins für das Gelingen der Initiative zum Ausdruck. Obwohl schon dies begrüßenswert ist, wäre zutreffender hinzuzufügen, dass auch die Gründe für das Scheitern früherer Projekte anderer europäischer Rechtsformen relevant sind. Mehr noch, die Gründe für die Verzögerung realisierter Projekte wären ebenfalls in die Betrachtung einzustellen. Eine derart umfassende Reflexion führt notwendigerweise auf die Berücksichtigung der Entstehungsgeschichte der SE zurück. Freilich unter Beachtung der Andersartigkeit bestimmter Fragestellungen, die sich bei einer geschlossenen Privatgesellschaft mit beschränkter Haftung im Vergleich zu einer börsennotierten Gesellschaft ergeben.

Für den Erfolg der SES spricht, dass die rechtliche Handlungsform noch offiziell festgelegt ist.[437] Zutreffend macht das HCJP darauf aufmerksam, dass die erforderliche Einstimmigkeit im Rat die eigentliche Hürde für die Realisierung der vorangegangenen Projekte war. Würde eine qualifizierte Mehrheit genügen, dann hätte Europa schon seit Jahren eine SES.[438] Dass dies ebenso ein essenzieller Umstand des beschwerlichen Weges zur Verabschiedung der Europa-AG war, zeigt, dass der richtige Ansatz nicht die Erzielung von Kompromissen in allen Details sein kann. Neue paneuropäische Gesellschaftsformen können vorerst durch eine Kooperation von Staaten entwickelt und probeweise eingeführt werden. Der Erfolg dieser Innovationen wird eventuell für sich sprechen und andere Staaten dazu be-

---

[435] AHC-Entwurf, Erläuterungen zu Art. 3.1.6., S. 22 f.

[436] Beschluss der DFPV vom 28. Juni 2021, Dokument Nr. 2021/4, S. 8; auch der HCJP-Entwurf betont auf S. 5, dass das Ziel bei einem neuen Vorschlag wäre, die Lehren aus den vergangenen gescheiterten Initiativen zu berücksichtigen („*L'objectif est ici de tirer les enseignements de l'échec des initiatives conduites jusqu'à présent pour proposer une structure répondant aux attentes des acteurs économiques* [...]").

[437] Der HCJP-Entwurf geht von einer Verordnung aus, vgl. S. 30.

[438] HCJP-Entwurf, S. 14.

wegen, nachzuziehen. In diese Richtung gehen Überlegungen, ein Statut durch bilaterale völkerrechtliche Vereinbarungen, abgestimmte Parallelgesetzgebung oder in Gestalt der Verstärkten Zusammenarbeit gem. Art. 326 ff. AEUV auf den Weg zu bringen. Bei einer Umsetzung durch Instrumente außerhalb des AEUV würde jedenfalls keine supranationale europäische Gesellschaft vorliegen. Zahlreiche Stimmen in der Literatur plädieren für den Erlass einer Verordnung im Verfahren der Verstärkten Zusammenarbeit. Ein solcher Kurs bietet mangels erforderlicher Einstimmigkeit höhere Flexibilität, weist jedoch seinerseits spezifische Voraussetzungen auf. So müssen sich nach Art. 20 Abs. 2 S. 1 EUV mindestens 9 Mitgliedstaaten beteiligen, und für die Einleitung des Verfahrens ist eine Zustimmung der drei Legislativorgane der EU notwendig, vgl. Art. 329 Abs. 1 AEUV.[439]

Ein etwaiger Disput hinsichtlich eines grenzüberschreitenden Elements zur Gründung einer SES sollte nicht überbewertet werden. Das HCJP spricht mit Blick auf die SE vom „künstlichen Charakter" des grenzüberschreitenden Elements. Bemerkbar werde das am Beispiel der Tschechischen Republik, die für die Gründung von SE-Vorratsgesellschaften bekannt ist. Einen befürchteten Wettbewerb mit nationalen Rechtsformen habe eine solche Umgehungsmöglichkeit indes nicht ausgelöst. Auch ein strenges Kriterium für einen grenzüberschreitenden Bezug könne nicht die Umgehung bekämpfen, sondern schaffe nur künstliche Hindernisse und behindere darüber hinaus die Einrichtung von Einpersonengesellschaften. Ein transnationales Kriterium wie die europäische Ausrichtung des Gesellschaftszwecks weist demnach nur eine formelle Zweckrichtung auf.[440]

Hinsichtlich der Auswahl der Gegenstände, die sich nach nationalem Recht richten sollen (vgl. Art. 1.1.2.), beschreitet der Vorschlag der AHC einen vorausschauenden Weg. Bereits die Verfasser des Privatentwurfs von 1998 erkannten, dass eine rechtlich unterschiedliche Behandlung von Europäischen Privatgesellschaften aus verschiedenen Mitgliedstaaten unvermeidbar ist, sofern man nicht aus dieser Rechtsform eine von ihrem Kontext losgelöste Gesellschaft machen möchte. Dahingehende Ambitionen in der Entwicklung der SE erwiesen sich bei dem gegebenen Harmonisierungsstand auf den Gebieten des Arbeits- und Sozialrechts, Steuerrechts, Insolvenz- und Strafrechts als unrealisierbar. Aufgrund dieses Defizits im *acquis communautaire* würde es zu dem befürchteten Wettbewerb zwischen Gesellschaften des nationalen und solchen des europäischen Rechts kommen. Dieser Wettbewerb birgt das Risiko der Flucht vor dem nationalen Recht.[441] Gegen die Ausklammerung von Rechtsgebieten lässt sich sicherlich einwenden, dass dadurch die positive Wirkung für die Weiterentwicklung und Harmonisierung von nationa-

---

[439] Vgl. hierzu *Verse*, GPR 2021, 271 (274 f.) m. w. N.; *Poelzig*, ZGR 2023, 571 (607 f.), der auch die Verabschiedung der SES als Richtlinie in Betracht zieht; *Trinks*, a. a. O. (Fn. 412), S. 88; *Gruber/Herrmann/Lehmann/Schulze/Teichmann*, a. a. O. (Fn. 413), S. 414; *Teichmann/Götz*, a. a. O. (Fn. 389) S. 286; der Beschluss der DFPV geht wohl auch von einem bilateralen Vorgehen aus, da dort die SES als VDFG bezeichnet, vgl. S. 4.

[440] HCJP-Entwurf, S. 27 f.

[441] *Boucourechliev/Hommelhoff*, a. a. O. (Fn. 332), Anhang 2, S. 287.

len Rechtssystemen vermindert wird.[442] Gleichwohl täten Unterstützer der neuen supranationalen Rechtsform gut daran, die politischen Kräfte von Gegnern und Skeptikern einer fortschreitenden Harmonisierung nicht zu unterschätzen und dieses Eingeständnis zu machen.

Das weitere Verfahren im Hinblick auf die Einführung ist derzeit unklar.[443] Das muss nicht notwendigerweise ein Indikator für das Scheitern der SES sein. Die 20. Legislaturperiode ist von (geopolitischen) Herausforderungen geprägt, die den Fokus der Politik auf andere Gegenstände lenken. Doch gerade in Zeiten einer schwächelnden Konjunktur wäre die Fortsetzung der Arbeit an einem nützlichen Instrument für KMU möglicherweise eine richtige Antwort auf die Herausforderungen der Zeit. Zu beachten ist, dass ein wirtschaftliches Interesse für eine nicht börsennotierte europäische Privatgesellschaft auch nach über 50 Jahren unvermindert fortbesteht. Gerade im Hinblick auf eine etwaige Osterweiterung der EU würde einer universell einsetzbaren supranationalen Gesellschaftsform über die merkantilen Effekte auch integrativer Wert zukommen.

5. Europäischer Verein

Um die Ausführungen dieses Teils abzuschließen, sei noch auf ein weiteres aktuelles Projekt hingewiesen – den Europäischen Verein. Zwar ist diese Rechtsform, wie auch die FE, auf *nonprofit organizations* ausgerichtet und steht damit nicht im unmittelbaren Zusammenhang mit den herkömmlichen Kapitalgesellschaften nach deutschem Verständnis (vgl. § 3 Abs. 1 Nr. 2 UmwG). Gleichwohl kann der Blick auf den Europäischen Verein ebenso Gemeinsamkeiten und Unterschiede zur Historie der SE offenbaren. Schließlich betonen die diesbezüglich stattfindenden Arbeiten, dass sich das Feld der europäischen juristischen Personen nach wie vor in der Fortentwicklung befindet.

a) Bisherige Arbeiten am Europäischen Verein

Bereits 1992 (im selben Jahr wurde auch der Entwurf für den SCE erstmalig vorgestellt) hatte die EG-Kommission einen entsprechenden Verordnungsvorschlag unterbreitet. Dem war im Jahre 1987 eine Entschließung des Europäischen Parlaments vorangegangen. Der Europäische Verein – damals noch als „EUV" bezeichnet – hatte laut den Erwägungsgründen vordergründig keine ökonomische Binnenmarktdimension. Die Vereinsbewegung in Europa diene nämlich der Förderung des Gemeinwohls, indem sie beispielsweise Tätigkeiten auf den Gebieten Bildung, Kultur, Sozialaktion oder Entwicklungshilfe durchführt bzw. unterstützt. Der für die Kompetenz der EG notwendige Bezug zum Binnenmarkt und der Nie-

---

[442] Vgl. *Boucourechliev/Hommelhoff*, a. a. O. (Fn. 332), Anhang 2, S. 285.

[443] *Wendt*, in: Wegen/Spahlinger/Barth, Gesellschaftsrecht des Auslands, Europäische Union, Rn. 182.

derlassungsfreiheit wurde damals damit begründet, dass auch „die grenzübergreifende Zusammenarbeit von Vereinen und Stiftungen [.] in der Gemeinschaft gegenwärtig auf rechtliche und administrative Schwierigkeiten [stößt]. […] Mit der Einführung eines europäischen Statuts soll allen Vereinen und Stiftungen ermöglicht werden, in der gesamten Gemeinschaft oder in Teilen der Gemeinschaft grenzübergreifend tätig zu werden." Die soeben erwähnte gemeinnützige Zwecksetzung von Vereinen erklärt die Verknüpfung von Vereinen und Stiftungen. Stiftungen sollten daher ebenfalls Zugang zur Gründung eines EUV haben. Begleitet wurde der Verordnungsvorschlag von einer Richtlinie zur Ergänzung des Statuts des Europäischen Vereins hinsichtlich der Rolle der Arbeitnehmer. Demzufolge war zwar nicht die Förderung von Unternehmenskonzentrationen für den damaligen Entwurf ursächlich, wie sie es im Rahmen der Historie der SE gewesen ist. Trotzdem gilt auch bei dem Europäischen Verein, dass er eine Maßnahme zur Vollendung des Binnenmarktes werden sollte.[444]

Nach einer Stellungnahme des Europäischen Parlaments legte die Kommission 1993 geänderte Entwürfe vor. In den darauffolgenden Jahren wurden allerdings keine greifbaren Fortschritte im Gesetzgebungsverfahren erzielt. Dennoch beteuerte die Kommission immer wieder, am EUV festhalten zu wollen. Vor diesem Hintergrund erschien die Ankündigung der Brüsseler Behörde vom 27. September 2005, den Vorschlag für die Verordnung und Richtlinie zurücknehmen zu wollen, vollkommen überraschend. Über die damaligen Gründe lässt sich nur mutmaßen, da in der maßgeblichen Mitteilung zu sämtlichen zurückzunehmenden Vorhaben offen formuliert wurde: „Diese Vorschläge sind entweder nicht mehr mit den Zielen der Lissabon-Strategie oder den Grundsätzen besserer Rechtsetzung vereinbar oder machen nicht genügend Fortschritte im Gesetzgebungsverfahren oder sind nicht mehr aktuell […]." Ebenfalls ohne konkreten Bezug zum EUV, aber dennoch hoffnungsträchtig erklang der Zusatz: „Einige dieser Vorschläge werden nach weiteren Analysen möglicherweise noch einmal überdacht."[445]

Wiederbelebt wurden die Arbeiten an einem Europäischen Verein durch die „Entschließung des Europäischen Parlaments vom 17. Februar 2022 mit Empfehlungen an die Kommission zu einem Statut für länderübergreifende Europäische Vereine und Organisationen ohne Erwerbszweck". Interessant ist, dass für das Statut die Vereinigungsfreiheit nach Art. 12 der Charta der Grundrechte der Europäischen Union angeführt wird. Damit wird nicht nur ein auf die Niederlassungsfreiheit gestützter Legitimationsansatz gewählt. Die Binnenmarktorientierung ist in den Erwägungen des Parlaments für ein Statut zwar durchaus von Bedeutung. Besonders betont wird jedoch die Rolle von Organisationen ohne Erwerbszweck für

[444] *Schöpflin*, in: BeckOK BGB, § 21 Rn. 75; Vorschlag für eine Verordnung (EWG) des Rates über das Statut des Europäischen Vereins, ABl. EG Nr. C 99 vom 21.04.1992, S. 1 ff.

[445] *Terner*, ZEuP 2007, 96 (97 ff.); Mitteilung der Kommission, Ergebnis der Überprüfung von Vorschlägen, die sich derzeit im Gesetzgebungsverfahren befinden, KOM(2005) 462 endgültig, S. 3 f.; *Schöpflin*, a. a. O. (Fn. 444), § 21 Rn. 75.

die Zivilgesellschaft, die Meinungsfreiheit und ihre Funktion als „Schulen der Demokratie“. Ein europäisches Statut soll Organisationen und Personen zur Verfügung gestellt werden, „die sich grenzüberschreitend austauschen und voneinander lernen wollen“. Obwohl *nonprofit organizations* in der Union immer zahlreicher werden und ein stetig zunehmendes sozioökonomisches Potenzial entfalten (indem sie z. B. in vielen Branchen Beschäftigungsmöglichkeiten schaffen), steht ihnen kein harmonisierter Rechtsrahmen zur Verfügung. In den Überlegungen taucht ferner der Hinweis auf, dass es derartigen Organisationen auf Unionsebene an einer Rechtsform fehlt, um die Interessen der Zivilgesellschaft gleichberechtigt mit den Interessen von Wirtschaftsunternehmen zu vertreten. Für Letztere gebe es schließlich entsprechende Rechtsformen des Gemeinschaftsrechts.[446] Diese und weitere Gedanken vorangestellt, präsentiert das Parlament in der Anlage zur Entschließung eine ausführliche Empfehlung zum Inhalt des verlangten Vorschlags für ein Statut des Europäischen Vereins in Form einer Verordnung.

Diese Anregungen veranlassten die Kommission zu einem neuen Versuch. Am 5. September 2023 veröffentlichte diese einen Richtlinienentwurf für Europäische grenzüberschreitende Vereine („ECBA-RL“). Das Gesetzgebungsverfahren nimmt aktuell Momentum auf. So hat das EP am 13. März 2024 in seiner ersten Lesung einen Standpunkt mit zahlreichen Änderungsvorschlägen beschlossen.[447] Die weitere Entwicklung ist daher abzuwarten.

b) Besonderheiten des Richtlinienvorschlags

Der Europäische Verein erhielt einen neuen Namen. Von *European cross-border association* (ECBA) ist fortan die Rede, vgl. Art. 1 ECBA-RL.

Bereits auf den ersten Blick fällt auf, dass sich die Kommission von einem Rechtsakt in Gestalt einer Verordnung distanziert hat. Ebenso wie im Falle der SUP ist Art. 50 AEUV die einschlägige Rechtsgrundlage. Damit scheint sich eine wichtige Erkenntnis aus dem Entstehungsprozess der SE durchgesetzt zu haben. Eine Verordnung wäre wohl am Erfordernis der Einstimmigkeit des Art. 352 AEUV gescheitert. Der nun vorliegende Richtlinienentwurf verpflichtet die Mitgliedstaaten, eine neue Rechtsform einzuführen und sieht hierfür Mindeststandards vor. Abgesichert werden diese Mindeststandards über die umsetzungsbedürftigen Regelungen der Richtlinie und insbesondere über Art. 15 ECBA-RL.[448] Dieser enthält eine Aufzählung von unzulässigen Beschränkungen durch die Mitgliedstaaten. Der ungehinderten grenzüberschreitenden Tätigkeit dient beispielsweise das Verbot,

[446] Entschließung des Europäischen Parlaments v. 17. Februar 2022 mit Empfehlungen an die Kommission zu einem Statut für länderübergreifende Europäische Vereine und Organisationen ohne Erwerbszweck, ABl. EU Nr. C 342 vom 17. Februar 2022, S. 225 ff.

[447] Vorschlag für eine Richtlinie des Europäischen Parlaments und des Rates über grenzübergreifende Vereine, COM(2023) 516 final, S. 1; *Bamberg/Wöffen*, npoR 2024, 151.

[448] *Wöffen*, ZIP 2023, 2185 (2190).

Anforderungen zu stellen, die direkt oder indirekt auf der Staatsangehörigkeit oder dem Wohnsitz natürlicher Personen beruhen, die Mitglieder des ECBA oder seines Exekutivorgans sind, mit Ausnahme der in der Richtlinie vorgesehenen Fälle. Weiterhin dürfe nicht die physische Anwesenheit der Mitglieder eines ECBA oder seiner Organe verlangt werden, damit eine Versammlung gültig ist. Ferner ist die Anforderung unzulässig, dass sich die Hauptverwaltung oder die Hauptniederlassung in demselben Mitgliedstaat befinden wie der satzungsmäßige Sitz. Nach Art. 3 Abs. 2 müssen die Länder sicherstellen, dass ein ECBA keinen Erwerbszweck verfolgt. Nach Art. 2 lit. c) bedeutet das aber nur, dass etwaige Gewinne nur zur Verfolgung der satzungsgemäßen Ziele des ECBA verwendet und nicht an die Mitglieder ausgeschüttet werden. Entsprechend sind nach Art. 15 lit. g) auch bestimmte nationalstaatliche Beschränkungen im Zusammenhang mit der regelmäßigen oder gelegentlichen Ausübung einer wirtschaftlichen Tätigkeit unzulässig, so z. B. das allgemeine Verbot der Ausübung von Wirtschaftstätigkeiten. Der Negativkatalog des Art. 15 schafft es auf diese Weise, zumindest einigermaßen die Nachteile einer Richtlinie auszugleichen.

Eine Gemeinsamkeit mit der Europa-AG sowie anderen supranationalen Gesellschaften liegt darin, dass die Richtlinie kein Vollstatut darstellt. In Bereichen, in denen der Entwurf keine Vorgaben macht, findet das jeweilige nationale Vereinsrecht Anwendung, Art. 4 Abs. 2 ECBA-RL. Wie schon bei der SE gilt, dass es nicht nur einen einzigen ECBA geben würde, sondern ganze 27.[449]

Nennenswert sind im Übrigen die Vorschriften über das Registrierungsverfahren. Dem Digitalisierungstrend folgend kann der Antrag auf Ersteintragung nach Art. 18 Abs. 4 ECBA-RL online übermittelt werden. Dies ist eine signifikante Änderung zur jetzigen Rechtslage. Für den Antrag zur Eintragung eines Vereins in das Vereinsregister wird nämlich die öffentliche Beglaubigung vorausgesetzt. In Frankreich könne hingegen bereits jetzt ein nationaler Verein online auf einer Regierungswebsite angemeldet werden. Wie zuvor im Kontext der SUP dargestellt, sorgt ein „Übergehen" der notariellen Zuständigkeit in Deutschland für empfindliche Reaktionen. Der Bundesrat war bereits schnell darin, Bedenken zu äußern, ob so eine ausreichende Identitätsprüfung noch gewährleistet werden könnte. Derartigen Bedenken ist nicht zuzustimmen, da ebenso andere Identifikationsmöglichkeiten (etwa die Online-Funktion des Personalausweises) zum Einsatz kommen können. Gem. Art 20 Abs. 1 ECBA-RL hat jeder Mitgliedstaat ein Register zur Registrierung von ECBA einzurichten. Dieses kann ein bereits bestehendes nationales Register sein.[450] Damit wird also kein zentrales europäisches Handelsregister geschaffen, allerdings können im nationalen ECBA-Register die Eintragungen aller anderen ECBA-Register aufgerufen werden. Dies soll – ähnlich wie bei dem be-

[449] *Wöffen*, npoR 2024, 68 (70).

[450] *Schmidt*, EuZW 2023, 828.

stehenden *Business Registers Interconnection System* – durch transnationalen Austausch von Informationen über Neueintragungen geschehen.[451]

Beachtlich ist schließlich die ECBA-Bescheinigung nach Art. 21 der Richtlinie. Diese soll die wesentlichen Informationen über den jeweiligen Verein enthalten und auf diese Weise die grenzüberschreitende Tätigkeit erleichtern. Um die Verwendung der ECBA-Bescheinigung in allen Mitgliedstaaten zu erleichtern, ihr Format zu harmonisieren und den Verwaltungsaufwand sowohl für die zuständigen Behörden der Mitgliedstaaten als auch für die ECBA zu verringern, erstellt die Kommission eine Vorlage für die ECBA-Bescheinigung und deren technische Spezifikationen im Wege eines Durchführungsrechtsakts, Art. 21 Abs. 2. Diese standardisierte Vorlage soll dann in allen Sprachen der Union verfügbar sein.[452]

Nebenbei erinnert die Bescheinigung an die Idee zur Einführung eines *Carnet Européen d'Etablissement*, die damals auf dem 57. Kongress der Notare in Frankreich im Zusammenhang mit der einheitlichen Aktiengesellschaft diskutiert wurde.

6. Die Europäische Aktiengesellschaft bleibt das Vorzeigeprojekt

Den in diesem Teil erläuterten Rechtsformen ist allen gemeinsam, dass ihr Gesetzgebungsprozess langwierig war. Wissenschaftliche oder legislatorische Diskussionen lassen sich jeweils mindestens in die 1970er Jahre zurückverfolgen. Damit kann eine allgemeine Gemeinsamkeit mit der Europäischen Aktiengesellschaft konstatiert werden. Die umstrittenen rechtlichen Fragestellungen mögen zwar im Detail unterschiedlich gewesen sein, letztendlich läuft die Verzögerung oder gar der Abbruch der zugrunde liegenden Verhandlungen immer auf divergierende Traditionen in den Rechtsordnungen hinaus. Man bedenke nur die Rolle des Notariats im Gründungsstadium und die starke Meinung diesbezüglich aus Deutschland.

Trotz der in diesem Teil dargestellten – regen und kontinuierlichen – Aktivitäten auf dem weiten Feld der europäischen supranationalen Rechtsformen behält die Europäische Aktiengesellschaft ihren eingangs erwähnten Status als „Flaggschiff des europäischen Gesellschaftsrechts“[453]. Im Gegensatz zu zahlreichen hier dargestellten Projekten ist die SE realisiert worden, weil sie als „Prestigeprojekt“ schlichtweg nicht scheitern durfte. Vor diesem Hintergrund muss nochmals das politische Gewicht der supranationalen Rechtsform betont werden. Die historische Verknüpfung der „Vollendung“ des Binnenmarktes mit der Verabschiedung des SE-Statutes macht die Symbolwirkung deutlich, die vom Gelingen des Projektes

[451] *Wöffen*, a. a. O. (Fn. 449), S. 71; BR-Drs. 479/23 (Beschluss) (2), S. 2.

[452] ECBA-RL, S. 28, Erwägungsgrund 47; *Schmidt*, BB 2024, 1859 (1871).

[453] Zu diesem von *Klaus J. Hopt* geprägten Ausdruck vgl. beispielsweise, *ders.* ZGR 2013, 165 (194).

ausging.[454] Es überrascht, aufgrund der Bedeutung, die von geschlossenen Handelsgesellschaften mit beschränkter Haftung und KMU für eine Volkswirtschaft ausgeht, dass beispielsweise eine SPE unverwirklicht geblieben ist.[455]

Die Angleichung des Gesellschaftsrechts der Mitgliedstaaten scheint für politische Entscheidungsträger über Richtlinien wesentlich attraktiver zu sein, da der Einigungsdruck geringer ist.[456] Dieser Einigungsdruck besteht in etwa bei einer europäischen GmbH, wie dargestellt, in besonders hohem Maße hinsichtlich der unternehmerischen Mitbestimmung. Noch stärkere Friktionen bestehen bei den unterschiedlichen mitgliedstaatlichen Ansätzen für Kapitalgesellschaften mit beschränkter Haftung in Bezug auf das Mindestkapital. Bei geringeren Kraftanstrengungen als bei der Entwicklung der SE und vielleicht noch höheren Widerständen kann konsequenterweise die kritische Schwelle zum Kompromiss nicht überschritten werden. Überdies scheint der europäische Gesetzgeber nach der schwierigen Entstehung der SE nicht erneut willens zu sein, eine *European Private Company* „durchzudrücken".[457] Zumal auf den ersten Blick der politische Mehrwert für Entscheidungsträger zweifelhaft sein dürfte, da eine neue europäische Rechtsform nicht sofort Praxisrelevanz und schließlich positive konjunkturelle Auswirkungen zeigen würde. So schien die Akzeptanz der SE in den ersten Jahren nach ihrer Einführung ebenfalls gering.

Ein dritter Punkt, der dem Erfolg anderer Projekte entgegensteht, sind die erheblichen Befürchtungen der Mitgliedstaaten in Bezug auf eine Verdrängung ihrer nationalen Rechtsformen durch europäische Alternativen. Zum 1. Januar 2024 waren in Deutschland 1.541.751 GmbH registriert. Ihnen standen 12.965 eingetragene Aktiengesellschaften gegenüber.[458] Man mag sich also mit Blick auf Deutschland vorstellen, wie schwer es den Mitgliedstaaten fallen dürfte, in Kauf zu nehmen, dass die Anzahl ihrer nationalen Gesellschaften mit beschränkter Haftung einer (attraktiven) europäischen GmbH weicht.

Ihre, gegenüber der EWIV und SCE, herausgehobene Bedeutung für die Rechtspraxis verdankt die SE indes ihren Einsatzmöglichkeiten bei der mitbestimmungsrechtlichen Gestaltung (s. hierzu die dargestellten Möglichkeiten unter I. Teil, Kapitel XI. 1.). Schließlich ist sie die einzige *echte* Kapitalgesellschaft mit einem *eigenständigen* wirtschaftlichen Zweck, der nicht auf die Förderung ihrer Mitglieder ausgerichtet ist wie dies bei der EWIV und SCE der Fall ist. Auch ein etwaig kommender Europäischer Verein wird bereits aufgrund seines gemeinnützigen Zweckes nicht in der Lage sein, die SE von ihrer Stellung als bedeutendste supranationale europäische Rechtsform zu verdrängen. Zumal es sich nicht um eine

---

[454] Vgl. *Jung*, a. a. O. (Fn. 382), § 3 Rn. 16 f. m.w.N; *Fleischer*, ZHR 174 (2010), 385 (392).

[455] Vgl. *Fleischer*, a. a. O. (Fn. 454), S. 394.

[456] Am Beispiel der Mobilitätsrichtlinie *Bungert/Reidt*, DB 2022, 311 (311 ff.).

[457] *Schall*, in: Van Hulle/Gesell, in: European Corporate Law, S. 24 Rn. 77.

[458] *Bayer/Lieder/Hoffmann*, a. a. O. (Fn. 258), S. 787.

europäische Rechtsform im engeren Sinne handelt. Die Einführung der SCE verfolgte schon gar nicht den Zweck, große praktische Bedeutung zu entfalten. Der Europäischen Genossenschaft wird nämlich eher rechtspolitische Bedeutung beigemessen (vgl. dazu auch die Erläuterungen zur Praxisrelevanz der SCE).[459] Eine der Europa-AG ebenbürtige Schöpfung kann daher nur die SES werden, deren Zukunft allerdings ungewiss ist. Ansatzpunkte für ein Wiederaufgreifen der legislatorischen Maßnahmen stehen der Europäischen Kommission mit den beiden vorgestellten Entwürfen ausreichend zur Verfügung.

[459] *Krafka*, a. a. O. (Fn. 318) Rn. 1977.

III. Teil

Eine einheitliche europäische Aktiengesellschaft – rechtsvergleichende Betrachtungen

Ausgehend von der ursprünglichen Zielsetzung, mit einer europäischen Handelsgesellschaft zur Rechtsvereinheitlichung auf dem Gebiet des Gesellschaftsrechts beizutragen, müsste die SE in den verschiedenen Mitgliedstaaten zumindest mehr oder minder Uniformität vorweisen können. Dass von einer einheitlichen SE nicht gesprochen werden kann, implizierte schon die Abkehr des Gesetzgebungsprozesses vom Vollstatut zu einem Rahmenwerk mit Verweisen auf nationales Aktienrecht und einer komplementierenden Richtlinie. Einer vorsichtigen Schätzung zufolge setzt sich das Recht der SE nur zu 40 % aus Gemeinschaftsrecht und zu 60 % aus nationalem Recht zusammen. Gleichzeitig darf der Einfluss von anderen europäischen Richtlinien und Verordnungen auf die gesetzlichen Grundlagen der SE nicht vernachlässigt werden. Diese Sekundärrechtsakte wirken über Art. 9 Abs. 1 lit. c), ii) und Art. 15 SE-VO bis zu einem gewissen Grad harmonisierend, sodass die 60 % teils aus den Begleitgesetzen, teils aus dem rein nationalen und teils aus dem europäisch angeglichenen Aktienrecht bestehen.[460] Daher kann Einheit im Falle der Europäischen Aktiengesellschaft nur bedeuten, dass ihre Funktionsweise und Umsetzung außerhalb der von der SE-VO homogen geregelten Bereiche in den einzelnen Rechtsordnungen ein Maß an Vergleichbarkeit und Similarität aufweist. Gegen eine solche Ähnlichkeit würden wiederum andersartige Regelungen sprechen, die aus den Optionen und Regelungsaufträgen der SE-VO folgen.

Um also festzustellen, ob das selbsterklärte Ziel der SE-VO erreicht wurde (vgl. die Erwägungsgründe 3, 4, 6 und 7), ist es notwendig, Aspekte des gesellschaftsrechtlichen Regimes (einschließlich der Grundzüge der Arbeitnehmerbeteiligung) der SE in den verschiedenen Mitgliedstaaten miteinander zu vergleichen. Dieser Teil der Arbeit erfordert aufgrund der Anzahl von 27 Mitgliedstaaten und 3 EWR-Staaten inhaltlich eine vorab festzulegende Begrenzung. Unterschiede in der unternehmerischen Mitbestimmung in den nationalen Rechtsordnungen der Mitgliedstaaten bestehen und konnten durch die Einführung der SE auch nicht beseitigt werden, die Perpetuierung dieser Unterschiede in den mitgliedstaatlichen Rechtsordnungen ist ein Spiegel der Entstehungsgeschichte der Europäischen Gesellschaft. Aus diesem Grund können nicht ausschließlich Aspekte der unternehmeri-

---

[460] *Lutter/Hommelhoff*, in: Lutter/Hommelhoff, Die Europäische Gesellschaft, Einleitung, S. 2; *Jannott/Frodermann/Bodenschatz*, in: Jannott/Frodermann, Handbuch der Europäischen Aktiengesellschaft, 15. Kapitel, I. Vorbemerkung, S. 699.

schen Mitbestimmung für ein Urteil über die erfolgte Harmonisierung dienen. Es müssen auch Regelungen zur Gründung sowie zur inneren Organisation und Verfassung ausgewählter mitgliedstaatlicher SE mit der Rechtslage in Deutschland verglichen werden.

I. Die französische SE

Angesichts des Stellenwertes der französischen Volkswirtschaft in der EU und der Rolle Frankreichs bei der Entwicklung der Europäischen Aktiengesellschaft liegt es nahe, dass als Erstes die Umsetzung in Frankreich analysiert und mit der Rechtslage in Deutschland verglichen wird.

Nationale Vorschriften für die SE wurden in Frankreich erstmals mit dem Gesetz Nr. 2005-842 zur Förderung des Vertrauens und der Modernisierung der Wirtschaft vom 26. Juli 2005 (sog. „*loi Breton*") eingeführt. In der Folgezeit wurde das französische SE-Recht durch eine Reihe von Verordnungen ergänzt. Aktuell befinden sich die gesellschaftsrechtlichen[461] (Ausführungs-)Vorschriften zur SE in Kapitel IX (*De la société européenne*) des 2. Abschnitts des 2. Buches des *code de commerce* („C. com.") und bestehen aus 15 Artikeln (Art. L.229-1 à L.229-15). Daneben existiert Art. L.244-5 C. com. in Kapitel IV, der Ordnungswidrigkeiten in Bezug auf die Europäische Aktiengesellschaft behandelt. Ergänzende Regelungen treffen außerdem die Art. R.229-1 ff. C. com. Von zentraler Bedeutung für den Überblick über den Rechtsrahmen ist Art. L.229.1 C. com. Dieser erklärt, dass die Europäische Aktiengesellschaft den Bestimmungen der SE-VO, des Kapitels IX und den auf eine französische *sociétés anonyme* („SA") anwendbaren Vorschriften unterliegt, sofern Letztere den beiden erstgenannten Rechtsquellen nicht widersprechen.[462]

Große, weltweit tätige und börsennotierte französische Konzerne bedienen sich der Europa-AG. Exemplarisch kann hier zunächst die Viel-Gruppe (Viel et Compagnie-Finance SE), bestehend aus einer Investmentgesellschaft, die Anteile an Unternehmen des Finanzsektors hält, genannt werden. Außerdem die Unibail-Rodamco-Westfield SE, ein internationales Immobilienunternehmen, sowie die SCOR SE, ein Rückversicherer mit gebuchten Bruttobeiträgen i.H.v. 19,4 Milliarden EUR. Überdies ist erwähnenswert, dass mit der Eurofins Scientific SE (marktführend im Bereich der Bioanalytik) und der Sword Group SE (internationaler Anbieter von IT-Produkten und Dienstleistungen) zwei börsennotierte Unterneh-

[461] Zur Transformation der SE-RL in nationales Recht s. unten unter Kapitel I. 4.

[462] *Desache*, in: Van Gerven/Storm, The European Company, Volume II, S. 115 f.; *Rohmert/Hellio/Herrmann*, in: Jannott/Frodermann, Handbuch der Europäischen Aktiengesellschaft, S. 824 Rn. 756–761.

men jeweils ihren Sitz im Jahre 2012 von Frankreich nach Luxemburg verlegt haben.[463]

Dabei wurde das Projekt zur Schaffung einer europäischen Aktiengesellschaft zunächst von der französischen Unternehmenswelt nicht mit Enthusiasmus aufgenommen. Im Jahre 2001 war die Beteiligung von Arbeitnehmern in den Unternehmensorganen im privaten Sektor dem französischen Recht noch grundsätzlich fremd. Viele bevorzugten außerdem die Einführung einer Rechtsform mit beschränktem Gesellschafterkreis auf einer ausgefeilten vertraglichen Grundlage. Auf der anderen Seite befürworteten französische Gewerkschaften die Einführung der neuen Rechtsform. Nichtsdestotrotz wurden die Vorteile einer europäischen supranationalen Rechtsform von allen Gesellschaftsrechtlern in Frankreich anerkannt. Die Experten betonten, dass es an der Zeit sei, international tätige Unternehmen von den Zwängen multipler verschiedener Rechtsordnungen zu befreien. Zugleich wurde jedoch die Anzahl der auf eine SE anwendbaren Normebenen auch von der französischen Rechtswissenschaft kritisiert. Spezialisten des französischen Gesellschaftsrechts war trotz dieser Kritik aus rein praktischen Erwägungen bewusst, dass multinationale Unternehmen eine Europäische Aktiengesellschaft in dem Mitgliedstaat registrieren würden, dessen spezifischer Regelungsrahmen die größtmögliche Flexibilität bietet. Da die ökonomische Relevanz europäischer Unternehmen für Frankreich nicht zu vernachlässigen war, erschien es ihnen daher notwendig, ein attraktives französisches Regime für die SE zu schaffen. So wurde in der Begründung des einschlägigen Gesetzesentwurfs, konträr zum Ideal der Rechtsvereinheitlichung, ausgeführt, dass die SE ein weiterer Schritt im Wettbewerb der nationalen Rechtsordnungen ist. Denn trotz einheitlicher Bestimmungen werden Unternehmensgründer dennoch vor der Wahl stehen, sich für eine bestimmte nationale Variante zu entscheiden.[464]

1. Gründung

Laut dem französischen Justizministerium werden SE in Frankreich am häufigsten durch Verschmelzung oder Umwandlung gegründet. Deswegen bietet es sich an, exemplarisch die Gründung durch Verschmelzung zu beleuchten.

---

[463] Zu den Beispielen vgl. *Rohmert/Hellio/Herrmann*, a. a. O. (Fn. 462), S. 824 f. Rn. 762 f.; VIEL & Cie, Annual Report 2023, S. 6 (aufrufbar unter: https://www.viel.com/en/publications-en/, zuletzt aufgerufen am: 12.01.2025); SCOR SE, Activity Report 2023, S. 8 (aufrufbar unter: https://www.scor.com/en/financial-information; zuletzt aufgerufen am: 12.01.2025); Unibail-Rodamco-Westfield SE, Universal Registration Document 2023, S. 6 (aufrufbar unter: https://www.urw.com/registrationdocument, zuletzt aufgerufen am: 12.01.2025); Sword Group, 2011 Annual Report, S. 11 f. (aufrufbar unter: https://www.sword-group.com/wp-content/uploads/2018/08/Sword-Group-2011-Annual-Report.pdf, zuletzt aufgerufen am: 12.01.2025); eurofins, First Half-Year Report 2012, S. 2, 14 (aufrufbar unter: https://www.eurofins.com/media/1275/first-half-year-report-2012.pdf, zuletzt aufgerufen am: 12.01.2025).

[464] *Rontchevsky*, in: Baums/Cahn, Die Europäische Aktiengesellschaft – Umsetzungsfragen und Perspektiven, Country Report France, S. 51 ff.

Bei der Gründung durch Verschmelzung unter Beteiligung einer französischen Gesellschaft ist ebenso der Ausgangspunkt, dass mindestens zwei Aktiengesellschaften aus verschiedenen Jurisdiktionen eine SE durch Verschmelzung zur Aufnahme oder zur Neugründung errichten können, vgl. Art. 2 Abs. 1 und Art. 17 Abs. 2 SE-VO. Nach Art. 18 SE-VO finden hierbei – in den von der Verordnung nicht geregelten Bereichen – die für die Verschmelzung von AG geltenden Rechtsvorschriften des jeweiligen Mitgliedstaats Anwendung, dessen Recht die betroffene AG unterliegt.[465]

Das Verschmelzungsverfahren läuft in der französischen SA dergestalt ab, dass nach dem Zustimmungsbeschluss der Hauptversammlung zum Verschmelzungsplan (Art. 23 Abs. 1 SE-VO), die französische Gesellschaft bei dem für sie zuständigen Handelsgericht eine sog. Konformitätserklärung (*déclaration de conformité*) einreichen muss, vgl. Art. L.229-3 I Abs. 1 C. com i. V. m. Art. L.236-17 C. com. In dieser müsse sie bestätigen, dass alle bis dahin verfahrensmäßigen Handlungen im Einklang mit Recht und Gesetz durchgeführt worden sind. Ein Justizbeamter hat gem. Art. D.229-13 C. com. innerhalb einer Frist von 8 Tagen eine Rechtmäßigkeitsbescheinigung (*attestation de conformité*) auszustellen. Die Ausstellung einer Rechtmäßigkeitsbescheinigung wird insofern vom Europarecht in Art. 25 Abs. 2 SE-VO vorausgesetzt. Auch in Deutschland ist das zuständige Registergericht für die Rechtmäßigkeitsbescheinigung einer deutschen Gründungsgesellschaft zuständig. Dagegen fehlt es an einer derart klaren Regelung für die vorgesehene Bearbeitungsfrist. Eine andere Nuance, die einer französischen SE gegenüber einer deutschen SE ein höheres Maß an Flexibilität bietet, ist, dass die Kontrolle der Rechtmäßigkeit der Durchführung der Verschmelzung (vgl. Art. 26 Abs. 1 SE-VO) zur Gründung einer SE mit Sitz in Frankreich gem. Art. L.229-3 I Abs. 2 C. com. wahlweise von einem Notar oder von dem zuständigen Registergericht vorgenommen werden kann. Hierfür müsse u. a. die vorgenannte *attestation de conformité* der gewählten Stelle vorgelegt werden. Überaus beachtlich ist, dass auch für diesen Verfahrensabschnitt in Frankreich eine Frist von 15 Tagen vorgesehen ist (Art. D.229-13-2 C. com.). Damit wird ein Beitrag zur Planungssicherheit geleistet, der für Kaufleute einen hohen Stellenwert hat.[466]

Die Erörterung des Gründungsstadiums ist für die Beantwortung der in der Einleitung aufgeworfenen Fragestellung zweckdienlich, weil die Bundesrepublik Deutschland und Frankreich schon an dieser Stelle unterschiedlich die Regelungsermächtigungen der Verordnung genutzt haben:

---

[465] *Rohmert/Hellio/Herrmann*, a. a. O. (Fn. 462), S. 826 Rn. 771 f.

[466] Zum Verfahren *Rohmert/Hellio/Herrmann*, a. a. O. (Fn. 462), S. 827 f. Rn. 778 ff.; zu den Zuständigkeiten in Deutschland vgl. *Bayer*, in: Lutter/Hommelhoff/Teichmann, SE-Kommentar, Art. 25 SE-VO, Rn. 10 und Art. 26 SE-VO Rn. 5; für die Kontrolle nach Art. 26 Abs. 1 ist demnach das Handelsregister am Sitz der künftigen deutschen SE berufen. Ein Wahlrecht besteht gerade nicht.

Nach Art. 19 SE-VO können die Rechtsvorschriften eines Mitgliedstaates vorsehen, dass die Beteiligung einer Gesellschaft, die dem Recht dieses Mitgliedstaates unterliegt, an der Gründung einer SE durch Verschmelzung nur möglich ist, wenn keine zuständige Behörde dieses Mitgliedstaats vor der Erteilung der Rechtmäßigkeitsbescheinigung dagegen Einspruch erhebt. Dieser Einspruch ist nur aus Gründen des öffentlichen Interesses zulässig. In Frankreich ist laut Art. L.229-4 die dafür zuständige Behörde die Staatsanwaltschaft (*procureur de la République*). Deutschland entschied sich gegen die Einführung einer solchen Einspruchsbehörde.[467]

Im Gegensatz zu Deutschland hat Frankreich nicht von der Option in Art. 24 Abs. 2 SE-VO Gebrauch gemacht und zugunsten von Minderheitsaktionären, die sich gegen den Verschmelzungsbeschluss ausgesprochen haben, keine spezifischen Schutzvorschriften erlassen.[468]

Gemeinsamkeiten konstitutiver Natur in den Rechtsordnungen beider Länder resultieren zum einen daraus, dass jeweils die Ermächtigung in Art. 2 Abs. 5 SE-VO nicht genutzt wurde. Danach könnte ein Mitgliedstaat vorsehen, dass sich eine Gesellschaft, die ihre Hauptverwaltung nicht in der Gemeinschaft hat, an der Gründung einer SE beteiligen kann, sofern sie nach dem Recht eines Mitgliedstaats gegründet wurde, ihren Sitz in diesem Mitgliedstaat hat und mit der Wirtschaft eines Mitgliedstaats in tatsächlicher und dauerhafter Verbindung steht.[469] Im Übrigen sind als Grundkapital auch in Frankreich nach Art. 3 Abs. 2 SE-VO grundsätzlich mindestens 120.000 EUR vorgesehen.[470] Beim Umgang mit Art. 7 S. 2 SE-VO haben sich beide Staaten zwischenzeitlich auseinanderentwickelt. Nach dieser Vorschrift kann ein Mitgliedstaat den in seinem Hoheitsgebiet eingetragenen SE vorschreiben, dass sie ihren Sitz und ihre Hauptverwaltung am selben Ort haben müssen. Ursprünglich sah dies der deutsche Gesetzgeber in § 2 SEAG a. F. vor. Im Jahre 2008 wurde dieser Paragraf ersatzlos gestrichen, sodass eine solche Konnexität nicht mehr verlangt wird. Frankreich verlangt dagegen nach wie vor, dass sich Verwaltungs- und Satzungssitz am selben Ort befinden, vgl. Art. L.229-1 Abs. 3 C. com.[471]

---

[467] *Rohmert/Hellio/Herrmann*, a. a. O. (Fn. 462), S. 828 Rn. 783; *Bayer*, a. a. O. (Fn. 466), Art. 19 SE-VO, Rn. 8.

[468] *Desache*, a. a. O. (Fn. 462), S. 124; der deutsche Gesetzgeber hat auf der Grundlage von Art. 24 Abs. 2 SE-VO die §§ 6,7 SEAG vorgesehen, s. *Rinke*, in: Schmitt/Hörtnagl, UmwG, UmwStG, Art. 24 SE-VO Rn. 12.

[469] *Desache*, a. a. O. (Fn. 462), S. 117; *Schröder*, a. a. O. (Fn. 107), Art. 2 SE-VO Rn. 82.

[470] Vgl. *Desache*, a. a. O. (Fn. 462), S. 121; der Hinweis darauf, dass börsennotierte SE eine Kapitalausstattung von mindestens 225.000 EUR vorweisen müssen, betrifft die Rechtslage bis in das Jahr 2009. Art. L.224-2 C. com. n. F. enthält diese Unterscheidung für die SA nämlich nicht mehr.

[471] *Schröder*, a. a. O. (Fn. 107), Art. 7 SE-VO Rn. 19 und 23; *Desache*, a. a. O. (Fn. 462), S. 117.

2. Innere Organisation und Verfassung

Das nationale Pendant zur SE ist in Frankreich wie zuvor erwähnt die SA. Dementsprechend ist für das Innenverhältnis das auf die SA anwendbare Recht einschlägig.

a) Leitung und Aufsicht

Für die Organe der französischen SE gilt wie für jede andere SE in der EU bzw. im EWR gleichermaßen Art. 38 SE-VO. Als Organ ist in jedem Fall die Hauptversammlung der Aktionäre (*assemblée générale des actionnaires*) vorgesehen. Überdies besteht ein Wahlrecht zwischen dem monistischen und dem dualistischen System (*système dualiste et système moniste*). Hiervon hängt ab, welche Organe sonst noch bestehen. So zeichnet sich das monistische System durch das Verwaltungsorgan (*organe d'administration*) bzw. den Verwaltungsrat aus. Zudem kann ein Mitgliedstaat im monistischen System nach Art. 43 Abs. 1 SE-VO vorsehen, dass ein oder mehrere Geschäftsführer die laufenden Geschäfte in eigener Verantwortung unter denselben Voraussetzungen, wie sie für Aktiengesellschaften mit Sitz im Hoheitsgebiet des betreffenden Mitgliedstaates gelten, führt bzw. führen. Obwohl der französische Gesetzgeber von der Ermächtigung in Art. 43 Abs. 1 SE-VO keinen Gebrauch gemacht hat, kennt das französische Recht von sich aus für die SA ein Wahlrecht zwischen einer monistischen und einer dualistischen Corporate Governance-Struktur. Dies ist im Vergleich zur deutschen AG ein markanter Unterschied.[472]

Art. L.229-7 Abs. 1 C. com. regelt in diesem Zusammenhang:

> „La direction et l'administration de la société européenne sont régies par les dispositions de la section 2 du chapitre V du présent titre, à l'exception du premier alinéa des articles L.225-37 et L.225-82 et du quatrième alinéa de l'article L.225-64."

Demnach finden auf die Leitung und Administration der SE grundsätzlich die Regelungen über die SA Anwendung (2. Buch, Kapitel V, Abschnitt 2 des C. com.). Nach Art. L.225-51-1 Abs. 1 C. com. wird die Leitung der Gesellschaft von dem *président du conseil d'administration* (Präsident des Verwaltungsrates) oder einer anderen natürlichen Person, die vom Verwaltungsrat nominiert wird und den Titel „Generaldirektor" trägt, übernommen („*une autre personne physique nommée par le conseil d'administration et portant le titre de directeur général*"). Die Entscheidung über die Wahl der in Abs. 1 genannten Alternativen trifft der Verwaltungsrat unter den in der Satzung genannten Bedingungen. Wird die Leitung der Gesellschaft vom Präsidenten des Verwaltungsrates übernommen, dann gelten für ihn die Bestimmungen des Unterabschnitts 1 (Art. L.225-17 bis Art. L.225-56 C. com), die auf den Generaldirektor Bezug nehmen.

---

[472] Vgl. *Rohmert/Hellio/Herrmann*, a. a. O. (Fn. 462), S. 835 ff. Rn. 480 ff.

Daneben existiert noch die Position des stellvertretenden Generaldirektors (*directeur général délégué*). Der Verwaltungsrat kann auf Vorschlag des Generaldirektors bis zu fünf natürliche Personen zu Stellvertretern ernennen, Art. L.225-53 C. com. Bemerkenswert ist, dass bei den Ernennungsvorschlägen ausdrücklich eine ausgewogene Repräsentation von Frauen und Männern angestrebt wird („*s'efforcent de rechercher une représentation équilibrée des femmes et des hommes*"). Für die Bestellung von geschäftsführenden Direktoren in einer deutschen SE sieht der jüngst eingeführte § 40 Abs. 1a SEAG nur unter engen Voraussetzungen eine Geschlechterquote vor: In börsennotierten und paritätisch mitbestimmten Gesellschaften mit mehr als drei geschäftsführenden Direktoren muss mindestens eine Frau und mindestens ein Mann bestellt werden.[473]

Der Generaldirektor vertritt die Gesellschaft gegenüber Dritten, wobei aus dem Innenverhältnis resultierende Beschränkungen Dritten grundsätzlich nicht entgegengehalten werden können, Art. L.225-56 I Abs. 1–3 C. com. Im Einvernehmen mit dem Generaldirektor legt der Verwaltungsrat die Befugnisse der *directeurs généraux délégués* im Innenverhältnis fest. Gegenüber Dritten haben sie allerdings die gleichen Befugnisse wie der Generaldirektor, Art. L.225-56 II Abs. 1–2 C. com.

Der Generaldirektor und die stellvertretenden Generaldirektoren können jederzeit vom Verwaltungsrat abberufen werden, Art. L.225-55 Abs. 1 C. com. Letztere jedoch nur auf Vorschlag des Generaldirektors.[474]

Obwohl das deutsche Aktienrecht die monistische Leitungsstruktur nicht kennt, ist im Ergebnis die Rechtslage in der französischen Europa-AG im Wesentlichen vergleichbar mit § 40 SEAG, der hierzulande speziell für die SE eingeführt wurde, vgl. Art. 43 Abs. 4 SE-VO. § 40 Abs. 1 S. 1 SEAG erlaubt es dem Verwaltungsrat, einen oder mehrere geschäftsführende Direktoren zu bestellen. Diese führen nach § 40 Abs. 2 S. 1 SEAG die (laufenden) Geschäfte der Gesellschaft und übernehmen nach § 41 Abs. 1 die Vertretung der Gesellschaft. Nach § 40 S. 2 SEAG können grundsätzlich auch Mitglieder des Verwaltungsrats zu geschäftsführenden Direktoren bestellt werden. Durch die zulässige Bestellung des Vorsitzenden des Verwaltungsrates zum geschäftsführenden Direktor[475] kann eine personelle Machtkonzentration vergleichbar zur Stellung des *président du conseil d'administration* erreicht werden. Ein *directeur général délégué* könnte mit einem stellvertretenden geschäftsführenden Direktor i. S. v. § 40 Abs. 10 SEAG verglichen werden. Ein hervorzuhebender Unterschied ist allerdings, dass in Frankreich die Bestellung einer juristischen Person zum Verwaltungsratsmitglied möglich ist, Art. 47 Abs. 1, Art. L.225-20 („[u]*ne personne morale peut être nommée administrateur*"). Eine Einschränkung besteht für den Präsidenten, der eine natürliche Person sein muss, Art. L.225-47 Abs. 1. In Deutschland regelt § 27 Abs. 3 SEAG allgemein, dass eine

---

[473] *Rothenburg*, in: Goette/Arnold, Handbuch Aufsichtsrat, § 9 Rn. 142a.

[474] *Rohmert/Hellio/Herrmann*, a. a. O. (Fn. 462), S. 837 f. Rn. 850 ff.

[475] Vgl. *Spitzbart*, RNotZ 2006, 369 (380).

juristische Person nicht Mitglied des Verwaltungsrats sein kann. Für den Fall, dass eine juristische Person zum Verwaltungsratsmitglied bestellt wird, sieht das französische Recht die Berufung eines ständigen Vertreters (*représentant permanent*) vor.[476]

Die dualistische Verwaltungsstruktur besteht nach Art. L.225-58 C. com. gleichermaßen aus einem Vorstand (*directoire*) und einem Aufsichtsrat (*conseil de surveillance*). Zu akzentuieren ist der Unterschied, dass gem. Art. L. 225-59 Abs. 3 C. com nach deutschem Vorbild (vgl. § 76 Abs. 3 S. 1 AktG) die Vorstandsmitglieder zwingend natürliche Personen sein müssen, hingegen die Aufsichtsratsmitglieder gemäß Art. L. 225-76 Abs. 1 C. com auch juristische Personen sein können.[477] Art. 48 Abs. 1 SE-VO sieht vor, dass in der Satzung der SE die Arten von Geschäften aufgeführt werden, für die im dualistischen System das Aufsichtsorgan dem Leitungsorgan seine Zustimmung erteilen muss und im monistischen System ein ausdrücklicher Beschluss des Verwaltungsorgans erforderlich ist. Die Mitgliedstaaten können jedoch vorsehen, dass im dualistischen System das Aufsichtsorgan selbst bestimmte Arten von Geschäften von seiner Zustimmung abhängig machen kann. Abs. 2 ermächtigt die Mitgliedstaaten, festzulegen, welche Arten von Geschäften auf jeden Fall in die Satzung aufzunehmen sind. Der französische Gesetzgeber machte von der Ermächtigung des Abs. 1 keinen Gebrauch. Indes ist in der Satzung (mit Ausnahme bei der Einpersonen-SE) ein Zustimmungsvorbehalt für Vereinbarungen mit Leitungsorganen und Aktionären, die über mehr als 10 % der Stimmrechte verfügen, vorzusehen, vgl. Art. L.229-7 Abs. 6 i. V. m. Art. L.225-38 ff. und Art. L.225-86 ff. Der deutsche Gesetzgeber ging diametral vor. So sind zwar keine konkreten Zustimmungsvorbehalte nach Art. 48 Abs. 2 SE-VO vorgesehen, aber das Aufsichtsorgan kann gem. Art. 48 Abs. 1 SE-VO i. V. m. § 19 SEAG selbst bestimmte Arten von Geschäften von seiner Zustimmung abhängig machen.[478]

b) Zur Hauptversammlung

In den unionsrechtlichen Vorschriften über die Hauptversammlung nehmen Art. 52 ff. SE-VO mehrfach (ergänzend) Bezug auf das nationale Recht, vor allem bezüglich Zuständigkeit, Einberufung und Ablauf. Die maßgebliche Verweisnorm des französischen Rechts ist Art. L.229-8 C. com. und lautet:

> „Les assemblées générales de la société européenne sont soumises aux règles prescrites par la section 3 du chapitre V du présent titre dans la mesure où elles sont compatibles avec le règlement (CE) n° 2157/2001 du Conseil, du 8 octobre 2001, précité."

---

[476] *Fleischer*, RIW 2004, 16 (18); *Teichmann*, in: Lutter/Hommelhoff/Teichmann, SE-Kommentar, Art. 47 SE-VO Rn. 2 f.

[477] *Fleischer*, a. a. O. (Fn. 476), S. 18.

[478] *Manz*, a. a. O. (Fn. 107), Art. 48 SE-VO Rn. 27 ff.; *Rohmert/Hellio/Herrmann*, a. a. O. (Fn. 462), S. 835 Rn. 841.

Demzufolge wird auf Art. L.225-96 bis Art. 225-125 C. com. verwiesen, die sich im Kapitel über die SA befinden.

Zu der wichtigsten Kompetenz der (außerordentlichen) Hauptversammlung gehört sicherlich die alleinige Zuständigkeit für Satzungsänderungen gem. Art. L.225-96 Abs. 1 C.com. Dies entspricht der Kompetenzzuweisung in § 179 Abs. 1 S. 1 AktG. Daneben sind der außerordentlichen Hauptversammlung wichtige Grundlagenentscheidungen zugeordnet.[479]

Herauszuheben sind die abweichenden Beschlussmehrheiten für satzungsändernde Beschlüsse der Hauptversammlung. Grundsätzlich werden nach Art. 57 SE-VO sowohl in Deutschland als auch in Frankreich Beschlüsse der Hauptversammlung mit einer einfachen Mehrheit (d. h. absolute Mehrheit der *abgegebenen und gültigen* Stimmen) gefasst. Nach Art. 59 Abs. 1 bedarf die Änderung der Satzung eines Beschlusses der Hauptversammlung, der mit der Mehrheit von nicht weniger als zwei Dritteln der abgegebenen Stimmen gefasst worden ist, sofern die Rechtsvorschriften für AG im Sitzstaat der SE keine größere Mehrheit vorsehen oder zulassen. Entsprechend gilt gem. Art. L.225-96 Abs. 3 C. com., dass die Hauptversammlung bei Satzungsänderungen mit einer 2/3-Mehrheit entscheidet („[e]*lle statue à la majorité des deux tiers des voix exprimées par les actionnaires présents ou représentés*“). In Deutschland gilt für die SE aufgrund der Öffnungsklausel eine höhere/strengere Mehrheit. Nach umstrittener, aber überzeugender Ansicht ist regelmäßig eine doppelte Mehrheit zur Änderung der Satzung erforderlich: zum einen die einfache Mehrheit nach § 133 Abs. 1 AktG und zum anderen mindestens 3/4 des bei der Beschlussfassung vertretenen Grundkapitals, § 179 Abs. 2 AktG. Derweil wird für bestimmte Grundlagen- und Strukturmaßnahmen in beiden Ländern die Zustimmung mit qualifizierter Mehrheit oder sogar sämtlicher Aktionäre verlangt.[480] Anders als das AktG enthält Art. L.225-96 Abs. 2 C. com eine allgemeine gesetzliche Bestimmung zur Beschlussfähigkeit der Hauptversammlung. Danach ist diese beschlussfähig, wenn die anwesenden oder vertretenen Aktionäre bei der ersten Einberufung mindestens ein Viertel und bei der zweiten Einberufung mindestens ein Fünftel der stimmberechtigten Aktien besitzen.[481]

Zwei Vorschriften im Zusammenhang mit den Formalien der Hauptversammlung gebührt aufgrund ihrer Öffnung gegenüber abweichenden nationalen Gestaltungen Beachtung. Die Einberufungskompetenz der Aktionäre gem. Art. 55 Abs. 1 Hs. 2 SE-VO ist in Deutschland nach § 50 Abs. 1 SEAG auf einen Anteil von 5 % am Grundkapital herabgesenkt. Dabei ist der Antrag grundsätzlich nach § 122 Abs. 1 S. 1, 2. Hs AktG, § 22 Abs. 6 SEAG an den Vorstand bzw. an den Verwaltungsrat zu richten. Nach Art. L.225-103 C.com. ist der erforderliche Schwellen-

---

479 Vgl. *Rohmert/Hellio/Herrmann*, a. a. O. (Fn. 462), S. 840 Rn. 873–876.

480 Hierzu *Mayer*, a. a. O. (Fn. 107), Art. 57 SE-VO Rn. 52 ff., 116 f., Art. 59 SE-VO Rn. 18 ff., 31. Zum Meinungsstand bezüglich der „doppelten Mehrheit“; *dies.*, a. a. O., Art. 57 Rn. 10 m. w. N.

481 Vgl. *Desache*, a. a. O. (Fn. 462), S. 132.

wert auch durch das französische Recht auf 5 % herabgesetzt. Ein Unterschied besteht im Verfahren dahingehend, dass der Antrag an ein Gericht zu richten ist, das einen *mandataire ad hoc* (Spezialbeauftragten) bestellt, der seinerseits die Hauptversammlung einberuft.

Ebenfalls dem Minderheitenschutz dient Art. 56 SE-VO. Die Verordnung bestimmt, dass die Ergänzung der Tagesordnung für eine Hauptversammlung durch einen oder mehrere Punkte von einem oder mehreren Aktionären beantragt werden kann, sofern sein/ihr Anteil am gezeichneten Kapital mindestens 10 % beträgt. Nach S. 3 kann das Recht des Sitzstaats unter denselben Voraussetzungen, wie sie für Aktiengesellschaften gelten, einen niedrigeren Prozentsatz vorsehen. Nach § 50 Abs. 2 SEAG kann die Ergänzung der Tagesordnung für eine Hauptversammlung durch einen oder mehrere Punkte von einem oder mehreren Aktionären beantragt werden, sofern sein oder ihr Anteil 5 % des Grundkapitals oder den anteiligen Betrag von 500.000 EUR erreicht. In Frankreich ist der Schwellenwert über den anwendbaren Art. L.225-105 C. com. ebenfalls auf 5 % festgelegt. Die deutsche Regelung geht jedoch durch die Alternative der betragsmäßigen Beteiligungsschwelle weiter.[482]

Insgesamt lässt sich jedoch festhalten, dass die beiden vorgenannten minderheitenschützenden Vorschriften im Wesentlichen vergleichbar im jeweiligen nationalen Recht ausgestaltet sind.

c) Externe Rechnungslegung

Von Interesse ist eine Betrachtung der für eine französische SE geltenden bilanzrechtlichen Grundsätze, denn wie bereits dargestellt, wurde im Zuge des Entstehungsprozesses von einheitlichen Regelungen in der Verordnung Abstand genommen. Folglich sieht Art. 61 SE-VO vor, dass die SE hinsichtlich der Aufstellung ihres Jahresabschlusses und gegebenenfalls ihres konsolidierten Abschlusses einschließlich des dazugehörigen Lageberichts sowie der Prüfung und der Offenlegung dieser Abschlüsse den Vorschriften unterliegt, die auch für nationale AG gelten.

In Frankreich stellt der Vorstand bzw. der Verwaltungsrat den Jahresabschluss (*comptes annuels*) gem. Art. L.232-1 I C. com. auf. Dieser besteht standardmäßig aus der Bilanz, der Gewinn- und Verlustrechnung sowie einem Anhang, Art. L.123-12 Abs. 3. Zusätzlich ist ein Lagebericht (*rapport de gestion*) für Handelsgesellschaften vorgeschrieben. Kleine Handelsgesellschaften sind grundsätzlich von der Erstellung des Lageberichts befreit, Art. L.232-1 IV C. com. Die Kontrolle der Rechnungslegung erfolgt durch einen oder mehrere Abschlussprüfer (*commissaires aux comptes*), der bei einer bestimmten Unternehmensgröße verpflichtend zu be-

---

[482] Vgl. *Mayer*, a. a. O. (Fn. 107), Art. 55 SE-VO Rn. 19 ff., Rn. 31, Art. 56 SE-VO Rn. 9 f., 15; *Rohmert/Hellio/Herrmann*, a. a. O. (Fn. 462), S. 832 f. Rn. 818–824.

stellen ist, Art. L.225-218 i. V. m. Art. L.823-9 C. com. Eine originäre Zuständigkeit der Hauptversammlung in der französischen Aktiengesellschaft ist die Feststellung des Jahres- und Konzernabschlusses, nachdem das jeweilige Leitungsorgan den Aktionären die entsprechenden Dokumente im Rahmen der ordentlichen Hauptversammlung vorgelegt hat. In diesem Punkt besteht der wohl entscheidendste Unterschied gegenüber dem Procedere nach deutscher Rechtslage, Art. L.225-100 Abs. 5 C. com.[483]

Zwar ist im dualistischen System in Deutschland ebenfalls der Vorstand zur Aufstellung des Jahresabschlusses und ggf. des Lageberichts bzw. des Konzernabschlusses und des Konzernlageberichts zuständig, vgl. §§ 264 Abs. 1, 290 Abs. 1 HGB. Im monistischen System ist dies hingegen die Aufgabe der geschäftsführenden Direktoren und gerade nicht des Verwaltungsrates, da Erstere nach § 41 Abs. 1 SEAG die gesetzlichen Vertreter der Gesellschaft sind. Das weitere Verfahren läuft derart ab, dass der Vorstand die erstellten Unterlagen mitsamt dem Gewinnverwendungsvorschlag nach § 170 Abs. 2 AktG unverzüglich dem Aufsichtsrat zur Prüfung vorlegt. Falls der Aufsichtsrat den Jahresabschluss i. S. v. § 171 Abs. 2 S. 4 AktG billigt, ist dieser bereits damit nach § 172 AktG festgestellt. Falls der Vorstand und der Aufsichtsrat es beschließen oder der Aufsichtsrat den Abschluss nicht billigt, erst dann wird die Hauptversammlung für die Feststellung zuständig, § 173 Abs. 1 AktG. Dem Aufsichtsrat der deutschen SE kommt in diesem Punkt eine deutlich wichtigere Rolle zu als dem französischen Gegenstück. Im monistischen System übernimmt der Verwaltungsrat die dem Aufsichtsrat zugewiesenen Aufgaben. Die §§ 170, 171 und 173 AktG finden über die Verweise in § 47 SEAG entsprechend Anwendung.[484]

3. Verlegung des Sitzes in einen anderen Mitgliedstaat

Eine prominente Materie der SE-VO ist das in Art. 8 geregelte Verfahren der rechtsformwahrenden Sitzverlegung in einen anderen Mitgliedstaat. Daher bietet sich die Betrachtung dieses Verfahrens für die Bewertung der Uniformalität der Europäischen Aktiengesellschaft in wesentlichen Aspekten an.

Zentrales Dokument für das Verfahren der Sitzverlegung ist der sog. Verlegungsplan, der universal in Art. 8 Abs. 2 SE-VO vorgesehen ist. Der Verlegungsplan muss mindestens 2 Monate vor der Hauptversammlung, die über den Verlegungsplan beschließt (vgl. Art. 8 Abs. 6 S. 1 SE-VO), offengelegt werden. Die Offenlegung findet gem. Art. 13 SE-VO statt. Dieser verweist auf die inzwischen aufgehobene RL 68/151/EWG, deren Bestimmungen in Art. 14 ff. der Gesellschaftsrechtsrichtlinie aufgegangen sind. In Frankreich ist der Verschmelzungsplan nach Art. L.229-2 C. com beim zuständigen Registergericht einzureichen. Dies

---

[483] *Mayer*, a. a. O. (Fn. 107), Art. 61 SE-VO Rn. 28–30; *Rohmert/Hellio/Herrmann*, a. a. O. (Fn. 462), S. 841 f. Rn. 885–892.

[484] *Kleindiek*, in: Lutter/Hommelhoff/Teichmann, SE-Kommentar, Art. 61 Rn. 22 ff.

entspricht auch dem Vorgehen in Deutschland. In Frankreich wird nach Art. R.229-3 C. com. die geplante Sitzverlegung in einem Medium bekannt gemacht, das im Department des Sitzes der Gesellschaft zur Entgegennahme gesetzlicher Bekanntmachungen bestimmt ist („*un avis inséré dans un support habilité à recevoir des annonces légales dans le département du siège social*“). Dabei enthält Art. R.229-3 C. com. ausführliche Vorgaben zum Inhalt der Bekanntmachung. In Deutschland erfolgt die Bekanntmachung gem. § 10 HGB bereits mit der Aufrufbarkeit der Hinweisbekanntmachung im gemeinsamen Registerportal der Länder. Eine Veröffentlichung im Bundesanzeiger oder Unternehmensregister ist daher grundsätzlich nicht notwendig. Ein spezifischer Inhalt wie in Art. R.229-3 C. com. ist für die Bekanntmachung im gemeinsamen Registerportal der Länder derweil gerade nicht vorgeschrieben.[485]

Für die notwendige Mehrheit bei der Beschlussfassung der Hauptversammlung über die Sitzverlegung verweist Art. 8 Abs. 6 SE-VO auf Art. 59 SE-VO. Damit sei auf die obigen Ausführungen zu den unterschiedlichen Beschlussmehrheiten für Satzungsänderungen verwiesen.

Sowohl in Deutschland als auch in Frankreich wurden Vorschriften auf der Grundlage von Art. 8 Abs. 5 SE-VO zum Schutz der Minderheitsaktionäre eingeführt, die sich gegen die Verlegung des Sitzes ausgesprochen haben. In Frankreich können nach Art. L.229-2 Abs. 3 C. com. die betroffenen Aktionäre einen Rückkauf ihrer Aktien durch die Gesellschaft verlangen. Hierzulande wurde § 12 SEAG auf der Grundlage von Art. 8 Abs. 5 SE-VO erlassen. Der Ansatz ist derselbe – die SE hat jedem Aktionär, der gegen den Verlegungsbeschluss Widerspruch zur Niederschrift erklärt, den Erwerb seiner Aktien gegen eine angemessene Barabfindung anzubieten. Aber nicht nur die Aktionäre sind im Falle einer Sitzverlegung geschützt. Die Gesetzgebung beider Staaten kennt besondere Regelungen zum Schutz von Gläubigern. § 13 SEAG ist ein Paragraf, der auf Art. 8 Abs. 7 SE-VO beruht. Verlegt eine deutsche SE ihren Sitz in das Ausland, ist den Gläubigern der Gesellschaft, wenn sie binnen zwei Monaten nach dem Tag, an dem der Verlegungsplan offengelegt worden ist, ihren Anspruch nach Grund und Höhe schriftlich anmelden, Sicherheit zu leisten, soweit sie nicht Befriedigung verlangen können. Der Gläubigerschutz kann nach Art. 8 Abs. 7 SE-VO auf Verbindlichkeiten ausgedehnt werden, die bis zum Zeitpunkt der Verlegung entstehen (oder entstehen können). In Deutschland gilt nach § 13 Abs. 2 SEAG, dass das Recht auf Sicherheitsleistung nur im Hinblick auf Forderungen besteht, die vor oder bis zu 15 Tage nach Offenlegung des Verlegungsplans entstanden sind. In Frankreich dient Art. L.229-2 Abs. 6 C. com. dem Schutz der Gesellschaftsgläubiger. Gläubiger können innerhalb einer Frist von 30 Tagen nach der Offenlegung des Verlegungsplans Widerspruch gegen die Sitzverlegung einlegen. Die Rechtsfolge ist, dass ein Gericht bei entsprechender

[485] Vgl. *Diekmann*, a.a.O. (Fn. 55), Art. 8 SE-VO Rn. 30; *Oechsler*, a.a.O. (Fn. 102), Art. 8 SE-VO Rn. 27; *Austmann*, in: Münchener Handbuch des Gesellschaftsrechts, Bd. 4, § 81 Rn. 3. *Rohmert/Hellio/Herrmann*, a.a.O. (Fn. 462), S. 847 Rn. 929–931.

Stattgabe des Widerspruchs die Begleichung der Forderung oder die Stellung von Sicherheiten verfügen kann. Der Schutz erstreckt sich auf sämtliche Forderungen vor der Sitzverlegung. Im Unterschied zu Deutschland (vgl. § 13 Abs. 3 SEBG), verhindert die Nichtleistung an die Gläubiger jedoch ausdrücklich *nicht* die Sitzverlegung.[486]

Wie schon bei der Gründung durch Verschmelzung hat der französische Gesetzgeber die eingeräumte Option in Art. 8 Abs. 14 SE-VO verwendet und als Einspruchsbehörde die Staatsanwaltschaft benannt. Somit kann der *procureur de la République* Widerspruch gegen die Sitzverlegung einlegen. Deutschland hat auch in diesem Rahmen auf die Einführung einer derartigen Vorbehaltsregelung verzichtet. Nach Art. 8 Abs. 8 SE-VO i. V. m. Art. L.229-2 Abs. 7 C. com. ist in Frankreich der Notar für die Prüfung der Rechtmäßigkeit der Sitzverlegung und für die Ausstellung der Rechtmäßigkeitsbescheinigung zuständig. In Deutschland ist hierzu das Registergericht berufen.[487]

4. Transformation und Funktionsweise der Richtlinie in Frankreich

Die Bestimmungen der SE-RL sind heute in den Art. L.2351-1 ff. und Art. D.2351-1 ff. des *code du travail* („C. trav.") kodifiziert.[488]

Bevor die einzelnen Vorschriften des C. trav. näher beleuchtet werden, sollte geklärt werden, ob es eine Mitbestimmung der Arbeitnehmer in den Unternehmensorganen gibt und wie diese ggf. ausgestaltet ist. Neben einer freiwilligen satzungsmäßigen Unternehmensmitbestimmung und Sonderregelungen für privatisierte, ehemals staatliche Unternehmen existieren zwei unterschiedliche Herangehensweisen des französischen Rechts auf diesem Gebiet. Dabei wird zwischen bestimmten Kapitalgesellschaften des privaten Sektors (hier insbesondere den Aktiengesellschaften) auf der einen und staatlichen Unternehmen sowie vom Staat direkt oder indirekt (Tochtergesellschaften) beherrschten respektive kontrollierten Unternehmen auf der anderen Seite differenziert. Bei Unternehmen der letzteren Gruppe sind in den Verwaltungs- oder Aufsichtsrat bei weniger als 200 Arbeitnehmern mindestens zwei Arbeitnehmervertreter zu bestellen. Der Verwaltungs- oder Aufsichtsrat darf maximal aus 1/3 solcher Mitglieder bestehen. Bei einer Belegschaft von mehr als 200 Arbeitnehmern ist das jeweilige Organ mit mindestens 1/3 Arbeitnehmervertretern zu besetzen, mithin wären auch mehr zulässig. Bei Tochtergesellschaften staatlich beherrschter Unternehmen liegt der maßgebliche Schwellenwert bei 200. Bei einer Arbeitnehmeranzahl von 200 bis 1.000 sind

---

[486] Zum Schutz der Aktionäre und Gläubiger in Deutschland vgl. *Timm-Wagner*, SE-Ausführungsgesetz, § 12 Rn. 1; § 13 Rn. 1 ff.; *Rohmert/Hellio/Herrmann*, a. a. O. (Fn. 462), S. 848 f. Rn. 937–945.

[487] *Rohmert/Hellio/Herrmann*, a. a. O. (Fn. 462), S. 847 Rn. 933, S. 849 Rn. 948; *Ringe*, in: Lutter/Hommelhoff/Teichmann, SE-Kommentar, Art. 8 SE-VO Rn. 56, Rn. 61.

[488] *Rohmert/Hellio/Herrmann*, a. a. O. (Fn. 462), S. 824 Rn. 757–760.

mindestens 1/3 des Organs, höchstens aber drei Plätze für Arbeitnehmervertreter vorgesehen. Bei mehr als 1.000 Arbeitnehmern in der betreffenden Tochtergesellschaft ist die Begrenzung auf drei Vertreter aufgehoben. Die Belegschaft des jeweiligen staatlichen Unternehmens ist für die Wahl der Arbeitnehmervertreter in das Gesellschaftsorgan zuständig.[489]

Im Fokus stehen allerdings die Aktiengesellschaften der Privatwirtschaft. Seit 2013 existiert eine verpflichtende unternehmerische Mitbestimmung im privaten Sektor. Im Jahre 2015 wurden die maßgeblichen Schwellenwerte abgesenkt, sodass gegenwärtig in privaten Unternehmen mit 1.000 Beschäftigten in Frankreich oder 5.000 Beschäftigten weltweit je nach Größe des Verwaltungs- oder Aufsichtsrates bis zu zwei Arbeitnehmervertreter berufen werden müssen. Mit der Verabschiedung des sog. PACTE-Gesetzes („*Plan d'Action pour la Croissance et la Transformation des Entreprises*") im Jahre 2019 wurde der Anwendungsbereich der unternehmerischen Mitbestimmung auf bestimmte Genossenschaften und *nonprofit organisations* ausgedehnt. Außerdem wurden die bestehenden Ausnahmen für Holding-Gesellschaften reduziert. Weiterhin ist nun ein zweiter Arbeitnehmervertreter bereits bei einer Anzahl von 8 Organmitgliedern zu bestellen. Gewerkschaften und sozial ausgerichteten politischen Kräften gingen die Reformen jedoch nicht weit genug, daher wurden zwischenzeitlich ambitioniertere Gesetzesinitiativen im französischen Parlament vorgestellt, die aber bis heute nicht verabschiedet wurden. Trefflich erscheint vor diesem Hintergrund die Beschreibung des Rechts der unternehmerischen Mitbestimmung in Frankreich als „Hochepot".[490]

Art. L.2351-1 C. trav. enthält den Anwendungsbereich der Regelungen über die Personalvertretung und Partizipation der Arbeitnehmer an der Unternehmensleistung. Erfasst sind demzufolge SE mit Sitz in Frankreich sowie in Frankreich befindliche Tochtergesellschaften und Betriebsstätten von ausländischen SE. Des Weiteren fallen Gründungsgesellschaften mit inländischem Sitz in den Anwendungsbereich. In Umsetzung der Richtlinie ist nachvollziehbarerweise auch vom französischen Recht ein BVG (*groupe spécial de négociation*) vorgesehen, das Verhandlungen mit den Geschäftsleitungen der beteiligten Gesellschaften führt, Art. L.2352-1 f. C. trav.[491]

In den Art. L.2372-3 ff. C. trav. werden die Einrichtung der *groupe spécial de négociation* sowie ihre Arbeitsweise festgelegt. Art. L.2352-16 bis Art. L.2352-20

---

[489] Vgl. hierzu *Lafuente*, The Europeanisation of board-level employee representation in France – An emerging role European Works Councils?, S. 8, 12; *Conchon*, Workers' voice in corporate governance: A European perspective; S. 15; *Rehfeldt*, I.M.U. Mitbestimmungsreport Nr. 53, 10.2019, Unternehmensmitbestimmung in Frankreich, S. 6 ff.

[490] *Lafuente*, a. a. O. (Fn. 489), S. 9 ff.; *Rehfeldt*, a. a. O. (Fn. 489), S. 8 ff.

[491] Hierzu und generell zu der Mitbestimmung der Arbeitnehmer mit wertvollen Hinweisen für die folgenden Ausführungen: *Rohmert/Hellio/Herrmann*, a. a. O. (Fn. 462), S. 851 Rn. 964 ff.

C. trav. treffen Bestimmungen zum Inhalt der abzuschließenden Vereinbarung. Die vorgenannten Regelungskomplexe finden sich auch im SEBG wieder.

Kapitel III (Art. L.2353-1 bis Art. L.2353-32 C. trav.) beschäftigt sich schließlich mit der Auffanglösung. Kommt es während des Verhandlungszeitraums zu keiner Vereinbarung, muss ein SE-Betriebsrat (*comité de la société européenne*) installiert werden, falls durch das BVG kein Beschluss gefasst wurde, keine Verhandlungen aufzunehmen oder begonnene Verhandlungen abzubrechen, Art. L.2353-1. Dies hat der deutsche Gesetzgeber ähnlich in § 22 Abs. 1 Nr. 2 SEBG formuliert. Für die Beteiligung der Arbeitnehmer im Verwaltungs- oder Aufsichtsrat statuiert Art. L. 2353-28 C. trav. das Vorher-Nachher-Prinzip, wobei die günstigste nationale Regelung Anwendung findet, Art. L.2353-29 C. trav. Für die Anwendbarkeit der Auffangregelung in Art. L. 2353-28 gelten nach Art. L.2352-13 C. trav. dieselben Schwellenwerte wie in § 34 SEBG (stets bei der Gründung durch Formwechsel, Verschmelzung 25 % der Gesamtzahl der Arbeitnehmer aller beteiligten Gesellschaften, 50 % bei Gründung einer Tochter oder einer Holding). Somit hat Frankreich nicht von dem Optionsrecht in Art. 7 Abs. 3 der SE-RL Gebrauch gemacht.[492] Anknüpfend an die einleitenden Ausführungen zur unternehmerischen Mitbestimmung in Frankreich resultiert daraus, trotz der verfahrensmäßigen Gemeinsamkeiten mit Deutschland, dass die Auffanglösung beispielsweise bei der Umwandlung einer französischen SA in der Regel zu einer anderen Ausgestaltung der Beteiligung von Arbeitnehmern in den Unternehmensorganen führt. Daher liegt hier allenfalls formelle, nicht jedoch materielle Vereinheitlichung vor.

Art. L.2354-2 ff. C. trav. enthalten Tatbestände für die Wiederaufnahme von Verhandlungen, wie sie im Grundsatz dem deutschen Rechtsanwender aus dem SEBG bekannt sind. Art. 2354-4 C. trav. entspricht § 18 Abs. 3 SEBG mit einem beachtlichen Unterschied: Den strukturellen Änderungen der Gesellschaft wird ein Anstieg der Beschäftigtenzahl gleichgestellt, der die Zusammensetzung des SE-Betriebsrates oder die Modalitäten der Arbeitnehmerbeteiligung, wie sie in einer Vereinbarung oder durch die Auffangregelung festgelegt wurden, wesentlich beeinflussen kann.[493] Das deutsche Gegenstück beschränkt sich auf die Nennung struktureller Änderungen. Diese Feststellung wird nochmals relevant, wenn es um Reformerwägungen für das deutsche Recht geht (s. hierzu IV. Teil, Kapitel II. 1.).

---

[492] Vgl. *Oetker*, in: Franzen/Gallner/Oetker, Kommentar zum europäischen Arbeitsrecht, Art. 7 SE-RL Rn. 8; die Regelung sieht zugunsten der Mitgliedstaaten die Option vor, bei der Gründung durch Verschmelzung von der gesetzlichen Auffangregelung abzusehen.

[493] Art. 2354-4 Abs. 1 C. trav. lautet: „*Si, après l'immatriculation de la société européenne, des changements interviennent dans la structure de l'entreprise, la localisation de son siège ou le nombre de travailleurs qu'elle occupe et qu'ils sont susceptibles d'affecter substantiellement la composition du comité de la société européenne ou les modalités d'implication des travailleurs telles qu'arrêtées par l'accord issu des négociations engagées avant l'immatriculation de la société européenne ou en application de l'article L. 2353-28 et suivants, une nouvelle négociation est engagée dans les conditions prévues par le chapitre II.*“.

Hinsichtlich der Vergleichbarkeit der Europäischen Aktiengesellschaft deutscher und französischer Prägung stellt sich ein gemischtes Fazit ein: Erwartungsgemäß liegen die größten Divergenzen im Bereich der unternehmerischen Mitbestimmung vor. Die übrigen betrachteten Bereiche weisen einige punktuelle Unterschiede auf. Zugleich werden diverse Regelungsermächtigungen und Öffnungsklauseln in der Verordnung von den nationalen Rechtsordnungen beider Länder ähnlich ausgefüllt. Durch die Einführung des monistischen Verwaltungssystems für die SE in Deutschland wurde ein beachtlicher Beitrag zur Harmonisierung geleistet. Für die Rechtsanwender (z. B. Organmitglieder oder Aktionäre ohne juristische Fachkenntnisse) der untersuchten Mitgliedstaaten dürften die Besonderheiten in der jeweiligen Gesetzessystematik sowie sprachliche Hürden nach wie vor die größten Herausforderungen darstellen.

II. Die SE in Bulgarien

Bulgarien ist für rechtsvergleichende Reflexionen u. a. interessant, weil es sich hierbei um einen osteuropäischen Mitgliedstaat handelt, der relativ spät EU-Mitglied wurde. Mit Ausnahme der noch zu thematisierenden arbeitsrechtlichen Gesetzgebung verfügt Bulgarien grundsätzlich über keine speziellen (gesellschaftsrechtlichen) Bestimmungen für die SE, die insbesondere dazu dienen würden, die in der SE-VO vorgesehenen Ermächtigungen auszuüben. Genauer gesagt existieren im „*Търговски закон*" („TZ") – dem bulgarischen Handelsgesetz(-buch) – lediglich drei Vorschriften (Art. 281 bis Art. 283 TZ), die sich mit der „*Европейско дружество*" (bulgarisch für Europäische Aktiengesellschaft bzw. SE) aus gesellschaftsrechtlicher Perspektive beschäftigen. Die Europäische Aktiengesellschaft wird in Übereinstimmung mit der Verordnung wie eine bulgarische AG (*акционерно дружество* – „AD") behandelt. In Ermangelung einer speziellen Gesetzgebung werden daher überwiegend Vorschriften des nationalen Aktienrechts herangezogen, vgl. Art. 9 Abs. 1 lit. c), ii) SE-VO.[494]

1. Die Gründung in Bulgarien und Fragen der Sitzverlegung

Im Gegensatz zur Verordnung ist in Art. 281 Abs. 1 TZ lediglich die Gründung durch Verschmelzung (*сливане*) oder Umwandlung bzw. Formwechsel (als „*преобразуване*" in Art. 281 bezeichnet) einer AD geregelt. Wie auch das UmwG kennt das bulgarische Recht zwei Formen der Verschmelzung von Gesellschaften. Zum einen die Verschmelzung auf eine bestehende Gesellschaft (*вливане*) nach Art. 262 Abs. 1 TZ und zum anderen die Verschmelzung zur Neugründung (*сливане*) gem. Art. 262a TZ. Überdies geht die h. M. in der bulgarischen Jurisprudenz davon aus, dass die Möglichkeit zur Gründung einer Holding-SE und einer

[494] Vgl. *Dimitrova*, in: Van Gerven/Storm, The European Company, Volume II, S. 20 f.

SE-Tochtergesellschaft (Art. 2 Abs. 3, Art. 3 Abs. 2 SE-VO) unmittelbar aus der Verordnung folgt.[495]

Der Verschmelzungsplan gem. Art. 20 Abs. 1 SE-VO (das nationale Pendant ist der Umwandlungsvertrag – *договор за преобразуване*) wird nach Art. 262e TZ schriftlich mit notarieller Beglaubigung der Unterschriften (*в писмена форма с нотариална заверка на подписите*) der Vertretungsberechtigten geschlossen. In Deutschland ist dagegen nach entsprechender Anwendung des § 6 UmwG eine notarielle Beurkundung notwendig.[496]

Der bulgarische Gesetzgeber hat keine Einspruchsbehörde nach Art. 19 SE-VO vorgesehen. Obwohl es sich nicht wie in Deutschland um spezielle Vorschriften eines Ausführungsgesetzes handelt, kennt das bulgarische Recht ebenfalls Bestimmungen zum Schutz der Minderheitsaktionäre im Falle der Verschmelzung, die bei der Gründung der Europa-AG herangezogen werden. Dies ist erstens gem. Art. 263 TZ ein gerichtlicher Anspruch auf finanziellen Ausgleich (*иск за парично уравняване*), falls das im Verschmelzungsplan festgelegte Umtauschverhältnis nicht äquivalent zur ursprünglichen Beteiligung des Anteilseigners ist. Der Anspruch kann innerhalb von drei Monaten nach dem Wirksamwerden der Verschmelzung gegen die übernehmende oder neu entstandene Gesellschaft geltend gemacht werden. Gefolgt von dem aus deutscher Sicht bekannten Austrittsrecht gegen angemessene Abfindung, falls der Aktionär dem Verschmelzungsbeschluss widersprochen hat. Das Ausscheiden aus der Gesellschaft erfolgt durch notariell beglaubigte Mitteilung an die Gesellschaft innerhalb von drei Monaten ab dem Zeitpunkt der Verschmelzung, Art. 263s Abs. 1 TZ. Hinsichtlich des Gläubigerschutzes im Rahmen einer Verschmelzung existieren ebenfalls keine speziellen Vorschriften in Ausführung der Verordnung. Das anwendbare nationale Umwandlungsrecht sieht jedoch vor, dass der übernehmende oder neue Rechtsträger verpflichtet ist, für einen Zeitraum von sechs Monaten nach der Eintragung der Verschmelzung die Vermögenswerte der beteiligten Gesellschaften separat zu verwalten. Innerhalb dieses Zeitraums kann jeder Gläubiger entweder Befriedigung oder Sicherheitsleistung verlangen.[497] Somit ist in beiden Rechtsordnungen ein zumindest annähernd vergleichbares Schutzniveau vorhanden.

Nationale Vorschriften zur Umwandlung durch Formwechsel (*промяна на правната форма*) befinden sich in Art. 264 ff. TZ. Der Formwechsel einer AD in eine SE folgt der in Art. 37 ff. SE-VO vorgegebenen Struktur. Der in Art. 37 Abs. 4 SE-VO vorgesehene Umwandlungsplan (*план за преобразуване*, Art. 264a Abs. 1 TZ) ist dem bulgarischen Recht auch für rein nationale Sachverhalte bekannt. Art. 264e i. V. m. Art. 264w TZ sieht ähnlich wie Art. 37 Abs. 6 SE-VO die Prüfung

[495] *Todorova/Zwiatkow*, in: Jannott/Frodermann, Handbuch der Europäischen Aktiengesellschaft, S. 728 Rn. 182.

[496] Vgl. *Bayer*, in: Lutter/Hommelhoff/Teichmann, SE-Kommentar, Art. 20 SE-VO Rn. 7.

[497] *Dimitrova*, a. a. O. (Fn. 494), S. 27 ff.; *Todorova/Zwiatkow*, in: Jannott/Frodermann, Handbuch der Europäischen Aktiengesellschaft, S. 731 ff. Rn. 201–212.

und Bestätigung durch einen Prüfer vor, dass das Kapital der formwechselnden Gesellschaft nicht höher ist als ihre Nettovermögenswerte. Zwar ist die Erstellung eines Berichts durch das Leitungs- oder das Verwaltungsorgan der betroffenen Gesellschaft nicht vom bulgarischen Recht vorgesehen, doch folgt diese Voraussetzung unmittelbar aus Art. 37 Abs. 4 SE-VO. Laut Art. 264a TZ unterliegt der Umwandlungsplan ebenfalls der Schriftform mit notarieller Beglaubigung der Unterschriften.[498]

Eine echte Eigenart des bulgarischen Rechts im Gründungsstadium ist, dass das bulgarische Handelsregister bei der Ausstellung der Bestätigung nach Art. 25 Abs. 2 SE-VO über die Rechtmäßigkeit der nationalen Verschmelzungshandlungen prüft, ob eine beteiligte Gesellschaft mit Sitz in Bulgarien Eigentümerin von Grundstücken ist. Nach Art. 281 Abs. 3 TZ kann eine SE mit Sitz in einem anderen Mitgliedstaat nämlich nicht durch Verschmelzung gegründet werden, wenn eine übertragende bulgarische Gesellschaft Eigentümerin von Grundstücken ist. Dieses Verbot erstreckt sich auch auf die Sitzverlegung einer SE aus Bulgarien in einen anderen Mitgliedstaat. Rechtspolitischer Hintergrund dieser Einschränkung seien „die Bedingungen eines Assozierungsvertrags [zwischen Bulgarien und der EU], die eine Übergangsperiode bis zum 1.1.2014 für Eigentumserwerb an landwirtschaftlichen Liegenschaften in Bulgarien durch EU Bürger vorsah[en].“ Diese Einschränkung hätte also im Jahre 2014 außer Kraft treten sollen. Allerdings hat das bulgarische Parlament beschlossen, sie beizubehalten. Trotz eines anzunehmenden Verstoßes gegen EU-Recht könne eine Nichtbeachtung bei der Gründung zu Beanstandungen seitens der Handelsregisterbeamten und Notare führen.[499]

Nach bulgarischem Aktienrecht bedarf die Satzung der AG keiner notariellen Beurkundung. Ein wichtiger Unterschied, der aus der Öffnung der Verordnung für nationales Recht resultiert. In Deutschland folgt aus Art. 15 SE-VO i. V. m. Art. 23 Abs. 1 AktG die Notwendigkeit zur Feststellung der Satzung durch notarielle Beurkundung. Bei der Verschmelzung wird diese Anforderung in der Praxis gewissermaßen zeitgleich mit der notariellen Beurkundung des Verschmelzungsplans (Art. 18 SE-VO i. V. m. § 6 UmwG) in einer Urkunde erfüllt. Denn laut Verordnung hat der Verschmelzungsplan die Satzung zu enthalten. Zur besseren Übersichtlichkeit wird die Satzung dem Plan als Anlage beigefügt. Bei anderen Gründungsformen (z.B. Gründung einer gemeinsamen Tochter-SE) und Strukturmaßnahmen wie Satzungsänderungen wirkt sich ein etwaiges Mitwirkungserfordernis des Notars hinsichtlich der Satzung hingegen unmittelbar aus.[500]

---

[498] *Todorova/Zwiatkow*, a.a.O. (Fn. 495), S. 729f. Rn. 188.

[499] Hierzu *Todorova/Zwiatkow*, in: Jannott/Frodermann, Handbuch der Europäischen Aktiengesellschaft, S. 734 Rn. 193.

[500] Vgl. *Todorova/Zwiatkow*, in: Jannott/Frodermann, Handbuch der Europäischen Aktiengesellschaft, S. 734 Rn. 220; *Sagasser/Luke*, in: Sagasser/Bula, Umwandlungen, § 30 Rn. 204; *Kleiser*, in: Hauschild/Kallrath/Wachter, Notarhandbuch Gesellschaftsrecht- und Unternehmensrecht, § 19 Rn. 9; *Keinath*, a.a.O. (Fn. 55).

Zwar keine Abweichung vom Mindestkapitalerfordernis gem. Art. 4 Abs. 3 SE-VO, aber trotzdem hervorzuheben ist, dass eine bulgarische AD nach Art. 161 Abs. 2 TZ ein Mindestkapital von 25.000 EUR aufweisen muss. Somit liegt dieses erheblich unter den von Art. 4 Abs. 2 SE-VO vorgesehenen 120.000 EUR. Obwohl Bulgarien bislang nicht der Eurozone beigetreten ist, sieht Art. 161 Abs. 1 TZ in der aktuellen Fassung vor, dass das Kapital in Euro festgelegt wird. Eine solche Disparität in der Anforderung an die Kapitalausstattung zwischen einer nationalen und einer europäischen Aktiengesellschaft ist kritisch zu bewerten, da sie geeignet ist, die Akzeptanz der SE im Inland zu beeinträchtigen. Von der Option in Art. 2 Abs. 5 SE-VO hat der bulgarische Gesetzgeber keinen Gebrauch gemacht. Nach Art. 281 Abs. 2 TZ gilt für bulgarische Aktiengesellschaften ein Gleichlauf von Satzungs- und Verwaltungssitz. Entsprechendes gilt auch für die SE. Im Gegensatz zu Deutschland liegt hier also eine zwingende Koppelung nach Art. 7 S. 2 SE-VO vor.[501]

Hinsichtlich des Verfahrens der Sitzverlegung gibt es mit Ausnahme des vorgenannten Art. 281 Abs. 3 TZ keine Besonderheiten. Das Verfahren richtet sich ausschließlich nach der SE-VO. Das heißt insbesondere, dass es keine Gläubigerschutzvorschriften i. S. v. Art. 8 Abs. 5 SE-VO gibt. Außerdem ist keine Behörde für einen Einspruch gegen die Sitzverlegung gem. Art. 8 Abs. 14 SE-VO berufen.[502]

2. Die Organstruktur einer AD

Wie auch Frankreich kennt Bulgarien sowohl ein monistisches (*едностепенна система*) als auch ein dualistisches (*двустепенна система*) Leitungssystem für seine Aktiengesellschaften. Daher überrascht es nicht weiter, dass keine Implementierung besonderer nationaler Regelungen in diesem Bereich notwendig gewesen war. Laut Art. 219 Abs. 1 TZ verfügt eine AD über eine Hauptversammlung der Aktionäre (*общо събрание на акционерите*) und über einen Verwaltungsrat (*съвет на директорите*) oder einen Aufsichtsrat (*надзорен съвет*) und Vorstand (*управителен съвет*).[503]

Mitglieder des Verwaltungsrates einer AD werden von der Hauptversammlung für eine Amtszeit von fünf Jahren gewählt, eine Wiederbestellung ist zulässig (vgl. Art. 233 Abs. 1, 3 TZ, der im Hinblick auf die Amtszeit und Wiederbestellung auch für den Vorstand und Aufsichtsrat gilt). Es werden mindestens drei und höchstens neun Mitglieder gewählt (vgl. Art. 43 Abs. 2 SE-VO). In Deutschland kann der Verwaltungsrat in kleinen Gesellschaften dagegen lediglich aus einem Mitglied

---

[501] *Todorova/Zwiatkow*, in: Jannott/Frodermann, Handbuch der Europäischen Aktiengesellschaft, S. 730 Rn. 189; S. 731 Rn. 197, S. 734 Rn. 219; vgl. *Dimitrova*, a. a. O. (Fn. 494), S. 24.

[502] *Todorova/Zwiatkow*, in: Jannott/Frodermann, Handbuch der Europäischen Aktiengesellschaft, S. 742 Rn. 284–286; *Dimitrova*, a. a. O. (Fn. 494), S. 24 f.

[503] Vgl. *Dimitrova*, a. a. O. (Fn. 494), S. 34.

bestehen, in großen Gesellschaften sind bis zu 21 Mitglieder möglich, vgl. § 23 SEAG.[504] Anders als in Deutschland kann eine juristische Person zum Mitglied bestellt werden. Für den Fall, dass eine juristische Person in das Organ bestellt wird, muss wie in Frankreich ein Vertreter für die Gesellschaft zur Wahrnehmung ihrer Organpflichten im Gremium bestimmt werden, Art. 234 Abs. 1 TZ. Mitglieder des Verwaltungsrates vertreten die Gesellschaft gemeinsam, falls nicht die Satzung Abweichendes regelt (Art. 235 Abs. 1 TZ, der gleichermaßen für den Vorstand die Zuweisung der Vertretungszuständigkeit trifft). Der bulgarische Gesetzgeber hat von der Option des Art. 43 Abs. 1 S. 2 SE-VO zwar ausdrücklich keinen Gebrauch gemacht, jedoch kennt das bulgarische Aktienrecht von sich aus Vergleichbares. Nach Art. 244 Abs. 4 TZ überträgt der Verwaltungsrat nämlich die Leitung der Gesellschaft einem oder mehreren aus seiner Mitte gewählten „geschäftsführenden Mitgliedern" (*изпълнители членове*). Der Verwaltungsrat wählt aus seiner Mitte überdies einen Vorsitzenden und einen stellvertretenden Vorsitzenden, Art. 244 Abs. 2 TZ. Die Hauptversammlung kann jederzeit ein Mitglied abberufen, Art. 244 Abs. 4 TZ.[505]

Die Mitglieder des Vorstandes werden im dualistischen System – wie in Deutschland – vom Aufsichtsrat gewählt und können jederzeit abberufen werden, Art. 241 Abs. 2 TZ. Art. 39 Abs. 2 SE-VO, wonach ein Mitgliedstaat unter den Bedingungen, die für seine Aktiengesellschaften gelten, vorsehen kann, dass in der Satzung festgelegt werden darf, dass die Mitglieder des Leitungsorgans von der Hauptversammlung bestellt und abberufen werden, ist somit nicht einschlägig. Im Vorstand wie auch im Aufsichtsrat können juristische Personen Mitglied werden. Der Aufsichtsrat beaufsichtigt den Vorstand. Hierfür sieht Art. 243 TZ Berichtspflichten des Vorstands und ein Auskunftsrecht des Aufsichtsrates vor. Seine Mitglieder werden gem. Art. 244 Abs. 2 TZ von der Hauptversammlung gewählt.[506] Dass bestimmte Rechtsgeschäfte in der Satzung zwingend unter den Zustimmungsvorbehalt des Aufsichtsrates gestellt werden müssen, ist nicht ersichtlich.[507]

Ebenso wie in der Bundesrepublik ist die Hauptversammlung einer Aktiengesellschaft in Bulgarien für Satzungsänderungen und Grundlagenentscheidungen, die die Struktur oder Existenz des Unternehmens betreffen, zuständig. Beschlüsse der Hauptversammlung werden grundsätzlich mit einfacher Mehrheit der abgegebenen Stimmen gefasst. Satzungsänderungen und Strukturmaßnahmen werden mit einer 2/3-Mehrheit beschlossen, vgl. Art. 230 Abs. 2 TZ. Wie in Frankreich gibt es gesetzliche Vorgaben zur Beschlussfähigkeit. Nach Art. 227 Abs. 2 TZ können bestimmte wichtige Beschlüsse (z.B. die Änderungen der Satzung) nur gefasst werden, wenn mindestens die Hälfte des Kapitals in der Hauptversammlung vertreten

---

[504] Vgl. *Rothenburg*, a.a.O. (Fn. 473), § 9 Rn. 138.

[505] Vgl. *Dimitrova*, a.a.O. (Fn. 494), S. 38 f.; *Todorova/Zwiatkow*, in: Jannott/Frodermann, Handbuch der Europäischen Aktiengesellschaft, S. 736 f. Rn 238 ff.

[506] *Manz*, a.a.O. (Fn. 107), Art. 39 SE-VO Rn. 68; *Dimitrova*, a.a.O. (Fn. 494), S. 41 f.

[507] Zum zwingenden Inhalt der Satzung s. Art. 165 TZ.

ist. Bei fehlender Beschlussfähigkeit kann frühestens nach 14 Tagen eine neue Versammlung einberufen werden, die ohne Rücksicht auf das dort vertretene Kapital beschlussfähig ist, Art. 227 Abs. 3 TZ.[508] Mithin bestehen insofern gewisse Abweichungen zur Rechtslage in Deutschland.[509]

Nach Art. 222 Abs. 2 TZ gilt für bulgarische Aktiengesellschaften (und damit für die SE mit Sitz in Bulgarien) eine Erleichterung insoweit, als dass die erste Hauptversammlung innerhalb von 18 Monaten nach der Inkorporation stattfinden muss. Eine zulässige Ausnahme von der Sechsmonatsfrist des Art. 54 Abs. 1 SE-VO. In Deutschland wurde eine solche Erleichterung nicht vorgesehen.[510] Eine erfreuliche Similarität mit Deutschland besteht derweil im erhöhten Niveau des Minderheitenschutzes nach Art. 55 Abs. 1 und Art. 56 SE-VO. Parallel zum zuvor vorgestellten § 50 SEAG sieht Art. 223 Abs. 1 TZ vor, dass die Hauptversammlung nicht nur vom Verwaltungsrat oder Vorstand einberufen werden kann, sondern auch von Aktionären, die seit mehr als drei Monaten Aktien in Höhe von mindestens 5 % des Kapitals halten. Analog zu § 50 Abs. 2 Alt. 1 SEAG gewährt Art. 223a Abs. 1 TZ Aktionären, die seit mehr als drei Monaten Aktien in Höhe von mindestens 5 % des Gesellschaftskapitals halten, das Recht zur Ergänzung der Tagesordnung. Die Schwellenwerte sind demnach gegenüber der Verordnung herabgesenkt.[511]

3. Mitbestimmung in der bulgarischen Europa-AG

Die Betriebsverfassung, die Vereinigung von Arbeitgebern und Arbeitnehmern sowie generell Fragen der Beziehung zwischen der Arbeitgeber- und Arbeitnehmerseite werden durch das Arbeitsgesetzbuch („*Кодекс на труда*“) aus dem Jahr 1986 geregelt. Speziell für die Umsetzung der SE-RL wurde 2006 das „*Закон за информиране и консултиране с работниците и служителите в многонационални предприятия, групи предприятия и европейски дружества*“ verabschiedet. Dieses kann als „Gesetz über die Information und Konsultation der Arbeitnehmer in internationalen Unternehmen, Unternehmensgruppen und Europäischen Aktiengesellschaften“ („GIKAE“) übersetzt werden.[512] Dieses Gesetz enthält in Art. 3a bis Art. 11 Bestimmungen zur Bildung und Funktionsweise eines EBR (*европейски работнически съвет*) in international tätigen Unternehmen. Die Art. 20 ff. behandeln die Beteiligungsrechte von Arbeitnehmern bei der Gründung

[508] Vgl. *Dimitrova*, a. a. O. (Fn. 494), S. 34 ff.

[509] Vgl. hierzu die rechtsvergleichenden Darstellungen zu Frankreich in Kapitel I. 2.

[510] *Dimitrova*, a. a. O. (Fn. 494), S. 34; *Spindler*, in: Lutter/Hommelhoff/Teichmann, SE-Kommentar, Art. 54 SE-VO Rn. 9; a. A. *Kubis*, in: MüKo AktG, Art. 54 SE-VO Rn. 7, der ausnahmsweise für die erste Hauptversammlung im Wege der teleologische Auslegung die Anwendung einer Achtmonatsfrist (vgl. § 175 Abs. 1 S. 2 und § 120 Abs. 1 S. 1 AktG) befürwortet.

[511] Vgl. *Todorova/Zwiatkow*, in: Jannott/Frodermann, Handbuch der Europäischen Aktiengesellschaft, S. 738 Rn. 247 ff.

[512] *Dimitrova*, a. a. O. (Fn. 494), S. 44 f.

einer Europäischen Genossenschaft (*европейско кооперативно дружество*). Schließlich beschäftigt sich Kapitel 3 (Art. 12 ff.) mit der Europäischen Aktiengesellschaft. Die Bündelung dieser europäischen Materie in einem Gesetz erscheint als eine nachvollziehbare Strukturierung, die auch in Deutschland in Erwägung gezogen werden könnte.

Das bulgarische Recht sieht überhaupt keine unternehmerische Mitbestimmung im Verwaltungs- oder Aufsichtsrat der Gesellschaft vor.[513] Damit ist vorweg die grundlegende Divergenz zur Situation in Deutschland festgestellt. Dennoch kann zumindest die Systematik des GIKAE mit der Systematik des SEBG verglichen werden. Denn eine vergleichbare Struktur der jeweiligen Kodifikationen kann zumindest die Rechtsfindung vereinfachen.

Zunächst enthalten die Art. 13 bis Art. 15 GIKAE Regeln zur Bildung eines BVG und zum Abschluss einer Beteiligungsvereinbarung. Auf diese Weise könnte es auch in einer bulgarischen SE zur Mitbestimmung in den Unternehmensorganen kommen. Am wahrscheinlichsten dürfte es jedoch sein, dass die Gründung einer bulgarischen SE unter Beteiligung einer AG aus einem europäischen Staat mit einem hohen Mitbestimmungsstandard zu diesem Ergebnis führt. Art. 16 GIKAE vereinigt in sich inhaltlich § 22 SEBG und § 34 SEBG, indem er die Voraussetzungen für die Anwendung der gesetzlichen Auffangregel enthält. Eine eindrucksvolle Regelungstechnik, die es im Sinne des Klammerprinzips schafft, eine einheitliche Vorschrift für die Anwendungsvoraussetzungen vorzusehen. Art. 16 Abs. 1 und Abs. 2 bestimmen parallel zu § 22 Abs. 1 Nr. 1 und Nr. 2 SEBG, dass die subsidiären Bestimmungen in Art. 17 bis Art. 19 GIKAE gelten, wenn (a) die Verhandlungspartner dies vereinbaren, (b) keine Einigung innerhalb der Verhandlungsfrist erzielt wurde oder (c) seitens des BVG ein Beschluss über die Nichtaufnahme oder den Abbruch der Verhandlungen gefasst wird (dies entspricht § 16 SEBG). Die Schwellenwerte für das Eingreifen der subsidiären Vorschrift für die Mitbestimmung auf der Ebene des Verwaltungs- oder Aufsichtsorgans (Art. 19 GIKAE) gem. Art. 16 Abs. 3 Nr. 1–5 GIKAE sind dieselben wie in Art. 34 Abs. 1 Nr. 1–3 SEBG. Folglich hat Bulgarien ebenfalls nicht auf das Opt-out bezüglich des 25 %-Schwellenwertes im Falle der Verschmelzung zurückgegriffen.[514]

4. Fazit: Eine lediglich rudimentäre SE-Gesetzgebung

Die bulgarische Gesetzgebung zur Einführung der Europäischen Aktiengesellschaft wirkt – zumindest für den Bereich der Verordnung – unvollständig. Sie ist bis auf wenige einzelne Bestimmungen im Handelsgesetz praktisch nicht existent. Wie aufgezeigt, wurden aus diesem Grund zahlreiche Optionen der Verordnung nicht vom nationalen Gesetzgeber wahrgenommen oder lediglich beiläufig durch das

---

[513] *Todorova/Zwiatkow*, a.a.O. (Fn. 511), S. 744 Rn. 296; *Dimitrova*, a.a.O. (Fn. 494), S. 47.

[514] Zum Ganzen vgl. auch *Dimitrova*, a.a.O. (Fn. 494), S. 46 f.

nationale Recht ausgefüllt.[515] Nun muss sicherlich nicht jedes Land ein eigenes Ausführungsgesetz wie im Falle der Bundesrepublik erlassen. Verweisvorschriften im bulgarischen Handelsgesetz auf entsprechend anwendbares nationales Aktienrecht für die einzelnen Regelungsgegenstände hätten bereits die Rechtsanwendung vereinfacht und für Rechtssicherheit gesorgt. Etwaige Harmonisierungen im nationalen Aktienrecht durch Richtlinien ausgenommen, unterscheidet sich der regulatorische Rahmen damit strukturell erheblich von der Lage in Deutschland. Gemeinsamkeiten ergeben sich vor allem dann, wenn auch Deutschland eine Regelungsermächtigung der Verordnung nicht ausgenutzt hat. Folglich kann nicht davon ausgegangen werden, dass diese Gemeinsamkeiten Ausfluss einer übereinstimmenden Wertentscheidung der nationalen Parlamente in Bezug auf die Implementierung der Rechtsform sind. Eine Vorschrift wie Art. 281 Abs. 3 TZ und die nicht vorhandene unternehmerische Mitbestimmung tragen zur Abschwächung der rechtsvereinheitlichenden Bestrebungen zusätzlich bei.

III. SE des deutschen Rechtskreises (Österreich und Liechtenstein)

Aufgrund des gemeinsamen Rechtskreises und der gemeinsamen Sprache bietet sich weiterhin der Vergleich mit der Umsetzung in Österreich und Liechtenstein an.

> „Rechtswissenschaft beschäftigt sich mit der Struktur des Rechts, insbesondere mit der Dogmatik, der Auslegung und der Fortentwicklung von Rechtsinstituten und Rechtssystemen. Die diesen Systemen zu Grunde liegenden gedanklichen Strukturen werden durch Sprache wiedergegeben. Rechts- und Sprachsysteme sind somit eng aufeinander bezogen. [...] Recht ist ohne Sprache ebenso wenig denkbar wie Sprache ohne Recht.“[516]

Daraus müsste für den Gegenstand der Rechtsvergleichung resultieren, dass eine gemeinsame Sprache, die den Rechtssystemen verschiedener Länder zugrunde liegt, zu etlichen Gemeinsamkeiten innerhalb eben dieser Systeme führt. Ob dies im Verhältnis zu den beiden vorgenannten Ländern zutrifft, soll im Folgenden für den Bereich der SE-Gesetzgebung festgestellt werden.

1. Österreich

Eine einheitliche Europäische Gesellschaft beschäftigte die österreichische Rechtswissenschaft seit der Vorlage des ersten ausgereiften Entwurfs im Jahre 1967. Nach der Verabschiedung der Verordnung setzte das österreichische Justizministerium im Sommer 2002 zunächst eine kleine Arbeitsgruppe zur Diskussion der entstandenen Umsetzungs- und Ergänzungsfragen ein. Diese kleine Gruppe wurde in der Folgezeit erweitert. Die vergrößerte Gruppe beschäftigte sich insbe-

---

[515] *Dimitrova*, a. a. O. (Fn. 494), S. 21.

[516] *Schwintowski*, NJW 2003, 632.

sondere mit „politisch sensiblen Aspekten der Organisationsverfassung", womit das Wahlrecht zwischen dem monistischen und dualistischen System gemeint war. Im Sommer 2003 stellte das Justizministerium in eben dieser großen Gruppe einen ersten Arbeitsentwurf vor. Ende 2003 vollzog das Ministerium einen grundlegenden Richtungswechsel und zog den Entwurf zurück. Der ursprüngliche Entwurf verfolgte nicht nur das Ziel der Ausführung der SE-Gesetzgebung, sondern insgesamt einer deutlichen Neugestaltung des Aktienrechts. So sollte die Öffnung des nationalen Aktienrechts in Bezug auf das monistische System vollzogen werden und das Aktienrecht für private Gesellschaften vereinfacht werden. Stattdessen wurde „wegen Zeitmangels für eine grundlegende Diskussion" fortan eine Mindestlösung präferiert, die im Wesentlichen die Implementierung der SE verfolgte.[517]

Die Anzahl der im österreichischen Firmenbuch eingetragenen SE belief sich Ende 2019 auf 37. Im Vergleich zur BRD mag das marginal erscheinen, muss jedoch vor dem Hintergrund der wesentlich geringeren Einwohnerzahl und der geringeren Wirtschaftsleistung betrachtet werden. Eine starke rechtstechnische Parallele äußert sich dadurch, dass auch in Österreich ein Ausführungsgesetz existiert. Das mit dem Gesellschaftsrechtsänderungsgesetz von 2004 eingeführte „SE-Gesetz" (SEG) erfüllt dieselbe Funktion wie das SEAG, indem es die Regelungsaufträge und -ermächtigungen der Verordnung exekutiert. Derweil gibt es kein eigenständiges Gesetz zur Umsetzung der SE-RL. Diese wurde in den §§ 208–253 des österreichischen Arbeitsverfassungsgesetzes (öArbVG) inkorporiert. Weil nach Art. 9 Abs. 1 lit. c), ii) SE-VO nationales Aktienrecht ergänzend gilt, ist das österreichische Aktiengesetz (öAktG) ebenfalls eine wichtige Rechtsquelle.[518]

a) Gründung und Sitzverlegung nach österreichischem Recht

Vergleichbar zum SEAG enthält das SEG im 3. Hauptstück, 1. und 2. Abschnitt Vorschriften zur Gründung durch Verschmelzung und als Holdinggesellschaft. Anders als im deutschen Ausführungsgesetz wird explizit im 3. Abschnitt in den §§ 29 bis 32 SEG noch die Gründung einer Europäischen Gesellschaft durch Umwandlung geregelt. § 33 SEG erklärt die sinngemäße Geltung der vorgenannten Vorschriften für den Formwechsel einer Europäischen Gesellschaft in eine AG.

Dem Schutz der Aktionäre im Rahmen der Gründung durch Verschmelzung ist zum einen § 21 SEG gewidmet, der den widersprechenden Anteilseignern einer österreichischen Gesellschaft ein Austrittsrecht gegen Barabfindung gewährt, soweit mit der Verschmelzung ein Grenzübertritt verbunden ist. Daneben ist von § 22 SEG die gerichtliche Nachprüfung des Umtauschverhältnisses unter den in Art. 25 Abs. 3 SE-VO beschriebenen Voraussetzungen vorgesehen. Hinsichtlich der Gläu-

[517] *Kalss*, in: Baums/Cahn, Die Europäische Aktiengesellschaft – Umsetzungsfragen und Perspektiven, Die geplante SE-Gesetzgebung in Österreich, S. 106 ff.

[518] Vgl. *Kalss*, in: MüKo AktG, Europäisches Aktienrecht A. IV., Rn. 3 ff.; ÖBGBl. I Nr. 67/2004, S. 1 ff.

biger bestimmt § 14 Abs. 1 das Recht auf Sicherheitsleistung, soweit nicht Befriedigung verlangt werden kann. Voraussetzung ist, dass die betroffenen Gläubiger glaubhaft machen können, dass durch die Sitzverlegung die Erfüllung ihrer Forderungen gefährdet ist. Für die Anmeldung ihres Anspruchs haben die Gläubiger eine Frist von einem Monat nach dem Verschmelzungsbeschluss. Es kann Sicherheitsleistung für bis zum Verschmelzungsbeschluss entstandene Forderungen verlangt werden. In diesen Punkten geht das SEAG weiter und sieht eine Frist von zwei Monaten nach dem Tag, an dem der Verlegungsplan offengelegt worden ist, vor, § 13 Abs. 1 S. 1 SEAG. Das Recht auf Sicherheitsleistung steht den Gläubigern nur im Hinblick auf solche Forderungen zu, die vor oder bis zu 15 Tage nach der Offenlegung des Verlegungsplans entstanden sind, § 13 Abs. 2 SEAG. Damit besteht aber trotzdem im Grundsatz ein Gleichlauf des österreichischen und deutschen Schutzkonzeptes (vgl. § 6 ff. SEAG).[519]

Zur Identität von Satzungssitz und Verwaltungssitz (Art. 7 S. 2 SE-VO) sieht § 5 öAktG vor, dass als Sitz einer AG der Ort zu bestimmen ist, an dem die Gesellschaft einen Betrieb hat, oder wo sich die Geschäftsleitung befindet oder die Verwaltung geführt wird. Von dieser Bestimmung dürfe aus wichtigem Grund abgewichen werden. Somit ist diese Sitzidentität bei der österreichischen SE nicht zwingend erforderlich, eine völlig freie Wahl der Sitze im Inland jedoch ausgeschlossen.[520] Von der Option in Art. 2 Abs. 5 SE-VO hat Österreich ebenfalls keinen Gebrauch gemacht.[521]

Die §§ 6 ff. SEG ergänzen den Art. 8 SE-VO für den Themenkomplex der Sitzverlegung. Der österreichische Gesetzgeber hat von der Ermächtigung in Art. 8 Abs. 5 SE-VO gleichfalls Gebrauch gemacht und in den §§ 12 ff. SEG Rechte für Anteilseigner und Gläubiger vorgesehen. Hierbei handelt es sich wie bei der Verschmelzung um ein mit Barabfindung verbundenes Austrittsrecht und ein Recht der Gläubiger auf Sicherstellung ihrer Forderungen. In Österreich verweisen die Schutzbestimmungen im Rahmen der Verschmelzung auf die Paragrafen zur Sitzverlegung, in Deutschland ist dies systematisch umgekehrt.[522]

In Österreich werden alle Unternehmen im Firmenbuch eingetragen. Das Firmenbuch wird beim sog. Firmenbuchgericht (ein Landesgericht) geführt. Die in der SE-VO vorgesehenen Bestätigungen wie etwa in Art. 25 Abs. 2 oder Art. 8 Abs. 8 werden vom Firmenbuchgericht erteilt.[523]

---

[519] *Kalss*, a. a. O. (Fn. 518), Rn. 16; *Reich-Rohrwig*, in: Jannott/Frodermann, Handbuch der Europäischen Aktiengesellschaft, S. 1153 Rn. 2702 f.

[520] *Schröder*, a. a. O. (Fn. 107), Art. 7 SE-VO Rn. 25.

[521] *Reich-Rohrwig*, in: Jannott/Frodermann, Handbuch der Europäischen Aktiengesellschaft, S. 1153 Rn. 2697.

[522] *Kalss*, a. a. O. (Fn. 518), Rn. 20.

[523] *Reich-Rohrwig*, a. a. O. (Fn. 521), S. 1153 Rn. 2695 f.

b) Governance und Stellung der Aktionäre

Nativ für Österreich ist das dualistische System. Da die einschlägigen Regelungen des öAktG für die SE entsprechend gelten, begnügt sich das SEG hierzu mit drei Bestimmungen in den §§ 35–37. Die grundlegenden Aufgaben des Vorstandes und des Aufsichtsrates in einer österreichischen AG sind mit denen in einer deutschen AG vergleichbar.[524] Allerdings hat Österreich die beiden Optionen des Art. 48 SE-VO genutzt. Nach § 37 SEG hat die Satzung der Gesellschaft die in § 95 Abs. 5 Z. 1 bis 15 AktG angeführten Geschäfte als zustimmungspflichtige Geschäfte gemäß Art. 48 Abs. 2 der Verordnung festzulegen. Zusätzlich kann der Aufsichtsrat bestimmte Arten von Geschäften seiner Zustimmung unterwerfen.[525]

Ebenso wie in Deutschland ist die österreichische Ausführungsgesetzgebung am umfangreichsten im Hinblick auf die Implementierung des monistischen Systems. Mit den §§ 38–60 SEG ist dies der am ausführlichsten geregelte Themenkomplex im Gesetz. Terminologisch wird das Verwaltungsorgan gleichfalls als Verwaltungsrat bezeichnet, § 34 SEG. § 39 Abs. 1 SEG weist vergleichbar zu § 22 SEAG die Leitung der Gesellschaft sowie die Führung der Geschäfte dem Verwaltungsrat zu. Die ebenfalls in Österreich genannten geschäftsführenden Direktoren werden vom Verwaltungsrat zur Führung der *laufenden* Geschäfte der Gesellschaft bestellt, §§ 56, 59 SEG. Beachtung gebührt § 43 Abs. 1 und 2 SEG, wonach die Gesellschaft *gemeinsam* durch den Verwaltungsrat *und* die geschäftsführenden Direktoren gerichtlich und außergerichtlich vertreten wird, sofern die Satzung nichts anderes bestimmt. Das ist ein anderer Ansatz, als er mit der Zuweisung der Vertretungskompetenz an die geschäftsführenden Direktoren in § 41 Abs. 1 SEAG verfolgt wird. Etwas rigider sind in Österreich die persönlichen Voraussetzungen für die Bestellung. So könnten z.B. der Vorsitzende des Verwaltungsrats sowie sein Stellvertreter nicht zu geschäftsführenden Direktoren bestellt werden. Im Fall einer börsennotierten Gesellschaft ist die Bestellung von internen geschäftsführenden Direktoren unzulässig. Gleichlaufend zur Situation in Deutschland fehlt es an einer Legaldefinition von „Leitung" und „Tagesgeschäft", um eine sichere Abgrenzung der Zuständigkeitsbereiche von Verwaltungsrat und Direktoren zu ermöglichen. Als normatives Abgrenzungskriterium dienen in Österreich die oben angesprochenen Beschlussgegenstände des § 95 Abs. 5 öAktG. So wären diese ausdrücklich einer Beschlussfassung des Verwaltungsrates unterworfen und damit als über das bloße Tagesgeschäft hinausgehende Maßnahmen zu behandeln.[526]

Auch in Österreich können juristische Personen nach § 45 Abs. 3 SEG weder Verwaltungsratsmitglieder sein noch gem. § 75 Abs. 2 öAktG in den Vorstand oder gem. § 86 Abs. 2 Z. 1 öAtkG in den Aufsichtsrat berufen werden.[527]

---

[524] Hierzu der Überblick bei *Reich-Rohrwig*, a.a.O. (Fn. 521), S. 1158 Rn. 2722 ff.

[525] *Manz*, a.a.O. (Fn. 107), Art. 48 SE-VO Rn. 35.

[526] *Kalss*, a.a.O. (Fn. 518), Rn. 46 ff.

[527] *Manz*, a.a.O. (Fn. 107), Art. 47 SE-VO Rn. 29.

Der Verweis in Art. 53 SE-VO führt für die Organisation und den Ablauf der Hauptversammlung zu den §§ 105 ff. öAktG. Besonderes Augenmerk gebührt § 62 Abs. 1 SEG. Dieser setzt die Ermächtigung in Art. 55 Abs. 1 SE-VO dahingehend um, dass eine Minderheit von 5 % die Einberufung der Hauptversammlung und die Ergänzung der Tagesordnungspunkte verlangen kann. Insofern besteht derselbe Minderheitsschutz wie in Deutschland.[528]

Für Satzungsänderungen sieht Art. 59 SE-VO eine Mehrheit von mindestens zwei Dritteln der abgegebenen Stimmen vor, enthält allerdings eine Öffnungsklausel gegenüber strengeren nationalen Erfordernissen. Daher werde im österreichischen Recht § 146 öAktG so ausgelegt, dass es auf die Dreiviertelmehrheit der abgegebenen Stimmen ankommt.[529]

c) Betriebliche und unternehmerische Mitbestimmung

In Bezug auf die betriebliche Mitbestimmung in österreichischen Unternehmen gilt, dass in jedem Betrieb, in dem dauernd mindestens fünf Arbeitnehmer beschäftigt werden, die Arbeitnehmer einen Betriebsrat wählen können. Zu den Kompetenzen des Betriebsrates gehören neben einer Reihe allgemeiner Befugnisse (vgl. § 89 ArbVG) beispielsweise auch die Mitwirkung in sozialen, personellen und wirtschaftlichen Angelegenheiten. Daneben existieren sog. Zentralbetriebsräte gem. § 40 Abs. 4 Nr. 2 ArbVG. Diese bilden das Äquivalent zu den Gesamtbetriebsräten in Deutschland nach § 47 Abs. 1 BetrVG. Der VI. Teil des ArbVG mit der Bezeichnung „Beteiligung der Arbeitnehmer in der Europäischen Gesellschaft" enthält u. a. Vorschriften für die Bildung des besonderen Verhandlungsgremiums. Die §§ 232–238 ArbVG bilden einen Abschnitt, der mit „SE-Betriebsrat kraft Gesetz" betitelt ist und innerhalb des 3. Hauptstücks „Beteiligung der Arbeitnehmer in der Europäischen Gesellschaft kraft Gesetzes" platziert ist. Die systematischen Parallelen zum SEBG sind deutlich erkennbar. Nach § 232 Abs. 1 ArbVG ist also ein SE-Betriebsrat zu errichten, wenn die zuständigen Organe der beteiligten Gesellschaften und das besondere Verhandlungsgremium dies vereinbaren (Nr. 1) oder innerhalb des nach § 226 ArbVG für die Verhandlung bestimmten Zeitraumes keine Vereinbarung gemäß den §§ 230 oder 231 zustande gekommen ist und das besondere Verhandlungsgremium keinen Beschluss gemäß § 227 Abs. 1 gefasst hat (Nr. 2). Dies entspricht nicht nur inhaltlich, was aufgrund der Vorgaben SE-RL wenig überraschend ist, sondern auch in der Darstellung exakt dem § 22 SEBG.[530]

§ 252 Abs. 1 ArbVG regelt wie § 47 Abs. 1 SEBG, dass Europäische Gesellschaften nationalen Vorschriften über den Europäischen Betriebsrat und die Mitbestimmung nicht unterliegen. Nach § 252 Abs. 3 bleiben die Bestimmungen des

---

[528] *Kalss*, a. a. O. (Fn. 518), Rn. 57; *Manz*, a. a. O. (Fn. 107), Art. 53 SE-VO Rn. 106.

[529] *Kalss*, a. a. O. (Fn. 518), Rn. 10.

[530] Vgl. *Reich-Rohrwig*, a. a. O. (Fn. 521), S. 1168, Rn. 2762.

II. Teils des ArbVG unberührt, somit sind in den österreichischen Betrieben einer SE „normale" Betriebsräte und ggf. Zentralbetriebsräte zu bilden.[531]

Ein erheblicher Unterschied offenbart sich für die Mitbestimmung im Aufsichtsrat bzw. Verwaltungsrat. In Österreich gilt generell die sog. *Drittelparität.* Nach § 110 ArbVG entsendet in Unternehmen, die in der Rechtsform einer Aktiengesellschaft geführt werden, der Zentralbetriebsrat oder, sofern nur ein Betrieb besteht, der Betriebsrat aus dem Kreise der Betriebsratsmitglieder für je zwei nach dem Aktiengesetz oder der Satzung zu bestellende Aufsichtsratsmitglieder einen Arbeitnehmervertreter in den Aufsichtsrat. Ist die Zahl der nach dem Aktiengesetz oder der Satzung zu bestellenden Aufsichtsratsmitglieder eine ungerade, ist ein weiterer Arbeitnehmervertreter zu entsenden. Diese Regelung ist mithin zum einen strenger als die Drittelbeteiligung in Deutschland, die erst ab einer Schwelle von mehr als 500 Arbeitnehmern greift. Zum anderen ist das geltende System in Österreich weniger weitgehend, da es keine obligatorische paritätische Mitbestimmung gibt. Unabhängig davon, wie stark die Anzahl der Beschäftigten ansteigt, bleibt die Arbeitnehmerbank zahlenmäßig unverändert.[532]

Auf eine Eigenart der Umsetzung der Richtlinie im ArbVG soll ausdrücklich hingewiesen werden, da sie mittelbar für die Reformdiskussion in Deutschland[533] von Relevanz ist. Die Parallelvorschrift zu § 18 Abs. 3 SEBG stellt § 228 ArbVG dar. Der Wortlaut beider Vorschriften stellt auf Strukturänderungen in der Europäischen Gesellschaft ab, die die Interessen der Arbeitnehmer in Bezug auf ihre Beteiligungsrechte betreffen respektive geeignet sind, diese Rechte zu mindern. Im Unterschied zu seinem deutschen Gegenstück definiert § 228 Abs. 2 „wesentliche Änderungen der Struktur" mithilfe von Regelbeispielen. Eins davon ist die „erhebliche Änderungen der Zahl der in der Europäischen Gesellschaft und ihren Tochtergesellschaften Beschäftigten". Eine ähnliche Vorgehensweise konnte man zuvor beim französischen Gesetzgeber in Art. 2354-4 C. trav. beobachten.[534]

Im Ergebnis darf als Fazit festgehalten werden, dass trotz gradueller Unterschiede die SE-Gesetzgebung beider Länder sowohl strukturell als auch inhaltlich miteinander ausgeprägt vergleichbar ist. Aufgrund der gemeinsamen Sprache und der Tatsache, dass österreichische Kapitalgesellschaftsformen für gewöhnlich entweder direkt aus Deutschland übernommen oder in starker Anlehnung an ein deutsches Vorbild konzipiert worden sind, vermag das nicht unbedingt zu überraschen.[535] Um sich erneut den Grund der zugrunde liegenden Betrachtungen in Er-

[531] Ebd., S. 1169 Rn. 2763.

[532] *Bode/Jucho,* BB 2023, 1994 (1996); *Reich-Rohrwig,* a. a. O. (Fn. 521), S. 1170 Rn. 2766.

[533] S. hierzu Teil IV.

[534] *Bode/Jucho,* a. a. O. (Fn. 532), S. 1996.

[535] Vgl. den Hinweis bei *Lieder,* NZG 2024, 915 m. w. N. und *Fleischer/Pendl,* GmbHR, 2024, 174, die aber zugleich mit der Vorstellung der Flexiblen Kapitalgesellschaft (FlexKapG)

innerung zu rufen: Die Similarität der Europäischen Gesellschaft in beiden Rechtsordnungen ist keineswegs ein nachteilhafter Umstand. Vielmehr ist sie eine echte Zielsetzung der supranationalen Rechtsform. In der theoretischen Konstellation, dass eine deutsche SE ihren Sitz nach Österreich verlegt, wäre also die operative Unternehmenstätigkeit durch den Wechsel des anwendbaren Gesellschaftsrechts nur geringfügig gestört. Diese Feststellung wird aus Sicht deutscher und österreichischer Unternehmer möglicherweise als eine Art Trivialität aufgefasst werden, darf aber über den Umstand nicht hinwegtäuschen, dass es sich um zwei eigenständige, voneinander unabhängige Rechtssysteme handelt. Somit ist die hier im Ländervergleich ermittelte Einheitlichkeit der Europäischen Aktiengesellschaft als ein positives Beispiel zu qualifizieren.

2. Liechtenstein

Die Betrachtung der liechtensteinischen SE-Gesetzgebung ist bereits deswegen lehrreich, weil Liechtenstein kein Mitgliedstaat der EU, sondern des EWR ist. EU-Verordnungen sind in Staaten des EWR nicht kraft Unionsrechts unmittelbar anwendbar (vgl. Art. 288 Abs. 2 AEUV), sondern müssen nach ihrer Aufnahme in die Anhänge des EWR-Abkommens in nationales Recht umgesetzt werden.[536] In Liechtenstein erfolgte die Umsetzung des EWR-Abkommens durch die Kundmachung des vollständigen Vertragstextes im Liechtensteinischen Landesgesetzblatt. Art. 4 Abs. 1 des Gesetzes vom 22. März 1995 über die Umsetzung und Kundmachung der EWR-Rechtsvorschriften[537] statuiert als Grundsatz, dass die für Liechtenstein anwendbaren EWR-Rechtsvorschriften sich aus dem Abkommen sowie der Kundmachung der Beschlüsse des Gemeinsamen EWR-Ausschusses im Liechtensteinischen Landesgesetzblatt ergeben. Art. 4 Abs. 2 sieht weiter vor, dass die Kundmachung eines Beschlusses des Gemeinsamen EWR-Ausschusses im Liechtensteinischen Landesgesetzblatt den Titel einer EU-Rechtsvorschrift sowie deren Fundstelle im Amtsblatt der Europäischen Union zu enthalten hat. „EWR-Rechtsvorschriften" werden dabei als in das EWR-Abkommen übernommene EU-Rechtsvorschriften, einschließlich allfälliger Anpassungen an denselben definiert, Art. 2 lit. e). Rechtsakte der EU, auf die in den Anhängen zum EWR-Abkommen verwiesen wird, werden in einer eigenen EWR-Rechtssammlung (sog. „EWR-Register" gem. Art. 5 des Gesetzes über die Umsetzung und Kundmachung der EWR-Rechtsvorschriften) geführt. Das EWR-Register enthält also die laut Art. 4 des Gesetzes über die Umsetzung und Kundmachung der EWR-Rechtsvorschriften für Liechtenstein anwendbaren EWR-Rechtsvorschriften, vgl. Art. 5 Abs. 1. Auf diese Weise gelten jene EWR-Rechtsvorschriften, denen im Gemeinschafts- bzw. Uni-

---

auf eine neue, eigenständige Entwicklung im österreichischen Gesellschaftsrecht aufmerksam machen.

[536] Zur technischen Ausgestaltung des EWR-Abkommens vgl. *Hummer/Pribas*, in: Dauses/Ludwigs, Handbuch des EU-Wirtschaftsrechts, K. III. Rn. 101 ff.

[537] Liechtensteinisches Landesgesetzblatt 1995 Nr. 99.

onsrecht unmittelbare Anwendbarkeit zukommt, auch in Liechtenstein unmittelbar.[538]

Die SE-VO und die SE-RL sind im Anhang XXII bzw. Anhang XVIII des EWR-Abkommens genannt.[539] Auch im EWR-Register finden sich beide Rechtakte wieder.[540] Im November 2005 verabschiedete das liechtensteinische Parlament zum einen das Gesetz über das Statut der Europäischen Gesellschaft (Societas Europaea, SE) („SEG") und das Gesetz über die Beteiligung der Arbeitnehmer in der Europäischen Gesellschaft („liSEBG"). Beide Gesetze traten im Februar 2006 in Kraft. Nach Art. 2 SEG finden auf eine SE mit Sitz in Liechtenstein die Verordnung und ergänzend die Bestimmungen des SEG Anwendung. Soweit Verordnung und die Bestimmungen des nationalen Ausführungsgesetzes keine Regelungen enthalten, sind die Vorschriften der 2. Abteilung, insbesondere jene des dritten und vierten Titels, 2. Abschnitt, sowie die Vorschriften der 5. Abteilung des Personen und Gesellschaftsrechts („PGR") anzuwenden.[541] Das PGR enthält in der 2. Abteilung allgemeine Vorschriften zu juristischen Personen und zu Aktiengesellschaften (inkl. Umwandlungsrecht). In der 5. Abteilung befinden sich Regelungen zum Handelsregister, Firmenrecht und zur Rechnungslegung.

Im Februar 2025 hat eine Suche im Firmenindex des Handelsregisters Liechtenstein 13 eingetragene SE ergeben, von denen sich eine in Liquidation befand.[542] Diese Zahl kann durchaus als Fortschritt betrachtet werden, da um das Jahr 2007 herum noch keine einzige SE in Liechtenstein registriert gewesen ist. Als Grund für die zurückhaltende Rezeption dieser Rechtsform wird ihr komplexes Regelungsregime genannt. Die Kritik der Komplexität wiegt in Liechtenstein umso schwerer, als dass Liechtenstein für sein liberales Gesellschaftsrecht[543] bekannt ist, das den Interessen und Bedürfnissen von Investoren besser dient als die SE-Gesetzgebung. Dennoch könne die Umsetzung der Verordnung und der Richtlinie im liechtensteinischen Recht als Beitrag zur stattfindenden Harmonisierung des Gesellschaftsrechts gewertet werden.[544] Ursprünglich kannte das PGR überhaupt keinen *numerus clausus* der Gesellschaftsrechtsformen. Nach dem Ersten Weltkrieg war

---

538 *Hummer/Pribas*, a.a.O. (Fn. 536), Rn. 147.

539 Anhang XXII Gesellschaftsrecht (Fassung 09.12.2023), S. 3 Nr. 10a (aufrufbar unter: https://www.gesetze.li/konso/pdf/1995068222?version=98, zuletzt aufgerufen am: 16.02.2025), Anhang XVIII Sicherheit und Gesundheitsschutz am Arbeitsplatz (Fassung 24.09.2024), S. 14 Nr. 32e (aufrufbar unter: https://www.gesetze.li/konso/pdf/1995068218?version=84, zuletzt aufgerufen am: 16.02.2025).

540 Stabsstelle EWR der Regierung des Fürstentums Liechtenstein, EWR Register (Stand: 24.01.2025), S. 1288 und S. 1481.

541 *Schurti/Appel*, in: Van Gerven/Storm, The European Company, Volume II, S. 394.

542 Abfrage im Firmenindex des Handelsregister des Fürstentums Liechtenstein (abrufbar unter: https://www.handelsregister.li/cr-portal/suche/suche.xhtml) am 15.02.2025.

543 Zum Ganzen mit den prägnanten Ausdrücken „Liechtenstein: Erlaubt ist, was gefällt!" oder „Miniaturwunderland der Rechtsformen": *Fleischer*, JZ 2024, 53 (56) m.w.N.

544 *Schurti/Appel*, a.a.O. (Fn. 541), S. 410.

Teil der Strategie des Fürstentums, ein möglichst attraktives Gesellschaftsrecht zur Gewinnung von ausländischen Investoren bereitzustellen. Eine frühere Fassung des PGR erlaubte die Errichtung jedweder Rechtsformen, die irgendein ausländisches Recht anerkennt. Inzwischen ist in Art. 245 Abs. 2 PGR ausdrücklich vorgesehen, dass andere als durch das Gesetz vorgesehene privatrechtliche Verbandspersonen nicht bestehen können. Dennoch soll das liechtensteinische Recht mindestens „23 verschiedene Modelle für juristische Personen, personenrechtliche Gemeinschaften sowie besondere Vermögenswidmungen und Zweckgemeinschaften“ kennen.[545] Nachvollziehbar, dass sich bei dieser Auswahl eine Europäische Gesellschaft signifikanter nationaler Konkurrenz stellen muss.

a) Nennenswertes zur Gründung in Liechtenstein

Eine wahre Besonderheit der liechtensteinischen SE im Vergleich zu allen zuvor dargestellten Jurisdiktionen ist die Wahrnehmung der Option in *Art. 2 Abs. 5 SE-VO* durch den Gesetzgeber. Nach Art. 8 SEG ist es auch Unternehmen erlaubt, die ihre Hauptverwaltung nicht in der Gemeinschaft haben, sich an der Gründung einer SE zu beteiligen, sofern das Unternehmen nach den Bestimmungen des PGR gegründet wurde, seinen Sitz in Liechtenstein hat sowie mit der Wirtschaft eines EU-/EWR-Mitgliedstaates in tatsächlicher und dauernder Verbindung steht. Zu dem Sitz der Europäischen Aktiengesellschaft bestimmt Art. 4 SEG, dass ihr Sitz sich an dem Ort befindet, an dem sie ihre Hauptverwaltung hat, sofern die Satzung es nicht anders bestimmt. Folglich setzte Liechtenstein die Ermächtigung in Art. 7 S. 2 SE-VO zwar um, eröffnete aber entsprechend seinem nationalen Aktienrecht die Wahl eines abweichenden Sitzes.[546]

Erwähnenswert ist des Weiteren, dass nach Art. 5 SEG das Kapital der Gesellschaft auf Franken, Euro oder US-Dollar lauten kann. Aufgrund der Vorgaben der Verordnung muss eine Gesellschaft, die ihr Kapital nicht in Euro angibt, jedoch sicherstellen, dass der Wert des Grundkapitals in jedem Fall bei mindestens 120.000 EUR liegt. Im Übrigen ist eine solche Regelung von Art. 67 Abs. 1 SE-VO gestattet.[547]

Weder bei nationalen noch bei grenzüberschreitenden Verschmelzungen ist vom liechtensteinischen Recht ein besonderer Schutz von Minderheitsaktionären vorgesehen. Vor diesem Hintergrund ist es naheliegend, dass gem. Art. 24 Abs. 2 SE-VO keine Vorschriften erlassen wurden, um einen angemessenen Schutz der Minderheitsaktionäre, die sich gegen die Verschmelzung ausgesprochen haben, zu gewährleisten. Demselben „flexiblen“ Vorgehen folgte Liechtenstein bei der Grün-

---

[545] *Fleischer*, a. a. O. (Fn. 543), S. 56 f.

[546] *Daisenberger/Prast/Wenz*, in: Handbuch der Europäischen Aktiengesellschaft, S. 1014 Rn. 1882.

[547] *Schurti/Appel*, a. a. O. (Fn. 541), S. 396.

dung einer Holding-SE und verzichtete auf Schutzvorschriften nach Art. 34 SE-VO.[548]

In Bezug auf die Sitzverlegung bestimmt Art. 42 SEG, dass der Art. 234 PGR über die Sitzverlegung einer inländischen Verbandsperson ins Ausland auf eine Europäische Gesellschaft keine Anwendung findet. Stattdessen ergeben sich die Voraussetzungen aus Art. 8 SE-VO und Art. 43 SEG sowie Art. 44 SEG. Zum Gläubigerschutz bestimmt Art. 44 Abs. 2 lit. a) SEG, dass ein Anspruch auf Sicherheitsleistung den Gläubigern zusteht, deren Forderungen vor oder einen Werktag nach der Offenlegung des Verlegungsplanes entstanden sind. Das ist im Vergleich zu den 15 Tagen des § 13 SEAG ebenfalls eine Lockerung gegenüber dem deutschen Recht. Die deregulierte Umsetzungsstrategie des liechtensteinischen Gesetzgebers setzt sich bei den Optionen in Art. 8 SE-VO fort. So wurden die Ermächtigungen in Abs. 5, Abs. 7 und Abs. 14 nicht wahrgenommen.[549]

Das nach Art. 12 Abs. 1 SE-VO bestimmte Register ist das Handelsregister des Fürstentums Liechtenstein. Für dieses ist das Amt für Justiz zuständig. Das Amt für Justiz stellt die zahlreich in der Verordnung vorgesehenen Bescheinigungen aus. Dies betrifft zum einen die Rechtmäßigkeitsbescheinigung nach Art. 25 Abs. 2 SE-VO i. V. m. Art. 10 Abs. 1 SEG im Zuge der Gründung durch Verschmelzung. Entsprechend wird die korrespondierende Rechtmäßigkeitskontrolle nach Art. 26 Abs. 1 SE-VO i. V. m. Art. 12 SEG vom Amt für Justiz als der zuständigen Behörde durchgeführt. Außerdem betrifft das die Bescheinigung zum Nachweis, dass die Rechtshandlungen und Formalitäten durchgeführt wurden, die einer Sitzverlegung voranzugehen haben, vgl. Art. 8 Abs. 8 SE-VO i. V. m. Art. 43 Abs. 1 SEG.[550]

b) Organgefüge

Ipso iure gilt für liechtensteinische Aktiengesellschaften das monistische System. Im nationalen Aktienrecht wird das Leitungsorgan nach Art. 341 Abs. 1 PGR ganz generisch „Verwaltung“ genannt. In Art. 180 Abs. 1 PGR ist allgemein für alle Verbandspersonen geregelt, dass eine Verwaltung bestehen muss. Diese kann aus einer natürlichen oder juristischen Person sowie Firmen bestehen. Im allgemeinen Teil ist hinsichtlich der Geschäftsführung in Verbandspersonen geregelt, dass diese – soweit nicht anders bestimmt – allen Mitgliedern der Verwaltung zusteht, Art. 181 Abs. 1 PGR. Für die Vertretung von Verbandspersonen regelt Art. 184 Abs. 1 PGR vor die Klammer gezogen, dass diese durch die hierzu berufenen Organe oder sonstigen besonderen Vertreter nach Vorschrift der Statuten erfolgt. Art. 184 Abs. 2 stellt klar, dass die Vertretung auf einzelne Mitglieder der Verwaltung übertragen werden kann. Art. 344 Abs. 1 PGR bestimmt, dass, wenn die Verwaltung mehreren

[548] *Daisenberger/Prast/Wenz*, a. a. O. (Fn. 546), S. 1015 Rn. 1886.

[549] *Schurti/Appel*, a. a. O. (Fn. 541), S. 395; *Daisenberger/Prast/Wenz*, a. a. O. (Fn. 546), S. 1026 Rn. 1945.

[550] *Daisenberger/Prast/Wenz*, a. a. O. (Fn. 546), S. 1014 Rn. 1878, 1880.

Personen oder Firmen anvertraut ist, diese den „Verwaltungsrat“ bilden. Dessen Befugnisse können in den Statuten oder in einem besonderen Reglement näher umschrieben werden. Gem. Art. 344 Abs. 2 PGR müssen Aktiengesellschaften mit einem Aktienkapital von mindestens einer Million Franken grundsätzlich einen Verwaltungsrat mit wenigstens drei Mitgliedern besitzen. Laut Art. 199 PGR können die Statuten neben der Verwaltung einen Aufsichtsrat vorsehen. Somit lässt sich das dualistische System statutarisch wählen. An den vorgenannten Vorschriften wird deutlich, wie frei gestaltbar die innere Verfassung von liechtensteinischen AG grundsätzlich ist. In diesem Sinne wiederholt Art. 36 Abs. 1 SEG also das, was aus dem nationalen Aktienrecht bekannt ist. Die Europäische Gesellschaft hat bei einer eingliedrigen Leitungsstruktur einen Verwaltungsrat, falls die Verwaltung mehreren anvertraut ist. Art. 38 Abs. 1 SEG sieht vor, dass Geschäftsführung und Vertretung satzungsgemäß von der Generalversammlung oder dem Verwaltungsrat an eine oder mehrere Personen, Mitglieder des Verwaltungsrates (sog. „Delegierte“) oder Dritte übertragen werden können. Erfolgt die Übertragung der gesamten Geschäftsführung auf diese Weise, dann bilden die Erwählten die sog. „Direktion“, Art. 38 Abs. 2 SEG.[551]

Für die SE mit Sitz im Fürstentum enthalten Art. 17 ff. SEG Vorgaben für das dualistische System. Ist die Leitung mehreren natürlichen oder juristischen Personen anvertraut, bilden diese den Vorstand, Art. 17 Abs. 1 SEG. Dessen Befugnisse können in der Satzung oder einem besonderen Reglement näher umschrieben werden. Interessant ist Art. 17 Abs. 2, wonach die Bestellung der Mitglieder des Vorstandes anstelle vom Aufsichtsrat von der Generalversammlung durchgeführt werden kann, sofern die Satzung dies entsprechend regelt. Dem Vorstand ist grundsätzlich die Geschäftsführung und Vertretung der Gesellschaft zugeordnet, vgl. Art. 24 f. SEG. Die liechtensteinische Eigenart zeigt sich jedoch bei Art. 22 SEG. Nach dieser Vorschrift kann die Satzung auch im dualistischen System bestimmen, dass die Geschäftsführung und die Vertretung von der Generalversammlung oder dem Vorstand an eine oder mehrere Personen, Mitglieder des Vorstandes (ebenfalls als Delegierte bezeichnet) oder Dritte, die nicht Aktionäre der Europäischen Gesellschaft zu sein brauchen, übertragen wird. Sind diese Personen mit der gesamten Geschäftsführung betraut, so bilden sie, wie auch im monistischen System, die Direktion, Art. 22 Abs. 2 SEG. Auf diese Art und Weise können sowohl natürliche als auch juristische Personen betraut werden, vgl. Art. 22 Abs. 3 SEG. Die Überwachung der Leitung obliegt einem Aufsichtsrat, der ebenfalls aus natürlichen oder juristischen Personen bestehen kann, Art. 27 Abs. 1 SEG.[552]

Die Hauptversammlung wird als „Generalversammlung“ bezeichnet. Das SEG enthält mit Art. 40 und Art. 41 lediglich zwei Vorschriften diesbezüglich. Das entspricht in etwa der Regelungsdichte in Deutschland und ist, wie zuvor erwähnt, auf

---

[551] Vgl. *Daisenberger/Prast/Wenz*, a.a.O. (Fn. 546), S. 1018 Rn. 1898, S. 1020 Rn. 1909 ff.

[552] Hierzu auch *Daisenberger/Prast/Wenz*, a.a.O. (Fn. 546), S. 1018 Rn. 1899–1908.

die umfangreichen Verweise in der Verordnung zurückzuführen. Die Option in Art. 55 Abs. 1 SE-VO wurde in Liechtenstein nicht umgesetzt, weshalb es bei der 10 %-Schwelle bleibt. Ebenso wenig wurde eine minderheitsschützende Ermächtigung in Art. 56 S. 3 SE-VO aktiviert, sodass die Ergänzung der Tagesordnung für die Generalversammlung durch einen oder mehrere Punkte nur von einem oder mehreren Aktionär/Aktionären beantragt werden kann, dessen/deren Anteil am gezeichneten Kapital mindestens 10% beträgt. Hier zeigt sich, dass das liechtensteinische Recht gegenüber der Rechtslage in Deutschland weniger dem Minderheitsschutz zugeneigt ist. Art. 338 Abs. 2 PGR enthält eine Auflistung der üblichen Gegenstände, die in die Zuständigkeit der Generalversammlung fallen. Hierzu gehören die Änderung von Statuten, die Wahl der Verwaltung und des Abschlussprüfers, die Entscheidung über die Entlastung der Verwaltung sowie die Abnahme des Geschäftsberichtes und des konsolidierten Geschäftsberichtes sowie die Festsetzung der Dividende. Die Gestaltungsfreiheit des liechtensteinischen Gesellschaftsrechts kommt hier dadurch zur Geltung, dass die Statuten zusätzliche Aufgaben an die Aktionäre zuweisen können oder umgekehrt die in Art. 338 Abs. 2 PGR genannten Gegenstände ganz oder teilweise einem anderen Organ übertragen können, vgl. Art. 338 Abs. 3 PGR. Wie auch die Bundesrepublik mit § 51 SEAG hat Liechtenstein mit Art. 41 SEG von der Option in Art. 59 Abs. 2 SE-VO Gebrauch gemacht und vorgesehen, dass die Satzung bestimmen kann, dass für einen Beschluss der Generalversammlung über die Änderung der Satzung die einfache Mehrheit der abgegebenen Stimmen ausreicht, sofern mindestens die Hälfte des gezeichneten Kapitals vertreten ist.[553]

c) Stellung der Arbeitnehmer nach liechtensteinischem Recht

Das liSEBG regelt die Beteiligung der Arbeitnehmer in einer Europäischen Gesellschaft mit Sitz in Liechtenstein, vgl. Art. 1 liSEBG. Der Anwendungsbereich erstreckt sich unabhängig vom Sitz der SE auf Arbeitnehmer, die im Inland beschäftigt sind, sowie auf beteiligte Gesellschaften, betroffene Tochtergesellschaften und betroffene Betriebe mit Sitz im Inland, Art. 2 liSEBG. Das Gesetz folgt grundsätzlich dem Aufbau des deutschen Regelwerkes. D.h. im I. Teil sind die allgemeinen Bestimmungen enthalten. Im II. und III. Teil folgen Bestimmungen zum BVG und zum Abschluss einer Vereinbarung über die Beteiligung der Arbeitnehmer. Im IV. Teil ist schließlich die Beteiligung der Arbeitnehmer kraft Gesetzes dargestellt. Nach Art. 3 Mitwirkungsgesetz („MWG")[554] hat die Arbeitnehmerschaft in liechtensteinischen Betrieben ein Recht auf eine „Arbeitnehmervertretung", sofern ein Betrieb (Unternehmen) mindestens 50 Beschäftigte hat oder in einem Betrieb, der einem Unternehmen zuzurechnen und gleichzeitig eigenständiges Steuersubjekt ist (Unternehmensteil), mindestens 20 Beschäftigte existieren. Zu

---

[553] *Schurti/Appel*, a.a.O. (Fn. 541), S. 399ff.; *Timm-Wagner*, SE-Ausführungsgesetz, § 51 Rn. 1.

[554] Liechtensteinisches Landesgesetzblatt 1997 Nr. 211.

den Mitwirkungsrechten der Arbeitnehmervertretung gehören nach Art. 7 MWG klassische Unterrichtungs- und Anhörungsrechte zur Information über die wirtschaftliche Situation des Betriebes, über die Entwicklung der Beschäftigungslage sowie ggf. in diesem Zusammenhang geplante Maßnahmen als auch über grundlegende Änderungen in der Arbeitsorganisation, insbesondere bei Änderungen von bestehenden Arbeitsverträgen. Kommt es zu keiner Vereinbarung im Verhandlungsverfahren oder einigen sich die Parteien auf die Anwendung der gesetzlichen Vorschriften, bleiben die vorgenannten nationalen Beteiligungsrechte zum einen unberührt (Art. 53 Abs. 2 liSEBG). Zum anderen wird ein sog. „gesetzliches Vertretungsorgan" (entspricht dem SE-Betriebsrat) nach den Art. 26 ff. MEG gebildet.[555]

Ein vollkommen anderes Bild ergibt sich nach liechtensteinischem Recht hinsichtlich der Unternehmensmitbestimmung. Denn hier sind schlichtweg keine Regelungen für Arbeitnehmervertreter in den Verwaltungs- und Kontrollorganen vorgesehen. Zwar können aufgrund der weitreichenden Satzungsautonomie solche freiwillig vorgesehen werden, in der Praxis dürfte dies jedoch den Ausnahmefall darstellen. Im Übrigen ist der Mechanismus der Auffangregelung im Falle der Mitbestimmung kraft Gesetzes entsprechend den Vorgaben der Richtlinie in den Art. 44 ff. SEG abgebildet. Erwähnenswert ist noch, dass für die Wiederaufnahme von Verhandlungen infolge von strukturellen Änderungen der Art. 16 Abs. 3 liSEBG dem § 18 Abs. 3 SEBG im Wesentlichen entspricht.[556]

d) Systemische Gemeinsamkeiten, aber weitreichendere Liberalisierung

Die Strukturierung der SE-Gesetzgebung in Liechtenstein kommt aus deutscher Sicht vertraut vor. Bereits dies schafft eine einfachere Handhabung und sorgt für einen nicht zu vernachlässigenden Grad an Sicherheit bei der Rechtsanwendung. Einige der betrachteten Ermächtigungen wurden in gleicher Weise umgesetzt bzw. nicht umgesetzt. Zur Einheitlichkeit der Europäischen Gesellschaft gehört gewiss mehr dazu. So bestehen deutliche Unterschiede im Umgang mit Minderheitsaktionären. Außerdem wird am Gestaltungsspielraum im Bereich des Kompetenzgefüges der Organe der paradigmatisch unterschiedliche Ansatz des liechtensteinischen Rechts deutlich, der eingangs erläutert wurde. Trotz der gemeinsamen Sprache bestehen terminologische Unterschiede in den einschlägigen Regelungen. Indes kommt dem Handelsregister und den Notaren (vgl. in etwa Art. 351a Abs. 3 PGR zur Formbedürftigkeit des Fusionsplans) im Rahmen der Gründung eine vergleichbare Funktion zu.

An der Partizipation der Arbeitnehmer in Unternehmen mit Sitz in Liechtenstein wird gravierend der (theoretische) Unterschied zu Europäischen Aktiengesellschaften demonstriert, die unter Beteiligung einer deutschen Gesellschaft mit Ar-

---

[555] Vgl. *Daisenberger/Prast/Wenz*, a. a. O. (Fn. 546), S. 1028 f. Rn. 1957 ff.

[556] *Daisenberger/Prast/Wenz*, a. a. O. (Fn. 546), S. 1030 f. Rn. 1963 ff.

beitnehmern gegründet werden. Eine Gründungsgesellschaft aus Liechtenstein kann von sich aus im Rahmen der Auffanglösung grundsätzlich keine unternehmerische Mitbestimmung in die Vorher-Nachher-Betrachtung einbringen. Liechtenstein dient in der vorliegenden Ausarbeitung schlussendlich als Extrembeispiel dafür, zu welchen Disparitäten der Verzicht auf einen europäischen Mindestsockel bei der unternehmerischen Mitbestimmung führen kann.

IV. Ergebnisse der Rechtsvergleichung

Die exemplarisch durchgeführten Gegenüberstellungen der deutschen mit den ausländischen Vorschriften bestätigen die Kritik, die bereits an den Entwürfen von 1989 bzw. 1991 geübt wurde: Die SE basiere nicht auf einem ganzheitlichen rein europäischem Gesellschaftsstatut, sodass die Bezeichnung als „europäische Gesellschaft" strenggenommen unzutreffend wäre. Passender sei die Bezeichnung als nationale Gesellschaft „europäischen Zuschnitts".[557] Zunächst sollte, diese Kritik einschränkend, eingeräumt werden, dass es sich durchaus um eine Gesellschaft europäischen Rechts handelt, da die Verleihung der Rechtsfähigkeit an die SE in jedem Mitgliedstaat respektive EWR-Vertragsstaat aufgrund des Art. 1 Abs. 3 SE-VO erfolgt. Die verschiedenen Gründungsvarianten gelten ebenfalls in jedem Mitgliedstaat. Die Normhierarchie und die Anordnung des subsidiär anwendbaren Rechts funktionieren in jedem Mitgliedstaat dem Grunde nach einheitlich über Art. 9 SE-VO. Auch ist der Ablauf der Verschmelzung zur Gründung der SE in den Grundzügen von der Verordnung vorgegeben. Wie aufgezeigt, sind allerdings Fragen nach der Zuständigkeit für die in der Verordnung vorgesehenen Bescheinigungen unterschiedlich zu beantworten. Die Verordnung nimmt weiterhin wenigstens die Grundsatzentscheidung für den möglichen Aufbau einer SE vorweg, vgl. Art. 39 SE-VO. Ungeachtet dessen können bereits fundamentale Vorschriften zum Sitz, Mindestkapital oder den tauglichen Gründungsgesellschaften (vgl. hierzu Art. 8 SEG in Liechtenstein) in den unterschiedlichen Rechtsordnungen anders ausgestaltet sein. Der ungleiche Schutz von Minderheitsaktionären oder Gläubigern (etwa bei der Verschmelzung oder Sitzverlegung) infolge von eingeräumten Optionsrechten ist geeignet, zu einem Wettbewerb zwischen den verschiedenen nationalen Prägungen der Europäischen Gesellschaft zu führen, der jedenfalls historisch so nicht intendiert gewesen ist. Unternehmenskonzentrationen im Binnenmarkt mittels einer gemeinsamen grenzüberschreitenden Rechtsform sollten vorrangig aufgrund ökonomischer Erwägungen stattfinden. Rechtliche Hürden, die aufgrund der Unterschiede in den Rechtsordnungen bestehen, sollten dagegen kein Leitmotiv für die Standortwahl darstellen und gerade durch das Statut beseitigt werden.

Am Beispiel Frankreichs lässt sich erkennen, dass auch das monistische System im Detail andersartig ausgestaltet sein kann. So kann nach französischem Aktien-

[557] *Schulz/Geismer*, DStR 2001, 1078 (1079).

recht anstelle eines Generaldirektors (der mit einem geschäftsführenden Direktor in Deutschland vergleichbar ist) der Präsident des Verwaltungsrates die Aufgaben der laufenden Geschäftsführung und der Vertretung der SE gegenüber Dritten übernehmen. Erwähnenswert ist außerdem, dass grundsätzlich juristische Personen in den Verwaltungsrat berufen werden können. Die Situation in Bulgarien legt die Vermutung nahe, dass der nationale Gesetzgeber möglichst wenig Aufwand betreiben wollte, um die Implementierung der Europäischen Aktiengesellschaft zu vollziehen. Ohne ein Mindestmaß an Orientierung im bulgarischen Aktienrecht ist eine praktische Handhabung der SE kaum möglich. Ein eigenständiges Ausführungsgesetz wäre eine willkommene Hilfestellung, indem dort beispielsweise auf die entsprechend anwendbaren Artikel des TZ verwiesen wird.

Die Feststellung, dass keine einheitliche europäische Kapitalgesellschaft geschaffen wurde, ist gleichwohl von der Frage zu trennen, bis zu welchem Grad die einschlägige Gesetzgebung in den jeweiligen Staaten miteinander vergleichbar ist. Die Ausführungen zu Österreich und Liechtenstein belegen eine ähnliche Herangehensweise an die Einführung der SE in das nationale Recht. Das liechtensteinische und das österreichische SEG zeigen jeweils einen aus deutscher Sicht vertrauten Aufbau, was sicherlich auf eine gemeinsame Rechtstradition zurückzuführen ist. Folglich kann diese Feststellung im Hinblick auf das Streben nach Rechtsvereinheitlichung positiv bewertet werden. Gleichwohl darf dieser Umstand nicht darüber hinwegtäuschen, dass etwa die Beteiligung österreichischer oder liechtensteinischer Unternehmen an der Gründung einer Europäischen Aktiengesellschaft (ohne gleichzeitige Involvierung einer deutschen Gründungsgesellschaft) schon aufgrund der eigenen nationalen Mitbestimmungsregime regelmäßig zu unterschiedlichen Ergebnissen führen wird.

Die Zielsetzung der Europa-AG, eine Senkung der Verwaltungskosten durch eine einheitliche Rechtsstruktur zu schaffen, kann auf diese Weise nicht optimal realisiert werden, da Unterschiede im Detail ebenfalls geeignet sind, hohe Beratungskosten zu verursachen. Unternehmensleitung, Aktionäre und Gläubiger können zwar im Hinblick auf den Rechtsrahmen ein Mindestmaß an Rechtssicherheit erlangen, bei konkreten Einzelfragen ist jedoch wiederum mindestens die Kenntnis des jeweiligen Aktienrechts und der entsprechenden Rechtsprechung erforderlich. Es sei „nicht zu verkennen, dass durch den Einfluss nationalen Rechts in das SE-Statut und die damit einhergehende weitgehende Verwässerung eine unübersichtliche, wenig rechtssichere Normgemengelage geschaffen wird“.[558] Diese Verwässerung rüttelt des Weiteren am überstaatlichen Wesen der Rechtsform, da eben keine (weitgehende) Unabhängigkeit von einzelstaatlichen legislatorischen Entscheidungen erzielt wird.

---

[558] *Schulz/Geismer*, DStR 2001, 1078.

IV. Teil

Quo vadis SE: Schlussfolgerungen, Reformvorschläge und Entwicklungsaussichten für die Europäische Aktiengesellschaft

I. Perpetuierung als Instrument zur Mitbestimmungsvermeidung infolge aktueller Rechtsprechung

Entgegen der ursprünglichen historischen Intention ist die SE jedenfalls in Deutschland nicht vorrangig ein Instrument zur gemeinschaftsweiten Konzernsteuerung oder grenzüberschreitenden Kooperation oder der Internationalisierung der wirtschaftlichen Tätigkeit (beispielsweise über Zweigniederlassungen) geworden. Eine Vorabentscheidung des EuGH vom 16. Mai 2024[559] wird voraussichtlich zu der Verfestigung der Funktion der SE als Instrument zur Flucht aus der Mitbestimmung führen.

1. Der Sachverhalt der Entscheidung und die Vorlagefragen

Dieser wegweisenden Entscheidung liegt der folgende Sachverhalt zugrunde:[560]

Die „O Holding SE" wurde am 28. März 2013 durch die „O Ltd." und die „O GmbH" gegründet und in das Register für England und Wales eingetragen (später wurde der Sitz nach Hamburg verlegt). Die Gründungsgesellschaften beschäftigten weder unmittelbar Arbeitnehmer noch verfügten sie über Tochtergesellschaften mit Arbeitnehmern. Demnach fanden keine Verhandlungen über die Arbeitnehmerbeteiligung gem. Art. 3–7 SE-RL statt. Bereits am nächsten Tag wurde die O Holding SE Alleingesellschafterin der „O Holding GmbH". Diese GmbH hatte einen Aufsichtsrat mit einem Drittel Arbeitnehmervertretern. Mit Wirkung zum 2. September 2013 wurde die GmbH in eine KG umgewandelt. Damit wurde die Gesellschaft dem Anwendungsbereich des DrittelbG entzogen (vgl. I. Teil, Kapitel XI. 1.). Dabei ist die Tatsache außerordentlich wichtig, dass

---

[559] EuGH, Urt. v. 16.5.2024 – C-706/22 (*Konzernbetriebsrat der O SE & Co. KG gegen Vorstand der O Holding SE*) = NZA 2024, 761 ff.

[560] Zum nachfolgenden Sachverhalt EuGH, a.a.O. (Fn. 559), S. 761 f.; vgl. auch *Schmidt*, BB 2024, 1859 (1872 f.): Dem Ausgangsfall liegt die Umstrukturierung des japanischen Olympus-Konzerns im Jahr 2013 zugrunde.

nicht nur die ehemalige GmbH Arbeitnehmer beschäftigte (816), sondern über Tochtergesellschaften mit ca. 2.200 Arbeitnehmern in mehreren Mitgliedstaaten verfügte. Als Komplementärin wurde die „O Management SE" eingesetzt – eine 100 % Tochtergesellschaft der O Holding SE, Kommanditistin wurde die O Holding SE. Kommanditistin und Komplementärin hatten indes keine Arbeitnehmer. Zum gerichtlichen Verfahren kam es dadurch, dass der Konzernbetriebsrat der O KG ein arbeitsgerichtliches Beschlussverfahren gegen den Vorstand der O Holding SE einleitete, mit dem Ziel, diesen nachträglich zur Bildung eines besonderen Verhandlungsgremiums gem. § 4 Abs. 1 SEBG zu verpflichten. Als Argument wurde geltend gemacht, dass die O Holding SE ja nun durch ihre Stellung in der KG eine beherrschende Stellung gegenüber den Tochtergesellschaften der KG einnimmt, weshalb deren Arbeitnehmer ihr nach Art. 2 Abs. 3 SEBG (Art. 2 SE-RL) zugerechnet werden müssten.[561] Der Antrag des Konzernbetriebsrates wurde in erster und zweiter Instanz abgewiesen. So wurde schließlich der BAG angerufen. Für die Entscheidung des Rechtsstreits erachtete das BAG die Vorlage an den EuGH für erforderlich und setzte das Verfahren aus. Das BAG stellte vier Fragen. Die zentrale Frage – über die der EuGH schließlich zu befinden hatte – lautete:

> „Sollte Art. 12 Abs. 2 der SE-VO i.V.m Art. 3–7 [SE-RL] dahin auszulegen sein, dass das Verhandlungsverfahren zur Beteiligung der Arbeitnehmer in der SE im Fall der Gründung und Eintragung einer „arbeitnehmerlosen" Holding-SE in das Register ohne dessen vorherige Durchführung nachzuholen ist, wenn die SE danach herrschendes Unternehmen von Arbeitnehmer beschäftigenden Tochtergesellschaften in mehreren Mitgliedstaaten der Europäischen Union wird, enthielte das SE-Beteiligungsgesetz nach Ansicht des Senats eine planwidrige Regelungslücke."[562]

Vereinfacht lässt sich die Konzernstruktur vor und nach der Umstrukturierung wie folgt darstellen:

[561] Vgl. ArbG Hamburg Beschl. v. 28.2.2020 – 17 BV 20/19 = BeckRS 2020, 41396 Rn. 7 und Rn. 9.

[562] BAG, Vorlagebeschluss v. 17.05.2022–1 ABR 37/20 (A) = NZA 2023, 44 (47).

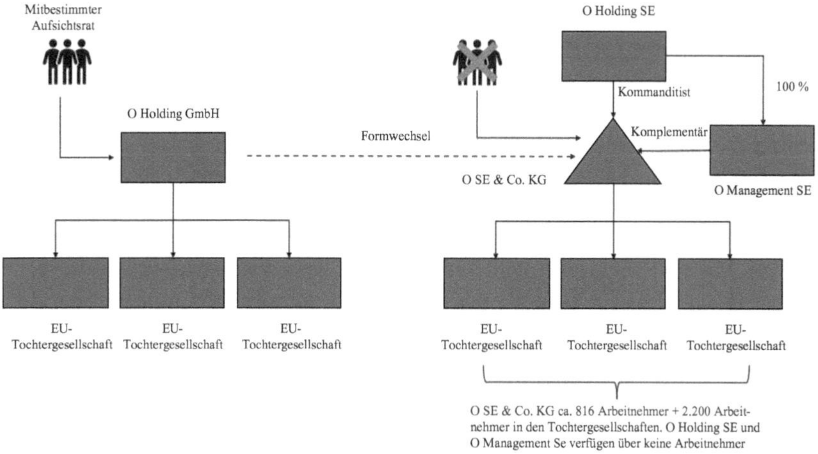

Abbildung 4: Skizze zum Sachverhalt EuGH Urt v. 16.5.2025 C-706/22

2. Die Entscheidungsgründe

Zur Beantwortung der ersten Vorlagefrage bedient sich der EuGH der wörtlichen, systematischen und teleologischen Auslegung der europarechtlichen Rechtsgrundlagen. Aus dem Wortlaut des Art. 12 Abs. 2 SE-VO folgt, dass eine SE erst in das nationale hierfür bestimmte Register einzutragen ist, wenn (i) eine Beteiligungsvereinbarung mit dem BVG abgeschlossen wurde, (ii) das BVG beschlossen hat, keine Verhandlungen aufzunehmen oder bereits aufgenommene Verhandlungen abzubrechen oder (iii) die Verhandlungsfrist ohne das Zustandekommen einer Vereinbarung abgelaufen ist. Aus dem Wortlaut der Vorschrift folgert das Gericht, dass der Abschluss der Vereinbarung vor der Eintragung der SE erfolgen muss. Aus der systematischen Gesamtschau des Art. 12 Abs. 2 mit Art. 1 Abs. 4 SE-VO und dem 19. Erwägungsgrund folgt, dass die Bestimmungen der SE-RL eine untrennbare Einheit zur Verordnung darstellen, mithin zum gleichen Zeitpunkt anwendbar sein müssen. Weiterhin werden auch der Wortlaut und der Telos des Art. 3 SE-RL untersucht, der die Einsetzung des BVG regelt. Sowohl der Abs. 1 als auch die Abs. 2 und 3 (UAbs. 2) stehen im (zeitlichen) Zusammenhang mit der Gründung der SE respektive mit dem Zeitraum vor der Eintragung. Systematisch stellt das Gericht fest, dass es drei Fallgruppen gibt, in denen das Verhandlungsverfahren später eingeleitet wird oder eingeleitet werden kann. Hier werden die Regelungen in Art. 3 Abs. 6, Art. 4 Abs. 2 und im Teil 1 lit. g) des Anhangs zur Richtlinie erläutert. All diese Fallgruppen haben jedoch gemeinsam, dass das BVG bereits zuvor im Rahmen des Gründungsprozesses eingesetzt worden ist. Eine Reihe von Erwägungsgründen der Richtlinie, namentlich die Erwägungsgründe 3, 6 und 8, unterstreichen die These, wonach die Gründung der Anknüpfungspunkt für die Mitbestimmungsrechte in den beteiligten Gesellschaften ist. Zu diesem Zeitpunkt haben daher Verhandlungen über die zukünftige Ausgestaltung dieser Rechte in der SE stattzufinden.

Anschließend nimmt der EuGH eine historisch-genetische Auslegung der SE-RL vor und argumentiert mit dem Davignon-Bericht. Das Gericht schloss sich damit der Ansicht des Generalanwaltes Jean Richard de la Tour an, wonach „[e]ntgegen dem Vorbringen der deutschen und der luxemburgischen Regierung [.] diese Unmöglichkeit der nachträglichen Aufnahme von Verhandlungen [.] nicht auf ein Versehen bei der Ausarbeitung der RL 2001/86 zurückzuführen [ist], sondern auf eine echte Entscheidung des Unionsgesetzgebers, die sich aus dem Kompromiss über das Vorher-Nachher-Prinzip ergibt“[563]. Dem *Davignon*-Bericht sei nämlich zu entnehmen, dass die Sachverständigengruppe im Interesse der Vorhersehbarkeit für Anteilseigner und Arbeitnehmer sowie der Stabilität der bestehenden Gesellschaft eindeutig die Durchführung solcher Verhandlungen vor der Eintragung präferierte (vgl. hierzu I. Teil, Kapitel IX.: „Die Verhandlungen sollten möglichst früh im Gründungsverfahren initiiert werden.“). Beachtlich ist außerdem der Hinweis, dass der Rat die vom EP vorgeschlagene Ergänzung eines Erwägungsgrundes 7a nicht übernommen hat. Dieser hätte ausdrücklich neue Verhandlungen im Fall von erheblichen Umstrukturierungen nach der Gründung einer Europäischen Aktiengesellschaft vorgesehen.[564] Als weiteres Argument ließe sich anführen, dass im Zuge des Gesetzgebungsverfahrens das Erfordernis einer wirtschaftlichen Tätigkeit aus den Verordnungsentwürfen vollständig entfallen ist (vgl. noch die Voraussetzung der dreijährigen wirtschaftlichen Tätigkeit vor der Anmeldung der SE im Sanders-Entwurf von 1966, I. Teil, Kapitel V. 1.).[565]

Da das BAG auch die Möglichkeit in Betracht gezogen hat, dass eine Verpflichtung zur späteren Einleitung des Verhandlungsverfahrens innerhalb einer bereits gegründeten SE sich auf Art. 11 der SE-RL stützen könnte, machte der EuGH hierzu ebenfalls Ausführungen. Art. 11, der in Deutschland durch das Missbrauchsverbot in § 43 SEBG umgesetzt wurde, statuiert die Pflicht der Mitgliedstaaten, europarechtskonform geeignete Maßnahmen zu treffen, „um zu verhindern, dass eine SE dazu missbraucht wird, Arbeitnehmern Beteiligungsrechte zu entziehen oder vorzuenthalten“. Hinsichtlich der Auswahl der geeigneten Maßnahmen belässt das Unionsrecht den Mitgliedstaaten einen Wertungsspielraum. In diesem Sinne sieht § 43 SEBG gerade nicht als Rechtsfolge die Nachholung von Ver-

---

563 Generalanwalt beim EuGH Schlussantrag v. 7.12.2023 – C-706/22, BeckRS 2023, 35321 Rn. 54.

564 EuGH, a. a. O. (Fn. 559), S. 763 f. Rn. 51–53.

565 Vgl. *Casper/Schäfer*, ZIP 2007, 653 (655); *Casper*, AG 2007, 97 (99) m.w.N., der darauf hinweist, dass das Erfordernis einer wirtschaftlichen Betätigung im Entwurf von 1975 enthalten war, aber später im Entwurf von 1989 bewusst gestrichen wurde. Tatsächlich wurde in Art. 2 Abs. 2 des geänderten Vorschlags von 1975 die wirtschaftliche Tätigkeit ausdrücklich nur für Gründungsgesellschaften erwähnt, die keine nationalen Aktiengesellschaften sind.

handlungen vor.[566] Zuletzt erläutert der EuGH abstrakt, dass zum Nachweis von „Missbrauch“ nach Art. 11 SE-RL zu objektiven Umständen auch eine subjektive Komponente hinzukommen muss.[567]

3. Implikationen des Urteils für die Entwicklung der SE und die Rolle ihrer Entstehungsgeschichte in diesem Zusammenhang

In Bezug auf die Praxisfolgen herrscht in der Literatur Einigkeit darüber, dass dieses Urteil generell auf die Aktivierung einer Vorrats-SE erstreckt werden kann. Grundsätzlich dürfte somit die Durchführung eines Beteiligungsverfahrens entbehrlich sein.[568] Damit entsteht der Eindruck, dass dieses Urteil einem Freifahrtschein für mitbestimmungslose SE gleicht. Am Ende überwiegt das Interesse der Anteilseigner an der Stabilität der SE das sozialpolitische Interesse an der Partizipation der Belegschaft im Unternehmen. So muss man sich eben mit einer „relativen Gerechtigkeit“ begnügen.[569]

Zu beachten ist jedoch, dass die Frage nicht final geklärt wurde, ob bei der Aktivierung einer arbeitnehmerlosen SE nicht in anderen Konstellationen aus deutscher Perspektive zumindest nach § 18 Abs. 3 SEBG (analog) das Verhandlungsverfahren erstmalig durchzuführen ist.[570] Der EuGH hat jedenfalls im vorliegenden Fall der Holding-SE hierzu im Urteil mit einer Zitation des 18. Erwägungsgrundes der SE-RL ausgeführt, dass das dort verankerte Vorher-Nachher-Prinzip nicht nur im Falle der Neugründung gilt, „sondern auch für strukturelle Veränderungen einer bereits gegründeten SE und für die von den strukturellen Änderungsprozessen betroffenen Gesellschaften“. Konsequent subsumiert das Gericht dann, dass sich aus der Richtlinie jedoch keine Verpflichtung zur Einleitung von Verhandlungen ergibt, in denen eine bereits gegründete Holding-SE strukturelle Änderungen durch beteiligte Gesellschaften erfährt, die weder unmittelbar noch mittelbar über Arbeitnehmer verfügen.[571]

Zunächst ist zutreffend, dass der EuGH zur Entscheidung über die Anwendbarkeit einer nationalen Vorschrift nicht berufen gewesen ist. Zutreffend ist auch, dass nun entschieden wurde, dass die Aktivierung einer arbeitnehmerlosen (Vorrats-)SE *europarechtlich* keine planwidrige Regelungslücke darstellt. Somit entfällt grundsätzlich eine Analogievoraussetzung für die Fälle, in denen der Tatbestand des § 18 Abs. SEBG nicht vorliegt (Aktivierung durch Beteiligungserwerb, Einstellung von

---

[566] Vgl. zu den möglichen Rechtsfolgen *Kleinmann/Kujath*, in: Manz/Mayer/Schröder, Europäische Aktiengesellschaft SE, § 43 SEBG Rn. 4.

[567] EuGH, a.a.O. (Fn. 559), S. 764 Rn. 54–57.

[568] *Rudolph/Wickler*, NZA 2024, 889; *Schreiner*, NZG 2024, 902 (906); *Voßberg*, NJW 2024, 2385 (2388).

[569] Zum Begriff der „relativen Gerechtigkeit“, vgl. *Kelsen*, Was ist Gerechtigkeit?, S. 52.

[570] *Rudolph/Wickler*, a.a.O. (Fn. 568), S. 891; *Schreiner*, a.a.O. (Fn. 568), S. 906.

[571] EuGH, a.a.O. (Fn. 559), S. 763 Rn. 50.

Arbeitnehmern).[572] Die erstmalige Durchführung von Verhandlungen könnte aber zumindest im Falle der Aktivierung im Wege der Verschmelzung einer mitbestimmten Gesellschaft auf die „leere" SE denkbar sein.[573] Nach deutschem Recht wäre auch in diesem Fall – trotz struktureller Änderung und der Eignung, Beteiligungsrechte der Arbeitnehmer zu mindern – nach überzeugender Ansicht eine Analogiebildung notwendig, da § 18 systematisch von einer „*Wieder*aufnahme der Verhandlungen" ausgeht.[574] In der im Raum stehenden Situation sind aber zuvor zu keinem Zeitpunkt Verhandlungen durchgeführt worden. Eine Anwendung des § 18 Abs. 3 SEBG könnte durch richtlinienkonforme Rechtsfortbildung mittels einer Analogie[575] dennoch ermöglicht werden, wenn aus dem Europarecht wenigstens *bei gewissen strukturellen Änderungen* die Notwendigkeit von ggf. auch erstmaligen Verhandlungen folgt. Bei näherer Betrachtung lässt das Urteil des EuGH Argumentationsspielraum für diese vorgenannte Ansicht zu. Der Wortlaut des 18. Erwägungsgrundes der SE-RL setzt in Satz 3 jedenfalls nicht explizit ein vorheriges Verhandlungsverfahren voraus. Bei der Geltung des Vorher-Nachher-Prinzips wird nicht nur auf strukturelle Veränderungen bei einer bereits existenten SE abgestellt, sondern auch auf die *von den strukturellen Änderungsprozessen betroffenen Gesellschaften.* Die Entscheidung des EuGH liest sich so, dass Erwägungsgrund 18 einschlägig sein könnte, falls die O Holding SE strukturelle Änderungen durch beteiligte Gesellschaften mit Arbeitnehmern erfahren hätte. Das BAG verneint eine direkte Anwendung des § 18 SEBG, da die Vorschrift nur eine „Wiederaufnahme" von Verhandlungen regle. Eine etwaige analoge Anwendung macht das BAG von einer planwidrigen Regelungslücke des deutschen Rechts abhängig.[576]

Nachdem also festgestellt wurde, dass die Aktivierung einer arbeitnehmerlosen SE ohne vorherige Nachholung des Verhandlungsverfahrens *per se* europarechtlich keine Regelungslücke begründet, musste das BAG im konkreten Fall folgerichtig mit Beschluss vom 26. November 2024 eine analoge Anwendung des § 18 Abs. 3 SEBG ablehnen.[577]

Für die zugrundeliegende Arbeit liefert dieses Urteil nicht nur wichtige Implikationen für die zukünftige Verwendung bzw. Entwicklung der Europäischen Aktiengesellschaft. Es ist darüber hinaus ein aktueller und dabei auch bedeutender Nachweis für die Schlussfolgerung, dass für das Recht der SE und seine Fortentwicklung die Entstehungsgeschichte als tragende Auslegungsmethode herangezo-

---

572 EuGH, a. a. O. (Fn. 559), S. 764 Rn. 54; *Rudolph/Wickler*, a. a. O. (Fn. 568), S. 890; a. A. *Schlosser*, a. a. O. (Fn. 271), S. 358.

573 So *Rudolph/Wickler*, a. a. O. (Fn. 570), S. 891; *Bochmann/Schirrmacher*, GmbHR 2024, 729 (733 f.); a. A. der Generalanwalt, a. a. O. (Fn. 563), Rn. 53; *Voßberg*, a. a. O. (Fn. 568), S. 2388; *Schreiner*, a. a. O. (Fn. 568), S. 906; *Schmidt*, a. a. O. (Fn. 560), S. 1873.

574 *Schlosser*, a. a. O. (Fn. 271), S. 358; *Bochmann/Schirrmacher*, a. a. O. (Fn. 573), S. 733.

575 Vgl. zur diesem methodologischen Ansatz allgemein *Tonikidis*, JA 2013, 598 (603 f.).

576 BAG, a. a. O. (Fn. 562), S. 46 f. Rn. 24, 31.

577 BAG, Beschl. v. 26. 11. 2024 – 1 ABR 37/20 = NZA 2025, 572 (573 f.).

gen wird. Da sämtliche supranationale Rechtsformen des Europarechts vergleichsweise jung sind, ist die Beachtung ihrer historischen Hintergründe und Details zur Beantwortung der zahlreichen Rechtsfragen in besonderem Maße geeignet. *So handelt es sich hierbei um Zeitgeschichte, die Rechtsanwendern im Umgang mit diesen Rechtsformen eine nützliche Hilfestellung leisten kann.* Die Vorlage des BAG und das Urteil des EuGH zeigen beide, dass die Gerichte geneigt sind, der genetischen Auslegung der SE-VO und der SE-RL sowie deren Erwägungsgründen erhöhte Aufmerksamkeit beizumessen.

II. Reformvorschläge

Die vorliegende Arbeit begann mit der Darstellung der Vergangenheit der Europäischen Aktiengesellschaft, die, wie an verschiedenen Beispielen demonstriert, in die Gegenwart hineinwirkt. Daher soll nun gleichsam zur Abrundung der Blick auf die potenzielle legislatorische Zukunft dieser Rechtsform gelenkt werden. Hierfür kann zur systematischen Einteilung die wissenschaftliche Diskussion in zwei Bereiche unterteilt werden. Zum einen die Reformvorschläge für den Bereich der unternehmerischen Mitbestimmung und zum anderen sonstige Änderungen der (europäischen) Gesetzgebung zur Europäischen Aktiengesellschaft.

1. Mitbestimmungsrechtliche Reformüberlegungen

Für die 20. Legislaturperiode hatten die Ampelparteien im Koalitionsvertrag angekündigt, dem „Einfrieren der Mitbestimmung" bei der SE entgegenzuwirken.[578] Eine besondere Herausforderung bei diesem Vorhaben ist das Verhältnis zwischen europäischer und nationaler Gesetzgebung. Änderungen des SEBG sind nur im Rahmen der zugrunde liegenden Richtlinie realisierbar (dazu sogleich).[579] Das entsprechende Ziel des Koalitionsvertrages wurde nicht erreicht, was sicherlich zum Teil mit der vorgenannten dogmatischen Problemstellung zusammenhängt, aber auch politische Gründe hat. Der Bundestag hat am 16. Dezember 2024 über die Vertrauensfrage des Bundeskanzlers nach Art. 68 des Grundgesetzes abgestimmt und diesem das Vertrauen versagt. Am 27. Dezember 2024 hat der Bundespräsident Frank-Walter Steinmeier die Auflösung des Bundestages verkündet und Neuwahlen für den 23. Februar 2025 angesetzt.[580] Damit war die ohnehin als „turbulent" emp-

---

[578] Koalitionsvertrag 2021–2025 zwischen SPD, Bündnis 90/Die Grünen und FDP, Mehr Fortschritt wagen, S. 71 f.

[579] Zur Gestaltung des § 18 Abs. 3 SEBG nach dem Vorbild des österreichischen § 228 ArbVG und den europarechtlichen Herausforderungen dabei vgl. *Bode/Jucho*, a. a. O. (Fn. 532), S. 1996 ff.

[580] Online-Dienste des Deutschen Bundestages, Vertrauensfrage und vorzeitige Neuwahlen (aufrufbar unter: https://www.bundestag.de/dokumente/textarchiv/2024/kw47-vertrauensfrage-1030198, zuletzt aufgerufen am: 03. 02. 2025); Online-Dienste des Deutschen Bundestages,

fundene Legislaturperiode zeitlich verkürzt, was ein gesetzgeberisches Tätigwerden im Bereich der SE-Ausführungsgesetzgebung zusätzlich erschwerte.

Zunächst wird von Teilen der Literatur vertreten, dass sich mitbestimmungsrechtliche Reformen zwar im Rahmen der SR-RL halten müssten, aber eine pauschale Sperrwirkung der SE-RL für strengere Vorschriften nicht angenommen werden kann. Das bedeutet gleichzeitig, dass eine Weiterentwicklung des nationalen Rechts nur durch eine Konkretisierung derjenigen Vorgaben in der SE-RL in Betracht kommt, die sich mit der Verhinderung einer Umgehung bzw. Vermeidung von Beteiligungsrechten befassen.[581]

Ob beispielsweise § 18 Abs. 3 S. 1 SEBG im Einklang mit dem Unionsrecht vom nationalen Gesetzgeber weiterentwickelt werden kann, ist dogmatisch eine höchst umstrittene Frage. § 18 Abs. 3 SEBG enthält im normativen Teil der SE-RL keine Entsprechung. Lediglich Erwägungsgrund 18 behandelt „strukturelle Änderungen". Angesichts der dort geäußerten Prärogative des Vorher-Nachher-Prinzips kann eine Novellierung des § 18 Abs. 3 S. 1 SEBG kein tauglicher Ansatzpunkt für eine richtlinienkonforme Maßnahme gegen die Mitbestimmungsvermeidung sein.[582] Das oben analysierte Urteil des EuGH im *Olympus*-Fall untermauert die Ansicht, dass eine Aufweichung des Vorher-Nachher-Prinzips über § 18 Abs. 3 S. 1 SEBG nicht dem Geist der SE-RL entspricht und damit unzulässig wäre.[583] *De facto* sollte jedoch zugleich berücksichtigt werden, dass die französische und österreichische Regelung für strukturelle Änderungen ausdrücklich bestimmte Veränderungen in der Größe der Belegschaft einbezieht (vgl. die entsprechenden Ausführungen in Teil III). Soweit ersichtlich ist die Kommission bislang gegen diese Umsetzungsvarianten nicht vorgegangen.[584]

Intensiver wird eine Konkretisierung des Missbrauchsverbotes in § 43 SEBG diskutiert. So schlug Krause vor, den Missbrauchstatbestand derart zu ergänzen, dass beim Überschreiten der mitbestimmungsrelevanten Schwellenwerte innerhalb von vier Jahren nach der Gesellschaftsgründung ein Missbrauch vermutet wird. Die entsprechenden Überlegungen gehen sogar noch weiter und erwägen eine Fiktion, nach der Gegeneinwände in Form von vernünftigen wirtschaftlichen Gründen für

---

Steinmeier verkündet Auflösung des Bundestags und Neuwahlen (aufrufbar unter: https://www.bundestag.de/presse/hib/kurzmeldungen-1035368, zuletzt aufgerufen am: 02.02.2025); Online-Dienste des Deutschen Bundestages, Wahl zum 21. Deutschen Bundestag am 23. Februar 2025 (aufrufbar unter: https://www.bundestag.de/parlament/bundestagswahl/inhalt-1021204, zuletzt aufgerufen am: 03.02.2025).

[581] *Krause*, I.M.U. Mitbestimmungsreport Nr. 77, 10.2023, Eindämmung des „Einfriereffekts" bei der Europäischen Gesellschaft (SE), Rechtliche Zulässigkeit gesetzlicher Maßnahmen bei SE und grenzüberschreitender Verschmelzung, S. 13.

[582] Ablehnend für die Erweiterung des § 18 Abs. 3 auf Fälle des organische Mitarbeiterwachstums im Wege überschießender Richtlinienumsetzung *Bode/Jucho*, a.a.O. (Fn. 532), S. 1997 f.; *Krause*, a.a.O. (Fn. 581), S. 21.

[583] Vgl. *Hauser*, BB 2024, 1425 (1426); *Rudolph/Wickler*, a.a.O. (Fn. 568), S. 893.

[584] Vgl. *Krause*, a.a.O. (Fn. 581), S. 17.

die Rechtsformwahl für einen Zeitraum von vier Jahren gänzlich ausgeschlossen werden sollen. Ebenso müssten die Rechtsfolgen bei einem Verstoß gegen das Missbrauchsverbot dadurch angepasst werden, dass ein Verhandlungsverfahren durchzuführen ist und die Auffangregelung Anwendung findet. Inhaltlich sollte sich die Auffangregelung an der aktuellen Beschäftigungszahl des Unternehmers im Zeitpunkt der Neuverhandlungen orientieren. Die Modifizierbarkeit des § 43 SEBG wird zum einen wegen des Wortlauts des zugrunde liegenden Art. 11 SE-RL angenommen („Beteiligungsrechte zu entziehen *oder* vorzuenthalten") sowie u. a. durch einen systematischen Vergleich mit der Umwandlungsrichtlinie sowie dem relativ neuen Missbrauchsverbot in § 36 des Gesetz über die Mitbestimmung der Arbeitnehmer bei grenzüberschreitendem Formwechsel und grenzüberschreitender Spaltung („MgFSG"). Ob die Zulässigkeit einer solchen „Objektivierung des subjektiven Elements" des Missbrauchs durch eine Vermutungswirkung oder gar Fiktion eine ausreichende Grundlage im *Olympus*-Urteil findet, erscheint fraglich.[585]

Der EuGH hat hinsichtlich Art. 11 SE-RL lediglich auf seine Rechtsprechung hingewiesen, wonach „der Nachweis einer missbräuchlichen Praxis [...] eine Gesamtheit objektiver Umstände voraussetzt, aus denen sich ergibt, dass trotz formaler Einhaltung der in der Unionsregelung vorgesehenen Bedingungen das Ziel dieser Regelung nicht erreicht wurde, und zum anderen ein subjektives Element, nämlich die Absicht, sich einen aus der Unionsregelung resultierenden Vorteil zu verschaffen, indem die Voraussetzungen für seine Erlangung künstlich geschaffen werden". Für eine europarechtskonforme Reform des § 43 SEBG spricht, dass der EuGH betont hat, dass die Mitgliedstaaten einen Wertungsspielraum in Bezug auf die Auswahl der geeigneten Maßnahmen haben, um einen Missbrauch der SE zu verhindern.[586] Dagegen spricht, dass ein „Nachweis" definitorisch vorausgesetzt wird und durch eine allzu allgemeine Vermutung relativiert wird. Schließlich ist der grundsätzliche Tenor des Urteils, dass Verhandlungen Ausnahmecharakter haben. Hierzu würde eine zu weite Ausdehnung des Anwendungsbereichs des § 43 SEBG auf jegliche Konstellationen des organischen Wachstums der Arbeitnehmerzahl in einem gewissen Widerspruch stehen.

2. Zurückhaltung auf europäischer Ebene – Schlussfolgerungen für die Fortentwicklung der Europäischen Aktiengesellschaft

Angesichts der umfangreichen Reformen im Zuge des *Company Law Package* kann die Annahme getroffen werden, dass die Fortentwicklung des europäischen

[585] *Krause*, a. a. O. (Fn. 581) S. 22 ff., S. 29 ff., S. 31 f., S. 36 f. m. w. N.; a. A. *Hauser*, a. a. O. (Fn. 583), S. 1426; *Rudolph/Wickler*, a. a. O. (Fn. 568), S. 893, ebenfalls wohl restriktiver bei der Möglichkeit der Annahme eines Missbrauchs im Falle der Aktivierung einer Vorrats-SE bzw. des organischen Wachstums der Arbeitnehmeranzahl *Bochmann/Schirrmacher*, GmbHR 2024, 729 (735); zum engen Anwendungsbereich des § 43 SEBG: *Jacobs*, in: MüKo AktG, § 43 SEBG Rn. 3; *Hohenstatt/Müller-Bonanni*, a. a. O. (Fn. 55), § 43 SEBG Rn. 3.

[586] EuGH, a. a. O. (Fn. 559), S. 764 Rn. 55–57.

Gesellschaftsrechts über Richtlinien und folglich ausschließlich über die Transformation von nicht unmittelbar anwendbarem Sekundärrecht in das nationale Recht am meisten Perspektive hat. In der Literatur wird eine Übertragung der Neuregelungen der Mobilitätsrichtlinie auf die SE gefordert, etwa die Erweiterung oder generelle Abschaffung des *numerus clausus* der Gründungsmöglichkeiten oder die Anwendung der Schutzvorschriften zugunsten der Minderheitsgesellschafter parallel zu grenzüberschreitenden Umwandlungen *de lege lata.*[587] Auch wird der Mehrstaatenbezug in Art. 2 SE-VO kritisiert, ebenso wie die Begrenzung der Renationalisierungsmöglichkeiten der SE in Art. 66 SE-VO.[588]

Zugleich wird bei all diesen die Einheit der Rechtsordnung fördernden Vorschlägen nur beiläufig auf das zentrale Problem der SE hingewiesen: fehlender politischer Wille und die Sorge um erneute Konfrontationen bei der fundamentalen Weiterentwicklung der entsprechenden rechtlichen Grundlagen durch Rechtsvereinheitlichung oder zumindest durch Harmonisierung. Berücksichtigt man den konfliktträchtigen Einigungsprozess, so ist jedenfalls eine Weiterentwicklung der gesetzlichen Grundlagen der Europäischen Aktiengesellschaft (insbesondere im Bereich der Mitbestimmung) aus historischer Perspektive unwahrscheinlich.

Ein Indikator für diese nüchterne Prognose bezüglich der Entwicklungsaussichten der SE sind Signale aus Brüssel selbst. Nach Art. 69 SE-VO musste die Kommission spätestens fünf Jahre nach dem Inkrafttreten der SE-VO dem Rat und dem EP einen Bericht über die Anwendung der Verordnung sowie ggf. Vorschläge für Änderungen vorlegen. In dem Bericht sei insbesondere zu prüfen, ob zugelassen werden sollte, dass sich die Hauptverwaltung und der Sitz der SE in verschiedenen Mitgliedstaaten befinden können (vgl. Art. 7 SE-VO, s. hierzu auch den Regelungsvorschlag im Zusammenhang mit der SPE, II. Teil, Kapitel III. 1.), Art. 69 lit. a). Außerdem sollte geprüft werden, ob der Begriff der Verschmelzung in Art. 17 Abs. 2 auszuweiten ist, lit. b). Überdies gehörte zum obligatorischen Prüfungsumfang, ob den Mitgliedstaaten eine Option eingeräumt werden kann, um den in ihren jeweiligen Hoheitsgebiet ansässigen Europäischen Aktiengesellschaften eine größere Satzungsfreiheit als ihren nationalen Aktiengesellschaften zu gewähren, lit. d).[589]

Die Kommission legte nach Ablauf der gesetzlichen Frist den Evaluierungsbericht am 17. November 2010 vor.[590] Das Dokument beruht auf einer von der Generaldirektion Binnenmarkt und Dienstleistungen in Auftrag gegebenen externen Studie einer großen Wirtschaftsprüfungsgesellschaft und einer durchgeführten öf-

---

[587] Hierzu *Bungert/Reidt*, DB 2022, 311 (311 ff.).

[588] *Drinhausen*, a. a. O. (Fn. 55), SE-VO Einleitung Rn. 30 m. w. N.

[589] *Casper*, a. a. O. (Fn. 64), Art. 69 Rn. 2 ff.

[590] Bericht der Kommission an das Europäische Parlament und den Rat über die Anwendung der Verordnung (EG) Nr. 2157/2001 des Rates vom 8. Oktober 2001 über das Statut der Europäischen Gesellschaft (SE), KOM(2010) 676 endgültig (nachfolgend „Evaluierungsbericht"); *Schröder*, a. a. O. (Fn. 107), Art. 69 Rn. 1.

fentlichen Konsultation sowie einer Konferenz. Der Bericht leitet mit der Gegenüberstellung der zuvor thematisierten Vor- und Nachteile der Europäischen Gesellschaft ein.[591] Nachdem die stark divergierende Streuung der Rechtsform in den Mitgliedstaaten thematisiert wurde, schreitet der Bericht zu den zentralen Überlegungen über die „praktischen Probleme bei der Anwendung des SE-Statuts". Auch die Kommission erkennt, dass u.a. der Zeitaufwand, die hohe Mindestkapitalanforderung, der Mehrstaatenbezug und die eingeschränkten SE-Gründungsmethoden von den Beteiligten als Haupthindernisse wahrgenommen werden. Schlussendlich wird eine Anpassungsmöglichkeit jedoch nur im Hinblick auf die Ausdehnung des Fusionsbegriffs i.S.v. Art. 17 Abs. 2 SE-VO angesprochen, wobei von Konferenz- und Konsultationsteilnehmern vorgeschlagen wurde, die SE-Gründung durch eine grenzüberschreitende Spaltung zuzulassen. Nach damaliger Rechtslage wäre dies eine besondere Aufwertung der Rechtsform gewesen, da die grenzüberschreitende Spaltung unionsrechtlich noch nicht kodifiziert war.

Unter der Überschrift „Lebensdauer einer SE" reißt der Evaluierungsbericht die anderen in Art. 69 SE-VO genannten Punkte an. So sahen es viele Konsultationsteilnehmer als ein praktisches Hindernis an, dass der satzungsmäßige Sitz und die Hauptverwaltung einer SE in ein und demselben Mitgliedstaat belegen sein müssen. Ein Verstoß gegen Art. 7 SE-VO werde durch die Rechtsfolge der Liquidation sanktioniert. Es wird eingeräumt, dass angesichts der Rechtsprechung des EuGH diese Frage tatsächlich neubewertet werden müsste. Des Weiteren sei die Frage der Ermittlung des Ortes des Hauptsitzes eines internationalen Unternehmens, an dem die strategischen Entscheidungen getroffen werden, nur schwer zu bestimmen. Damit ist die Beachtung und Überwachung des Art. 7 SE-VO ohnehin schwer umzusetzen. Als weitere Gründe für die Erlaubnis zur Trennung von Satzungs- und Verwaltungssitz werden die Vereinfachung von Gruppenstrukturen sowie die Kohärenz zwischen der wirtschaftlichen und rechtlichen Einheit von Unternehmensgruppen in der EU genannt. Andererseits greift der Bericht die Bedenken einiger Mitgliedstaaten und Gewerkschaften gegen die Liberalisierung auf (z.B. die Erschwerung der steuerlichen Kontrolle). Die unterschiedlichen Positionen und Bedenken in Bezug auf das Kopplungsgebot wurden schon in den Entwürfen für eine SPE deutlich und haben auch für die SUP und SES Relevanz. Damit wird exemplarisch die Parallelität der möglichen Diskussionspunkte bei supranationalen Rechtsformen ausgedrückt. Die externe Studie hält die Änderung des Art. 7 für erwägenswert, weist aber darauf hin, dass im Falle der Lockerung des Kopplungsgebots adäquate Maßnahmen zum Schutz der verschiedenen *stakeholder* (vor allem der Arbeitnehmer) getroffen werden sollten.[592]

Nachfolgend wird die Erweiterung der Satzungsautonomie der Europäischen Aktiengesellschaft thematisiert, Art. 69 lit. d). Konferenzteilnehmer hätten vorge-

---

[591] S. hierzu die Ausführungen in I. Teil, Kapitel XI. 2.

[592] Evaluierungsbericht, S. 8 f.; Ernst & Young Société d'Avocats, Study on the operation and the impact of the Statue of a European Company (SE), Final report, 9.12.2009, S. 280.

schlagen, dass das Statut den Gründern und Aktionären mehr Flexibilität hinsichtlich der internen Organisation der Gesellschaft bieten sollte, selbst dann, wenn eine solche Flexibilität nationalen Aktiengesellschaften nicht zur Verfügung steht. Das Recht der Gesellschafter, das Innenverhältnis frei auszugestalten, würde dazu führen, dass Verweise auf nationale Rechtsvorschriften reduziert werden können. Das ist keineswegs ein neuer Gedanke. Bereits Sanders hat in seiner Rede aus dem Jahre 1959 darauf hingewiesen, dass ein supranationales Statut nicht alle Fragen einheitlich im Detail regeln kann (vgl. I. Teil, Kapitel III. 1.). Zugleich erfolgt im Bericht der Hinweis darauf, dass es Zweifel gibt, ob eine derartige Flexibilisierung politisch durchgesetzt werden kann. Der altbewährte Grund für die Skepsis ist, dass die SE hierdurch in einen direkten Wettbewerb zu den nationalen Gesellschaftsformen treten würde.[593]

In einem einzigen Satz macht der Bericht auf den Umstand aufmerksam, dass bestimmte Beteiligte auf mehrere Auslegungsprobleme im Rahmen des Art. 66 SE-VO (Renationalisierung durch Rückumwandlung in eine AG) verwiesen. Wie von Art. 69 lit. c) SE-VO vorgesehen, geht das Dokument auf die Gerichtsstandsklausel des Art. 8 Abs. 16 SE-VO ein, die es im Falle der Sitzverlegung erlaubt, Klagen gegen die SE für Geschäfte vor der Verlegung bei Gerichten im Wegzugstaat anhängig zu machen. Trotz zwischenzeitlicher Annahme der Brüssel I-Verordnung sei eine Revision dieser Vorschrift nicht erforderlich. Nicht zuletzt deswegen, weil nach den Erfahrungen der Kommission Art. 8 Abs. 16 in der Praxis bis dahin noch nicht angewandt worden war.

Nicht ohne einen Anflug von Ironie liest sich aus heutiger Perspektive die Anmerkung, dass Gewerkschaftsvertreter schon zum damaligen Zeitpunkt monierten, dass es keine klaren Bestimmungen über die Arbeitnehmerbeteiligung im Falle der Geschäftsaufnahme einer „SE-Mantelgesellschaft" gibt. Die Gewerkschaften befürchteten eine Umgehung der Vorschriften über die Arbeitnehmerbeteiligung. Beinahe 14 Jahre später wurde höchstrichterlich entschieden, dass dies keine Umgehung, sondern ein hinzunehmender Rechtsreflex ist, der Folge einer Richtungsentscheidung des Unionsgesetzgebers ist.[594]

Die Evaluation kommt zu dem Ergebnis, dass die Anwendung des Statuts in der Praxis – trotz vorhandener Erfolge – Probleme aufwirft. So schaffe das SE-Statut bekanntermaßen keine einheitliche Gesellschaftsform, sondern 27 verschiedene. Dabei führen die Schnittstellen zum nationalen Recht zu Rechtsunsicherheit. Die unausgewogene Verteilung der SE in der EU mache deutlich, dass die Rechtsform nicht gleichermaßen die Unternehmenskulturen der Mitgliedstaaten anspricht. Die Quintessenz des Berichtes ist sicherlich der folgende Satz, dessen Wiedergabe erforderlich ist, um einen kohärenten Zusammenhang mit der 40-jährigen Historie der Europäischen Gesellschaft herzustellen:

---

[593] Evaluierungsbericht, S. 9.

[594] Evaluierungsbericht, S. 9 f.

„Etwaige Überlegungen zu Änderungen des SE-Statuts […] müssen dem Umstand Rechnung tragen, dass das SE-Statut das Ergebnis eines nach langwierigen Verhandlungen gefundenen heiklen Kompromisses ist.“

Die Kommission kündigte an, im Jahre 2012 Vorschläge für mögliche Änderungen vorzulegen.[595]

Die externe Studie äußerte, dass der Europäischen Aktiengesellschaft zugeschrieben werden kann, dass bestimmte Debatten über das europäische Gesellschaftsrecht neu entfacht wurden (als Beispiel wird die nicht verabschiedete 5. gesellschaftsrechtliche Richtlinie genannt). Die supranationale europäische Rechtsform schaffe den Impetus zur tiefergehenden Harmonisierung in der EU respektive des EWR. Zugleich führe sie zu einem konstruktiven gesellschaftsrechtlichen Wettbewerb zwischen den Mitgliedstaaten. Dabei stünden Harmonisierung und Wettbewerb nicht im Widerspruch zueinander, sondern seien als komplementär zu betrachten. Gleichwohl begegnete die SE nicht dem ursprünglich erwarteten Erfolg, weshalb weitere Arbeiten am Statut von essenzieller Bedeutung wären.[596]

Es näherte sich das Ende des Jahres 2012 und die Kommission veröffentlichte den bereits an anderen Stellen angesprochenen Aktionsplan 2012. Auf etwaige Änderungsvorschläge hoffte man allerdings vergebens. Die Kommission stellte sich auf den Standpunkt, dass „die erwarteten Vorteile einer Überarbeitung im Sinne einer Vereinfachung und Verbesserung [u.a. des SE-Statuts] die potenziellen Herausforderungen bei einer Neueröffnung der Diskussion nicht aufwiegen würden“. Aus diesem Grund werde kurzfristig keine Revision angezielt.[597]

Der in der Literatur zum Bericht geäußerten Kritik ist grundsätzlich zuzustimmen. Die rechtspolitische Diskussion hat der Bericht durch keine neuen Anregungen bereichert. Insbesondere ist auffällig, dass die Kommission eine eigene Stellungnahme verweigert hat. Bedauerlich ist außerdem, dass eine erneute Pflicht zur Evaluation nicht vorgesehen ist.[598] Im Zusammenhang mit der oben beschriebenen Rechtsprechungsentwicklung wäre jedoch wohl oder übel eine erneute Auseinandersetzung mit den gesetzlichen Grundlagen notwendig. Die gesetzgeberische Untätigkeit der Unionsorgane führt lediglich dazu, dass sozialpolitische Kreise gegen Unternehmer ausgespielt werden. Immerhin basiert der Bericht auf einer ausführlichen externen Studie, die diesen faktenbasiert ergänzt. Nichtsdestotrotz wäre eine klare Linie der Kommission im Hinblick auf Änderungen des Statuts wünschenswert gewesen. Ergänzend sollte eingeräumt werden, dass zumindest im Zuge der COVID-19-Pandemie gem. Art. 1 der VO (EU) 2020/699 der Art. 54 Abs. 1 SE-VO

---

595 Evaluierungsbericht, S. 10 f.

596 Ernst & Young Société d'Avocats, Study on the operation and the impact of the Statue of a European Company (SE), Final report, 9.12.2009, S. 288.

597 Aktionsplan: Europäisches Gesellschaftsrecht und Corporate Governance – ein moderner Rechtsrahmen für engagiertere Aktionäre und besser überlebensfähige Unternehmen v. 12.12.2012, COM(2012) 740 final, S. 16.

598 *Casper*, a.a.O. (Fn. 64), Art. 69 Rn. 5 f. m.w.N.

temporär dahingehend geändert wurde, dass die Frist zur Abhaltung der Hauptversammlung von sechs Monaten auf zwölf Monate nach Abschluss des Geschäftsjahres verlängert wurde, sofern die Versammlung bis zum 31. Dezember stattfindet.[599] Diese Änderung angesichts einer globalen Notlage ist sicherlich keine Manifestation eines generellen Reformwillens, zeigt aber auch, dass die SE-Gesetzgebung nicht *per se* rechtspolitisch unantastbar ist.

Die EU-Kommission hat jüngst in ihrem „Wettbewerbskompass für die EU" wieder die Bedeutung der Harmonisierung von Rechtsvorschriften im Zusammenhang mit der Förderung von Startup- und Scaleup-Unternehmen betont. EU-weit geltende Rechtsvorschriften würden es innovativen Unternehmen vereinfachen, in den Binnenmarkt zu investieren respektive in diesem zu operieren. Aus diesem Grund kündigte die EU für Ende 2025/Anfang 2026 die Vorstellung eines sog. „28. Rechtsrahmens" an. Dieser soll die anwendbaren Vorschriften vereinfachen und die Kosten des Scheiterns der Unternehmung reduzieren. Diese Maßnahme soll alle „relevanten Elemente des Gesellschafts-, Insolvenz-, Arbeits- und Steuerrechts" miteinschließen. Welche Veränderungen dieser Vorschlag insbesondere im Hinblick auf das Gesellschaftsrecht nach sich ziehen wird, bleibt somit vage und wird im Detail nicht konkretisiert. Ob der programmatische Name überhaupt den Erlass einer Verordnung impliziert oder gar die Reform einer bestehenden bzw. die Einführung einer neuen supranationalen europäischen Rechtsform bedeutet, ist fraglich. Ohne weitere Anhaltspunkte besteht keine Annahme für Optimismus.[600]

Demzufolge steht eine Novelle des SE-Sekundärrechts nicht explizit auf der gegenwärtigen rechtspolitischen Agenda in der EU. Im Übrigen bestehen keine Anhaltspunkte dafür, dass eine solche in den zuständigen EU-Organen ohne erhebliche Vorbehalte konsensfähig sein würde. Am Ende steht das Fazit, dass sich die *Societas Europaea* zu einem im Gemeinschaftsrecht einzigartigen, rechtswissenschaftlich ergiebigen und in der Praxis der Rechtsanwendung viel beachteten Institut entwickelt hat. Zugleich lässt sich die Fortwirkung der komplexen und lethargischen Seiten ihrer Entstehungsgeschichte auf ihren gegenwärtigen Zustand und ihre Zukunft darlegen. Der Umstand, dass in der Genese der SE vielfältige Kompromisse und Zugeständnisse angelegt sind, verhindert, dass die Rechtsform ihr Potenzial entfaltet, um zu einer wahren supranationalen europäischen Kapitalgesellschaft zu werden, die den europäischen Binnenmarkt als ihre Domäne betrachtet.

---

[599] *Lutter/Teichmann*, in: Lutter/Hommelhoff/Teichmann, SE-Kommentar, Art. 69 SE-VO Rn. 1.

[600] Mitteilung der Kommission an das Europäische Parlament, den Europäischen Rat, den Rat, den Europäischen Wirtschafts- und Sozialausschuss und den Ausschuss der Regionen, Ein Kompass für eine wettbewerbsfähige EU, COM(2025) 30 final, S. 6, 10.

Abschließende Betrachtungen

I. Zusammenfassung und Einordnung der Ergebnisse

Die *Societas Europaea* sollte ursprünglich eine Rechtsform werden, die sich von bisherigen internationalen Gesellschaften dadurch abhebt, dass sie von Privatpersonen ohne Mitwirkung des Staates (etwa durch Konzessionen oder andere Hoheitsakte) gegründet werden kann. Eine Beteiligung des Staates, ggf. mit Ausnahme notarieller oder registergerichtlicher Art, sollte nicht erforderlich sein, um ein grenzüberschreitendes Rechtssubjekt zu schaffen. Die Intention der weitgehenden Unabhängigkeit und Loslösung von nationalstaatlichem Recht verfolgten der erste Entwurf 1966 sowie die Kommissionsentwürfe 1970 und 1975 mit besonderem Eifer. Die Vorschläge hatten eine SE im Sinn, die geeignet gewesen wäre, nationale Formen von Aktiengesellschaften in der Popularität zu überholen. Diese frühen Entwürfe machten beispielsweise Vorschläge für einheitliche Regelungen für ein Konzernrecht, für die Rechnungslegung sowie für Auflösung und Liquidation. Intrinsische Regelungen für die Schließung von Regelungslücken im Statut (z.B. Anwendung allgemeiner Rechtsgrundsätze oder der allgemeinen Grundsätze der Verordnung) sollten den Rückgriff auf nationale Vorschriften so weit wie möglich ausschließen. Zur Umsetzung der Gründung der Europa-AG durch (grenzüberschreitende) Fusion wurden einheitliche Verschmelzungsvorschriften vorgesehen. Beeindruckend waren auch die Überlegungen zugunsten eines Europäischen Handelsregisters. Bereits der Entwurf von 1989 sah ein Wahlrecht zwischen der monistischen und der dualistischen Leitungsstruktur vor. Auch enthielten die ersten Entwürfe noch einheitliche Vorschriften für ein einschlägiges Straf- und Steuerrecht. Obwohl aus der Sicht von Deutschland als vollkommen unzureichend befunden, ist bemerkenswert, dass die Kommission von Anfang an versuchte, einen einheitlichen europäischen Standard für die unternehmerische Mitbestimmung einzuführen. Sei es entweder durch eine pauschale Drittelbeteiligung, das „Drei-Bänke-Modell“ im Entwurf 1975 oder später durch die Bereitstellung der Option zur Wahl aus drei verschiedenen Modellen.

In der Einleitung wurde auf den Umstand hingewiesen, dass in der Literatur die Auffassung vorherrscht, dass die Mitbestimmung die signifikanteste Herausforderung für die Kompromissfindung zwischen den Mitgliedstaaten gewesen ist. Der Schwerpunktsetzung in der wissenschaftlichen Diskussion ist letztendlich nur teilweise zuzustimmen. Fest steht, dass das Regime der Beteiligung der Arbeitnehmer an der Leitung der SE bis zum Europäischen Rat in Nizza im Jahre 2000 ein Dauerthema blieb. Die luxemburgische, britische und österreichische Ratspräsidentschaft in den Jahren 1997/1998 konnten sich jeweils mit ihren Vorschlägen gegen den spanischen Widerstand nicht durchsetzen, der sich gegen die Schwellenwerte bei der Anwendbarkeit der Auffangregelung im Falle des Scheiterns der Verhandlungen über die Arbeitnehmermitbestimmung richtete. Bei diesen Betrachtungen sollte allerdings nicht vergessen werden, dass sich zu diesem Zeitpunkt der Verordnungsentwurf von einem Vollstatut mit mehreren Hunderten von Artikeln (über 400 Artikel im Entwurf von 1975) zu einem Skelett mit zahlreichen Verweisen auf nationales Recht entwickelt hatte. Ausschlaggebend dafür war nicht nur die Ausgliederung der arbeitsrechtlichen Regelungen in eine Richtlinie, sondern insbesondere der Verzicht auf uniforme Vorschriften des Statuts im gesellschaftsrechtlichen und steuerlichen Bereich. Dieser Verzicht war bedingt durch die Befürchtung der Mitgliedstaaten, dass die neue europäische Rechtsform eine ernsthafte Konkurrenz zu den nationalen Gesellschaftsformen darstellen könnte. Eine Analyse, die sich mit der Entwicklung einer europäischen *supranationalen* Kapitalgesellschaft beschäftigt, muss schlussendlich solche protektionistischen Vorbehalte der Mitgliedstaaten als eigentliche Ursache für den langwierigen Gesetzgebungsprozess identifizieren. Die Diskussion über die taugliche Rechtsgrundlage bei Sanders, in der Note der französischen Regierung oder auch in der Denkschrift der Kommission von 1966 zeigt, dass dabei neben dogmatischen Erwägungen auch nationalstaatliche Überlegungen eine Rolle spielten. Bei der Entscheidung für eine „Europäische Gesellschaft *nationalen* Rechts“ (inkorporiert durch ein Einheitsgesetz) oder aber für eine „Europäische Gesellschaft *europäischen* Rechts“ sprachen für die zuerst genannte Konzeption rein nationalstaatliche Argumente wie, dass die neue Rechtsform weiterhin dem nationalen Recht untersteht und dass den jeweiligen Parlamenten bei der Verabschiedung des Einheitsgesetzes ein Mitspracherecht zukommt. Sämtliche Gespräche in Bezug auf die Änderung der Entwürfe wurden aus der Perspektive rein nationaler Interessen geführt. Der ausufernde Streit aufgrund der divergierenden Rechtstraditionen hinsichtlich der unternehmerischen Mitbestimmung ist lediglich eine Manifestation unterschiedlicher nationaler Interessen.

Die Entwicklung anderer europäischer Rechtsformen lässt sich deutlich mit der Entstehungsgeschichte der Europäischen Aktiengesellschaft in Verbindung bringen (vgl. hierzu die zeitweise parallele Entstehung der EWIV und des SCE). Bei der Einführung weiterer europäischer Gesellschaftstypen handelt es sich insoweit um einen evolutionären Prozess, als dass man gegenüber bestimmten möglichen Konflikten zwischen den Staaten vorab sensibilisiert ist. Diesen potenziellen Streitpunkten versucht man beispielsweise durch eine weite Satzungsautonomie und Gestaltungsspielraum im Innenverhältnis zu begegnen. Ein kreativer Ansatz war auch die Wahl der Richtlinie für die Implementierung einer „einheitlichen“ Einpersonengesellschaft, der SUP. Das einstweilige Scheitern der SPE, der SUP und der Europäischen Stiftung sowie das ungewisse Schicksal der SES zeigen, dass die Entwicklung längst nicht als abgeschlossen angesehen werden kann. Neue Konfliktherde beziehen sich auf die Rolle des Notariats, den Einsatz von digitalen/elektronischen Verfahren sowie die Kapitalausstattung und -erhaltung. Die deutsche juristische Literatur fällt hierbei mit zahlreichen Vorbehalten gegen neue Projekte auf.

Die rechtsvergleichenden Betrachtungen der Europa-AG in Frankreich, Bulgarien, Österreich und Liechtenstein zeigen, dass trotz der erwartbaren grundsätzlichen Vergleichbarkeit im aktienrechtlichen Bereich nicht die Rede von einer Einheitlichkeit im Sinne der Supranationalität sein kann. Teilweise äußert sich dies in Nuancen im formalistisch geprägten Aktienrecht, teilweise wurde schlichtweg auf spezielle Umsetzungsvorschriften für die SE-VO verzichtet (vgl. die Ausführungen zu Bulgarien) oder aber Optionsrechte wurden durch bestehende Umsetzungsvorschriften unterschiedlich ausgeübt. Deutliche systematische Parallelen sind hingegen in den SE-Gesetzgebungen der untersuchten Staaten des deutschen Rechtskreises feststellbar und erlauben so die Vorstellung, dass der Schritt zu einer uniformen SE zumindest zwischen bestimmten Mitgliedstaaten realisierbar wäre. Die geläufige Aussage, wonach jeder Mitgliedstaat über eine eigene SE verfügt, kann aufgrund der durchgeführten Stichproben somit bestätigt werden, ohne hierdurch eine pauschale Aussage über den Grad der Verschiedenheit respektive Vergleichbarkeit zu treffen.

Die Entscheidung des EuGH im Fall der Umstrukturierung des japanischen *Olympus*-Konzerns demonstriert das beträchtliche Fortwirken rechtshistorischer Aspekte auf die Gegenwart der SE. Durch die Ableitung eines wesentlichen Arguments für die Entscheidungsgründe aus dem *Davignon*-Bericht wird auf ein zentrales Dokument des Entstehungsprozesses Bezug genommen und zugleich die praktische Relevanz entsprechender Kenntnisse offenbart. Schließlich sind auch die Reformüberlegungen rund um die SE-VO und die SE-RL durch die schwierige Konsensfindung zwischen den Mitgliedstaaten vorbelastet, wie der Evaluierungsbericht der Kommission zeigt.

II. Implikationen für die Entwicklung supranationaler europäischer Gesellschaftsformen und zukünftige Fragestellungen in diesem Zusammenhang

Die Ergebnisse des zweiten Teils zeigen, dass inzwischen anderen rechtlichen Themen als der Mitbestimmung eine mindestens genauso große Rolle, wenn nicht sogar eine noch größere Bedeutung bei der Entwicklung von Rechtsformen des Gemeinschaftsrechts zukommt.

Ein Pessimismus im Hinblick auf die Zukunft der europäischen Rechtsformen lässt sich jedenfalls dann vertreten, wenn hierfür auf die Inaktivität bei etwaigen Reformen der SE-Gesetzgebung abgestellt wird. Möglicherweise wird diese Diskussion neuen Aufwind erlangen, wenn die Europäische Union politisch die Opportunität erhält, ihre Konzentration nicht vornehmlich auf Bereiche wie die Gemeinsame Außen- und Sicherheitspolitik zu legen, sondern sich intensiver der

Stärkung des Binnenmarktes zu widmen. Aufgrund geopolitischer Spannungen dürften europäische Institutionen (kurz- und mittelfristig) eine andere Priorisierung ihrer Ressourcennutzung verfolgen. Bedenklich ist, dass selbst der Versuch, eine harmonisierte Einpersonengesellschaft mit beschränkter Haftung – die SUP – mittels einer Richtlinie einzuführen, gescheitert ist. Beachtenswert ist, dass der Wechsel der Art des Rechtsaktes von der Verordnung zur Richtlinie nun ebenfalls bei der Einführung der *European cross-border association* vollzogen wurde. Der Erfolg oder Misserfolg des laufenden Gesetzgebungsverfahrens könnte einen nachhaltigen Einfluss auf die künftige Strategie der Europäischen Kommission bei der Einführung europäischer Gesellschaftsformen haben.

Dabei ist die Notwendigkeit für europäische supranationale Rechtsformen und auch das Interesse für diese nach wie vor gegeben. Das belegt aus deutscher Perspektive die rege Aufnahme der Europäischen Aktiengesellschaft in Deutschland in den vergangenen rund 20 Jahren. Fraglich bleibt jedoch, wie sich etwaige Reformen der SE-RL auf den Einsatz der Europa-AG in Deutschland auswirken würden. Es besteht das reale Risiko, dass das Interesse der Wirtschaft an der Rechtsform zurückgeht, wenn sie nicht mehr für eine Mitbestimmungsvermeidung genutzt werden kann. Die Resultate des ersten Teils machen derweil deutlich, dass die Bildung größerer Unternehmen, die Unternehmenskonzentration bzw. die Konzentration von Kapital im Gemeinsamen Markt durch die Einführung der Europäischen Aktiengesellschaft gefördert werden sollte. Unternehmen sollten motiviert werden, ihre Tätigkeit auf den europäischen Markt zu erstrecken. Die Ersparnis operativer Kosten, wie sie im *Ciampi*-Bericht hervorgehoben wurde, sollte durch die Vereinfachung von Konzernstrukturen mittels der neuen Rechtsform erreicht werden. Bei Joint Ventures von Geschäftspartnern aus unterschiedlichen Staaten sollten psychologische Hemmnisse beseitigt werden, sich für eine bestimmte Jurisdiktion zu entscheiden und dadurch unter Umständen einen mit dieser Jurisdiktion weniger erfahrenen Gesellschafter zu benachteiligen. All die genannten Punkte sind jedoch auch heute noch für Volkswirtschaften und ihre Akteure relevant und geeignet, den Binnenmarkt zu verbessern.

Bezeichnend für den aktuellen Stand bei der Entwicklung von supranationalen europäischen Rechtsformen ist, dass der Koalitionsvertrag für die 21. Legislaturperiode die Europäische Aktiengesellschaft oder allgemein neue europäische Gesellschaftsformen mit keiner einzigen Zeile mehr würdigt. Der ohnehin sehr kurze Abschnitt zum Wirtschafts- und Gesellschaftsrecht setzt auf die Einführung einer „Gesellschaft mit gebundenem Vermögen" als einer neuen nationalen Rechtsform. Dafür haben die Koalitionspartner ambitioniert an anderer Stelle erklärt, Unternehmensgründungen und Ausgründungen innerhalb von 24 Stunden möglich zu machen. Ungeachtet der Sinnhaftigkeit solcher Vorhaben kommt einem dabei in den Sinn, dass doch beispielsweise eine SES dafür ein geeigneter Ansatzpunkt wäre.[601] Eine Gesellschaft, die bei ihrer Gründung und Führung den Zugriff auf die Möglichkeiten der Digitalisierung eröffnet, (u. a. dadurch) ein zügiges Eintragungsverfahren gewährleistet und aufgrund der Loslösung von nationalem Recht durch statutarische Gestaltungsfreiheit internationalen Unternehmern die Geschäftsaufnahme erleichtert. Der Entwurf der *Association Henri Capitant* für eine SES macht deutlich, dass auch in Zukunft eine wissenschaftliche Auseinandersetzung auf diesem Gebiet des europäischen Gesellschaftsrechts erforderlich sein wird. Ohne einen entsprechenden vorangehenden und begleitenden rechts- und wirtschaftswissenschaftlichen Diskurs ist die Umsetzung derartiger supranationaler Vorhaben überhaupt nicht denkbar – auch dies zeigte die Entstehung der Europäischen Aktiengesellschaft.

[601] Verantwortung für Deutschland, Koalitionsvertrag zwischen CDU, CSU und SPD, 21. Legislaturperiode (aufrufbar unter: https://www.spd.de/fileadmin/Dokumente/Koalitionsvertrag2025_bf.pdf, zuletzt aufgerufen am: 11.04.2025), Zeile 1808 f., 2574, 2810 ff.

Literaturverzeichnis

Abeltshauser, Thomas: Der neue Statutsvorschlag für eine Europäische Aktiengesellschaft, in: AG 1990, S. 289–297

Altmeppen, Holger: Gesetz betreffend die Gesellschaft mit beschränkter Haftung, Kommentar, 11. Aufl., München 2023 (zit. *Bearbeiter*, in: Altmeppen, GmbHG)

Association Henri Capitant (Hrsg.): Entwurf für ein Europäisches Wirtschaftsgesetzbuch, Regelungsentwurf zur Vereinfachten Europäischen Gesellschaft (abrufbar unter: https://henricapitant.de/content/wb/media/Ceda/TexteDe/Avant-projet_Gesellschaftsrecht_DE_FR.pdf, zuletzt aufgerufen am: 25.08.2024)

Bamberg, Rosalie/*Wöffen*, Tim: npoR-aktuell, in: npoR 2024, S. 151–155

Bärmann, Johannes: Europäische Integration im Gesellschaftsrecht, FIW-Schriftenreihe Forschungsinstitut für Wirtschaftsverfassung und Wettbewerb e. V., Heft 54, Köln u. a. 1970

Bärmann, Johannes: Supranationale Aktiengesellschaften, in: NJW 1957, S. 613–616

Baums, Theodor/*Cahn*, Andreas: Die Europäische Aktiengesellschaft – Umsetzungsfragen und Perspektiven, Berlin 2004 (zit. *Bearbeiter*, in: Baums/Cahn, Die Europäische Aktiengesellschaft – Umsetzungsfragen und Perspektiven)

Bayer, Walter: Die Erosion der deutschen Mitbestimmung, in: NJW 2016, S. 1930–1936

Bayer, Walter/*Schmidt*, Jessica: BB-Gesetzgebungs- und Rechtsprechungsreport Europäisches Unternehmensrecht 2016/17, in: BB 2017, S. 2114–2125

Bayer, Walter/*Schmidt*, Jessica: Grenzüberschreitende Mobilität von Gesellschaften: Formwechsel durch isolierte Satzungssitzverlegung, in: ZIP 2017, S. 2225–2234

Bayer, Walter/*Schmidt*, Jessica: BB-Gesetzgebungs- und Rechtsprechungsreport Europäisches Unternehmensrecht 2013/14, in: BB 2014, S. 1219–1232

Bayer, Walter/*Lieder*, Jan/*Hoffmann*, Thomas: Bundesweite Rechtstatsachen zum Unternehmens- und Gesellschaftsrecht, Stand 1. 1. 2024, in: GmbHR 2024, S. 785–798

Bayer, Walter/*Lieder*, Jan/*Hoffmann*, Thomas: Bundesweite Rechtstatsachen zum Unternehmens- und Gesellschaftsrecht, Stand 1. 1. 2023, in: GmbHR 2023, S. 709–722

Bayer, Walter/*Lieder*, Jan/*Hoffmann*, Thomas: Bundesweite Rechtstatsachen zum Unternehmens- und Gesellschaftsrecht, Stand 1. 1. 2022, in: GmbHR 2022, S. 777–786

beck-online.GROSSKOMMENTAR (AktG), hrsg. v. Eberhard Stilz/Rüdiger Veil, Stand: 01.02.2025, München 2025 (zit. *Bearbeiter*, in: BeckOGK AktG)

beck-online.GROSSKOMMENTAR (CMR), hrsg. v. Marian Paschke, Stand: 01.02.2023, München 2025 (zit. *Bearbeiter*, in: BeckOGK CMR)

beck-online.GROSSKOMMENTAR (SE-VO), hrsg. v. Eberhard Stilz/Rüdiger Veil, Stand: 01.02.2025, München 2025 (zit. *Bearbeiter*, in: BeckOGK SE-VO) beck-online.GROSSKOMMENTAR (UmwG), hrsg. v. Mathias Habersack u. a., Stand: 01.01. 2025, München 2025 (zit. *Bearbeiter*, in: BeckOGK UmwG)

Beck'scher Online-Kommentar, hrsg. v. Wolfgang Haus/Roman Poseck, 73. Edition, München 2024 (zit. *Bearbeiter*, in: BeckOK BGB)

Beurskens, Michael: „Societas Unius Personae" – der Wolf im Schafspelz?, Der Vorschlag für eine Richtlinie über Gesellschaften mit beschränkter Haftung mit einem einzigen Gesellschafter, in: GmbHR 2014, S. 738–747

Beuthien, Volker (Hrsg.): Genossenschaftsgesetz, Kommentar, 16. Aufl., München 2018 (zit. *Bearbeiter*, in: Beuthien, Genossenschaftsgesetz)

Blanquet, Françoise: ECLR Das Statut der europäischen Aktiengesellschaft (Societas europaea „SE") – Ein Gemeinschaftsinstrument für die grenzübergreifende Zusammenarbeit im Dienste der Unternehmen, in: ZGR 2002, S. 20–65

Bochmann, Christian/*Schirrmacher*, Paul: Die unternehmerische Mitbestimmung in der Societas Europaea (SE) bei Umstrukturierungen zugleich Besprechung von EuGH, Urt. v. 16.5.2024 – C-706/22, in: GmbHR 2024, S. 729–737

Bode, Christoph/*Jucho*, Miriam: Ausweitung der Mitbestimmung in der SE nach österreichischem Vorbild, in: BB 2023, S. 1994–1998

Boecken, Winfried/*Düwell*, Franz Josef/*Diller*, Martin/*Hanau*, Hans: Gesamtes Arbeitsrecht, Kommentar, 2. Aufl., Baden-Baden 2023 (zit. *Bearbeiter*, in: Gesamtes Arbeitsrecht)

Bormann, Jens/*Stelmaszczyk*, Peter: Digitalisierung des Gesellschaftsrechts nach dem EU-Company Law Package, Zum neuen EU-Rechtsrahmen für die Online-Gründung von Kapitalgesellschaften, in: NZG 2019, S. 601–612

Borsch, *Uwe*, Die Zulässigkeit des inländischen Doppelsitzes für Gesellschaften mbH, in: GmbHR 2003, S. 258–262

Boucourechliev, Jeanne/*Hommelhoff*, Peter: Vorschläge für eine Europäische Privatgesellschaft: Strukturelemente einer kapitalmarktfernen europäischen Gesellschaftsform nebst Entwurf für eine EPG-Verordnung der Europäischen Gemeinschaft. Eine Studie des Centre de recherche sur le droit des affaires der Industrie- und Handelskammer Paris/unter der Leitung von Jeanne Boucourechliev, deutsche Ausgabe hrsg. v. Peter Hommelhoff, Rechtsfragen der Handelsgesellschaften, Bd. 99, Köln 1999

Bungert, Hartwin/*Beier*, Constantin: Die Europäische Aktiengesellschaft, Das Statut und seine Umsetzung in die Praxis, EWS 2002, S. 1–12

Bungert, Hartwin/*Reidt*, Matthias: 20 Jahre SE und zwei Jahre Mobilitätsrichtlinie: Versuch eines Cross-over, in: DB 2022, S. 311–316

Caemmerer, Ernst von: Europäische Aktiengesellschaft, in: Das Unternehmen in der Rechtsordnung, Festgabe für Heinrich Kronstein aus Anlass seines 70. Geburtstages am 12. September 1967, hrsg. v. Biedenkopf u. a., Karlsruhe 1967, S. 171–202

Calliess, Christian/*Ruffert*, Matthias (Hrsg.), Das Verfassungsrecht der Europäischen Union mit Europäischer Grundrechtecharta, Kommentar, 6. Aufl., München 2022 (zit. *Bearbeiter*, in: Calliess/Ruffert, EUV/AEUV)

Casper, Matthias: Numerus Clausus und Mehrstaatlichkeit bei der SE-Gründung, in: AG 2007. S. 97–105

Casper, Matthias/*Schäfer*, Carsten: Die Vorrats-SE – Zulässigkeit und wirtschaftliche Neugründung, in: ZIP 2007, S. 653–662

Chomel, Chantal: The Long March of the European Cooperative Society, in: RECMA no. 291 (2004), S. 1–5.

Commisson Européenne (Hrsg.): Propositions pour une société fermée européenne, Étude du Centre de recherche sur le droit des affaires („CREDA"), Luxemburg 1997

Competitiveness Advisory Group, Enhancing European Competitiveness, First Report to the President of the Commission, the Prime Ministers and Heads of State, Rom 1995

Conchon, Aline: Workers' voice in corporate governance: A European perspective, London 2015

Cooperatives Europe (Hrsg.): The power of cooperation, Cooperatives Europe key figures 2015, Brüssel 2016 (abrufbar unter https://coopseurope.coop/wp-content/uploads/2016/04/The-power-of-Cooperation-Cooperatives-Europe-key-statistics-2015.pdf, zuletzt aufgerufen am: 2. Mai 2025)

Dauses, Manfred Albert/*Ludwigs*, Markus: Handbuch des EU-Wirtschaftsrechts, Werkstand: 61. Ergänzungslieferung (September 2024), München 2024 (zit. *Bearbeiter*, in: Dauses/Ludwigs, Handbuch des EU-Wirtschaftsrechts)

Detilleux, Jean-Claude: La société coopérative européenne, une nouvelle dimension pour les coopératives, in: RECMA no. 291 (2004), S. 19–21

Deutscher Gewerkschaftsbund (DGB), Grundsatzabteilung: Stellungnahme zum Entwurf „Verordnung zur Europäischen Aktiengesellschaft" und Richtlinie „Mitbestimmung in der SE" (Ratsdokumente 7805/98 und 7816/1/98 REV1) v. 27.05.1998

Deutscher Gewerkschaftsbund (DGB), Grundsatzabteilung (Hans-Detlev Küller): Positionspapier des DGB zur Mitbestimmungsregelung der Arbeitnehmer in der Europäischen Aktiengesellschaft (SE), Entwurf v. 25.02.1998

Ernst & Young Société d'Avocats: Study on the operation and the impact of the Statue of a European Company (SE) – 2008/S 144–192482, Final report, 9 December 2009

Europäische Kommission (Hrsg.): Mitteilung der Kommission an das Europäische Parlament, den Europäischen Rat, den Rat, den Europäischen Wirtschafts- und Sozialausschuss und den Ausschuss der Regionen, Ein Kompass für eine wettbewerbsfähige EU, Brüssel, 29. Januar 2025, COM(2025) 30 final

Europäische Kommission (Hrsg.): Anhang zur Mitteilung der Kommission an das Europäische Parlament, den Rat, den Europäischen Wirtschafts- und Sozialausschuss und den Ausschuss der Regionen, Arbeitsprogramm der Kommission für 2015, Ein neuer Start, Straßburg, 16. Dezember 2014, COM(2014) 910 final, Annex 2

Europäische Kommission (Hrsg.): Mitteilung der Kommission an das Europäische Parlament, den Rat, den Europäischen Wirtschafts- und Sozialausschuss und den Ausschuss der Regionen, Effizienz und Leistungsfähigkeit der Rechtsetzung (REFIT): Ergebnisse und Ausblick, Brüssel, 2. Oktober 2013, COM(2013) 685 final

Europäische Kommission (Hrsg.): Mitteilung der Kommission an das Europäische Parlament, den Rat, den Europäischen Wirtschafts- und Sozialausschuss und den Ausschuss der Regionen, Aktionsplan: Europäisches Gesellschaftsrecht und Corporate Governance – ein moderner Rechtsrahmen für engagiertere Aktionäre und besser überlebensfähige Unternehmen, Straßburg, 12. Dezember 2012, COM(2012) 740 final

Europäische Kommission (Hrsg.): Bericht der Kommission an das Europäische Parlament und den Rat über die Anwendung der Verordnung (EG) Nr. 2157/2001 des Rates vom 8. Oktober 2001 über das Statut der Europäischen Gesellschaft (SE), Brüssel, 17. November 2010, KOM(2010) 676 endgültig

Europäische Kommission (Hrsg.): Mitteilung der Kommission, Europe 2020, Eine Strategie für intelligentes, nachhaltiges und integratives Wachstum, KOM(2010) 2020 endgültig, Brüssel, 3. März 2010

Europäischer Gewerkschaftsbund (EGB): Exekutivausschuss, Brüssel, 4. und 5. Dezember, 134 Ex/12.97/3, Tagesordnungspunkt 6, Mitbestimmung in der Europäischen Aktiengesellschaft (SE)

European Foundation Centre (Hrsg.): Response to the European Commission proposal for a Regulation on the Statute for a European Foundation (FE), 15 November 2012 (aufrufbar unter: https://www.europarl.europa.eu/cmsdata/193240/20121126ATT56288EN-original.pdf#:~:text=The%20European%20Foundation%20Centre%20(EFC)%20welcomes%20the%20proposed, zuletzt aufgerufen am: 04.05.2025)

European Parliament: Working Documents, Report drawn up on behalf of the Committee on Economic and Monetary Affairs on the cooperative movement in the European Community, 15. November 1982, Document 1–849/82, PE 74.500/fin.

Fietz, Eike: Die Europäische Privatgesellschaft (EPG) – wird sie kommen?, in: GmbHR 2007, R321-R322

Fleischer, Holger: Auf dem Marktplatz der Rechtsformideen: Rechtsvergleichende Wege zur Ausgestaltung des Rechtsformentableaus im Gesellschaftsrecht, in: JZ 2024, S. 53–104

Fleischer, Holger: Supranationale Gesellschaftsformen in der Europäischen Union – Prolegomena zu einer Theorie supranationaler Verbandsformen –, in: ZHR 174 (2010), S. 385–428

Fleischer, Holger: Juristische Personen als Organmitglieder im Europäischen Gesellschaftsrecht, in: RIW 2004, S. 16–21

Fleischer, Holger/*Pendl*, Matthias: Die Flexible Kapitalgesellschaft als österreichische Rechtsformneuschöpfung: Genese – Grundlagen – Gesamtwürdigung, in: GmbHR 2024, S. 174–187

Foyer, Jean: La proposition française de création d'une société de type européen, in: Revue du marché commun 1965 (Nr. 81), S. 268–273

Franzen, Martin/*Gallner*, Inken/*Oetker*, Hartmut (Hrsg.): Kommentar zum europäischen Arbeitsrecht, 5. Aufl., München 2024 (zit. *Bearbeiter*, in: Franzen/Gallner/Oetker, Kommentar zum europäischen Arbeitsrecht)

Funkat, Dörte: Die praktische Akzeptanz der EWIV als Gesellschaftsform, in: EWS 1998 S. 122–128

Geibel, Stefan Johannes: „Mehr Fortschritt wagen" – in und mit Europa, in: GPR 2022, Editorial, S. 1

Goette, Wulf/*Arnold*, Michael (Hrsg.): Handbuch Aufsichtsrat, 2. Aufl., München 2024 (zit. *Bearbeiter*, in: Goette/Arnold, Handbuch Aufsichtsrat)

Grabitz, Eberhard/*Hilf*, Meinhard/*Nettesheim*, Martin: Das Recht der Europäischen Union, Kommentar, Werkstand: 83. Ergänzungslieferung (Juli 2024), München 2024 (zit. *Bearbeiter*, in: Grabitz/Hilf/Nettesheim, Das Recht der EU)

Groeben, Hans von der/*Schwarze*, Jürgen/*Hatje*, Armin (Hrsg.): Europäisches Unionsrecht, Kommentar, 7. Aufl., Baden-Baden 2015 (zit. *Bearbeiter*, in: von der Groeben/Schwarze/Hatje, Europäisches Unionsrecht)

Gruber, Urs Peter/*Herrmann*, Christoph/*Lehmann*, Matthias/*Schulze*, Reiner/*Teichmann*, Christoph: Harmonisierung des deutschen und französischen Wirtschaftsrechts, in: EuZW 2021, S. 413–425

Gummert, Hans (Hrsg.): Münchener Anwaltshandbuch Personengesellschaftsrecht, 4. Aufl., München 2023 (zit. *Bearbeiter*, in: Gummert, Münchener Anwaltshandbuch Personengesellschaftsrecht)

Habersack, Mathias/*Drinhausen*, Florian (Hrsg.): SE-Recht, Kommentar, 3. Aufl., München 2022 (zit. *Bearbeiter*, in: Habersack/Drinhausen, SE-Recht)

Habersack, Mathias/*Henssler*, Martin (Hrsg.): Mitbestimmungsrecht, Kommentar, 4. Aufl., München 2018 (zit. *Bearbeiter*, in: in: Habersack/Henssler, Mitbestimmungsrecht)

Handlexikon der Europäischen Union, hrsg. v. Jan Bergmann, 6. Aufl., Baden-Baden 2022 (zit. *Bearbeiter*, in: Bergmann, Handlexikon der Europäischen Union)

Hans-Böckler-Stiftung: 20 Jahre Europäische Aktiengesellschaft: 4 von 5 großen SE vermeiden paritätische Mitbestimmung im Aufsichtsrat, Pressemitteilung v. 17. 11. 2021 (aufrufbar unter: https://www.boeckler.de/de/pressemitteilungen-2675-20-jahre-europaische-aktiengesellschaft-36938.htm, zuletzt aufgerufen am 24. 11. 2024)

Harbarth, Stephan: SPE 2.0 – Die rechtspolitische Perspektive, in: GmbHR 2018, 657–662

Hauschild, Armin/*Kallrath*, Jürgen/*Wachter*, Thomas (Hrsg.): Notarhandbuch Gesellschafts- und Unternehmensrecht, 3. Aufl., München 2022 (zit. *Bearbeiter*, in: Hauschild/Kallrath/Wachter, Notarhandbuch Gesellschaftsrecht- und Unternehmensrecht)

Hauser, Patrick: BB-Kommentar, in: BB 2024, S. 1425–1426

Haute Comité Juridique de la Place financière de Paris (Hrsg.): Rapport sur la Société Européenne Simplifiée (SES), 31 mars 2021 (aufrufbar unter: https://www.banque-france.fr/system/files/2023-10/rapport_40_f.pdf, zuletzt aufgerufen am: 01. 09. 2024)

Heckschen, Heribert: Grenzüberschreitende Sitzverlegung und grenzüberschreitender Rechtsformwechsel, in: GWR 2020, S. 449–453

Heckschen, Heribert/*Knaier*, Ralf: Das DiRUG in der Praxis, in: NZG 2021, S. 1093–1100

Heckschen, Heribert/*Herrler*, Sebastian/*Münch*, Christof (Hrsg.): Beck'sches Notar-Handbuch, 8. Aufl., München 2024 (zit. *Bearbeiter*, in: Beck'sches Notar-Handbuch)

Heidel, Thomas (Hrsg.): Gesellschaft bürgerlichen Rechts, Spezialkommentar zu den §§ 705–740c BGB, Baden-Baden 2024 (zit. *Bearbeiter*, in: Gesellschaft bürgerlichen Rechts: GbR)

Heine, Heinrich: Sämtliche Gedichte in zeitlicher Folge, hrsg. v. Klaus Briegleb, Frankfurt am Main u. a. 2005

Heinze, Meinhard: ECLR Die europäische Aktiengesellschaft, in: ZGR 2002, S. 66–95

Helms, Dietmar: Auf dem Weg zur Europäischen Privatgesellschaft, Bericht über die Heidelberger Expertenrunde zu dem Verordnungsentwurf für eine „EPG", in: GmbHR 1999, S. 963–964

Helms, Dietmar: „Société Fermée Européenne", Eine supranationale Gesellschaftsform für kleine und mittlere Unternehmen, in: GmbHR 1998, R1

Henssler, Martin/*Strohn*, Lutz (Hrsg.): Gesellschaftsrecht, Kommentar zum UmwG, GenG u. a., 5. Aufl., München 2021 (zit. *Bearbeiter*, in: Henssler/Strohn, UmwG)

Herdegen, Matthias: Internationales Wirtschaftsrecht, 13. Aufl., München 2023

High Level Group of Company Law Experts (Hrsg.): Report of the High Level Group of Company Law Experts on a modern regulatory framework for company law in Europe, Brüssel 2002 (aufrufbar unter: https://www.ecgi.global/sites/default/files/report_en.pdf, zuletzt aufgerufen am 03.05.2025)

Höh, Reimund Marc von der: Der „Kettenformwechsel" in die SE, in: AG 2018, S. 185–194

Hommelhoff, Peter: SPE-Mitbestimmung: Strukturen, Wertungen und rechtspolitische Kompromisslinien, in: ZEuP 2011, S. 7–40

Hommelhoff, Peter: Einige Bemerkungen zur Organisationsverfassung der Europäischen Aktiengesellschaft, in: AG 2001, S. 279–288

Hommelhoff, Peter: Gesellschaftsrechtliche Fragen im Entwurf eines SE-Statuts, in: AG 1990, S. 422–435

Hommelhoff, Peter/*Teichmann*, Christoph: Auf dem Weg zur Europäischen Privatgesellschaft (SPE), in: DStR 2008, S. 925–933

Hommelhoff, Peter/*Teichmann*, Christoph: Eine GmbH für Europa: Der Vorschlag der EU-Kommission zur Societas Privata Europaea (SPE), in: GmbHR 2008, S. 897–911

Hommelhoff, Peter/*Helms*, Dietmar: Weiter auf dem Weg zur Europäischen Privatgesellschaft, in: GmbHR 1999, S. 53–59

Hopt, Klaus Jürgen: Europäisches Gesellschaftsrecht im Lichte des Aktionsplans der Europäischen Kommission vom Dezember 2012, in: ZGR 2013, S. 165–215

Hopt, Klaus Jürgen: Europäische Aktiengesellschaft – per aspera ad astra?, in: EuZW 2002, S. 1

Hopt, Klaus Jürgen: Europäisches Gesellschaftsrecht – Krise und neue Anläufe, in: ZIP 1998, S. 96–106

Hopt, Klaus Jürgen (Hrsg.): Handelsgesetzbuch, Kommentar, 44. Aufl., München 2025 (zit. *Bearbeiter*, in: Hopt, Handelsgesetzbuch)

Hopt, Klaus Jürgen/*von Hippel*, Thomas: Die Europäische Stiftung – Zum Vorschlag der Europäischen Kommission für eine Verordnung über das Statut der Europäischen Stiftung (FE) –, in: ZEuP 2013, S. 235–262

Ihring, Christoph/*Wagner*, Jens: Diskussionsentwurf für ein SE-Ausführungsgesetz, in: BB 2003, S. 969–976

Institut für Mitbestimmung und Unternehmensführung (I.M.U.) der Hans-Böckler-Stiftung (Hrsg.): SE-Datenblatt, Fakten zur Europäischen Aktiengesellschaft –Stand: 31.12.2021 (aufrufbar unter https://www.imu-boeckler.de/data/Mitbestimmung_SE_in_Europa_aktuell.pdf, zuletzt aufgerufen am 24.11.2024)

Institut für Mitbestimmung und Unternehmensführung (I.M.U.) der Hans-Böckler-Stiftung (Hrsg.): SE-Datenblätter ab 2011 bis zum 30.06.2021 (abrufbar unter: https://www.boeckler.de/data/Mitbestimmung_SE_in_Eu-ropa_ab_2011.pdf, zuletzt aufgerufen am 24.11.2024)

Jannott, Dirk/*Frodermann*, Jürgen (Hrsg.): Handbuch der Europäischen Aktiengesellschaft – Societas Europaea, 2. Aufl., Heidelberg u.a. 2014 (zit. *Bearbeiter*, in: Jannott/Frodermann, Handbuch der Europäischen Aktiengesellschaft)

Jannott, Dirk/*Rode*, Paul Caesar: Erste praktische Erfahrungen mit der SCE, in: NZG 2019, S. 90–100

Jung, Stefanie/*Haag*, Anne-Kathrin: Die Societas Europaea Simplificata (SES) als Bereicherung für deutsche Unternehmer?, in: GPR 2023, S. 169–180

Jung, Stefanie/*Krebs*, Peter/*Stiegler*, Sascha (Hrsg.): Gesellschaftsrecht in Europa, Baden-Baden 2019 (zit. *Bearbeiter*, in: Jung/Krebs/Stiegler, Gesellschaftsrecht in Europa)

Kappes, Stephan: Zulässigkeit grenzüberschreitender Verschmelzungen, in: NZG 2006, S. 101–103

Kelsen, Hans: Was ist Gerechtigkeit?, Reclams Universal-Bibliothek Nr. 18076, Stuttgart 200

Kienzle, Philipp: Die Videobeurkundung nach dem DiRUG, in: DNotZ 2021, S. 590–607

Kisker, Olaf: Unternehmerische Mitbestimmung in der Europäischen Gesellschaft, der Europäischen Genossenschaft und bei grenzüberschreitender Verschmelzung im Vergleich, in: RdA 2006, S. 206–212

Kleinsorge, Georg: Europäische Gesellschaft und Beteiligungsrechte der Arbeitnehmer, in: RdA 2002, S. 343–352

Koberski, Wolfgang/*Heuschmid*, Johannes: Die Beteiligung der Arbeitnehmer in der Europäischen Privatgesellschaft – Eine kritische Zwischenbilanz, in: RdA 2010, S. 207–216

Kommission der Europäischen Gemeinschaften (Hrsg.): Mitteilung der Kommission, Ergebnis der Überprüfung von Vorschlägen, die sich derzeit im Gesetzgebungsverfahren befinden, Brüssel, 27. September 2025, KOM(2005) 462 endgültig

Kommission der Europäischen Gemeinschaften (Hrsg.): Mitteilung der Kommission an den Rat und das Europäische Parlament, Modernisierung des Gesellschaftsrechts und Verbesserung der Corporate Governance in der Europäischen Union – Aktionsplan, Brüssel, 21. Mai 2003, KOM(2003) 284 endgültig

Kommission der Europäischen Gemeinschaften (Hrsg.): Binnenmarkt und industrielle Zusammenarbeit – Statut für die Europäische Aktiengesellschaft – Weißbuch über die Vollendung des Binnenmarkts, Rdnr. 137 (Memorandum der Kommission an das Parlament, den Rat und die Sozialpartner), Brüssel 1988

Kommission der Europäischen Gemeinschaften (Hrsg.): Vollendung des Binnenmarktes, Weißbuch der Kommission an den Europäischen Rat, KOM(85) 310 endg., Mailand 1985

Kommission der Europäischen Wirtschaftsgemeinschaft (Hrsg.): Denkschrift der Kommission der Europäischen Wirtschaftsgemeinschaft über die Schaffung einer europäischen Handelsgesellschaft, SEK(66) 1250, Brüssel 1966

Kommission der Europäischen Wirtschaftsgemeinschaft (Hrsg.): Vorentwurf eines Statuts für eine europäische Aktiengesellschaft von Professor Dr. Pieter Sanders, Kommentar, Dezember 1966

Kommission der Europäischen Wirtschaftsgemeinschaft (Hrsg.): Vorentwurf eines Statuts für eine europäische Aktiengesellschaft von Professor Dr. Pieter Sanders, Textausgabe, Dezember 1966

Kommission der Europäischen Wirtschaftsgemeinschaft (Hrsg.), Aufzeichnung der französischen Regierung über die Schaffung einer europäischen Handelsgesellschaftsform, SEK(65) 942, Brüssel 1965

Krafka, Alexander: Registerrecht, 12. Aufl., München 2024

Krause, Rüdiger: Eindämmung des „Einfriereffekts" bei der Europäischen Gesellschaft (SE), Rechtliche Zulässigkeit gesetzlicher Maßnahmen bei SE und grenzüberschreitender Verschmelzung, I.M.U. Mitbestimmungsreport Nr. 77, 10.2023, Düsseldorf 2023

Krause, Rüdiger: Die Mitbestimmung der Arbeitnehmer in der Europäischen Gesellschaft (SE), in: BB 2005, S. 1221–1229

Krejci, Heinz: Societas Privata Europaea, Wien 2008

Lafuente, Sara: The Europeanisation of board-level employee representation in France, Brüssel 2022

LIBERTAS – Europäisches Institut GmbH: Liste der Europäischen Genossenschaften, 25. August 2018, (aufrufbar unter: https://www.libertas-institut.com/wp-content/up-loads/2018/08/sce-list.pdf, zuletzt aufgerufen am: 2. Mai 2025

Lieder, Jan: Die österreichische Flexible Kapitalgesellschaft – Kein Vorbild für Deutschland, in: NZG 2024, S. 915–926

Luke, Joachim: Vorrats-SE ohne Arbeitnehmerbeteiligung?, in: NZA 2013, S. 941–945

Lutter, Marcus: Europäische Aktiengesellschaft – Rechtsfigur mit Zukunft?, in: BB 2002, S. 1–7

Lutter, Marcus: Genügen die vorgeschlagenen Regelungen für eine „Europäische Aktiengesellschaft"?, in: AG 1990, S. 413–421

Lutter, Marcus: Europäisches Gesellschaftsrecht, Zeitschrift für Unternehmens- und Gesellschaftsrecht, Sonderheft 1, 2. Aufl., Berlin u. a. 1984

Lutter, Marcus/*Hommelhoff*, Peter (Hrsg.): Die Europäische Gesellschaft, Köln 2005 (zit. *Bearbeiter*, in: Lutter/Hommelhoff, Die Europäische Gesellschaft)

Lutter, Marcus/*Peter*, Hommelhoff/*Christoph*, Teichmann: SE-Kommentar, Kommentar, 3. Aufl., Köln 2025 (zit. *Bearbeiter*, in: Lutter/Hommelhoff/Teichmann, SE-Kommentar)

Manz, Gerhard/*Mayer*, Barbara/*Schröder*, Albert (Hrsg.): Europäische Aktiengesellschaft SE, Kommentar, 3. Aufl., Baden-Baden 2019

Maul, Silja: Vorschläge der Expertengruppe zur Reform des EU-Gesellschaftsrechts, in: DB 2003, S. 27–31

Maul, Silja/*Röhricht*, Victoria: Die Europäische Privatgesellschaft – Überblick über eine neue supranationale Rechtsform, in: BB 2008, S. 1574–1579

Max-Planck Institut für ausländisches und internationales Privatrecht u. a. (Hrsg.): Feasibility Study on a European Foundation Statute, Final Report (abrufbar unter: https://archiv.ub.uni-heidelberg.de/volltextserver/18688/1/feasibilitystudy_en.pdf, zuletzt aufgerufen am: 20.09. 2024)

Maydell, Bernd von: Die vorgeschlagenen Regeln zur Mitbestimmung für eine Europäische Aktiengesellschaft, in: AG 1990, S. 442–447

Meier, Gert: Anmerkung zu BVerfG, Beschl. vom 9.6.1971, 2 BvR 225/69, in: NJW 1971, S. 2122–2124

Merkt, Hanno: Europäische Aktiengesellschaft: Gesetzgebung als Selbstzweck? in: BB 1992, Heft 10, S. 652–661

Michalski, Lutz u. a. (Hrsg.): GmbH-Gesetz, Kommentar, 4. Aufl., München 2023 (zit.: *Bearbeiter*, in: Michalski/Heidinger/Leible/J. Schmidt, GmbH-Gesetz)

Münchener Handbuch des Gesellschaftsrechts, Band 1 (hrsg. v. Hans Gummert/Carsten Schäfer u. a.), Band 4 (hrsg. v. Michael Hoffmann-Becking/Andreas Austmann), Band 9 (hrsg. v. Christian Bochmann u. a.), 6. Aufl., München 2024 (zit.: *Bearbeiter*, in: Münchener Handbuch des Gesellschaftsrechts, Bd. 1/4/9)

Münchener Kommentar zum Aktiengesetz, hrsg. v. Wulf Goette u. a., Band 1, 6. Aufl., München 2024, Band 7, 5. Aufl., München 2021 (zit.: *Bearbeiter*, in: MüKo AktG)

Münchener Kommentar zum Gesetz betreffend die Gesellschaften mit beschränkter Haftung, hrsg. v. Holger Fleischer/Wulff Goette, Band 1, 4. Aufl., München 2022 (zit.: *Bearbeiter*, in: MüKo GmbHG)

N.N.: Deutschlands Zukunft gestalten, Koalitionsvertrag zwischen CDU, CSU und SPD, 18. Legislaturperiode (abrufbar unter: https://www.bundestag.de/resource/blob/194886/696f36f795961df200fb27fb6803d83e/koalitionsvertrag-data.pdf, zuletzt aufgerufen am: 06.08.2024)

N.N.: Ein Aufbruch für Europa – Eine neue Dynamik für Deutschland – Ein neuer Zusammenhalt für unser Land, Koalitionsvertrag zwischen CDU, CSU und SPD, 19. Legislaturperiode (aufrufbar unter: https://www.bundestag.de/resource/blob/543200/9f9f21a92a618c77aa330f00ed21e308/kw49_koalition_koalitionsvertrag.pdf, zuletzt aufgerufen am: 23.08.2024)

N.N.: Fiat-Trennung von Citroën?, in: Der Spiegel, 46/1972 (aufrufbar unter: https://www.spie-gel.de/wirtschaft/fiat-trennung-von-citroen-a-4e1ae25b-0002-0001-0000-000042765031, zuletzt aufgerufen am: 02.03.2025)

N.N.: Mehr Fortschritt wagen, Koalitionsvertrag 2021–2025 zwischen SPD, Bündnis 90/Die Grünen und FDP (abrufbar unter: https://www.spd.de/fileadmin/Dokumente/Koalitions-vertrag/Koalitionsvertrag_2021-2025.pdf, zuletzt aufgerufen am 02.10.2024)

N.N.: Scheidung auf Italienisch, in: Der Spiegel, 47/1972 (aufrufbar unter: https://www.spiegel.de/wirtschaft/scheidung-auf-italienisch-a-44a97185-0002-0001-0000-000042805469?context=issue, zuletzt aufgerufen am: 02.03.2025)

N.N.: Verantwortung für Deutschland, Koalitionsvertrag zwischen CDU, CSU und SPD, 21. Legislaturperiode (aufrufbar unter: https://www.spd.de/fileadmin/Dokumente/Koalitions-vertrag2025_bf.pdf, zuletzt aufgerufen am: 11.04.2025)

Noack, Ulrich/*Servatius*, Wolfgang/*Haas*, Ulrich (Hrsg.), GmbH-Gesetz, Kommentar, 24. Aufl., München 2025 (zit. *Bearbeiter*, in: Noack/Servatius/Haas, GmbH-Gesetz)

Online-Dienste des Deutschen Bundestages (Hrsg.): Vertrauensfrage und vorzeitige Neuwahlen (aufrufbar unter: https://www.bundestag.de/dokumente/textarchiv/2024/kw47-vertrauensfrage-1030198, zuletzt aufgerufen am: 03.02.2025)

Online-Dienste des Deutschen Bundestages (Hrsg.): Wahl zum 21. Deutschen Bundestag am 23. Februar 2025 (aufrufbar unter: https://www.bundestag.de/parlament/bundestagswahl/inhalt-1021204, zuletzt aufgerufen am: 03.02.2025)

Online-Dienste des Deutschen Bundestages (Hrsg.): Steinmeier verkündet Auflösung des Bundestags und Neuwahlen (aufrufbar unter: https://www.bundestag.de/presse/hib/kurz-meldungen-1035368, zuletzt aufgerufen am: 02.02.2025)

Pluskat, Sorika: Die neuen Vorschläge für die Europäische Aktiengesellschaft, in: EuZW 2001, S. 524–528

Poelzig, Dörte: Die geschlossene Kapitalgesellschaft im europäischen Gesellschaftsrecht – Der steinige Weg von der SPE über die SUP zur SES, in: ZGR 2023, S. 571–610

Pöhlmann, Peter/*Fandrich*, Andreas/*Bloehs*, Joachim (Hrsg.): Genossenschaftsgesetz, Kommentar, 4. Aufl., München 2012 (zit. *Bearbeiter*, in: Pöhlmann/Fandrich/Bloehs, Genossenschaftsgesetz)

Prinz, Ulrich/*Kahle*, Holger (Hrsg.): Beck'sches Handbuch der Personengesellschaften, 5. Aufl., München 2020 (zit. *Bearbeiter*, in: Prinz/Kahle, Beck'sches Handbuch der Personengesellschaften)

Regling, Klaus: Die BIZ: Geschichte, Aufgabe, Organisation, in: Die Bank 1980, S. 566–570

Rehfeldt, Udo: Unternehmensmitbestimmung in Frankreich, I.M.U. Mitbestimmungsreport Nr. 53, 10.2019, Düsseldorf 2019

Reichert, Jochem: Wettbewerb der Gesellschaftsformen – SE oder KGaA zur Organisation großer Familiengesellschaften, in: ZIP 2014, S. 1957–1965

Ries, Peter: Societas Unius Personae – cui bono?, in: NZG 2014, S. 569–570

Rolshoven, Hubertus/*Jehne*, Walter: Saarlor – Eine europäische Gesellschaft besonderen Rechts, in: Liber amicorvm, Festschrift für Bernhard C. H. Aubin zum 65. Geburtstag, hrsg. v. Baer-Kaupert u. a., Kehl am Rhein/Straßburg, S. 171–192

Römermann, Volker (Hrsg.): Münchener Anwaltshandbuch GmbH-Recht, 5. Aufl., München 2023 (zit. *Bearbeiter*, in: Römermann, Münchener Anwaltshandbuch GmbH-Recht)

Rowedder, Heinz/*Pentz*, Andreas: Gesetz betreffend die Gesellschaft mit beschränkter Haftung, Kommentar, 7. Aufl., München 2022 (zit. *Bearbeiter*, in: Rowedder/Pentz, GmbH-Gesetz)

Rudolph, Jan/*Wickler*, Johannes: Keine Beteiligung der Arbeitnehmer bei Aktivierung einer Vorrats-SE? Besprechung von EuGH Urt. v. 16.5.2024 – C-706/22, in: NZA 2024, 761, in: NZA 2024, S. 889–893

Sachs, Michael: Grundgesetz, Kommentar, 10. Aufl., München 2024 (zit. *Bearbeiter*, in: Sachs GG)

Sachverständigengruppe „European Systems of Workers Involvement": Abschlussbericht (Davignon-Bericht), in: BT-Drs. 572/97

Sagasser, Bernd/*Bula*, Thomas (Hrsg.): Umwandlungen, 6. Aufl., München 2024 (zit. *Bearbeiter*, in: Sagasser/Bula, Umwandlungen)

Sanders, Pieter: Auf dem Weg zu einer europäischen Aktiengesellschaft?, in: AWD (RIW) 1960, S. 1–5

Sandrock, Otto: Zum 100. Geburtstag von Pieter Sanders: Europäische Aktiengesellschaft – New Yorker Übereinkommen von 1958 – UNCITRAL, in: ZVglRWiss 111 (2012), S. 259–272

Schautes, Dirk Christoph: Jüngste Entwicklungen zum Projekt der Europäischen Privatgesellschaft, in: GmbHR 2000, S. 1255–1256

Schlosser, Tilman: Zur mitbestimmungsrechtlichen Zulässigkeit der Vorrats-SE, Die Erforderlichkeit der Durchführung des Mitbestimmungsverfahrens, RdA 2022, S. 350–360

Schlüter, Andreas/*Stolte*, Stefan: Stiftungsrecht, 3. Aufl., München 2016

Schmidt, Jessica: BB-Gesetzgebungs- und Rechtsprechungsreport zum Europäischen Unternehmensrecht 2023/2024, in: BB 2024, S. 1859–1876

Schmidt, Jessica: Europäischer Verein: Kommissionsvorschlag für einen grenzübergreifenden europäischen Verein (ECBA), in: EuZW 2023, S. 828

Schmidt, Jessica: Der Vorschlag für eine Verordnung über die europäische Privatgesellschaft (SPE) – eine europäische Rechtsform speziell für KMU, in: EWS 2008, S. 455–463

Schmitt, Joachim/*Hörtnagl*, Robert (Hrsg.): Umwandlungsgesetz, Umwandlungssteuergesetz, Kommentar, 10. Aufl., München 2024 (zit. *Bearbeiter*, in: Schmitt/Hörtnagl, UmwG, UmwStG)

Schreiner, Paul: Anmerkung zu EuGH, Urt. v. 16. 5. 2024 – C-706/22 (Konzernbetriebsrat der O SE & Co. KG/Vorstand der O Holding SE), in: NZG 2024, S. 902–906

Schubert, Ernst-Markus/*von der Höh*, Reimund Marc: Zehn Jahre „deutsche" SE – Eine Bestandsaufnahme, in: AG 2014, S. 439–444

Schulz, Andreas/*Geismar*, Bernhard: Die Europäische Aktiengesellschaft – Eine kritische Bestandsaufnahme, in: DStR 2001, S. 1078–1088

Schulze, Reiner: Die Europäische Genossenschaft (SCE), in: NZG 2004, S. 792–796

Schwarz, Günter Christian: Zum Statut der Europäischen Aktiengesellschaft – Die wichtigsten Neuerungen und Änderungen der Verordnung, in: ZIP 2001, S. 1847–1861

Schwarze, Jürgen/*Becker*, Ulrich/*Hatje*, Armin/*Schoo*, Jürgen (Hrsg.): EU-Kommentar, Kommentar, 4. Aufl., Baden-Baden 2019 (zit. *Bearbeiter*, in: Schwarze/Becker/Hatje/Schoo, EU-Kommentar)

Schwintowski, Hans-Peter: Die Bedeutung interdisziplinären Arbeitens von Rechts- und Sprachwissenschaft, in: NJW 2003, S. 632–638

Sick, Sebastian: I.M.U. Mitbestimmungsreport Nr. 81, 06.2024, Erosion der Unternehmensmitbestimmung

Sick, Sebastian/*Thannisch*, Rainald: Die Europäische Privatgesellschaft – Damoklesschwert für die Mitbestimmung?, in: AuR 2011, S. 155–159

Simon, Oliver/*Rein*, Michael/*Deuchler*, Philipp: „Einfrieren" der Mitbestimmung bei SE-Gründung durch formwechselnde Umwandlung, Soll-Zustand oder Ist-Zustand als richtiger Anknüpfungspunkt?, in: NZA 2021, S. 1748–1754

Spahlinger, Andreas/*Wegen*, Gerhard: Deutsche Gesellschaften in grenzüberschreitenden Umwandlungen nach „SEVIC" und der Verschmelzungsrichtlinie in der Praxis, in: NZG 2006, S. 721–728

Spitzbart, Britta: Die Europäische Aktiengesellschaft (Societas Europaea – SE) – Aufbau der SE und Gründung –, in: RNotZ 2006, S. 369–424

Staatskanzlei des Saarlandes (Hrsg.): Die Geschichte des Saarlandes (abrufbar unter: https://www.saarland.de/stk/DE/service/publikationen/_documents/Die_Geschichte_des_Saarlandes.pdf?__blob=publicationFile&v=9, zuletzt aufgerufen am: 15.03.2025)

Steding, Rolf: Der genossenschaftliche Sozialverein KARL GEILERS – ein Gebilde mit Chance bei einer Reform des GenG, in: ZfgG 52, S. 293–300

Stöber, Michael: Die geplante Europäische Stiftung, in: DStR 2012, S. 804–808

Streinz, Rudolf (Hrsg.): EUV/AEUV, Kommentar, 3. Aufl., München 2018 (zit.: *Bearbeiter*, in: Streinz, EUV/AEUV)

Teichmann, Christoph: Grenzüberschreitender Wegzug von Gesellschaften, in: LMK (Leitsätze mit Kommentierung) 2009 (Heft 2), 275584

Teichmann, Christoph/*Götz*, Andrea: Metamorphosen des Europäischen Gesellschaftsrechts: SUP, Company Law Package und SPE 2.0, in: ZEuP 2019, S. 260–286

Terner, Paul: Abschied vom Europäischen Verein?, in: ZEuP 2007, S. 96–108

Theisen, Manuel René/*Wenz*, Martin: Die Europäische Aktiengesellschaft, 2. Aufl., Stuttgart 2005

Thibierge, Claude: Le statut des sociétés étrangères, Chapitre IV (Evolution ultérieure du statut des sociétés étrangères nouvelles conventions internationales à prévoir), Chapitre V (Vers un droit supranational des sociétés), in: Le Statut de l'étranger et le Marché Commun, 57e Congrès des Notaires de France, Tours 1959, S. 351–362

Timm-Wagner, Birte: SE-Ausführungsgesetz, Kommentar, Baden-Baden 2012

Tonikidis, Stelios: Grundzüge der richtlinienkonformen Auslegung und Rechtsfortbildung, in: JA 2013, S. 598–604

Trades Union Congress (TUC): European Company Statute – Worker Participation, TUC comments, EC 1/2–24 Sept 1997

Trinks, Jennifer: Gesellschaftsrechtliche Wahlverwandtschaften: französische SAS und europäische SES, in: ZEuP 2023, S. 83–112

Ulrich, Stephan: Was ist noch einmal … eine EWIV?, in: GmbHR 2019, R22-R23

Ulrich, Stephan: Deutschland lässt die SPE scheitern, in: GmbHR 2011, R229

Ulrich, Stephan: Die Societas Privata Europaea – endgültig abgelehnt!, in: GmbHR 2011, R241-R242

Van Gerven, Dirk/*Storm*, Paul (Hrsg.): The European Company, Volume II, Cambridge 2008, (zit.: *Bearbeiter*, in: The European Company, Volume II)

Van Hulle, Karel/*Gesell*, Harald (Hrsg.): European Corporate Law, Baden-Baden 2006 (zit.: *Bearbeiter*, in: Van Hulle/Gesell, in: European Corporate Law)

Verse, Dirk Axel: Das Projekt einer Société Européenne Simplifiée (SES), in: GPR 2021, S. 271–284

Voßberg, Veit: Anmerkung zu EuGH, Urt. v. 16.5.2024 – C-706/22 (Konzernbetriebsrat der O SE & Co. KG/Vorstand der O Holding SE), in: NJW 2024, S. 2385–2388

Wahlers, Henning: Diskussionsbericht, in: AG 1990, S. 421

Wedemann, Frauke: Die Europa-GmbH ante portas, in: EuZW 2010, S. 534–538

Wegen, Gerhard/*Spahlinger*, Andreas/*Barth*, Marcel: Gesellschaftsrecht des Auslands, Werkstand: 9. Ergänzungslieferung (Oktober 2024), München 2024 (zit.: *Bearbeiter*, in: Wegen/Spahlinger/Barth, Gesellschaftsrecht des Auslands)

Weller, Marc-Philippe/*Benz*, Nina/*Thomale*, Chris: Rechtsgeschäftsähnliche Parteiautonomie, in: ZEuP 2017, S. 250–282

Wenz, Martin: Die Societas Europaea (SE) – Analyse der geplanten Rechtsform und ihre Nutzungsmöglichkeiten für eine europäische Konzernunternehmung, Abhandlungen aus dem Industrieseminar der Universität Mannheim, Heft 36, Berlin 1993.

Werner, Rüdiger: Die SE als Instrument zur Einschränkung der Mitbestimmung, in: NZG 2022, S. 541–545

Wicke, Hartmut: Die SE als Familienunternehmen, in: RNotZ 2020, S. 25–38

Wicke, Hartmut: Societas Unius Personae – SUP: eine äußerst wackelige Angelegenheit, in: ZIP 2014, S. 1414–1417

Wicke, Hartmut: Die Europäische Aktiengesellschaft, – Grundstruktur, Gründungsformen und Funktionsweise –, in: MittBayNot 2006, S. 196–205

Wiesner, Peter: Fundgrube der globalen Reformdebatte – zum Endbericht der „Expertengruppe über Gesellschaftsrecht und Unternehmensführung“ (sog. Winter-Gruppe), in: GmbHR 2002, R457-R459

Winter, Michael/*Marx*, Eric/*De Decker*, Nadine: Mitbestimmungsrechtliche Aspekte der SE & Co. KG, in: NZA 2016, S. 334–338

Wöffen, Tim: ECBA (European Cross-Border Association) – Vorteile der Rechtsform und Fragen zum Richtlinienentwurf, in: npoR 2024, S. 68–76

Wöffen, Tim: Geniestreich der Kommission: Die Rechtsform des europäischen grenzübergreifenden Vereins (European Cross-Border Association – ECBA), in: ZIP 2023, S. 2185–2191

Personen- und Sachverzeichnis

Kilian L. Wentz

Die Neuregelung der Informationsübermittlung zwischen börsennotierten Gesellschaften und Aktionären

Eine Analyse der zweiten Aktionärsrechterichtlinie sowie ihrer Umsetzung unter Berücksichtigung der Corporate-Governance-Funktion von Aktionären

Aktionäre sind die Träger des wirtschaftlichen Risikos der Aktiengesellschaft. Aus diesem Grund verleiht das Aktienrecht ihnen als Mittel der Einflussnahme auf die Unternehmensleitung das Stimmrecht. Um dieses sinnvoll auszuüben, müssen Aktionäre bestimmte Informationen erhalten. Weil Aktien gerade im grenzüberschreitenden Kontext über eine Kette an Intermediären gehalten werden und die für die Stimmrechte notwendigen Informationen entlang dieser Kette übermittelt werden, kommt es zu zahlreichen Friktionen im Übermittlungsprozess. Diesem Problem nahm sich der Europäische Gesetzgeber mit der 2. Aktionärsrechterichtlinie von 2017 an. Ziel der Vorschriften des Kapitels Ia der 2. Aktionärsrechterichtlinie ist es, die Funktionsfähigkeit der Informationsübermittlung zwischen Aktionär und Aktiengesellschaft zu verbessern. Die Vorschriften der 2. Aktionärsrechterichtlinie sowie die Umsetzungsvorschriften im AktG werden dieses Ziel bei richtiger Lesart der Normen erreichen.

Abhandlungen zum Deutschen und Europäischen
Gesellschafts- und Kapitalmarktrecht, Band 223
1 Tab, Abb., 429 Seiten, 2023
ISBN 978-3-428-18970-0, geb., € 119,90
Titel auch als E-Book erhältlich.

Duncker & Humblot · Berlin